Xpert.press

Springer-Verlag Berlin Heidelberg GmbH

Die Reihe **Xpert.press** des Springer-Verlags vermittelt Professionals in den Bereichen Betriebs- und Informationssysteme, Software Engineering und Programmiersprachen aktuell und kompetent relevantes Fachwissen über Technologien und Produkte zur Entwicklung und Anwendung moderner Informationstechnologien.

Wassilios Kazakos · Andreas Schmidt
Peter Tomczyk

Datenbanken und XML

Konzepte, Anwendungen, Systeme

Unter Mitarbeit von
Oliver Braun, Dieter Gündisch, Thomas Marz
Prof. Dr. Guido Moerkotte, Paul Schmidt, Alexei Valikov

Vorwort von
Prof. Dr. Peter Lockemann

Springer

Dipl.-Inform. Wassilios Kazakos wassili@kazakos.com
Dipl.-Inform. Andreas Schmidt email@andreas-p-schmidt.de
Dipl.-Wirtsch.-Inf. Peter Tomczyk ptomczyk@fzi.de

Forschungszentrum Informatik
Haid-und-Neu-Str. 10–14
76131 Karlsruhe

Die Deutsche Bibliothek – CIP-Einheitsaufnahme

Kazakos, Wassilios: Datenbanken und XML: Konzepte, Anwendungen, Systeme / Wassilios Kazakos; Andreas Schmidt; Peter Tomczyk. Vorw. von P. Lockemann. – Berlin; Heidelberg; New York; Barcelona; Hongkong; London; Mailand; Paris; Tokio: Springer, 2002
(Xpert.press)
ISBN 978-3-540-41956-3 ISBN 978-3-642-56375-1 (eBook)
DOI 10.1007/978-3-642-56375-1
0101 deutsche buecherei

ISSN 1439-5428
ISBN 978-3-540-41956-3

http://www.springer.de

Ursprünglich erschienen bei Springer-Verlag Berlin Heidelberg 2002

Einbandgestaltung: KünkelLopka Werbeagentur
Satz: Satzaufbereitung durch Autor

Gedruckt auf säurefreiem Papier SPIN: 10834671 33/3142X0 - 5 4 3 2 1 0

Für Petra, Christine und Olga

Vorwort

XML hat sich in einem Siegeszug ohnegleichen zur *lingua franca* entwickelt und damit etwas geschafft, was anderen Sprachen im Verlauf der mehr als dreißigjährigen Geschichte der Informatik nicht vergönnt war. Am nächsten kam diesem Ziel vielleicht noch SQL. Aber Datenbanksprachen erlangen nun einmal nicht dieselbe Verbreitung wie das allgegenwärtige Internet. Und so musste die erfolgsgewohnte Datenbanktechnik auch erst einmal lernen, statt zu agieren und die Richtung zu bestimmen auf die Vorgaben anderer zu reagieren. Wie diese Reaktion aussieht, davon handelt dieses Buch.

Die Datenbanktechnik hat übrigens gute Gründe und hervorragende Chancen, der Entwicklung in XML ihren eigenen Stempel aufzuprägen. Datenbanktechnik beherrscht Merkmale, die Diensten im Internet erst zu weitläufiger Brauchbarkeit verhelfen - zumindest wenn man das Web als eine gigantische Informationsbasis versteht. Da ist zum Einen der Umgang mit *Skalierbarkeit*: Datenbanktechnik weiß, wie man riesige und ins Unermessliche wachsende Datenbestände zu verwalten hat. Da ist zum Zweiten *Persistenz*: Datenbanktechnik verleiht Datenbeständen eine potenziell unbegrenzte Lebensdauer. Da ist zum Dritten *Robustheit*: Datenbanktechnik erhält die Konsistenz der Daten – wie immer sie definiert sein mag – über alle Fährnisse hinweg, von denen es angesichts der langen Lebensdauer nicht wenige geben wird. Da ist zum Vierten *deskriptiver Zugang*: Angesichts von Größe und dynamischem Wachstum kann man das gewünschte Ergebnis nur noch durch seine Eigenschaften erfassen, nicht aber durch einen Plan, der den Weg zum Ergebnis beschreibt. Und dann ist da zum Fünften *Performanz*: Die Datenbasis mag noch so umfangreich sein, es lässt sich immer intern ein Plan erzeugen, dessen Antwortzeit weitgehend unempfindlich gegen die Größe der Datenbasis ist.

Will man die Datenbanktechnik – und damit die genannten Merkmale – mit den übrigen Diensten im Internet zusammenführen, bedarf es eines Brückenschlags. Die Pfeiler hält die Datenbanktechnik aber von jeher vor: das Datenmodell. Ein Datenmodell bietet polymorphe Regeln, nach denen die Datenbasis zu strukturieren ist, und nach denen die strukturellen Freiräume für Zwecke der Konsistenzwahrung weiter eingegrenzt werden können, und einen Satz von polymorphen Operatoren, die den Umgang – Lesen und Fortschreiben – mit der Datenbasis regeln. Damit die Operatoren aber überhaupt ein Ergebnis liefern können, müssen sie in der Lage sein, die Datenbasis zu interpretieren und damit sozusagen monomorph zu agieren. Die Interpretation liefert das Datenbasisschema, das nun freilich voraussetzt, dass sich die Daten in der Datenbasis in vorbestimmte Muster, also in Datentypen, pressen lassen. Wer hoch skalieren muss, wird sich dieser Voraussetzung kaum entziehen können, will er überhaupt den Überblick wahren. Und auch Robustheit braucht einen Bezugspunkt, und den bietet eben auch das Datenbasisschema. Schließlich ist es die Verbindung von Skalierbarkeit, Performanz und deskriptivem Zugang, die zur Entwicklung deskriptiver, mengenorientierter Anfragesprachen geführt hat, denen – und das ist sogar ein gewisses Novum bei XML – noch deskriptive Transformationssprachen für die Änderungsvorgänge hinzuzufügen sind.

All das sind Eigenschaften, die Datenbankdienste auch im Internet anbieten sollten. Datenbanksysteme bieten also Pfeiler, aber die Brücke selbst bleibt noch zu bauen. Wie sie aussieht, das muss XML – oder eigentlich genauer: seine Anhänger und die Standardisierungsgremien – sagen. Mit dieser Brücke beschäftigt sich das vorliegende Buch. Wie die Pfeiler realisiert werden, wie also ein Datenbanksystem im Innern mit XML umgeht, spielt dagegen eine untergeordnete Rolle. Damit wird auch deutlich, an welchen Leserkreis sich das Buch vorrangig wendet: An diejenigen, die Internet und Datenbanken über XML zusammenführen wollen oder müssen.

Noch sind Brückenbauer gefragt! Die Autoren stellen das methodische Rüstzeug bereit. Nun ist es an den Lesern, mit dem Rüstzeug zu tragfähigen Brücken zu gelangen!

Prof. Dr. Peter Lockemann.

Inhalt

1 Einleitung

1.1 Warum dieses Buch?

Datenbanken und XML — auf der einen Seite die Welt der oft unzugänglichen und komplexen Systeme und auf der anderen Seite die Welt des Webs mit dem Prinzip des Einfach-Loslegen-Könnens, hier die Welt, in der man die Lebensdauer der Datenbestände in Jahren und Jahrzehnten misst, und dort die Welt, in der schon Monate ohne Veränderungen fast als eine kleine Ewigkeit gelten. Man könnte leicht meinen, es sei ein hoffnungsloses Unterfangen, diese Welten zusammenbringen zu wollen. Und nicht wenige hegen eine gewisse Skepsis — auf beiden Seiten: Machen Schemata und Anfragesprachen XML nicht unnötig komplex? Oder: Was ist denn XML schon mehr als ein einfaches Austauschformat?

Wir meinen: XML braucht die Erfahrungen der Datenbanktechnik, um auch in großen Anwendungen durchgängig Verwendung zu finden, und die Datenbanktechnik kann mit XML die Herausforderung der Dynamik in Web-Umgebungen besser meistern. Und wir finden uns in dieser Ansicht durch die Entwicklungen in der letzten Zeit bestätigt: das W3C arbeitet an Standards wie XML Schema und XQuery und liefert die Definition eines Datenmodells für XML; die Datenbankhersteller im Gegenzug rüsten in einem beachtlichen Tempo ihre Produkte mit XML-Schnittstellen nach, und XML ist zum Modethema in der Datenbankforschung geworden, an dem es kaum ein Vorbei gibt.

Dabei wurde auch sichtbar, dass die Datenbanktechnik und XML unterschiedliche Sprachen „sprechen". Dokument, Dokumenttypdefinition und Validierung sind eben nur vordergründig dasselbe wie Datenbasis, Schema und Konsistenzsicherung. Hier sehen wir die wichtigste Aufgabe dieses Buches: die XML-Welt in der Sprache der Datenbanktechnik verständlich machen.

Dementsprechend haben wir uns für einen konzeptgetriebenen Ansatz entschieden. Nicht die Standards des W3C und anderer Organisationen im XML-Umfeld geben uns vor, was wir mit Datenbanken zusammenbringen müssen. Vielmehr betrachten wir die Konzepte der klassischen Datenbanktechnik wie Datenmodell, Schema, Anfragesprache, Trennung in konzeptuelle, logische und physische Ebene und befragen hier ausführlich die XML-Welt, was sie Entsprechendes zu bieten hat (oder auch noch nicht zu bieten hat). Ist dieser Schritt geschafft, fällt es leichter, die Erfahrungen und Erkenntnisse aus der Datenbanktechnik für XML fruchtbar zu machen und so die XML-Welt davor zu bewahren, das Rad neu zu erfinden.

Das Buch spiegelt den aktuellen Stand der Diskussion über das Zusammenspiel von Datenbanken und XML wider und richtet sich vor allem an Projektleiter und Entwickler, die über die Grenzen der eingesetzten Plattform hinaus einen Überblick über die aktuellen Entwicklungen bekommen möchten. Durch die Beschreibung von Konzepte und Alternativen und deren Illustration an konkreten Beispielen ist dieses Buch auch an Studenten und an alle interessierten Leser gerichtet, die keine Speziallösung suchen, sondern sich mit der Thematik als Ganzes beschäftigen wollen. Vorausgesetzt werden dabei grundlegende Datenbank- und XML-Kenntnisse.

1.2 Der rote Faden

Das Buch besteht aus vier Teilen, die sich an klassischen Datenbankbüchern orientieren, und wird durch ein Beispiel im Anhang ergänzt. Der erste Teil ist eine kurze Einführung in XML. Hierbei steht weniger die Vollständigkeit im Vordergrund, da wir davon ausgehen, dass der Leser bereits das eine oder andere XML-Buch in der Hand hatte. Vielmehr dienen diese Kapitel der Auffrischung der Begriffe und Einführung einzelner X*-Technologien auf die in den folgenden Abschnitten bezug genommen wird (Kapitel 2). In Kapitel 3 wird XML als Datenmodell eingeführt, was die Grundlage für die Übertragung der Datenbanktechnik ist.

Der zweite Teil gilt den grundlegenden Datenbanktechniken, wie man sie auch in der XML-Welt benötigt. Es wird also untersucht, wie die bekannte Datenbanktechnik bereits jetzt in der XML-Welt eingesetzt wird. Hierzu gehören Schemaaspekte (Kapitel 4), Anfragesprachen für lesenden und schreibenden Zugriff (Kapitel 5), die Möglichkeiten der Weiterverarbeitung und Präsentation von XML-

Daten (Kapitel 6) und Anwendungsschnittstellen, wie man also auf XML-Daten innerhalb einer Anwendung zugreifen kann (Kapitel 7).

Der dritte Teil des Buchs widmet sich der Einbindung in den Datenbankentwurfsprozess. Hierfür werden zunächst einige grundlegenden Gedanken zum Thema XML und Entwurfsprozess angeführt (Kapitel 8), bevor Alternativen der Abbildung konzeptueller Modelle, wie das ER-Modell und UML, auf XML vorgestellt werden (Kapitel 9). Die Frage der Speicherung in Datenbanken wird in Kapitel 10 diskutiert. Hierbei stehen die grundsätzlichen Alternativen und Probleme im Vordergrund und weniger konkrete Datenbanksysteme. Kapitel 11 widmet sich dem umgekehrten Weg, wie also bildet man Daten aus relationalen und objektorientierten Datenbanken auf XML ab.

Der vierte Teil handelt von konkreten Anwendungen. Dies ist wohl auch der flüchtigste Teil, da alle bekannten und noch unbekannten Datenbankanbieter ihre XML-Funktionalität zur Zeit am ausbauen sind. Es sind jedoch bereits jetzt einige Unterschiede in der Vorgehensweise festzustellen, die sich in Zukunft noch mehr manifestieren werden. Ohne zu sehr ins Detail zu gehen, stellen wir daher die aktuellen Entwicklungen bei den „großen" relationalen Datenbankhersteller vor (Kapitel 12), und beschreiben Ansätze zur nativen Speicherung von XML in sogenannten XML-Datenbanken (Kapitel 13). Als Alternative werden in Kapitel 14 noch Middleware-Ansätze betrachtet, die als unabhängige Produkte existierende Datenbanksysteme XML-fähig machen können.

Im Anhang befindet sich ein vollständiges Beispiel eines UML-Diagramms, eines XML-Schemas und einer XML-DTD für ein vereinfachtes Marktmodell. Dieses Beispiel wird weitestgehend durchgängig im Buch verwendet, wobei wir uns jedoch der Übersichtlichkeit halber in den einzelnen Kapiteln immer nur auf Ausschnitte davon beziehen.

1.3 Danksagung

An dieser Stelle möchten wir uns bei allen bedanken, die direkt oder indirekt an der Fertigstellung des Buches beteiligt waren. Besonders hervorzuheben ist hierbei das Forschungszentrum Informatik an der Universität Karlsruhe (FZI). Ohne das kreative und unterstützende Umfeld des FZI und speziell der Mitarbeiter der Abteilung Datenbanksysteme, wäre dieses Buch wahrscheinlich nie so weit gekommen. Ein besonderer zusätzlicher Dank gilt dabei Antje Dietrich, die mit ihren Korrekturen stark zur sprachlichen Abrundung des Buches beigetragen hat. Danke auch an Alexander Mädche, Claudia Winterhalter und Petra Gust-Kazakos für ihre inhaltlichen und sprachlichen Verbesserungsvorschläge.

1.4 URL zum Buch

Zu diesem Buch existiert ein Literaturverzeichnis und eine Linksammlung im Web unter http://www.datenbanken-und-xml.de. Hierhin können Sie sich auch mit Kommentaren, Hinweisen und Fragen wenden.

TEIL I

Einführung

2 XML-Grundlagen

2.1 Einleitung

Ziel diese Kapitels ist, neben einer kurzen Einführung in XML, vor allem einige X*-Technologien kurz zu beleuchten, die zwar nicht direkt mit der Datenbanktechnik in Bezug stehen, aber auf die im weiteren Verlauf des Buches referenziert wird. Daher ersetzt dieses Kapitel auch nicht die Lektüre einer XML-Einleitung, wie beispielsweise [HaMe01] oder [Brad01]. In Abschnitt 2.2 wird die Frage „Was ist XML?" beantwortet und in Abschnitt 2.3 werden Dokumenttypen und Namensräume noch einmal kurz erklärt. In Abschnitt 2.4 werden die Verknüpfungsmöglichkeiten mittels Xlink und in Abschnitt 2.5 XPath vorgestellt.

2.2 Was ist XML?

Gibt man in Google die Frage „was ist XML" ein, erhält man ca. 80.800 Treffer[1]. Bevor an dieser Stelle ein weiterer Erklärungsversuch unternommen wird, sollten wir uns zunächst anschauen wie das World Wide Web Consortium (W3C), das Gremium, das XML verabschiedet hat, XML definiert:

„Die Extensible Markup Language, abgekürzt XML, beschreibt eine Klasse von Datenobjekten, genannt XML-Dokumente, und beschreibt teilweise das Verhalten von Computer-Programmen, die solche Dokumente verarbeiten. XML ist ein Anwendungsprofil (application profile) oder eine eingeschränkte Form von SGML, der Standard Generalized Markup Language [ISO 8879]. Durch ihre

[1] http://www.google.com, am 22.11.2001

Konstruktion sind XML-Dokumente konforme SGML-Dokumente", aus der deutschen Übersetzung der W3C Empfehlung [XMLD].

Diese eher sachliche Wortwahl vermag leider nicht die Aura, die das Wort „XML" inzwischen umgibt, erfassbar zu machen. Die fortschreitende Glorifizierung von XML führt dazu, dass immer wieder neue Beschreibungen auftauchen, die von frühen Erklärungsversuchen („XML ist eine Anleitung zur Verfassung von Dokumenttypdefinitionen"[2]), über Übertreibungen („XML ist ein revolutionäres Datenformat"[3]), hin zu komplett abstrusen Marketing-Behauptungen („XML verwandelt Daten in sinnvolle Informationen" und „XML ist das SQL fürs Web"[4]) reichen.

Als Anwendungsprofil oder eingeschränkte Form von SGML ist XML zunächst einmal eine Sprache für die Dokumentenrepräsentation, welche die Auszeichnung von Dokumenten (*markup*) formalisiert und von System- und Verarbeitungsabhängigkeiten löst, wie es im SGML-Standard beschrieben wird. Etwas konkreter bedeutet dies, dass durch XML eine Syntax bereitgestellt wird, mit der die Struktur von Dokumenten eines Typs unabhängig von der weiteren Verwendung und Darstellung beschrieben werden kann.

Oft wird XML auch als Metasprache bezeichnet, da über XML Auszeichnungssprachen definiert werden können. Die Bezeichnung als Metasprache ist besonders hilfreich, will man XML beispielsweise mit HTML in Bezug bringen. Folgende Abbildung illustriert diesen Zusammenhang zwischen SGML, XML und HTML:

Einordnung der Begriff

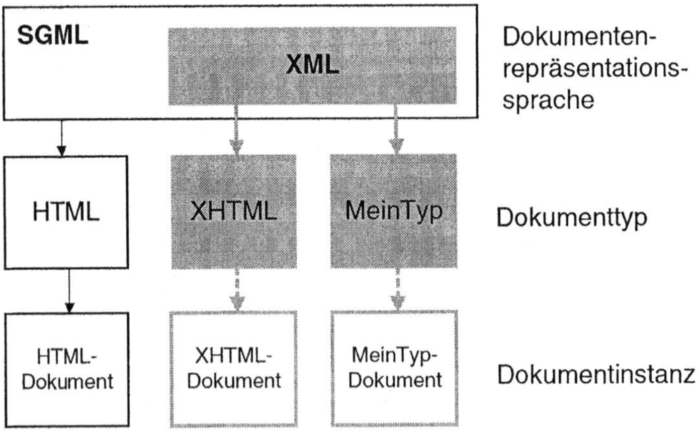

[2] http://members.aol.com/xmldoku/ am 1.9.1998
[3] http://www.mailservice.ch/news.htm, am 22.11.2001
[4] http://www.softwareag.com/xml/dt/was_ist_xml.htm, am 22.11.2001

Dokument und Dokumenttyp

Zwei Begriffe, die bei der Beschreibung von XML immer wieder angeführt werden, sind die des XML-Dokuments, oder auch der Dokumentinstanz, und des XML-Dokumenttyps. Der Zusammenhang ist dabei wie folgt: Ein XML-Dokument ist eine Instanz eines XML-Dokumenttyps, der wiederum durch die Dokumentenrepräsentationssprache XML beschrieben wird. Auch wenn dies bei der Beschreibung von HTML oft wenig diskutiert wurde, so ist dies dort natürlich ähnlich: Ein HTML-Dokument ist eine Instanz des SGML-Dokumenttyps HTML. Will man HTML und XML in Bezug bringen, so kann man sagen, dass der SGML Dokumenttyp HTML in Zukunft durch den XML Dokumenttypen XHTML (*Extensible Hypertext Markup Language*) schrittweise ersetzt werden soll. Mehr zu Dokumenttypen jedoch später.

Wie sieht nun ein XML-Dokument aus? Im Wesentlichen besteht es aus Text und Elementen, die Attribute haben. Dazu kommen Kommentare und Ausführungsanweisungen (*processing instructions*), die den Verarbeitungsprozess steuern.

```
<?xml version=1.0?>
<!-- Dies ist ein Beipiel für ein XML-Dokument -->
<artikel id="pm2" kategorie="maschine">
        <name> Perpetuum Mobile</name>
        <hersteller>perpetuum mobile GmbH</hersteller>
        <lieferzeit einheit="woche">2</lieferzeit>
        <beschreibung>
                Endlich eine Maschine die <b>ohne</b>
                Energieverbrauch dauernd arbeit leistet.
                Diese Stück von <i>unschätzbarem Wert<i>
                wurde speziell für ihre Anforderungen
                entwickelt, und kann nun auch ....
        </beschreibung>
</artikel>
```

Wohlgeformt und gültig

Bei der Verarbeitung von XML-Dokumenten spielen zwei Eigenschaften eine besondere Rolle. Man sagt, ein XML-Dokument ist wohlgeformt (*well-formed*), wenn es die durch XML vorgegebene Syntax befolgt. Dies bedeutet im Prinzip nur, dass ein Parser beim Traversieren des XML-Dokuments alle Produktionsregeln durchführen kann. Die Wohlgeformtheit ist die Minimalanforderung, die ein XML-Dokument erfüllen muss. Es brauch somit nicht einem bestimmten Dokumenttyp anzugehören, was dazu führt, dass es grundsätzlich beliebig mit Inhalt und Struktur gefüllt sein kann. Existiert zusätzlich eine Dokumenttypdefinition (DTD), der die XML-

Dokumentinstanz folgt, spricht man von einem gültigen (*valid*) XML-Dokument.

Grad der Strukturiertheit – Dokument vs. Datum

Eine weitere Eigenschaft, die gerade beim Umgang mit der Speicherung von XML-Dokumenten immer wieder diskutiert wird, ist der Grad der Strukturiertheit des XML-Dokuments. Leider gibt es hierfür keine klare Definition, was auf die stark unterschiedlichen Einsatzgebiete der Universalsprache XML zurückzuführen ist. Was im klassischen Publishing schon über die Volltextsuche hinausgeht, beispielsweise ein Artikel mit ausgewiesenem Autor-, Titel- und Stichwortfeld, ist für eine Datenbankanwendung vor allem unstrukturierter Text. XML kann dieses grundlegende Problem natürlich auch nicht lösen, aber, wie obiges Beispiel verdeutlicht, kann XML als Brücke zwischen Dokumenten- und Datenverarbeitung dienen. Weitere, den Grad der Strukturiertheit betreffende Aspekte und Überlegungen, werden in Kapitel 3 thematisiert.

Warum XML?

Bevor wir uns im Folgenden mit weiteren grundlegenden Aspekten von XML beschäftigen, bleibt noch eine Frage offen: Warum XML und nicht etwas anderes? XML ist weder einzigartig noch alles umfassend. Vor XML wurden genügend andere Datenformate, die teilweise auch mächtiger als XML sind, definiert, und durch XML können auch nicht alle Probleme der Informationsverarbeitung gelöst werden.

Die Magie von XML ist vielmehr stark durch den Zeitpunkt der Einführung und der großen Beteiligung zu erklären. Zehn Jahre nach dem Erfolg des WWW wurde die Einsicht immer größer, dass in einer Zeit der globalen Vernetzung, ein offenes, plattformunabhängiges Datenaustauschformat, das vor allem breite Akzeptanz erfährt, notwendig ist. Das W3C hat 1998 genau diese Situation genutzt und mit der Definition eines neuen Formats, frei von jeglicher historischen Vorbelastung und mit breiter Beteiligung aller interessierten Parteien, die *extensible markup language* in der Version 1.0 spezifiziert.

2.3 Dokumenttypen und Namensräume

Für die Verarbeitung von Daten ist das Vorhandensein einer Schemadefinition elementar. Auch wenn ein Dokument, das die Syntaxregeln von XML befolgt, gültig ist und geparst werden kann, so ist eine sinnvolle Weiterverarbeitung erst durch die Angabe eines Typs möglich. Einfach ausgedrückt: im Voraus muss bekannt sein, welche Elemente in einem Dokument vorkommen können um auf ihnen sinnvolle und vor allem elementspezifische Operationen ausführen zu können.

In der XML-Empfehlung des W3C, wird daher die Dokumenttypdeklaration (*document type declaration*) vorgeschlagen, in der die mögliche Auszeichnung (*markup*) entweder direkt deklariert oder auf eine Auszeichnungsdeklaration (*markup declaration*) verwiesen wird. In der Auszeichnungsdeklaration wird eine Grammatik angegeben, der das aktuelle XML-Dokument folgt. Diese Grammatik wird als Dokumenttypdefinition bezeichnet (*document type definition –DTD*). Hier ein Beispiel für einen externen Verweis:

```
<?xml version="1.0"?>
<!DOCTYPE marktplatz SYSTEM
        "http://www.datenbanken-und-xml.de/marktmodell.dtd">
```

In einer Auszeichnungsdeklaration können alle potenziellen Auszeichnungsbestandteile deklariert werden. Hier ein Beispiel für eine Element bzw. eine Attributdeklaration:

```
<!ELEMENT artikel (name, hersteller)>
<!ELEMENT name (#PCDATA)>
<!ELEMENT hersteller (#PCDATA)>

<!ATTLIST artikel
    status (normal | neuheit | angebot) "normal">
```

In dem Beispiel wird ein Element `artikel` deklariert, das `name` und `hersteller` als Unterelemente hat und ein Attribut `status`, das entweder als `normal`, als `neuheit` oder als `angebot` bewertet werden kann. Der Default-Wert ist `normal`. Ein vollständiges Beispiel für das in diesem Buch verwendete Marktmodell befindet sich im Anhang.

XML Inhaltsmodell

Über die Deklaration eines Elements wird, neben dem Namen des Elements, sein Inhaltsmodell beschrieben. Hierüber wird angegeben ob das Element weitere Unterelemente hat. Soll das Element keine weiteren Unterelemente enthalten, so ist das Inhaltsmodell entweder EMPTY oder PCDATA (*parsed caracter data*), nur Zeichen enthaltend.. Eine Kombination von PCDATA und Unterelementen ist auch möglich und wird als gemischter Inhalt bezeichnet:

```
<!ELEMENT kapitel (titel, #PCDATA)>
```

Für die Gestaltung des Inhaltsmodells existieren mehrere Strukturierungsmöglichkeiten. Im einfachsten Fall werden einfach die im aktuellen Element enthaltenen Elemente durch Kommata separiert angegeben, wie das Element `artikel` im Beispiel oben. Die Notation zeigt an, dass ein Artikel genau einen Namen und genau einen Hersteller hat, und zwar genau in der Reihenfolge. Statt durch ein Komma (,) können die Elemente auch durch einen senkrechten Strich (|) getrennt werden, was bedeutet, dass entweder das eine oder das andere Unterelement angegeben wird. Die Häufigkeit des Auftretens eines Unterelementes kann jedoch auch analog zu regulären Ausdrücken über einen Postfix an dem Unterelementnamen angegeben werden:

- `+` gibt an, dass das Unterelement beliebig oft, jedoch mindestens einmal angegeben werden muss,
- `*` gibt an, dass das Unterelement beliebig oft oder auch gar nicht angegeben werden muss und
- `?` gibt an, dass das Unterelement genau einmal oder gar nicht angegeben werden muss.

Über das Inhaltsmodell wird somit eine hierarchische Baumstruktur aufgebaut. Daher werden auch oft XML-Dokumente als Baum symbolisiert. Innerhalb einer DTD dürfen Element und Attribut mit beliebigem Namen deklariert werden. Eine Ausnahme bilden die für XML selbst reservierten Elementnamen, die mit der Buchstabenkombination „x“, „m“ und „l“ in allen Kombinationen aus Groß- und Kleinschreibung beginnen.

Namensräume

Eine Grundidee von XML ist der modulare Aufbau solcher DTDs. Wird für eine spezielle Anwendung eine neue DTD definiert, so sollte immer jeweils auf existierende zurückgegriffen werden. Es besteht auch die Möglichkeit innerhalb einer DTD auf mehrere DTDs zu verweisen. Ein Beispiel hierfür wäre eine unternehmensweite Adress-DTD, die in den einzelnen Abteilungen um zusätzliche Elemente ergänzt wird.

Ein Problem, das beim Einsatz unterschiedlicher DTDs häufig auftreten kann, sind Namenskollisionen. Ein Element `titel` ist beispielsweise sowohl für eine Buch-DTD als auch für eine Adress-DTD geeignet. Um die Auszeichnungsvokabularien klar voneinander trennen zu können und solche Konflikte zu vermeiden, wird ein Namensraum (*name space*) für jedes Element angegeben.

Ein XML-Namensraum ist eine Zusammenstellung von Namen, identifiziert durch einen URI-Verweis, die in XML-Dokumenten als Elementtypen und Attributnamen verwendet werden. Die Namensraum-Deklaration gilt sowohl für das Element, in dem sie angegeben wird, als auch für alle Unterelemente. Dies wird rekursiv fortgeführt, bis für ein Unterelement ein neuer Namensraum angegeben wird. Ab diesem Zeitpunkt gilt dann für alle Unterelemente der neue Namensraum.

Namensraum-Präfix

Um die Namensräume der Elemente und Attribute auseinanderzuhalten, wird dem Namen ein Präfix mit dem Bezeichner des Namensraums und ein Doppelpunkt vorangestellt. Wird bei einem Element ein neuer Namensraum eingeführt, so muss dieser zunächst deklariert werden:

```
<buch:titel xmlns:buch="http://springer.de/ns">
Dies ist der Titel des Buches
</titel>
```

Es besteht auch die Möglichkeit mehrere Namensräume auf einmal zu definieren. Um nicht bei jedem Element den Präfix angeben zu müssen, kann man auch einen Standard-Namensraum (*default name space*) angeben. Die Notation ist die gleiche, nur dass der Bezeichner weggelassen wird:

```
<titel xmlns="http://springer.de/ns">
Dies ist der Titel des Buches
</titel>
```

Hierdurch werden alle folgenden Elemente, für die kein Namensraum angegeben wird, dem Standard-Namensraum zugeordnet.

2.4 Verknüpfungen mittels XLink

XLink versucht die Problematik der Verweise zwischen unterschiedlichen Dokumentteilen anzugehen und verallgemeinert die Verknüpfungsmöglichkeiten von HTML und reichert sie um mehr semantische Informationen an.

Konzeptionell baut XLink auf den Begriffen Verknüpfung *(link)*, Ressource *(resource)* und (gerichteter) Kante *(arc)* auf. Eine Verknüpfung besteht aus einer oder mehreren Kanten, die genau zwei Ressourcen miteinander in Beziehung setzen.

Die technische Grundidee von XLink ist dabei, dass die Verknüpfungen nicht über speziellen Elemente hergestellt werden, die im Rahmen von XLink definiert werden, sondern dass ein standardisierter Satz von Attributen aus dem XLink-Namensraum den dokumentspezifischen Elementen hinzugefügt wird, um sie als verknüpfungsrelevant zu kennzeichnen.

Neben rein technischen Attributen zur Identifikation von Verknüpfungszielen und der Charakterisierung der Art der Verknüpfungen, die weiter unten noch genauer besprochen werden, stehen auch Attribute zur semantischen Annotation und zur Beeinflussung des Verhaltens bei der Präsentation zur Verfügung:

- *Semantische Attribute.* Hier steht zum einen das Attribut *title* zur Verfügung, das eine menschenlesbare Charakterisierung der Verknüpfung enthalten kann. Zum anderen können der Verknüpfung als Ganzes *(role)* und der einzelnen Kante *(arcrole)* jeweils eine Rolle zugewiesen werden, die wie bei RDF durch eine URI bezeichnet wird.
- *Verhaltensattribute.* Diese Attribute sind im Wesentlichen für die Präsentation von XML-Dokumenten als Hypertext gedacht. Sie erlauben anzugeben, wie die Traversierung der Kanten erfolgen soll. Dabei ist zu beachten, dass diese Attribute auf der Ebene der Kanten und nicht der Verknüpfung wirksam sind. Es steht zum einen *actuate* zur Verfügung, das den Traversierungszeitpunkt festlegen kann: *onLoad* für den Fall unmittelbar beim Laden des Dokuments und *onRequest* auf Benutzeranforderung hin. Zum anderen existiert über *show* die Möglichkeit, die Form der Präsentation zu beeinflussen: bei *new* wird ein neues Fenster geöffnet, bei *replace* wird die Zielressource im aktuellen Fenster angezeigt, bei *embed* wird diese Zielressource in das aktuelle Dokument eingebettet.

Mit XLink lassen sich zwei unterschiedliche Arten von Verknüpfungen realisieren:

- *Einfache Verknüpfungen (simple links).* Hierbei wird die Verknüpfung direkt an das verweisende Element angeheftet. Dies entspricht dem <*a*>-Element aus HTML.
- *Erweiterte Verknüpfungen (extended links).* Hier ist die Verknüpfung ein eigenständiges Element, was mächtige und flexiblere Verknüpfungsstrukturen ermöglicht, so z.B. auch *m:n*-Verknüpfungen.

2.4.1 Einfache Verknüpfungen

Eine einfache Verknüpfung wird gekennzeichnet durch `xlink:type="simple"` als Attribut im verweisenden Element.

Für die Spezifikation des Verweisziels steht das Attribut href zur Verfügung, das einen URI erwartet. Für XML-Verweisziele kann XPointer für die Spezifikation des Dokumentfragments eingesetzt werden.

Im folgenden Beispiel ist ein `link`-Element angegeben, das auf die WWW-Seite des Buches verweist. Der Verweis soll erst durch den Benutzer aktiviert werden und dann im aktuellen Fenster angezeigt werden:

```
<link xmlns:xlink="http://www.w3.org/1999/xlink"
      xlink:type="simple"
      xlink:href="http://www.datenbanken-und-xml.de"
      xlink:show="replace"
      xlink:actuate="onRequest" />
```

2.4.2 Erweiterte Verknüpfungen

Erweiterte Verknüpfungen sehen ein separates Verknüpfungselement vor, dem das *type*-Attribut mit dem Wert *extended* hinzugefügt wird. Dieses Verknüpfungselement enthält:

- eine Menge von Lokatoren (Element mit `xlink:type="locator"`) zu externen Ressourcen, die über das Attribut *href* angegeben und über ein *label*-Attribut bezeichnet werden (wobei durchaus mehrere Lokatoren dasselbe *label* erhalten können),
- eine Menge von gerichteten Kanten (Elemente mit `xlink:type="arc"`), deren Start- und Endpunkt über *from* bzw. *to*, die sich auf die *label*-Attribute der Lokatoren beziehen, spezifiziert werden
- und eine Menge von lokalen Ressourcen (Elemente mit `xlink:type="resource"`), die auch durch ein *label* bezeichnet werden.

Schematisch sieht das wie folgt aus:

```
<link xlink:type="extended">
  <extern xlink:type="locator" href="URI_1" label="A"/>
  <extern xlink:type="locator" href="URI_2" label="A"/>
  <extern xlink:type="locator" href="URI_3" label="B"/>
  <extern xlink:type="locator" href="URI_4" label="C"/>
```

```
  <kante  xlink:type="arc" from="A" to="B" />
  <kante  xlink:type="arc" from="B" to="C" />

  <lokal xlink:type="resource">
    ...
  </lokal>
</link>
```

2.5 Adressierung mittels XPath

Die XML Path Language (XPath) wurde vom W3C spezifiziert, um Teile des XML-Baums gezielt und standardisiert adressieren zu können. Um diesem Ziel Rechnung zu tragen, liefert XPath jedoch zusätzlich eine Menge von Auswertungsfunktionen zur Bearbeitung von Strings-, Integer- und Boolean-Werten. XPath ist selbst nicht XML-konform, entspricht also nicht der Struktur von XML, sondern orientiert sich eher an gängigen Mechanismen zum Ausdruck von Pfaden, wie sie beispielsweise aus Dateisystemen bekannt sind. XPath bietet einen ausreichend mächtigen Mechanismus zur Definition von Pfadausdrücken, der beispielsweise für die Anfragesprache XQuery, für XPointer und für die Transformationssprache XSLT benötigt wird. Die folgende Betrachtung dient vor allem dem Grundverständnis von XPath, da XPath-Ausdrücke in vielen weiteren Kapiteln und Beispielen vorkommen werden. Für eine tiefergehende Beschreibung von XPath sei an dieser Stelle auf die XPath-Spezifikation verwiesen [XPath], die auch in einer deutschen kommentierten Übersetzung existiert [XPathD].

2.5.1 Pfadausdruck

Der Pfadausdruck bildet das primäre syntaktische Konstrukt von XPath. Die Auswertung eines Pfadausdrucks liefert ein Objekt zurück, das zu einem der folgenden vier Grundtypen gehört:

- Ungeordnete Menge (node-set)
- Boolescher Wert (boolean)
- Gleitkommazahl (number)

- Zeichenkette (string)

Der Pfadausdruck wird immer anhand des aktuellen Kontexts ausgewertet. Dieser wird nicht von XPath selbst, sondern von der Spezifikation bestimmt, die XPath einsetzt (z.B. XSLT). Ein Kontextknoten besteht aus:

- dem aktuell betrachteten Knoten (Context Node) des Dokumentbaums,
- der Position des Knotens innerhalb des Kontexts und der Größe des Kontexts, ausgedrückt durch ein Paar von positiven Integerwerten größer Null, wobei die Position immer kleiner oder gleich der Größe des Kontexts ist,
- einem Satz Variablen mit zugehörigen Werten,
- einer Funktionsbibliothek,
- einem Satz von zum Kontext gehörenden Namensräumen.

Lokalisierungspfade und Lokalisierungsschritte

Der wohl wichtigste Pfadausdruck ist der Lokalisierungspfad. Ausgehend vom Kontextknoten wird er durch eine Folge von einem oder mehreren, durch ein "/" getrennten Lokalisierungsschritten gebildet. Soll ein absoluter Pfad, also ein Pfad, der an der Wurzel des Baums beginnt, gebildet werden, so wird der Pfad durch ein "/" eingeleitet. Hierdurch wird der Wurzelknoten zum Kontextknoten. Relative Pfade beginnen beim aktuellen Kontextknoten.

Beim Traversieren des Pfads wird bei jedem Schritt eine Knotenmenge ausgewählt. Jeder Knoten in dieser Menge wird dann als Kontextknoten für den folgenden Schritt benutzt.

Jeder Lokalisierungsschritt besteht aus einem Achsennamen („axis name"), einer Knotenabfrage („node test") und einem Prädikat („predicate"): Über den Achsennamen wird zunächst die Richtung, in die der Lokalisierungspfad im aktuellen Abschnitt fortgesetzt werden soll, festgelegt. Typische Beispiele sind Eltern- , Kinder- oder Geschwisterachsen. Alle möglichen Richtungen werden in Abschnitt 2.5.2 erläutert.

Die Knotenabfrage selbst wird an den Achsennamen angehängt und dient zur Vorauswahl der Knoten, die durch den Achsennamen ausgewählt wurden. Die Knotenabfrage besteht entweder aus einem Namensvergleich („name test") oder einem Test, ob der Knoten einen bestimmten Typ hat („node type"). Wird als Knotenabfrage ein Name („qualified name") angegeben, werden alle Elemente des Dokuments entlang der durch den Achsennamen spezifizierten Achse selektiert, die mit diesem Namen übereinstimmen. Wird als Knotenabfrage ein Knotentyp spezifiziert, dann werden alle Elemente auf der Achse selektiert, die von diesem Typ sind. Folgende Testfunktionen für Knotentypen stehen zur Verfügung:

- text()
- comment()
- processing instruction()
- node()

An die Knotenabfrage kann ein optionales Kriterium in eckigen Klammern angehängt werden, das Prädikat, welches zu einer noch feineren Auswahl der Knoten verwendet werden kann. Das Prädikat ist ein Ausdruck, dessen Ergebnis zu einem booleschen Wert konvertiert wird. Ein Knoten auf einer Achse wird dann selektiert, wenn das Prädikat den booleschen Wert `"true"` liefert. Das Prädikat ist dabei selbst wieder ein XPath-Ausdruck. Die durch die Knotenabfrage ausgewählten Knoten werden dabei nacheinander zu dem Kontextknoten, für den das Prädikat ausgewertet wird. Das Prädikat hat den Wert true, wenn wenigstens ein Knoten in dem durch die Auswertung entstehenden Node Set vorhanden ist.

Beispiele

Hier ein paar Beispiele:

- `child::adresse` wählt alle `adresse`-Elemente aus, die Kinder vom aktuellen Kontextknoten sind.
- `child::node()` wählt alle Kinderknoten des Kontextknotens aus.
- `attribute::name` wählt das `name`-Attribut des Kontextknotens aus.
- `child::adresse/descendant::name` wählt name-Elemente aus, die unterhalb der `adresse`-Kinder des aktuellen Kontextknotens auftreten. Dies ist beispielsweise dann sinnvoll, wenn in unterschiedlichen Hierarchieebenen `name`-Elemente vorkommen
- `/child::node()` wählt alle Kinderknoten des Wurzelknotens aus
- `child::adresse[position()=1]` wählt den ersten `adresse`-Kinderknoten vom Kontextknoten aus.
- `child::adresse[position()=3][attribute::id="xyz"]` wählt den dritten `adresse`-Kinderknoten des aktuellen Kontextknotens aus, sofern dieser `id="xyz"` gilt.

2.5.2
Achsen

Im Gegensatz zu den bekannten Pfaden in einem Dateisystem, stehen in XPath-Beschreibung von Pfadausdrücken mehrere Achsen zur Verfügung. Die folgenden Beschreibungen beziehen sich immer auf den Kontextknoten, also den Knoten im Baum, in dem man sich aktuell befindet.

ancestor-Achse

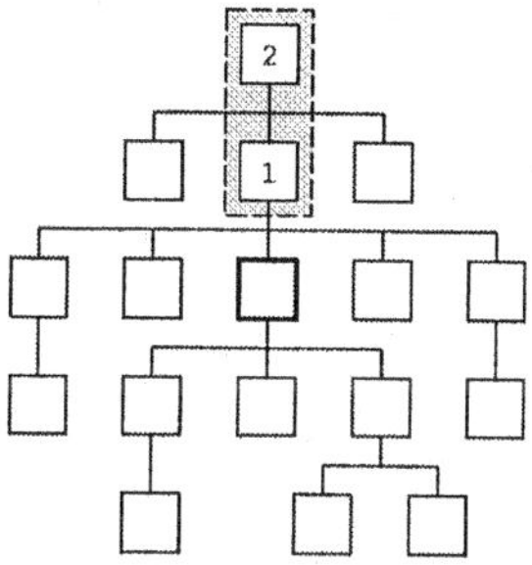

Bis auf den Wurzelknoten (*root node*) hat jeder Knoten des Dokumentenbaums so genannte Vorfahren (*ancestor*). Die Vorfahren eines Kontextknotens bilden eine Achse vom Wurzelknoten bis zum Kontextknoten an sich. Diese Achse wird *ancestor*-Achse genannt und beinhaltet **nicht** den Kontextknoten.

ancestor-or-self-Achse

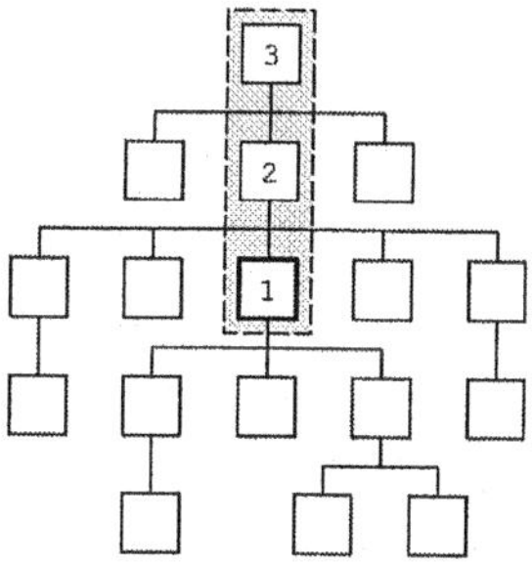

Die *ancector-or-self*-Achse Verhält sich wie die *ancestor*-Achse, nur enthält diese nicht den Kontextknoten.

parent-Achse

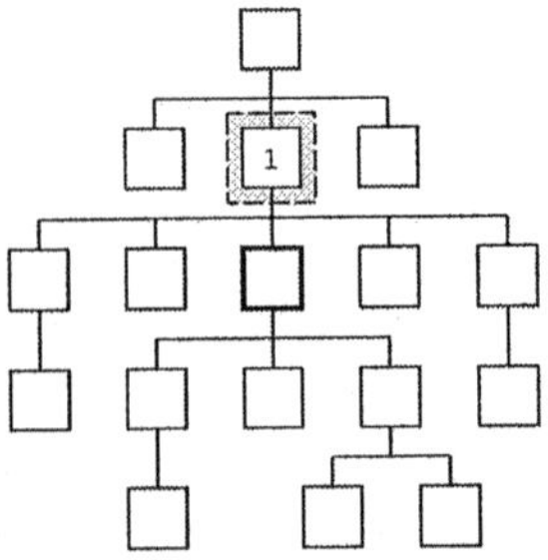

Der direkte Elternknoten eines Kontextknotens sind in *parent*-Achse enthalten.

self-Achse

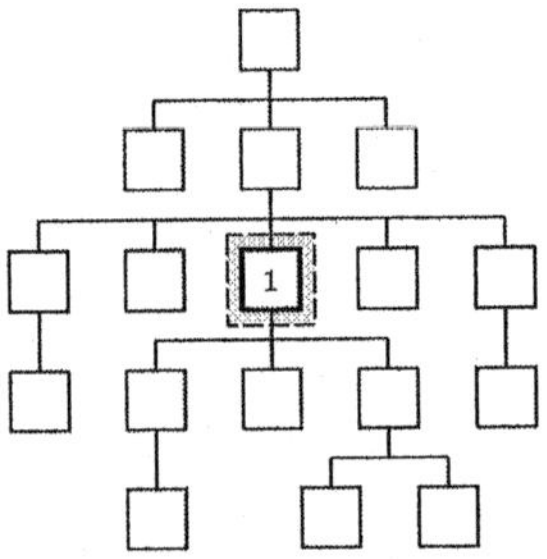

Die *self*-Achse enthält den Kontextknoten selbst.

child-Achse

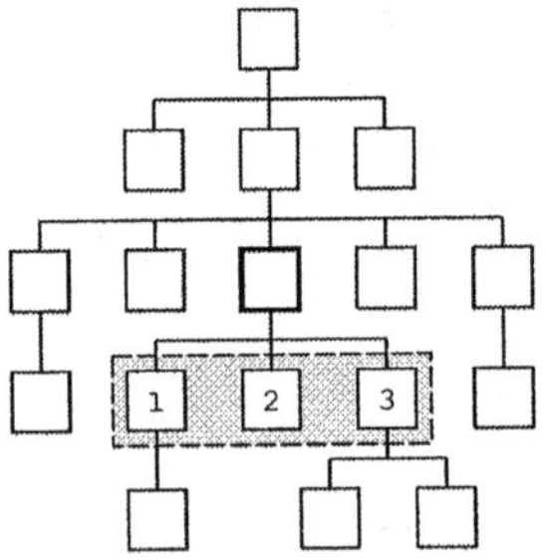

Die *child*-Achse enthält die direkten Kindknoten des Kontextknotens.

descendant-Achse

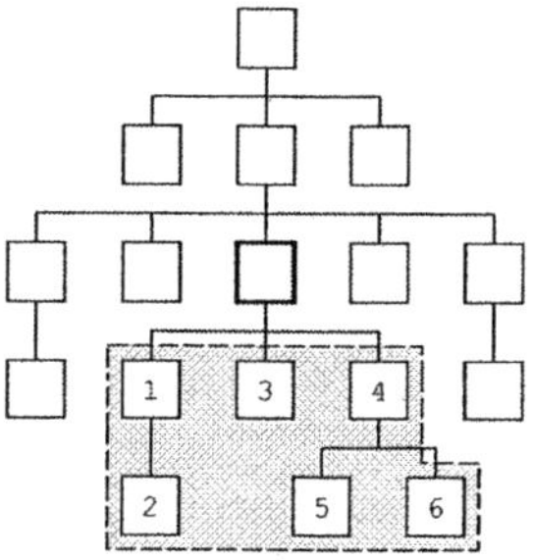

Die *descendant*-Achse enthält alle Kind- und Kindeskind-Knoten bis hin zu den Blättern des Kontextknotens. Der Kontext-Knoten ist nicht enthalten.

descendant-or-self-Achse

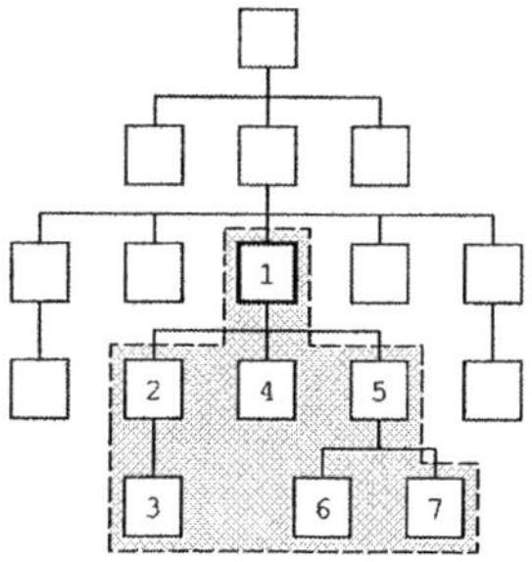

Die *descendant-or-self*-Achse entspricht der *descendant*-Achse, enthält jedoch zusätzlich den Kontextknoten.

following-sibling-Achse

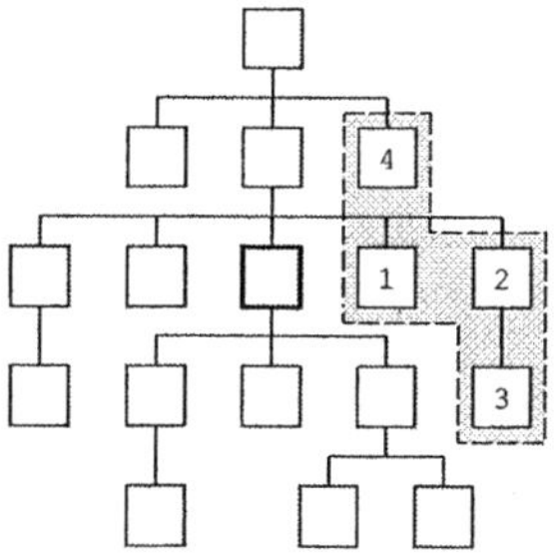

Dies *following-sibling*-Achse beinhaltet alle Knoten, die sich auf der gleichen Ebene des Dokumentbaums wie der Kontextknoten, aber rechts von ihm befinden(alle Knoten der gleichen Ebene, die eine höhere Nummer in der inneren Ordnung des Dokuments besitzen). Ist der Kontextknoten ein Attributknoten oder ein Namespace-Knoten, so ist die *following-sibling*-Achse leer.

preceding-sibling-Achse

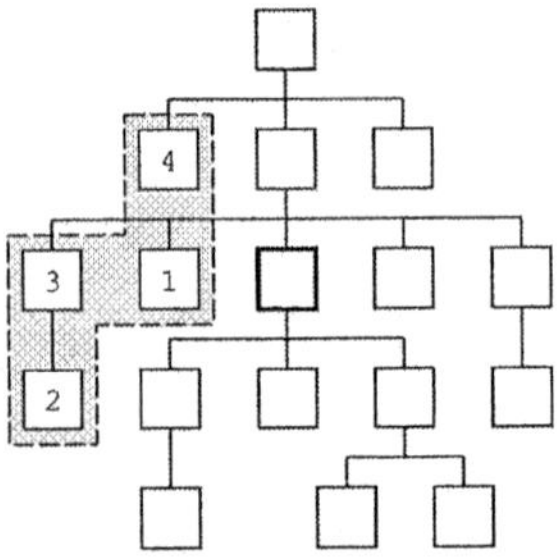

Die *preceding-sibling*-Achse entspricht der *following-sibling*-Achse, nur dass diesmal alle links vom Kontextknoten stehenden Knoten enthalten sind.

following-Achse

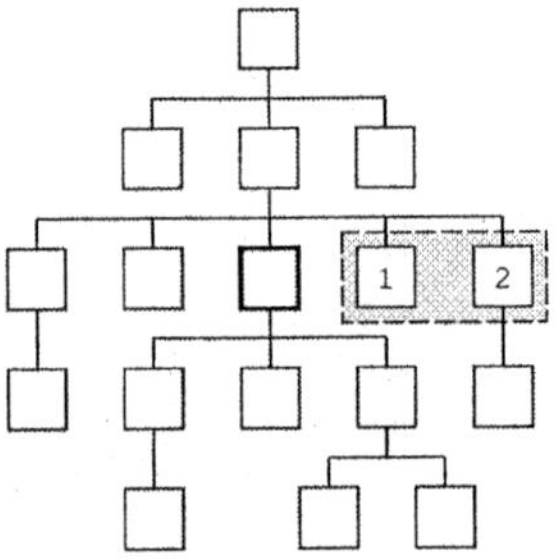

Die *following*-Achse enthält alle Knoten, die in der inneren Ordnung des Dokuments (*document order)* nach dem Kontextknoten kommen, außer den Kind- und Kindeskind-Knoten des Kontextknotens.

preceding-Achse

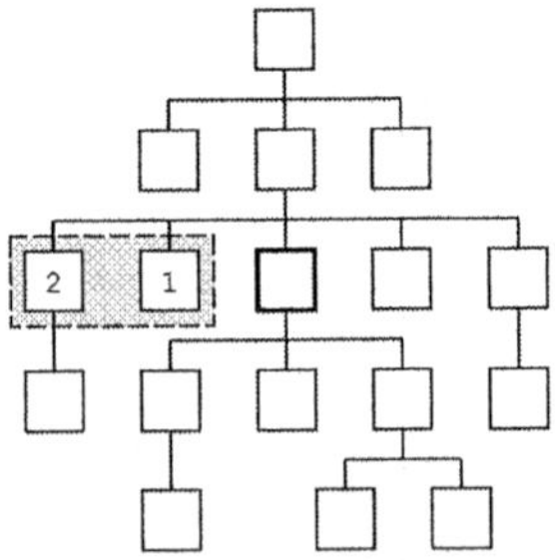

Die *preceding*-Achse enthält alle Knoten, die in der Document Order vor dem Kontextknoten stehen, außer seinen Vorfahren.

namespace-Achse:
Beinhaltet alle Namensraumknoten, die für den Kontextknoten gültig sind.

attribute-Achse:
Enthält alle Attribute des Kontextknotens.

Der *namespace*-Knoten und der *attribute*-Knoten sind nie Kinder eines Elternknotens. Sie stellen vielmehr Zusatzinformationen bereit, die zu einem Knoten gehören.

2.5.3 Kurzschreibweise

Neben der mächtigeren, aber auch gewöhnungsbedürftigen Schreibweise definiert XPath noch eine Kurzschreibweise. Sie deckt die am häufigsten vorkommenden Ausdrücke ab. Die wichtigsten Kurzschreibweisen sind:

- `child::` kann ausgelassen werden. Wenn keine Achse angegeben wird, so ist implizit die *`child`*-Achse gemeint. `adresse/name` steht somit für `child::adresse/child::name`.
- Die *attribute*-Achse wird durch ein `"@"` ausgedrückt. Statt `child::adresse[attribute::id="xyz"]` kann somit `adresse[@id="xyz"]` geschrieben werden.
- Die Kurzschreibweise für `/descendant-or-self::node()/` ist `//`. Alle `adresse`-Knoten unterhalb oder identisch mit dem Kontextknoten werden somit durch `//adresse` angesprochen.
- Ein `.` steht für `self::node()`.
- Ein `..` steht für `parent::node()`.

3 XML als Datenmodell

3.1 Über die Strukturiertheit von Daten

3.1.1 Einführung

Um mit Daten in einer generischen Art und Weise arbeiten zu können, muss etwas über ihr „Inneres“ bekannt sein, und zwar formell ausgedrückt. Gewöhnlich geschieht dies dadurch, dass man Daten strukturiert, sie also in Einheiten zerlegt und die Beziehungen zwischen diesen Einheiten charakterisiert und formelle Aussagen über die Inhalte der einzelnen Informationseinheiten macht.

So wird beispielsweise eine Rechnung nicht als monolithische Einheit gespeichert, sondern in ihre Einzelteile „zerlegt“, also strukturiert: Rechnungsnummer, Rechnungsdatum, Positionen, die aus Stückpreis, Anzahl und Leistungsbeschreibung bestehen, sowie Rechnungsempfänger, der aus Namen, Vornamen, Straße, PLZ und Ort besteht. Weiterhin wird festgelegt, dass Rechnungspositionen wiederholbar sind, aber ein Rechnungsempfänger, die Rechnungsnummer und das -datum nur einmal angegeben werden dürfen. Außerdem werden die einzelnen Einheiten näher charakterisiert: Der Stückpreis ist eine positive Zahl mit max. zwei Nachkommastellen, das Rechnungsdatum ist ein gültiges Datum etc.

Was haben wir damit gewonnen? Wir können mehr automatisierte Operationen auf Rechnungen durchführen. Wir können neue Rechnungspositionen hinzufügen oder gezielt nach Rechnungen an einen bestimmten Empfänger suchen. Außerdem können wir den Rechnungsbetrag automatisch berechnen. Zusätzlich kann das verwaltende System jederzeit überprüfen, ob die eingegebenen Werte für Stückzahl und Datum zumindest „syntaktisch“ korrekt sind.

3.1.2 Das Wesen von „Struktur“

Wenn wir die Strukturierungsmaßnahmen noch einmal rekapitulieren, so ist es zunächst einmal das Hinzufügen von expliziten Strukturinformationen, so dass die zu speichernden Daten in Informationseinheiten zerlegt werden. Das zweite sind die Regeln über das Wesen und Vorkommen dieser Informationselemente (Typisierung). Je mehr die Strukturinformation bestimmten Regeln gehorcht, die Struktur also „regelmäßig“ ist, desto einfacher wird die rechnergestützte Verarbeitung sowohl bei der eigentlichen Anwendung als auch bei der Datenspeicherung.

Umgekehrt bedeutet ein höherer Strukturierungsgrad aber auch, dass man weniger flexibel ist, Wenn man die Rechnung als unstrukturierten (sprich: nicht *explizit* strukturierten) Text speichert, kann man jede noch so erdenkliche Form realisieren. Man kann komplexe Rechnungspositionen oder Sammelrechnungen benutzen. Nehmen wir das Strukturmodell (oder in der Terminologie der Datenbanken: das Schema) des vorangegangenen Abschnitts, so ist das ohne Modifikationen am Schema nicht mehr möglich.

Starke Strukturierung bei traditionellen Datenbanken

Traditionelle Datenbanken gehen von einer starken Strukturierung der Daten aus. Bei relationalen Datenbanken wird alles in Relationen zerlegt, die aus gleichartigen Tupeln mit festgelegten Typen bestehen. Bei objektorientierten Systemen muss alles Instanz einer Klasse des Objektschemas sein, wobei diese Klasse Attribute und verfügbare Methoden festlegt. Diese Strukturen bei traditionellen Datenbanken sind so regelmäßig, dass sie sich von den Daten als separate Strukturbeschreibung trennen lassen: die Trennung von Schema und Instanz.

Unstrukturierte Texte

Das andere Extrem sind unstrukturierte Texte, die allenfalls mit ein paar Metainformationen angereichert sind. Hier bestehen keinerlei Vorgaben für den Aufbau eines Textes (ein Schema existiert also nicht); eine generische Zerteilung in einzelne Teile ist ohne umfangreiches semantisches Zusatzwissen nicht möglich.

Als „Kompromiss“ zwischen beiden Extremen haben sich in den letzten Jahren semistrukturierte Datenmodelle herausgebildet, die die Entwicklung von XML-Standards beeinflusst haben. Im folgenden soll deshalb eine Ausprägung eines solchen semistrukturierten Datenmodells kurz vorgestellt werden.

3.2 Semistrukturiertes Datenmodell[1]

3.2.1 Einführung

Mit der Entwicklung des Internets und des WWW hat sich eine vielgestaltige Welt der Informationsquellen herausgebildet, die auf diesem vereinheitlichenden Medium verfügbar sind, aber in ihrer Struktur und ihren Zugriffsmethoden stark heterogen sind. Will man versuchen, diese heterogenen Quellen zu integrieren, so stellt man relativ schnell fest, dass die herkömmlichen, stark strukturierten Datenmodelle wie das relationale Modell nur wenig geeignet sind, um eine vereinheitlichte Sicht auf mehrere Datenquellen zu liefern. Deshalb wurden semistrukturierte Datenmodelle entwickelt, die u.a. mit den folgenden Problemen zurechtkommen sollten [Abit97]:

- Ein umfassendes Schema wäre sehr groß, so dass nicht erwartet werden kann, dass ein Benutzer über ein umfassendes Schemawissen verfügt. Das Schema muss genau so wie die Daten anfragbar sein; man muss in ihm „auf Entdeckungsreise gehen" können. Hierzu eignet sich die strikte Trennung von Schema- u. Instanzebene nicht.
- Manchmal ist es der angemessenste Weg nach etwas in semistrukturierten Daten zu suchen, indem man das Schema komplett ignoriert und eine Volltextsuche durchführt.
- Schemata entwickeln sich schnell, insbesondere gilt dies natürlich für das vereinheitlichte Schema, aber auch für die Teilschemata.
- Typisierung von Daten ist abhängig von der Verarbeitungssituation. In manchen Fällen ist es beispielsweise nicht wichtig, ob es sich um eine Telefonnummer (eine Zeichenkette mit einem ganz bestimmten Aufbau) oder einfach nur einen Text handelt; in anderen Situationen möchte ich gezielt auf die Vorwahl zugreifen und benötige so die Typisierung.
- Die Unterscheidung zwischen Daten und Schemata verschwindet. Manche Information ist in der einen Quelle als Datum kodiert, in der anderen als Typinformation (also Schemaebene).

---

1 Eine hervorragende Einführung bietet [ABS00]

Eine andere Motivation für das semistrukturierte Datenmodell ist die Tatsache, dass manche Daten einfach von Natur aus semistrukturiert sind, wie z.B. Dokumente. Mit dem WWW hat sich eine riesige „Datenbank“ solcher semistrukturierter Daten herausgebildet, auf die man auch mit geeigneten Methoden zugreifen will.

3.2.2 Was sind semistrukturierte Daten?

Was sind nun semistrukturierte Daten? Eine klare Definition zu geben, ist nicht einfach, und nicht in jedem Fall wird man unterscheiden können zwischen strukturiert und semistrukturiert. Denn wie der Begriff schon andeutet, ist semistrukturiert „irgendetwas“ in der Mitte zwischen strukturiert und unstrukturiert. Folgende Kennzeichen sind dabei charakteristisch. Sie besitzen eine Struktur, aber [Abit97]:

- diese Struktur weist Variationen auf (fehlende oder zusätzliche Elemente, wechselnde Repräsentation der Inhalte)
- diese Struktur ist oft nur implizit und in die Daten eingebettet vorhanden (man spricht auch gern von „selbstbeschreibend“) und man kann sie erst nach Vorliegen der Daten (a posteriori) angeben.
- die Beschreibungen für diese Struktur sind nur indikativ, nicht einschränkend, d.h. beim Eintreffen neuer Daten müssen diese nicht der bislang gewonnenen Struktur entsprechen.
- diese Struktur ist oft nur partiell, d.h. ein Teil der Daten wird nicht weiter durch Elemente des Datenmodells strukturiert.

3.2.3 Datenmodell OEM

Das semistrukturierte Datenmodell ist relativ simpel. Stellvertretend sei hier das Object Exchange Model (OEM, [Papa95]) der Stanford University erläutert, das sowohl im Rahmen eines Projektes zur Informationsintegration (TSIMMIS, [CGH+94]), als auch für ein semistrukturiertes DBMS (LORE, [MAG+97]) Anwendung fand und zumindest als Datenmodell als Vorläufer von XML gelten kann.

Grundelement sind Objekte, die aus einem optionalen Identifikator, einem beschreibenden Bezeichner, einem Typ und einem Wert bestehen. Als Typen stehen u.a. *int*, *real*, *string*, aber auch der komplexe Typ *set* zur Verfügung. Bei komplexen Objekten besteht der Wert aus einer Menge von Unterobjekten (Verschachtelung, *nesting*).

```
<bezeichner typ wert>
```

Für den Verweis auf Objekte, die nicht nur an einer Stelle Verwendung finden sollen, lassen sich die Identifikatoren (Notation mit &-Präfix) als Anker für Referenzen nutzen. Deshalb wird OEM gerne als Datenmodell mit den beiden Strukturierungsmitteln Verschachtelung und Objektidentität bezeichnet.

OEM-Beispielinstanz

```
<katalog set {
   <&a1 artikel set {
     <name string "Bohrmaschine" >
     <stueckpreis real 179.95>
     <hersteller string "Bosch">
   }>
   <&a2 artikel set {
     <name string "Fassadenfarbe" >
     <stueckpreis real 25.50>
   }>
   <&d1 dienstleistung set {
     <name string "Anschluss Elektrogerät" >
     <stundensatz real 45>
   }>
}>

<&b200101 bestellung set {
    <bestellposition set {
        &a1
        <anzahl int 1>
        <gesamtpreis real 179.95>
    }>
    <bestellposition set {
        &d1
        <anzahl int 2>
        <gesamtpreis real 51>
    }>
 }>
```

Kennzeichnend für OEM ist nun, dass es kein a priori Schema (das bereits vor dem Vorliegen von Daten existiert) gibt, dieses aber a posteriori durch die selbstbeschreibenden Bezeichner aus den Daten extrahiert werden kann. Diese extrahierten Schemata werden dann als „data guides" ([GoWi97]) bezeichnet.

Eine mathematischere Darstellung des semistrukturierten Datenmodells kann mit Hilfe von gerichteten Graphen erfolgen.

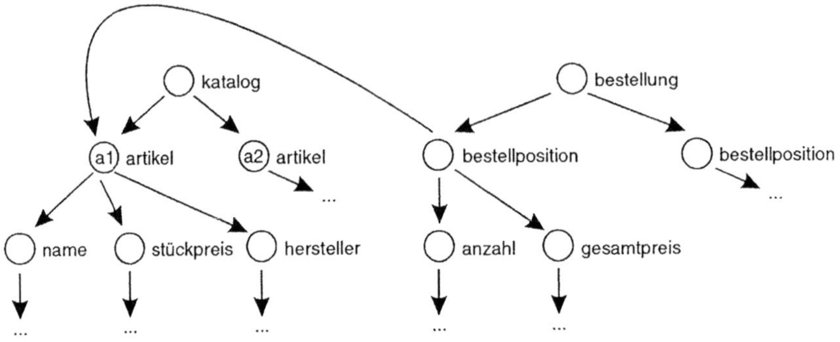

Kantenbewertet vs. knotenbewertet

In der Literatur ist die Plazierung der Bezeichner uneinheitlich. Häufig wird das semistrukturierte Datenmodell als kantenbewerteter Graph, manchmal als knotenbewerteter Graph betrachtet. Der Unterschied zwischen den beiden Modellierungsarten ist, dass im Falle der Knotenbewertung der Bezeichner untrennbar zum Objekt (das durch den Knoten repräsentiert ist) gehört, während im Falle der Kantenbewertung das Objekt, wenn es an unterschiedlichen Stellen referenziert wird, auch unterschiedliche Bezeichner haben kann. Für XML spielt das knotenbewertete Modell die größere Rolle, wie weiter unten noch deutlich wird.

Ordnung

Ein zweites Problem bei semistrukturierten Datenmodellen ist die Frage, ob die von einem Knoten ausgehenden Kanten geordnet sind. Dieses Problem wird an mehreren Stellen in den folgenden Kapiteln nochmals aufgegriffen, aber im Wesentlichen hängt die Antwort auf die Frage, ob Ordnung sinnvoll bzw. notwendig ist, von der Anwendungsdomäne ab. Wird auf Ordnung verzichtet, so wird die Implementierung von Operationen auf semistrukturierten Daten einfacher und hat mehr Optimierungsspielräume. Umgekehrt lässt sich bei Verzicht auf Ordnung als Ausdrucksmittel des Datenmodells dies später nur umständlich nachbilden.

3.3 XML und Datenbanken

3.3.1 XML und die Strukturierung von Daten

Häufig wird XML als semistrukturiertes Datenmodell, und XML-Dokumente werden als semistrukturiert bezeichnet. Doch diese Aussage trifft nicht ganz die tatsächliche Situation. Zunächst einmal ist zu unterscheiden zwischen XML als Serialisierungssyntax für ein beliebiges Datenmodell und der Verwendung von XML als eigentliches Datenmodell.

XML als Serialisierungssyntax

Im ersten Fall liegt die Semantik für die einzelnen Konstrukte nicht innerhalb von XML vor; es werden Zusatzannahmen getroffen. Beispiele hierfür sind RDF (Resource Description Framework, [RDF]) oder auch XMI als Serialisierungssyntax für UML ([XMI00]).

XML als Datenmodell

XML als eigenständiges Datenmodell kann hervorragend für semistrukturierte Daten eingesetzt werden; es kann aber ebenso für strukturierte Daten eingesetzt werden. Denn XML stellt Mittel bereit, (fast) jeden beliebigen Grad der Strukturiertheit auszudrücken. Durch die Möglichkeit, ganz ohne a priori Schemata auszukommen und genau dieselben Ausdrucksmittel bereitzuhalten wie OEM (selbstbeschreibenden Bezeichner, Verschachteln von Elementen, Knotenidentität über ID-Attribute), erfüllt es die Voraussetzungen für semistrukturierte Daten. Wie Kapitel 4 zeigen wird, existieren aber auch die Sprachmittel für präzise Strukturvorgaben und Integritätsregeln, womit sich relationale vollständig und die strukturellen Eigenschaften objektorientierter Modelle größtenteils nachbilden lassen.

3.3.2 Ein Datenmodell für XML

Aber was ist nun mit XML als Datenmodell? Mit dieser Frage trifft man sicherlich einen wunden Punkt von XML. Denn anders als das mathematisch fundierte relationale Modell wurde XML ursprünglich als Metasprache für Dokumentenauszeichnungssprachen und nicht als Datenmodell konzipiert. Erst als XML massiv für datenorientierte Anwendungen eingesetzt wurde, wurde eine formellere Definition eines XML-Datenmodells „nachgerüstet“.

XML Information Set

Es wird in Form der Informationsmenge definiert, die über ein XML-Dokument verfügbar ist, die sog. *XML Information Set* (kurz: Infoset, [InfoSet]), die seit Oktober 2001 als W3C-Empfehlung verfügbar ist. Das besondere bei XML ist, dass es nicht einfach *ein* Datenmodell bzw. eine Art von Informationsmenge gibt, sondern diese davon abhängt, ob und womit ein XML-Dokument validiert wurde (vgl. Abbildung).

Überblick: Datenmodell, Schema und Validierung von Dokumenteninstanzen

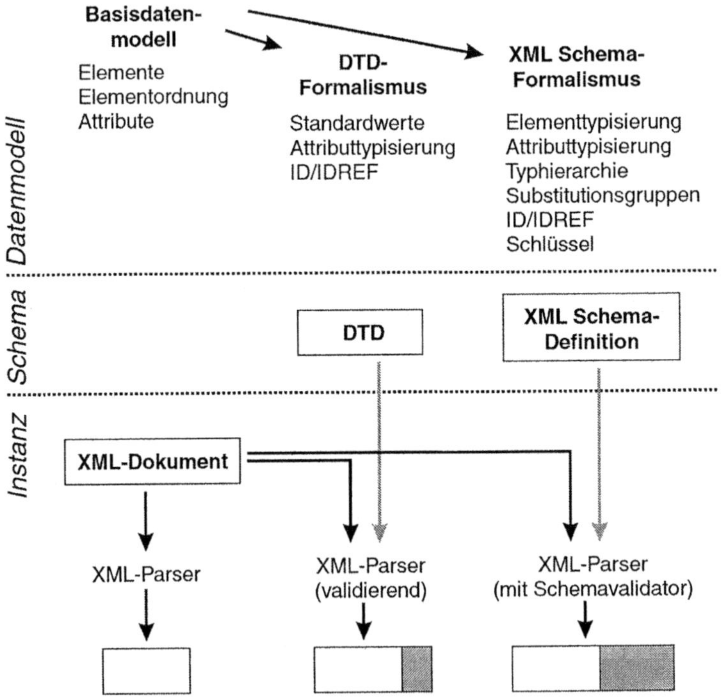

Informationen, die Anwendungen über ein XML-Dokument zur Verfügung haben (Informationsmenge oder »InfoSet«)

Denn erst über eine DTD-Validierung wird der Verweismechanismus ID/IDREF verfügbar oder werden nicht angegebene Attribute mit Standardwerten belegt. Entsprechend werden durch die Validierung mit einem Schemaformalismus (der in diesem Sinne ein Datenmodell ist!), der Typisierung unterstützt, Typinformationen zu Elementen verfügbar.

Was ein Schemaformalismus zum Datenmodell beiträgt, wird in dessen jeweiliger Spezifikation als „post schema validation information set" (PSVI) festgelegt, so z.B. bei XML Schema.

Was ist in einer solchen Informationsmenge nun definiert? Eine solche Informationsmenge besteht aus einer Menge von Einträgen *(items)*, die den Knoten von XML-Dokumenten entsprechen. Es existieren dabei unterschiedliche Eintragstypen wie z.B. Dokument, Element, Attribut, Kommentare etc. Diese Einträge besitzen Eigenschaften. So besitzt der Dokumenteneintrag eine Eigenschaft *children*, über die sich die geordnete Liste der darin enthaltenen Elemente abrufen lässt; ähnlich existiert für Elementeinträge eine solche *children*-Eigenschaft und eine Eigenschaft *attributes*, über die sich eine (ungeordnete!) Menge von Attributen abrufen lässt.

Inhalt der Information Set

Auf der Basis einer solchen formalisierten Informationsmenge lässt sich dann auch eine repräsentationsunabhängige Äquivalenz zwischen Dokumenten definieren und so z.B. formal fassen, wann ein XML-Dokument verlustfrei gespeichert werden kann und wann eine Transformation informationserhaltend ist, d.h. es möglich ist, diese Transformation auch umzukehren.

In der Vergangenheit haben die unterschiedlichen XML-Techniken wie XPath, XSLT, aber auch XQuery jeweils ihre eigenen Datenmodelle definiert. In Zukunft ist zu erwarten, dass mit Hilfe der „Infoset"-Abstraktion hier eine Vereinheitlichung einsetzt. Insbesondere beginnen bereits die Arbeitsgruppen für XPath und XQuery, ein gemeinsames Datenmodell zu entwickeln, das auf dem XML Information Set aufsetzt und dieses um eine Algebra für Operationen darauf ergänzt.

3.3.3 Exkurs: Vergleich mit anderen Datenmodellen

Während die Beziehungen und Unterschiede zum relationalen und objektorientierten Datenmodell vielfach im weiteren Verlauf des Buches zur Sprache kommen werden (insbesondere im Abschnitt, in dem es um die Abbildung zwischen XML und diesen Datenmodellen geht), sollen hier kurz die Beziehungen des „XML-Datenmodells" zu etwas exotischeren Datenmodellen skizziert werden.

3.3.3.1 Hierarchisches Datenmodell

Eines dieser Datenmodelle ist das *hierarchische Datenmodell*, das sich vor einigen Jahren noch großer Beliebtheit erfreute. Beim hierarchischen Datenmodell handelt es sich um eine Variante des Netzwerkmodells (vgl. [LaLo95]). Daten werden dabei in Form von Datensätzen *(records)* gespeichert, die einen bestimmten Typ besitzen *(record type)*. Dabei sind Datensätze nichts anderes als eine Attributgruppe. Zusätzlich existieren hierarchische Beziehungstypen *(parent-child relationships types)*, die festlegen, zwischen welchen Datensatztypen eine solche Beziehung besteht. Das hierarchische Datenmodell organisiert alle Datensätze in einer Baumstruktur mit exakt einer Wurzel. Dementsprechend ist jeder Datensatz (bis auf die Wurzel) genau einem übergeordneten Datensatz zugeordnet. Um das hierarchische Datenmodell flexibler zu machen, wurden später virtuelle Datensätze hinzugefügt, die es erlaubten, dass ein Datensatz auch mehrere übergeordnete Datensätze haben darf (ähnlich den Kettrecord-Typen aus dem Netzwerkmodell).

Auf den ersten Blick erscheint das hierarchische Datenmodell sehr ähnlich zu der Idee von XML. Dennoch lassen sich einige Unterschiede ausmachen (vgl. auch [JLS99]):

Unterschiede zwischen dem hierarchischen Datenmodell und XML

- Das hierarchische Datenmodell verfügt über keine deklarative Anfragesprache; Zugriffe werden als Navigationsoperationen in der Hierarchie direkt formuliert.
- Die Möglichkeiten zum Ausdrücken von Beziehungen zwischen Datensätzen waren stark eingeschränkt (auch mit der Erweiterung um virtuelle Datensätze). Wertbasierte Verknüpfungen waren überhaupt nicht möglich.
- Die Struktur einzelner Datensätze war sehr eingeschränkt. Strukturelle Variationen waren nicht vorgesehen.

Da das hierarchische Datenmodell zudem über kaum formale Grundlagen verfügte, wird sich wohl wenig von den Erfahrungen mit dem hierarchischen Datenmodell wiederverwenden lassen.

3.3.3.2 NF^2-Datenmodell[2]

Ein anderes interessantes, aber in der Praxis wenig erfolgreiches Datenmodell ist das NF^2-Datenmodell *(Non-First Normal Form*, [JS81]), manchmal auch als geschachteltes Relationenmodell bezeichnet. Es versucht, die Defizite des relationalen Modells beim Umgang mit komplex strukturierten Attributen auszugleichen. Es hebt die Forderung nach Atomizität der Attributdomänen auf (also keine 1. Normalform mehr) und lässt es zu, dass Attribute wiederum Relationen enthalten dürfen. Um mit diesen geschachtelten Relationen umzugehen, wird die relationale Algebra um zwei Operatoren erweitert. Der *unnest*-Operator „entschachtelt“ die in einem Attribut

[2] für eine ausführliche Darstellung des NF^2-Modells vgl. [LaLo95]

enthaltene Relation wieder, indem ein Kreuzprodukt mit dem Resttupel, in dem die Relation enthalten ist, durchgeführt wird. Als Umkehroperation existiert der *nest*-Operator, der ähnlich zu einer Gruppierungsoperation Tupel mit gleichen Werten in bestimmten vorgegebenen Attributen zu einem Gesamttupel zusammenfasst und die restlichen Attribute zu einer Unterrelation macht.

Gegenüber dem XML-Datenmodell bietet das NF²-Modell weniger Flexibilität:

Unterschiede zwischen dem NF²-Datenmodell und XML

- Die Unterrelationenbildung ist exklusiv. Ein Tupel in einer solchen Unterrelation kann nur einem Tupel zugeordnet sein. Referenzen werden nicht unterstützt. Ansonsten beschränken sich die Beziehungen, die formulierbar sind, auf die relationalen Fremdschlüsselbeziehungen.
- Bis auf die hierarchische Erweiterung sind die strukturellen Mittel ähnlich rigide wie beim relationalen Modell. Es lassen sich kaum strukturelle Variationen ausdrücken.
- Insbesondere werden Konstrukte wie die gemischten Inhalte von XML nicht unterstützt.

Ansonsten bietet sich das NF²-Modell als Ausgangspunkt für theoretische Überlegungen für den Umgang mit hierarchisch strukturierten Daten durchaus an, insbesondere durch seine mathematische Fundierung.

3.3.4 Datenbanktechniken für XML

Der folgende erste große Teil dieses Buches wird sich mit grundlegenden Datenbanktechniken beschäftigen, die auf dem/den XML-Datenmodellen aufbauen:

- *Kapitel 4.* Wie lassen sich Schemata für XML formulieren, welche speziellen Probleme wirft hier XML im Gegensatz zu anderen Datenmodellen auf? Im Besonderen wird auf den W3C-Standard XML Schema eingegangen (und das von ihm begründete erweiterte Datenmodell), aber es werden auch alternative Zugänge näher beleuchtet.
- *Kapitel 5.* Wie lässt sich auf XML-Daten in einer deskriptiven Weise zugreifen? Dieses Kapitel beschäftigt sich mit Anfragesprachen, sowohl für lesende, als auch für schreibende Zugriffe. Schwerpunkt ist hierbei die Vorstellung des W3C-Standards

XQuery; es werden jedoch auch andere Anfragesprachen vorgestellt und ein Ausblick auf Anfragesprachen für Schreibzugriffe gegeben.

- *Kapitel 6.* Wie lassen sich XML-Daten weiterverarbeiten und visualisieren? Hier werden die Transformationssprache XSL-T und Konzepte zur Kopplung von XML-Daten mit Web-Formularen vorgestellt.
- *Kapitel 7.* Welche Anwendungsschnittstellen existieren, um die Verarbeitung von XML-Daten mit konventionellen Programmiersprachen durchzuführen. Hier wird auf das ereignisbasierte SAX *(Simple API for XML)* und das objektorientierte DOM *(Document Object Model)* kurz eingegangen.

TEIL II

Grundlegende Datenbanktechniken

4 Schema

In diesem Kapitel geht es um Schemaformalismen für XML. Im ersten Teil werden die unterschiedlichen Aspekte des W3C-Standards für die Schemadefinition (XML Schema) behandelt, und im zweiten Abschnitt werden alternative Schemadefinitionssprachen kurz vorgestellt.

4.1 Einführung

4.1.1 Warum Schema?

Schemata sind Garantien

Der wesentliche Sinn von Schemata ist das Abgeben und Einhalten von Garantien über strukturelle Eigenschaften von Daten, auf deren Basis die unterschiedlichen Anwendungen, die mit Daten oder Dokumenten in Berührung kommen, frei arbeiten können. Ein Schema stellt eine Garantie für ein Datenspeicherungssystem dar, das danach seine physikalische Speicherung optimieren kann. Für eine Anwendung stellt ein Schema ebenfalls eine Garantie dar, dass die Daten immer den spezifizierten Strukturen entsprechen. So entfällt eine aufwendige und meist unvollständige Fehler- und Ausnahmebehandlung, die insbesondere bei der Weiterverarbeitung (Berechnungen, Präsentation etc.) notwendig würde.

Im Falle von Produktkatalogen „weiß“ beispielsweise die Anwendung, dass jeder Eintrag des Katalogs aus einem Namen, einer Kurzbeschreibung und einem Preis besteht, wobei der Preis zusätzlich als numerischer Wert mit maximal zwei Nachkommastellen bekannt ist. Entsprechend können Layout und Formatierungsanweisungen darauf abgestimmt werden.

Wichtig ist also bei Schemaformalismen, dass die mit seiner Hilfe abgegebenen Garantien durch generische Komponenten überprüfbar sind und so auch für die Sicherung von Operationen auf den Daten genutzt werden können. Zusätzlich besteht bei standardisierten Schemadefinitionen auch die Möglichkeit, diese zwischen unterschiedlichen Komponenten auszutauschen und auf ihnen Metaoperationen auszuführen.

4.1.2 Schema und die drei Strömungen von XML

Der Schemabegriff und die Anforderungen, die an eine Schemadefinitionssprache für XML gestellt werden, sind abhängig von ihrem Einsatzgebiet. Besonders bei XML gibt es sehr unterschiedliche Einsatzgebiete, die sich grob in drei Strömungen gruppieren lassen: Dokumentenverarbeitung, Datenbanken und Datenaustausch sowie semistrukturierte Daten und Informationsintegration. Dabei sind diese Strömungen nicht strikt voneinander getrennt, im Gegenteil vermischen sie sich in praktischen Anwendungen oft miteinander.

Anforderungen an die Entwicklung von XML Schema

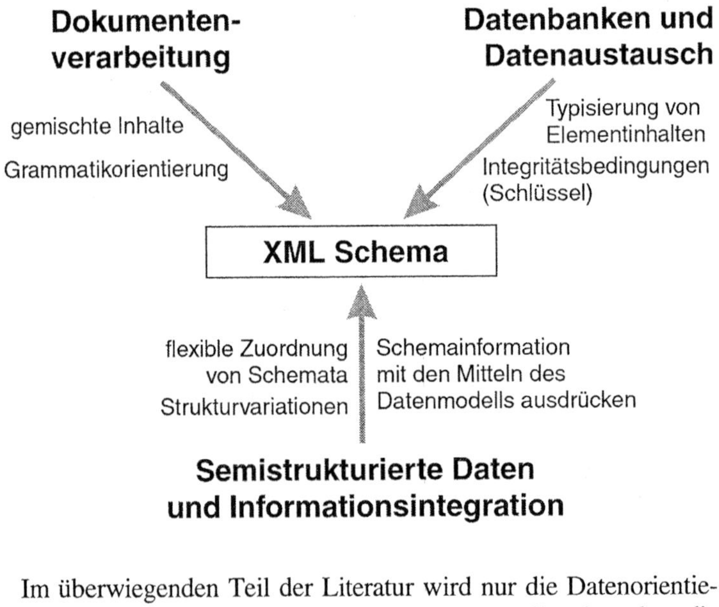

Im überwiegenden Teil der Literatur wird nur die Datenorientierung der Dokumentenorientierung gegenübergestellt, ohne dass die speziellen Probleme der Informationsintegration mittels semistrukturierter Modelle (wie z.B. a posteriori Schemata) genauer betrachtet wird.

4.1.2.1
Dokumentenverarbeitung[1]

Für die Dokumentenverarbeitung ist das zentrale Ziel, ein Dokument in unterschiedlichen und sich über die Zeit hinweg verändernden Systemen nutzen zu können. Im Vordergrund steht also die „Systemunabhängigkeit". Wichtigstes Mittel hierzu ist die Trennung von Struktur, Inhalt und Layout. In den Text (also Inhalt) einer Gebrauchsanleitung werden Strukturinformationen eingebettet, was eine Überschrift, was eine Fußnote oder was ein Warnhinweis ist. Auf der Basis dieser Strukturinformationen kann dann den unterschiedlichen Teilen ein bestimmtes Layout zugewiesen werden, und dies erfolgt z.B. in Abhängigkeit vom Ausgabemedium (z.B. elektronisch oder auf Papier).

Der Schemabegriff in der Dokumentenverarbeitung ist im Wesentlich gleichzusetzen mit einer Definition einer Auszeichnungssprache, also der Definition eines Auszeichnungsvokabulars und einer Beschreibung der Verwendungsmöglichkeiten dieses Vokabulars. Dies geschieht in den meisten Fällen mittels einer Grammatik. Kennzeichnend für Dokumente ist der „gemischte Inhalt": Elemente können sowohl Text, als auch Unterelemente enthalten. Typisches Beispiel ist ein Abschnitt mit Text, in den an beliebiger Stelle eine Fußnote eingebettet werden darf.

4.1.2.2
Datenbanken und Datenaustausch

In der Welt der Datenbanken und des Datenaustausches steht das Prinzip der „Datenunabhängigkeit" im Vordergrund, da hier meist mit großen Datenmengen umgegangen wird. Mittel hierzu ist die Abgabe von möglichst präzisen Garantien über die zu erwartenden Daten. Dies ist sowohl für die Anwendungsschicht, als auch für die Persistenzschicht (das DBMS) wichtig, wie bereits im vorangegangenen Abschnitt motiviert wurde. Hierzu gehört die feinere Typisierung von Element- und Attributinhalten. Erst so werden sinnvolle Operationen auf diesen Inhalten möglich, wie z.B. Vergleiche und arithmetische Operationen. Erst so hat auch die Persistenzschicht die Möglichkeit, bereits anhand des Schemas den Speicherbedarf abzuschätzen.

Ein weitere wichtige Anforderung aus diesem Bereich ist die Sicherung der Konsistenz bei Aktualisierungen, die im Gegensatz zum Dokumentenszenario sehr häufig vorkommen. Vor dem Einbringen neuer Daten in eine Datenbasis muss überprüft werden, ob die in formalen Regeln festgelegten Konsistenzbedingungen durch diese

---

[1] vgl. [RTW96]

Aktualisierung nicht verletzt werden. So sollten sich Artikelnummern in einer Bestellung immer auf Artikel im Produktkatalog beziehen.

4.1.2.3 Semistrukturierte Daten und Informationsintegration

Werden autonome Informationsquellen integriert, ergeben sich aus der Autonomie besondere Probleme im Hinblick auf die Schemata:

- Das Wissen über die Quelle reicht nicht aus, eine präzise Schemabeschreibung anzugeben.
- Das Schema der Quelle kann sich unvermittelt ändern.

Es bleibt nichts anderes übrig, als sich mit einem beschreibenden anstatt eines einschränkenden Schemabegriffes zufriedenzugeben. Dieses Schema kann a posteriori aus der Analyse der Daten gewonnen werden; es gibt aber keine Garantie, dass zukünftige Daten ebenfalls diesem Schema entsprechen.

Daraus folgt, dass die Zuordnung von Schemata zu Daten nicht starr ist. Vielmehr können einer bestimmten Datenportion je nach Kontext mehrere Schemata zugeordnet werden. Man spricht hier von einer Validierung gegen eine bestimmte Schemadefinition. So kann man überprüfen, ob eine bestimmte Instanz einer bestimmten Strukturannahme genügt und somit bestimmte Garantien abgegeben werden können.

4.2 Überblick über XML Schema

Mit den stark expandierenden Anwendungsfeldern von XML wurde relativ schnell klar, dass die von SGML stammenden Dokumenttypdefinitionen nicht mehr ausreichen, da sie zu sehr auf die Dokumentenverarbeitung abgestimmt sind. Für die Datenbankwelt fehlte eine weitergehende Typisierung von Textknoten, für die Informationsintegration war die Arbeit auf Schemadefinitionen durch die Tatsache erschwert, dass der DTD-Mechanismus eine eigene Syntax benutzt.

Aus zahlreichen Schemadefinitionssprachen (die teilweise bereits für SGML entwickelt wurden) entwickelte sich XML Schema als offizieller W3C-Standard.

XML Schema ist ein recht komplexer Standard, der sich am besten in vier Schichten einteilen lässt. *Datentypen* für die Typisierung von Textknoten, *Struktur* für die Definition von Elementen und komplexen Typen, *Konsistenz* für die Spezifikation von Integritätsbedingungen (Schlüssel). Auf der obersten Ebene schließlich finden sich Konzepte zur *Wiederverwendung*. Dabei impliziert diese Schichtung, dass die jeweilige Schicht höchstens von darunterliegenden Schichten abhängig und somit auch ohne die darüberliegenden Schichten verwendet werden kann. Insbesondere kann die Datentyp-Schicht ohne die anderen verwendet werden, was z.B. der alternative Schemaformalismus RELAX NG (s. Abschnitt 4.7.1) zeigt.

Wiederverwendung	Schemadokumentation, Modularisierung, Erweiterung
Konsistenz	Eindeutigkeit, Schlüssel, Fremdschlüssel
Struktur	komplexe Datentypen, Kardinalitäten, Elementdeklarationen
Datentypen	einfache Datentypen

4.2.1 Validierungskonzept

Der Begriff der Validierung von XML-Dokumenten mit einer Schemadefinition umfasst meistens zwei unterschiedliche Aspekte:

Überprüfung auf Korrektheit

- Für das Dokument wird überprüft, ob seine Struktur der im Schema festgelegten Struktur entspricht. Die Ausgabe dieser Überprüfung ist also ein simples ja/nein, ggf. können auch noch Fehlerberichte erstellt werden.

Vergrößern der Informationsmenge

- Informationen aus dem Schema werden der Informationsmenge des Instanzdokumentes hinzugefügt, so dass sie für die Weiterverarbeitung zur Verfügung stehen. Das Ergebnis dieses Schrittes ist eine angereicherte Informationsmenge über ein XML-Dokument (Postvalidierungsinformation). Zu dieser Informationsmenge gehören z.B. Standardwerte für nicht angegebene Attribute oder Typinformationen, Schlüssel, Fremdschlüssel etc., aber auch normalisierte Repräsentationen von typisierten Werten bei XML Schema.

Bei XML Schema werden beide Aspekte mit denselben Ausdrucksmitteln und im gleichen Verarbeitungsschritt angegangen, während alternative Schemaformalismen wie z.B. RELAX NG oder Schematron nur den ersten Aspekt adressieren.

Die Verknüpfung von Instanzdokumenten mit Schemata kann sowohl direkt im Instanzdokument, als auch erst bei Aufruf des Schema-Validators als Parameter erfolgen. Durch letztere Möglichkeit lässt sich einfach die Forderung erfüllen, ein Instanzdokument gegen mehrere Schemadefinitionen zu validieren.

Im Falle der Einbettung erfolgt dies durch Hinzufügen folgender Angaben zum Wurzelelement im Instanzdokument:

Einbettung mit Namensraumdefinition

```
<wurzel
  xmlns:xsi="http://www.w3.org/2001/XMLSchema-instance"
  xsi:schemaLocation="Namensraumdefinition">
```

Soll kein Namensraum für die Schemadefinition verwendet werden, sondern direkt auf eine Datei zugegriffen werden, so ist dies wie folgt zu modifizieren:

Einbettung ohne Namensraumdefinition

```
<wurzel
  xmlns:xsi="http://www.w3.org/2001/XMLSchema-instance"
  xsi:noNamespaceSchemaLocation="file:...">
```

Dabei muss es sich bei dem Element „Wurzel“ nicht unbedingt um das Wurzelelement des gesamten Instanzdokumentes handeln, sondern nur um das oberste Element des Teilbaumes, der mit der Schemadefinition zu verknüpfen ist, so dass eine flexible Schemavalidierung auch mit Dokumentenfragmenten möglich ist.

4.3 Datentypen

XML Schema führt Typen als neues Konzept in die XML-Welt ein. Bislang gab es als Mittel zur Beschreibung der Struktur von XML-Dokumenten in den Dokumenttypdefinitionen (DTD) nur Elementdeklarationen mit Inhaltsmodellen, die die Unterstruktur von Elementen beschreiben, und eine sehr rudimentäre Typisierung von Attributinhalten. XML Schema typisiert nun auch die einzelnen Elementdeklarationen und führt somit eine weitere Abstraktionsebene oberhalb der Elementdeklarationen ein.

Typkonzept von XML Schema

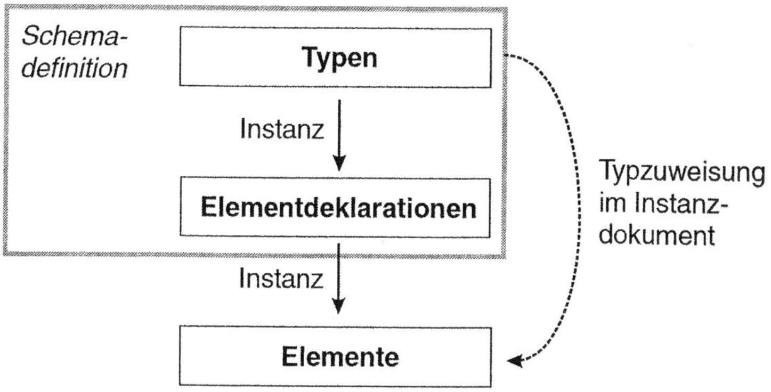

Dies wird zum einen dazu benötigt, um präzisere Vorgaben für Textknoten zu machen (z.B. Zahl, Datum, Zeichenkette mit maximal fünf Zeichen), zum anderen aber auch für die Abbildung semantischer Beziehungen zwischen unterschiedlichen Elementen in einem Schema (ein Autor und ein Herausgeber sind zwar unterschiedliche Elemente, sie haben aber dieselbe Elementstruktur).

Typzuweisung im Instanzdokument

Zusätzlich bietet XML-Schema auch die Möglichkeit, Elementen erst im Instanzdokument einen konkreten Typ zuzuweisen, indem ein Attribut `xsi:type` hinzugefügt wird, das den entsprechenden Typ enthält.

Einfache und komplexe Typen

XML Schema differenziert dabei zwischen einfachen und komplexen Typen. Einfache Typen dienen zur Typisierung von Attributinhalten und Elementen, die nur aus einem Textknoten *(PCDATA)* bestehen. Hier definiert XML Schema bereits einen sehr umfangreichen Katalog von Standard-Typen, der Datentypen bereitstellt, wie man sie aus gängigen Programmiersprachen oder Datenbanksystemen kennt. Elemente, die Unterelemente zulassen, werden mit Hilfe von komplexen Typen beschrieben. Die Konstruktoren, die hier bereitgestellt werden, bauen auf den Inhaltsmodellen von XML- bzw. SGML-Dokumenttypdefinitionen auf, erweitern diese jedoch mit Möglichkeiten zur Spezifikation von Kardinalitäten. Diese werden im nächsten Abschnitt „Struktur“ näher beschrieben.

Sowohl für einfache als auch für komplexe Typen besteht die Möglichkeit, neue Typen zu definieren, indem man von existierenden Typen ableitet, wodurch im Sinne objektorientierter Konzepte eine Typhierarchie entsteht.

4.3.1
Einfache Typen

Einfache Typen lassen sich in XML Schema unterteilen in atomare Typen, Listentypen und Vereinigungstypen. Während atomare Typen ihre Entsprechung in den herkömmlichen Typsystemen von Programmiersprachen oder Datenbanksystemen finden, sind Listen- und Vereinigungstypen eine Besonderheit von XML und werden am Ende dieses Abschnittes näher beleuchtet.

Fundamentale und einschränkende Eigenschaften

XML Schema charakterisiert einfache Typen durch ihren Wertebereich, ihre Repräsentation in XML-Dokumenten und ihre Eigenschaften *(facets)*, die in fundamentale Eigenschaften und einschränkende Eigenschaften unterteilt werden. Während fundamentale Eigenschaften, die von XML Schema fest vorgegeben sind, die grundlegenden Eigenschaften des Wertebereiches wie Gleichheit, Ordnung, obere/untere Schranken und Kardinalität darstellen (was vor allem für Vergleiche im Rahmen von Anfragesprachen notwendig ist), werden einschränkende Eigenschaften im Wesentlichen zur Ableitung neuer Typen benutzt, weshalb sie auch im Abschnitt über die Definition neuer einfacher Typen näher beschrieben werden. Hinsichtlich der Repräsentation legt XML Schema für jeden Datentyp die möglichen Varianten und eine kanonische Repräsentation fest.

4.3.1.1
Standard-Typen: boolean, String und anyURI

Als einfachste Standarddatentypen werden Zeichenketten und boolesche Werte angeboten:

- Bei *boolean* können die beiden Werte *„true"* oder *„false"* eingesetzt werden; eine Ordnung ist nicht definiert.
- *String* bietet eine Zeichenkette, in der, wie im XML-Standard, der komplette Unicode-Zeichenvorrat zur Verfügung steht. Eine Ordnung auf Zeichenketten wird durch XML Schema nicht festgelegt, wobei es aber Anwendungen freigestellt ist, hier selbst eine Ordnung zu definieren. Dies geschieht im Wesentlichen deshalb, weil eine solche Ordnungsrelation sprachabhängig ist. Im Rahmen von XQuery und XPath 2.0 wird ein Vergleichsmechanismus eingeführt, der mit sog. „collations" parametrisiert ist (vgl. Kap. 5).
- *anyURI* stellt einen Datentyp für *Uniform Resource Identifier* bereit, wie z.B. URLs.

4.3.1.2 Numerische Datentypen

XML Schema bietet eine reichhaltige Auswahl an numerischen Datentypen. So stehen sowohl Datentypen für feste Genauigkeit zur Verfügung, als auch Datentypen für die Verwendung von Zahlen mit beliebiger Genauigkeit.

„Stammbaum“ numerischer Datentypen

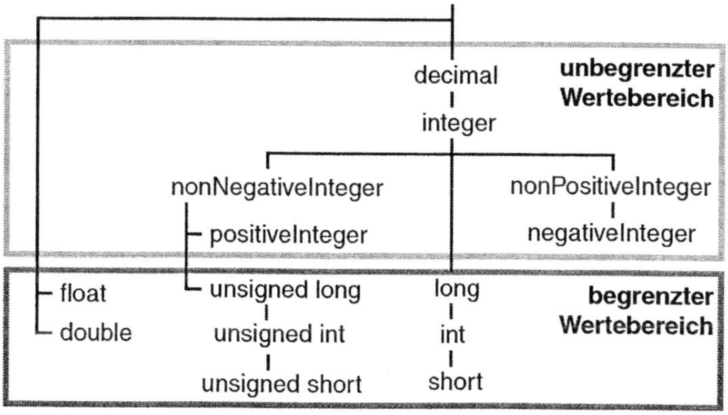

Als Datentypen mit begrenztem Wertebereich für ganze Zahlen stehen zur Verfügung:

mit Vorzeichen		ohne Vorzeichen	
long	$-2^{63}...2^{63}-1$	*unsignedLong*	$0...2^{64}-1$
int	$-2^{31}...2^{31}-1$	*unsignedInt*	$0...2^{32}-1$
short	$-2^{15}...2^{15}-1$	*unsignedShort*	$0...2^{16}-1$
byte	$-2^{7}...2^{7}-1$	*unsignedByte*	$0...2^{8}-1$

Gleitkommazahlen

Für Gleitkommazahlen stehen die beiden Datentypen *float* und *double* zur Verfügung. *Float* stellt dabei eine 32-Bit-Gleitkommazahl, *double* eine 64-Bit-Gleitkommazahl nach IEEE 754-1985 dar. Dabei stehen zusätzlich die drei Sonderwerte zur Verfügung:

- *INF* für positiv unendlich,
- *-INF* für negativ unendlich und
- *NaN* für keine Zahl

Als Notation für Gleitkommawerte unterstützt XML Schema dabei sowohl die Dezimalschreibweise (z.B. `5.09`) als auch die Exponentialschreibweise (z.B. `12.78e-4` für $12,78 \cdot 10^{-4}$).

Typen mit beliebiger Genauigkeit

Für beliebige Genauigkeit bietet XML Schema die beiden Datentypen *decimal* (für beliebig genaue Dezimalwerte) und *integer* (für beliebig große ganze Zahlen) an. Hinzu kommen noch spezielle Typen für:

- nicht-negative ganze Zahlen: *nonNegativeInteger*
- positive ganze Zahlen: *positiveInteger*
- nicht-positive ganze Zahlen: *nonPositiveInteger*
- negative ganze Zahlen: *negativeInteger*

4.3.1.3 Datum/Zeit

Bei den Datentypen, die für die Repräsentation von Zeit- und/oder Datumsangaben zuständig sind, bietet XML Schema ebenfalls sehr differenzierte Möglichkeiten. Zum einen existieren Datentypen, die einen bestimmten Zeitpunkt in variabler Genauigkeit spezifizieren, zum anderen Datentypen, die einen wiederkehrenden Zeitbereich beschreiben können. Zusätzlich steht noch ein Datentyp für eine Zeitdauer zur Verfügung. Alle Datentypen orientieren sich hierbei am ISO Standard 8601.

Datums- und Zeitdatentypen

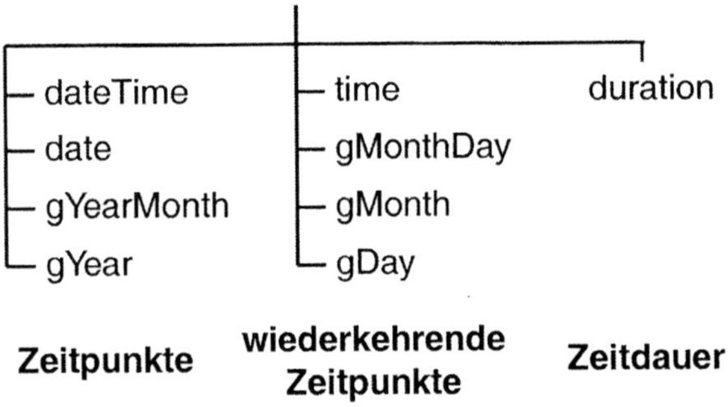

Zeitpunkte

Für einen speziellen Zeitpunkt steht der Datentyp *dateTime* zur Verfügung, der den gregorianischen Kalender voraussetzt. Seine Repräsentation lautet:

Repräsentationssyntax von *dateTime*

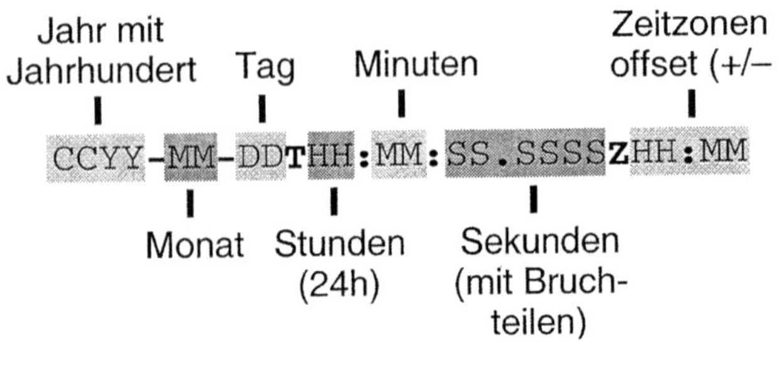

Sollen ausschließlich gröbere Angaben verwendet werden, so stehen zur Verfügung:

- *date* für einen speziellen Tag (`CCYY-MM-DD`)
- *gYearMonth* für einen speziellen Monat in einem Jahr (`CCYY-MM`)
- *gYear* für ein spezielles Jahr (`CCYY`)

Typ	Wert	Bedeutung
dateTime	`2001-02-15T10:15Z01`	15. Februar 2001, 10.15, Zeitzone MEZ (GMT+1)
date	`1999-05-20`	20. Mai 1999
gYearMonth	`2000-01`	Januar 2000
gYear	`2001`	Jahr 2001

Wiederkehrende Daten

Für wiederkehrende Daten stehen andere Datentypen zur Verfügung. Für die Notation werden dabei verkürzte Schreibweisen benutzt:

- *time* für eine spezielle Uhrzeit (`HH:MM:SS.SSSS[`**`Z`**`HH:MM]`)
- *gMonthDay* für einen Tag im Jahr, z.B. Jahrestag (`--MM-DD`)
- *gMonth* für einen Monat im Jahr (`--MM--`)
- *gDay* für einen Tag im Monat (`---DD`)

Typ	Wert	Bedeutung
time	`17:10`	17.10 Uhr
time	`15:30:9.59Z-10`	15.30 Uhr, 9,59 Sekunden, Zeitzone von Hawaii (GMT-10)
gMonthDay	`--12-09`	12. September
gMonth	`--05--`	Mai
gDay	`---01`	der Monatserste

Zeitdauer

Zusätzlich existiert noch ein Datentyp für Zeitdauer: *duration*.

Repräsentationssyntax von *duration*

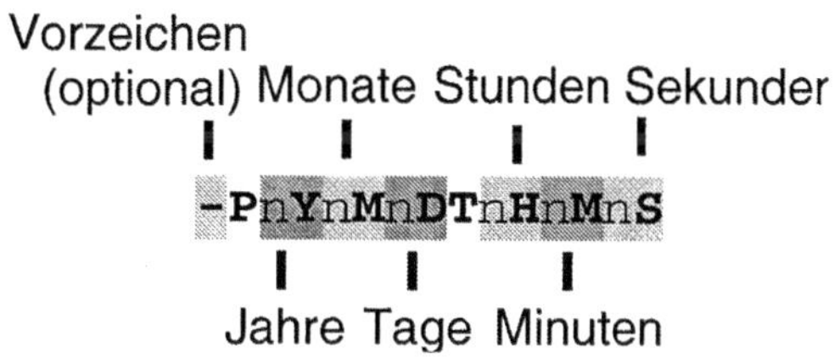

Hierbei muss nicht immer die volle Schreibweise verwendet werden. Insbesondere können Elemente am Ende und Elemente mit Wert 0 samt ihrem Designator weggelassen werden. Das führende P muss jedoch in jedem Fall angegeben werden.

Typ	Wert	Bedeutung
duration	`PT8H30M`	8 Stunden, 30 Minuten
duration	`P2Y3M`	2 Jahre und 3 Monate
duration	`P4DT2H10S`	4 Tage, 2 Stunden und 10 Sekunden

Ordnung auf Zeitdatentypen

Das Problem der Ordnung von Datums- und Zeitdatentypen kann nicht entschieden werden, wenn Komponenten oder Zeitzonenangaben fehlen. Deshalb definiert XML Schema nur eine partielle Ordnung auf diesen Typen, was insbesondere bei Anfragen, die Bedingungen auf solchen Typen formulieren, zu beachten ist. Für Zeitpunkte gilt, dass zwei Instanzen vergleichbar sind, wenn entweder keine oder beide eine Zeitzonenangabe besitzen.

4.3.1.4 Binärdaten

Während bislang Binärdaten in XML (nicht-proprietär) nur über den Notationsmechanismus mittels externen Entitäten eingebunden werden konnten, besteht mit XML Schema nun die Möglichkeit, diese direkt in das XML-Dokument einzubinden. Hierzu muss eine Kodierung eingesetzt werden, die mit der XML-Syntax verträglich ist. Es stehen zwei verschiedene Kodierungsmöglichkeiten zur Verfügung:

- *hexBinary*. Jedes Oktett wird durch seine zweistellige Hexadezimalkodierung dargestellt.
- *base64binary*. Hierbei erfolgt die Kodierung der Binärdaten nach der Base64-Kodierung (RFC 2045), die für jedes Oktett-Tripel vier Zeichen verwendet.

4.3.1.5 XML-spezifische Typen

Des Weiteren stehen noch XML-spezifische Datentypen zur Verfügung:

- *normalizedString*. Hierbei kommen keine Zeilenumbrüche oder Tabulatorzeichen vor.

- *token.* Hierbei dürfen zusätzlich keine Leerzeichen am Anfang oder am Ende und sonst nur einfache Leerzeichen vorkommen.
- *language.* Hier kann man die zweibuchstabigen Standardsprachidentifikatoren von ISO 639 verwenden.
- *Name* steht für alle in XML erlaubten Bezeichner, *NCName* für alle erlaubten Namensraumbezeichner und *QName* für alle Bezeichner mit einem Namensraumpräfix.
- *Notation* und *Entity* stehen für Notations- und Entitätsbezeichner.
- *ID, IDREF(S).* Diese beiden Typen realisieren den klassischen Schlüssel-/Fremdschlüsselmechanismus.

4.3.2 Definition neuer einfacher Typen

4.3.2.1 Restriktion und das Konzept der Eigenschaften

XML Schema erlaubt die Definition neuer Datentypen als Einschränkung von Basistypen. Um diese Ableitung möglichst einfach und flexibel zu gestalten, definiert XML Schema für jeden der im vorangehenden Abschnitt vorgestellten Basisdatentypen eine Menge von Eigenschaften *(facets)*, die unterschiedliche Aspekte des Wertebereiches repräsentieren. Eine Ableitung erfolgt nun dadurch, dass man eine oder mehrere Eigenschaften so verändert, dass der zulässige Wertebereich verkleinert wird. Die auf dem Basistyp geltenden Ordnungsrelationen oder Repräsentationsformen werden vom abgeleiteten Typ übernommen.

- *enumeration.* Dies stellt eine mengenwertige Eigenschaft dar, mit der eine feste Menge von Werten vorgegeben werden kann. Diese Eigenschaft steht für fast alle Typen zur Verfügung.
- *minLength, maxLength, length.* Bei Zeichenketten legt dies die minimal, maximal oder genau erlaubte Anzahl der Unicode-Zeichen fest. Bei Binärdaten bestimmen diese Eigenschaften die Anzahl der Oktette.
- *maxInclusive, maxExclusive, minExclusive, minInclusive.* Das Pendant zu den Längenangaben für numerische Typen stellen diese vier Eigenschaften dar. Durch die *inclusive*-Varianten lassen sich geschlossene, durch die *exclusive*-Varianten offene Intervalle realisieren.

- *totalDigits, fractionDigits.* Für Zahlen mit beliebiger Genauigkeit (also alle von *decimal* abgeleiteten Typen) besteht die Möglichkeit, die Anzahl der Ziffern insgesamt und die Anzahl der Nachkommastellen zu beschränken.
- *pattern.* Für Zeichenketten lässt sich der Wertebereich mittels eines regulären Ausdrucks einschränken. Die Syntax für reguläre Ausdrücke basiert dabei im Wesentlichen auf Perl; für die bessere Unicode-Unterstützung wurden jedoch einige Erweiterungen vorgenommen.
- *whiteSpace.* Durch diese Eigenschaft kann Einfluss auf die Behandlung von Leerraum genommen werden. Die Option *preserve* erhält alle Vorkommen von Leerraum, bei *replace* werden Tabulatoren und Zeilenende durch das Leerzeichen ersetzt. Bei *collapse* werden führende, mehrfache und endständige Leerzeichen entfernt.

Um die Möglichkeiten, die XML Schema hier bietet zu demonstrieren, soll dies an ein paar Beispielen verdeutlicht werden.[2] Zunächst einmal soll ein Währungstyp definiert werden, der beliebig große Beträge mit maximal zwei Nachkommastellen akzeptiert. Hierzu eignet sich eine Ableitung von *decimal*:

Beispiel: Währungsdatentyp

```
<simpleType name="waehrung">
  <restriction base="decimal">
    <fractionDigits value="2" />
  </restriction>
</simpleType>
```

Definieren wir uns nun einen Typ, der eine Telefonnummer im international gängigen Format *+Landeskennzahl (Ortskennzahl) Anschlussnummer* darstellt. Hierzu wird ein spezieller Datentyp auf der Basis von *string* gebildet, der einem bestimmten Muster (`\d` steht für Ziffer) genügt:

Beispiel: Telefonnummer

```
<simpleType name="telefonnummer">
  <restriction base="string">
    <pattern value="\+\d\d\(\d+\)\d+" />
  </restriction>
</simpleType>
```

[2] In den Beispielen wird aus Gründen der Lesbarkeit darauf verzichtet, einen Namensraumpräfix für XML Schema-Elemente anzugeben (für eine korrekte Syntax vgl. Anhang).

Als letztes Beispiel definieren wir nun einen Datentyp, der deutsche Bundesländer aufnimmt, also nur eine begrenzte Zahl von unterschiedlichen Ausprägungen haben darf:

Beispiel: Datentyp für Bundesländer

```
<simpleType name="bundesland">
   <restriction base="string">
      <enumeration value="Baden-Württemberg" />
      <enumeration value="Bayern" />
      ...
   </restriction>
</simpleType>
```

4.3.2.2 Listen- und Vereinigungstypen

Als eine gewisse Sonderform unterstützt XML (im Wesentlichen als Erbe von SGML) eine besondere Strukturierungsform: das Bilden von Listen sowie Vereinigungstypen aus atomaren Typen.

Listentypen

Bei *Listentypen* erfolgt dabei die Strukturierung der einzelnen Listeneinträge durch Leerraumzeichen *(whitespace)* und nicht durch Elemente. Einen Listentyp für beliebig große nichtnegative Zahlen würde man folgendermaßen definieren:

```
<simpleType name="numberList">
   <list itemType="nonNegativeInteger" />
</simpleType>
```

Für Elemente oder Attribute mit diesem Typ sind dann Werte wie „10 12 135768 348 4787“ erlaubt.

Vereinigungstypen

Vereinigungstypen erlauben die Vermischung von zwei Wertebereichen, d.h. sowohl Ausprägungen des einen als auch des anderen Typs sind zulässig. Wollen wir beispielsweise Telefonnummern oder Email-Adressen als Kontaktinformationen erlauben, so geschieht dies mit folgender Deklaration

```
<simpleType name="kontakt">
   <union itemType="telefonnummer emailadresse" />
</simpleType>
```

4.4 Struktur

Die wesentlichen Konzepte auf der Strukturebene von XML Schema sind komplexe Typen und Elementdeklarationen, die jeweils für ihre

Bezeichner getrennte Namensräume (nicht: XML-Namensräume) besitzen. Komplexe Typen werden durch Typkonstruktoren aus Elementdeklarationen gebildet, denen selbst komplexe (oder einfache) Typen zugewiesen werden können.

Eine Schemadefinition in XML Schema hat folgende Struktur:

```
<schema xmlns="http://www.w3.org/2001/XMLSchema"
        targetNamespace=""
        elementFormDefault="qualified">
  ...
</schema>
```

4.4.1 Element- und Attributdeklarationen

Analog zu den Dokumententypdefinitionen gibt es in XML Schema das Konstrukt der Elementdeklarationen, das Elemente mit einem bestimmten Namen und einer bestimmten Struktur in einem Instanzdokument verfügbar macht. Die einfachste Deklaration besteht aus einem Namen und einer Typzuweisung:

```
<element name="elementName" type="typName" />
```

Attributdeklarationen haben die folgende Form:

```
<attribute name="attName" type="typName" />
```

Anderweitig deklarierte Elemente können durch Verwendung des *ref*-Attributes referenziert werden.

Für Attribute und Elemente mit einfachen Typen können Standardwerte vorgegeben werden mittels *default*. Soll ein Wert nicht änderbar sein, kann dies über *fixed* festgelegt werden.

4.4.2 Komplexe Typen

Komplexe Typdefinitionen werden eingeleitet durch das complex-Type-Element. Innerhalb dessen können Typkonstruktoren verwendet werden, um die zulässigen Elemente zu spezifizieren, wie im Folgenden noch näher erläutert wird.

Als Beispiel nehmen wir aus unserem Szenario den Katalogteil heran. In einem ersten Schritt definieren wir die Typen für den Katalog und die Katalogelemente. Die einzelnen Aspekte werden in den folgenden Abschnitten näher erläutert.

Komplexe Typdefinition von Katalog und Katalogelement

```
<complexType name="Katalog">
  <sequence>
    <element name="Eintrag" type="Katalogelement"
             minOccurs="0" maxOccurs="unbounded"  />
  </sequence>
</complexType>

<complexType name="Katalogelement">
  <sequence>
    <attribute name="katalogElementID" type="integer" />
    <element name="name" type="string" />
    <element name="beschreibung" type="formatierterText"
             minOccurs="0" maxOccurs="1" />
  </sequence>
</complexType>
```

4.4.2.1 Typkonstruktoren

Komplexe Typen lassen sich in XML Schema mittels Typkonstruktoren bilden, die in etwa den Inhaltsmodellen von DTDs entsprechen und sich beliebig (bis auf *all*) schachteln lassen. Als Typkonstruktoren stehen dabei zur Verfügung:

- *sequence.* Hierdurch lässt sich eine Liste von Elementen deklarieren. Die Reihenfolge der Elemente ist dabei festgelegt.
- *all.* Mit XML Schema kann man auch auszudrücken, dass Elemente vorkommen müssen, aber die Reihenfolge beliebig ist. Hierzu dient der *all*-Konstruktor, der in gewisser Weise den And-Konnektor (&) aus SGML zurückbringt, der im Zuge der Vereinfachung von SGML zu XML weggelassen wurde. Dabei ist zu beachten, dass einige Einschränkungen gelten: *all* ist nur auf der obersten Ebene zugelassen und innerhalb von *all* sind nur nicht wiederholbare Elemente und keine weiteren Konstruktoren erlaubt.
- *choice.* Dieser Konstruktor spezifiziert, dass ein Element aus einer Menge von Elementen vorkommen darf.

4.4.2.2
Kardinalitäten

Für jedes Element und jeden Konstruktor lassen sich Kardinalitätsangaben machen, d.h. es lässt sich festlegen, ob ein Element optional und/oder wiederholbar ist. Darüber hinaus lässt sich auch genauer angeben, wie oft Elemente auftreten dürfen.

Hierzu stehen die beiden Attribute *minOccurs* und *maxOccurs* zur Verfügung, die als Werte Zahlen und *unbounded* für beliebig oft entgegennehmen. Standardvorgabe ist dabei *minOccurs=1* und *maxOccurs=1*.

4.4.2.3
Gemischter Inhalt

XML unterstützt als Erbe einer Dokumentenauszeichnungssprache auch sog. gemischte Inhaltsmodelle, d.h. als Kinder eines Elementes können sowohl weitere Elemente als auch Textknoten vorkommen. In unserem Beispiel soll der Beschreibungstext so sein, dass Hervorhebungen durch Fettdruck und Kursiv an beliebiger Stelle im Text möglich sind.

Dies unterstützt auch XML Schema. Bei einer Definition eines komplexen Typs lässt sich mittels des Attributes *mixed* angeben, ob ein solcher gemischter Inhalt zugelassen werden soll. Standardmäßig werden für komplexe Elemente nur Elemente als Kinder zugelassen.

```
<complexType name="formatierterText" mixed="true">
  <element name="b" type="string" />
  <element name="i" type="string" />
</complexType>
```

So wie es hier definiert wurde, ist eine Kombination von Fettdruck und Kursiv nicht erlaubt. Ansonsten müsste der Typ der Elemente *b* und *i* die Verwendung von *i* bzw. *b* erlauben. *Mixed* hat nur die Wirkung, dass für die Validierung alle eingestreuten Textteile ignoriert werden.

4.4.2.4
Globale und lokale Typ-/Elementdeklarationen

Innerhalb von XML Schema-Definitionen lassen sich Typen und Elemente sowohl global als auch lokal definieren. Eine globale Typdefinition stellt einen allgemein verwendbaren Typ bereit, der zur Typisierung beliebiger Elemente und evtl. zum Ableiten neuer Typen benutzt werden kann. Ein lokal für ein bestimmtes Element deklarierter Typ (auch „anonymer" Typ) definiert nur den Typ für dieses eine Element. Für andere Elemente oder Typen steht er nicht zur Verfügung. Dies erfolgt dadurch, dass man als Inhalt der Elementdeklaration ein *complexType*-Element ohne Namen angibt.

Im Folgenden wird das Beispiel von oben so modifiziert, dass *formatierterText* als anonymer Typ direkt in die Typdefinition von Katalogelement hineingenommen wird.

Anonyme Typdefinitionen: Modifiziertes Katalogelement

```
<complexType name="Katalogelement">
  <sequence>
    <attribute name="katalogElementID" type="integer" />
    <element name="name" type="string" />
    <element name="beschreibung"
             minOccurs="0" maxOccurs="1" >
       <complexType mixed="true">
         <element name="b" type="string" />
         <element name="i" type="string" />
       </complexType>
    </element>
  </sequence>
</complexType>
```

Eine globale Elementdeklaration (direkt unterhalb des *schema*-Elements) bewirkt, dass ein Element zum einen als Kind unterschiedlicher Elemente verwendet werden kann, zum anderen dass dieses Element auch als Wurzelelement eines Dokumentes Verwendung finden kann.

4.4.2.5
Offene Inhaltsmodelle mit *<any>* und *<anyAttribute>*

Um offene Schemata zu ermöglichen, die sich gezielt um weitere Elemente aus anderen Namensräumen erweitern lassen, unterstützt XML Schema die beiden Elemente *any* und *anyAttribute*.

Any erlaubt die Angabe eines Namensraumes, aus dem Elemente vorkommen dürfen. Speziell existieren noch folgende Konstanten: *##any* für jeden beliebigen Namensraum, *##local* für Elemente aus keinem explizit deklarierten Namensraum und *##other* für alle Elemente aus einem fremden (also nicht dem Zielnamensraum der Schemadefinition) Namensraum. Zusatzlich kann festgelegt werden, ob zwingend überprüft wird, daß die Elemente aus dem fremden Namensraum korrekt verwendet werden, indem man das *processContents*-Attribut auf *strict* setzt (Standard); bei *skip* muss keine Validierung stattfinden.

Analog existiert auf Attributebene auch ein *anyAttribute*-Element, das ebenfalls ein Attribut aus einem zugelassenen Namensraum spezifiziert.

Alternativ zur Definition einer eingeschränkten Menge von Auszeichnungselementen für Beschreibungen, hätten wir auch einfach die Verwendung von XHTML zulassen können.

```
<element name="beschreibung"
         minOccurs="0" maxOccurs="1" >
   <complexType>
     <any namespace="http://www.w3.org/1999/xhtml"
          minOccurs="1" maxOccurs="unbounded"
          processContents="strict"/>
   </complexType>
</element>
```

4.4.3 Ableitung komplexer Typen und Typhierarchie

Komplexe Typen können auch auf der Basis vorhandener komplexer Typen definiert werden. Hierzu stehen zwei verschiedene Mechanismen zur Verfügung. Zum einen besteht, wie bei einfachen Typen, die Möglichkeit der Restriktion, bei der die Anzahl der zulässigen Instanzen eingeschränkt werden können. Zum anderen können komplexe Typen auch erweitert werden, indem neue Elemente hinzugefügt werden.

4.4.3.1 Restriktion

Restriktion eines Typs bedeutet, die Anzahl der zulässigen Instanzen einzuschränken. Dabei sind nur folgende Einschränkungen erlaubt:

- *Verschärfung von Kardinalitäten.* Die Kardinalitäten von Unterelementen können verschärft werden (Heraufsetzen von Mindestkardinalitäten oder Herabsetzen von Höchstkardinalitäten), d.h. für den abgeleiteten Typ sind weniger Instanzen zugelassen.
- *Festlegen von Typen.* Ist für ein spezielles Element noch kein Typ festgelegt worden, so kann in einer Restriktion dies nachgeholt werden.
- *Attributvorkommen.* Für ein Attribut, das optional im Basistyp ist, kann festgelegt werden, dass dieses vorkommen muss. Für ein Attribut kann auch ein fehlender Standardwert oder ein fester Wert zugewiesen werden.
- *Wegfall von Oder-Knoten.*

In jedem Fall stellen diese Regeln sicher, dass jede Instanz des mittels Restriktion abgeleiteten Typs auch eine Instanz des Obertyps darstellt (klassisches Substituierbarkeitsprinzip aus objektorientierten Umgebungen).

4.4.3.2 Erweiterung

Die Erweiterung eines Basistyps erlaubt das „Anhängen" neuer Elemente an die Kindelemente des Basistyps.

Im Unterschied zur Restriktion validiert eine Instanz des abgeleiteten Typs nicht mit der Definition des Untertyps. Aber: der abgeleitete Typ hat mindestens die Elemente, die der Obertyp haben muss, so dass für Anwendungen der Untertyp dieselben Informationen liefert. Die Substituierbarkeit gilt somit in einer etwas modifizierten Form.

Für die Kombination von Restriktion und Extension in einer Ableitungshierarchie gilt die Einschränkung, dass durch eine Extension nichts wieder hinzugefügt werden darf, was durch eine Restriktion entfernt wurde.

Im folgenden Beispiel wird von dem oben definierten Typ Katalogelement ein spezielles Katalogelement Artikel abgeleitet, dem artikelspezifische Elemente hinzufügt werden:

```
<complexType name="Artikel">
  <extension base="Katalogelement">
    <element name="hersteller"  type="string" />
    <element name="lieferzeit"  type="duration" />
    <element name="bild"        type="anyURI" />
    <element name="stueckpreis" type="währung" />
  </extension>
</complexType>
```

4.4.3.3 Ableitungshierarchie auf Typen

Betrachtet man die Beziehung zwischen abgeleiteten Typen und ihren Basistypen, so entsteht eine Ableitungshierarchie. Durch die Tatsache, dass bei Restriktion und Erweiterung nur jeweils ein Basistyp angegeben werden kann, ist eine Mehrfachvererbung ausgeschlossen; die Typen bilden eine Baumstruktur. Dabei wird jeder komplexe Typ als abgeleitet von *anyType* und jeder einfache Typ als abgeleitet von *anySimpleType* betrachtet.

Substituierbarkeitsprinzip auf Typen

XML Schema begründet für die beiden Ableitungsformen einen Substituierbarkeitsbegriff (auch wenn die beiden Formen sich hinsichtlich der Semantik unterscheiden), der eine Vemischung zwischen objektorientierten Konzepten und XML-Konzepten ist:

- Bei der *Restriktion* ist das Substituierbarkeitsprinzip trivial, da die Instanzen des abgeleiteten Typs einer Untermenge der Instanzen des Obertyps entsprechen.
- Die *Extension* entspricht demgegenüber der klassischen Typableitung in objektorientierten Umgebungen: es werden zusätzliche Strukturen zum Obertyp hinzugefügt. Aus strikter XML-Sicht validieren zwar die Instanzen des Untertyps nicht mit der Typdefinition des Obertyps, dennoch begründet hier XML Schema eine Substituierbarkeit.

Finale und abstrakte Typen

Wie aus objektorientierten Modellen bekannt, lässt sich auch in XML Schema die Ableitung von Typen aus bestehenden Typen und die Verwendung von Typen noch feiner steuern:

- Typen können als abstrakt deklariert werden, so dass sie nicht instantiiert werden können.
- Typen können als final deklariert werden, und zwar differenziert nach Erweiterung und Restriktion.

Sinnvoll für die Typdeklaration eines Katalogelements wäre die Ergänzung, dass ein Katalogelement abstrakt ist und nicht instantiiert werden darf:

```
<complexType name="Katalogelement" abstract="true">
  ...
</complexType>
```

Bei der Ableitungshierarchie gilt das Substituierbarkeitsprinzip, d.h. ein abgeleiteter Typ kann überall dort verwendet werden, wo auch sein Obertyp verwendet werden kann. Zum Beispiel kann in einem Instanzdokument jedem Element ein Typ zugewiesen werden, der spezieller ist als der in der Schemadefinition angegebene.

4.4.3.4 Substitutionsgruppen auf Elementdeklarationen

Ähnlich wie auf der Ebene Typen lässt sich auch auf der Ebene der Elementdeklarationen das Substituierbarkeitsprinzip realisieren. Hierzu steht der Mechanismus der Substitutionsgruppen zur Verfügung. Dabei wird ein Element als Kopf der Substitutionsgruppe ausgezeichnet; die anderen Elemente werden als Mitglieder bezeichnet. Dies bewirkt, dass überall dort, wo das Kopfelement im Rahmen der Schemadefinition verwendet wird, auch eines der Mitglieder der Substitutionsgruppe Verwendung finden kann. Da dies eine Verallgemeinerung des Substituierbarkeitsprinzips der Typebene auf die Elementebene ist, wurde die Verträglichkeit zwischen beiden Ebenen dadurch sichergestellt, dass die Mitglieder einer Substitutionsgruppe immer demselben Typ wie das Kopfelement oder einem von diesem abgeleiteten Typ angehören müssen.

„Substitutionshierarchie“

Der Kopf einer Substitutionsgruppe kann selbst wiederum Mitglied in einer anderen Substitutionsgruppe sein, so dass hier eine „Substitutionshierarchie“ auf Elementebene entsteht.

Syntaktisch werden Substitutionsgruppen deklariert, indem man bei der Deklaration der Mitgliederelemente das Attribut *substitutionGroup* hinzufügt, das den Namen des Kopfelementes enthält:

```
<element name="mitglied" substitutionGroup="kopfelement"/>
```

Element- und Attributgruppen

Als Ersatz für Parameterentitäten steht ein einfacherer, rein syntaktischer Mechanismus bereit: Element- bzw. Attributgruppen, die im Abschnitt über die Wiederverwendung noch etwas näher beschrieben werden. Sie dienen jedoch allein der Strukturierung der Schemadefinition und bieten keine zusätzliche Semantik.

4.5 Konsistenzregeln

Oft reichen rein strukturelle Bedingungen nicht aus, die die zulässige Unterstruktur von Elementen, ihre Optionalität oder ihre Wiederholbarkeit spezifizieren. Insbesondere gibt es in vielen Anwendungsgebieten Querbezüge, die auf ihre Korrektheit überprüft werden sollen.

Die wichtigsten Vertreter solcher Integritätsbedingungen sind die Schlüsseleigenschaft und die Fremdschlüsselbeziehung. Die Schlüsseleigenschaft sichert zu, dass in einer bestimmten Menge von Gegenständen eine bestimmte Attributkombination nur ein einziges Mal vorkommt, d.h. diese lässt sich zur eindeutigen Adressierung der Gegenstände nutzen. Die Fremdschlüsselbedingung legt fest, dass eine bestimmte Attributkombination auf den Schlüssel eines (existierenden!) Gegenstandes verweisen muss.

Der Vorteil solcher Integritätsbedingungen liegt insbesondere darin, dass sich dadurch generisch eine Konsistenzsicherung realisieren lässt. Zum Beispiel lässt sich verhindern, dass zwei verschiedene Kunden mit derselben Kundennummer erfasst werden oder dass sich eine Bestellung immer auf eine Artikelnummer im Katalog beziehen muss.

Außerdem bietet die Schlüsseleigenschaft einem Datenbanksystem auch wichtige Hinweise auf mögliche Optimierungen. Ist eine bestimmte Attributkombination ein Schlüssel, so lassen sich effizientere Indexstrukturen anlegen.

4.5.1 Problem der Nullwerte

Im Umfeld relationaler Datenbanksysteme wurden sog. Nullwerte eingeführt, um auszudrücken, dass die Information für ein bestimmtes Attribut nicht vorhanden ist. Dabei ist *Null* ein symbolischer Wert außerhalb des regulären Wertebereichs des betreffenden Attributs. Für *null* gelten besondere Regeln (wie z.B. *null* != *null*). In objektorientierten Umgebungen entspricht dem Null-Wert der Nullzeiger bzw. die Nullreferenz.

Auch XML Schema führt eine Differenzierung zwischen einem leeren Element und einem nullwertigen Element hinzu. Hierzu kann für jedes Element ein Attribut *nil* hinzugefügt werden, das einen nullwertigen Inhalt signalisiert. Auf Typebene kann festgelegt werden, ob ein Nullwert zugelassen ist, indem die *nillable*-Eigenschaft gesetzt bzw. gelöscht wird.

4.5.2 ID/IDREF in XML-DTDs

XML bietet bereits mit dem DTD-Formalismus die Möglichkeit, innerhalb eines Dokumentes auf andere Elemente zu verweisen. Dabei wird einem Element, das ein Verweisziel werden soll, ein Attribut hinzufügt, das den Typ ID hat. Der Verweis erfolgt dann von einem Attribut des Typs IDREF aus. Dabei gibt es innerhalb eines Dokumentes nur einen einzigen Namensraum, aus dem diese Identifikatoren vergeben werden können.

Im folgenden Beispiel soll über ID/IDREF der Bezug zwischen Bestellpositionen und Artikeln realisiert werden.

```
<!ELEMENT artikel (name,beschreibung?) >
<!ATTLIST artikel ID ID #REQUIRED>
<!ELEMENT bestellposition (name, anzahl, gesamtpreis)>
<!ATTLIST bestellposition artikel IDREF #REQUIRED >
...
```

```
<artikel ID="01">
  <name>Bohrmaschine</name>
</artikel>   ...
<bestellposition artikel="01">
  <name>Bohrmaschine</name>
  <anzahl>1</anzahl>
  <gesamtpreis>499</gesamtpreis>
</bestellposition>
```

4.5.3 Schlüsselbedingungen

XML Schema führt den vor allem durch die relationale Datenbankwelt geprägten Schlüsselbegriff in die XML-Welt ein. Informell ist ein Schlüssel eine Attributkombination, die eine Entität eindeutig identifizieren lässt.

Eine Schlüsseldefinition besteht in XML Schema immer aus drei Teilen:

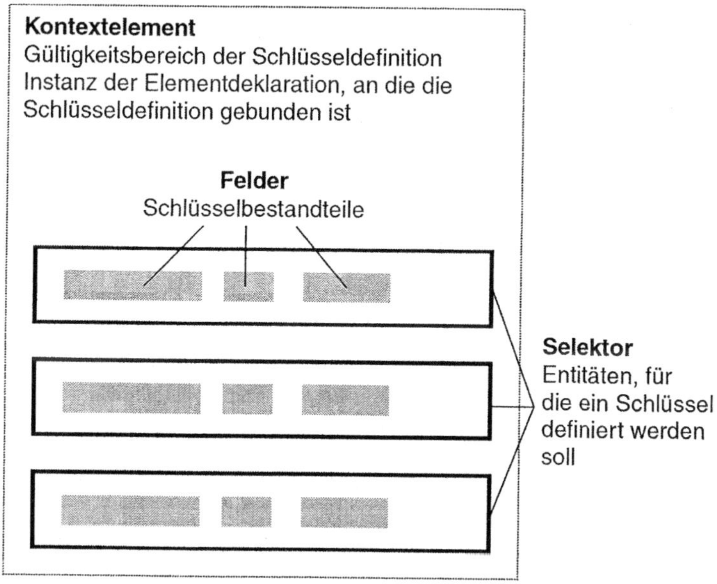

Bausteine der Schlüsseldefinition

- einem *Kontext*, innerhalb dessen die Schlüsseleigenschaft gelten soll (entspricht dem Element, innerhalb dessen Deklaration der Schlüssel definiert wird),

- einem *Selektor*, der relativ zum Kontext eine Menge von Knoten definiert (Zielmenge), die eindeutig identifizierbar sein sollen
- und einer Menge von *Feldern* (Elementinhalte und Attribute), die den eindeutigen Identifikator für jedes Element der Zielmenge bestimmen.

Die Schlüsseldefinition hat folgende Gestalt:

```
<element name="kontextelement">
  ...
  <key name="Name der Schlüsseldefinition">
     <selector xpath="selektor" />
     <field    xpath="schlüsselattribut1" />
     <field    xpath="schlüsselattribut2" />
     ...
  </key>
</element>
```

Für den Selektor und die Felddefinitionen werden XPath-Ausdrücke verwendet, wobei aber nur die Kindachse erlaubt ist. Während in vorhergehenden Entwürfen von XML Schema für die Pfadausdrücke neben der Kindachse noch weitere Achsen, insbesondere die Elternachse, verfügbar waren, wurde dies aus Gründen der Implementierungskomplexität aus der Empfehlungsversion herausgenommen. Dadurch besteht auch keine Möglichkeit mehr, direkt relative Schlüssel [Bune01] zu definieren, z.B. die Eindeutigkeit einer Abschnittsnummer in einem Kapitel. Dies lässt sich nur dadurch lösen, dass auf jeder Ebene ein Schlüssel definiert wird und durch den Kontext die relative Gültigkeit eingeschränkt wird. Dies verhindert jedoch, dass ein Abschnitt einfach mit einem Fremdschlüssel referenziert werden kann.

Die Schlüsseleigenschaft fordert, dass alle Schlüsselbestandteile vorhanden und ungleich *null* sind. Als abgeschwächte Bedingung existiert die Eindeutigkeitsbedingung, die mit `unique` eingeleitet wird und ansonsten die gleiche Gestalt besitzt.

Als Beispiel nehmen wir einen Schlüssel für Personen. Wir wollen auf die Einführung einer Nummer verzichten und festlegen, dass Personen eindeutig anhand ihres Namens, Vornamens und ihres Geburtsdatums identifizierbar sind.

Definition eines Schlüssels

```
<complexType name="PersonTyp">
  <element name="name" type="string" />
  <element name="vorname" type="string" />
  <element name="geburtsdatum" type="date" />
  <element name="adresse" type="adressTyp" />
</complexType>

<element name="personen">
  <complexType>
    <sequence>
      <element name="person" type="PersonTyp"
               minOccurs="0" maxOccurs="unbounded" />
    </sequence>
  </complexType>

  <key name="personenschlüssel">
    <selector xpath="person" />
    <field    xpath="name" />
    <field    xpath="vorname" />
    <field    xpath="geburtsdatum" />
  </key>
</element>
```

4.5.4 Fremdschlüsselbeziehungen

Ist ein Schlüssel für eine bestimmte Informationseinheit definiert, so lässt sich diese über einen Fremdschlüssel referenzieren, wobei durch die Fremdschlüsselbedingung sichergestellt wird, dass das referenzierte Objekt auch existiert.

Die Definition eines Fremdschlüssels ist sehr ähnlich zur Schlüsseldefinition. Wie dort ist die Definition einem Kontextelement zugeordnet, und es werden zunächst die Entitäten, die genau einen Fremdschlüssel enthalten, mittels eines Selektors identifiziert, um anschließend die Schlüsselbestandteile festzulegen.

Für die Kontextelemente von Schlüssel- und Fremdschlüsseldefinition gilt, dass der Fremdschlüsselkontext das Kontextelement der Schlüsseldefinition umschließen muss. Auch wenn diese Forderung zunächst ungewöhnlich erscheint, ist dies konsistent zur relationalen Analogie: Ein Schlüssel wird für eine einzelne Relation definiert (Kontextelement Relation), während ein Fremdschlüssel innerhalb der gesamten Datenbasis auf diesen Schlüssel verweisen kann (Kontextelement Datenbasis).

```
<element name="kontextelement">
  ...
  <keyref name="Fremdschlüsselname"
        refer="Name der Schlüsseldefinition">
     <selector xpath="selektor" />
     <field    xpath="schlüsselattribut1" />
     <field    xpath="schlüsselattribut2" />
     ...
  </keyref>
</element>
```

Bausteine der Fremdschlüsseldefinition

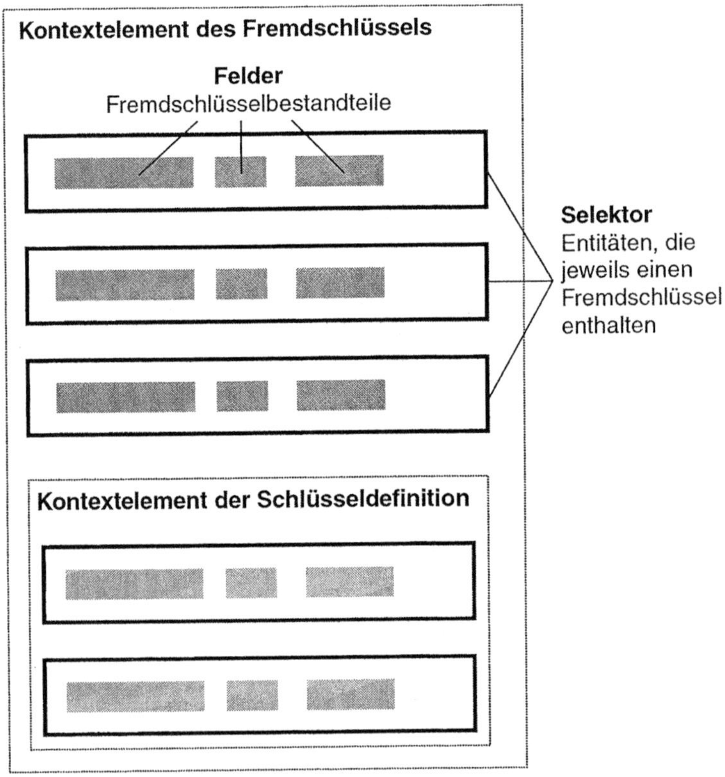

Dabei ist nicht notwendig, dass die Bestandteile dieselben Elemente oder Attribute wie im referenzierten Schlüssel sind. Vielmehr ist lediglich die Reihenfolge relevant: der erste Bestandteil des Schlüssels wird mit dem ersten Bestandteil des Fremdschlüssels wertmäßig auf Gleichheit geprüft, analog für die weiteren Bestandteile.

Durch die Definition einer repräsentationsunabhängigen Äquivalenz auf den unterschiedlichen Wertebereichen von XML Schema wird hierdurch nicht nur auf syntaktische Gleichheit, sondern auf semantische Gleichheit überprüft. So werden die Fließkommazahlen `40.2` und `4.02e1` als äquivalent betrachtet.

Im Folgenden ist eine Fremdschlüsseldeklaration angegeben, die eine Person über die Kombination Name, Vorname und Geburtsdatum referenziert:

Fremdschlüssel für Personen

```
<keyref refer="personenschlüssel">
  <selector xpath="person" />
  <field    xpath="name" />
  <field    xpath="vorname" />
  <field    xpath="geburtsdatum" />
</keyref>
```

Bereits Dokumenttypdefinitionen bieten eine Art Fremdschlüsselbeziehung über ID/IDREF-Attribute von Elementen. In ID-Attributen wird ein Identifikator festgelegt, der in IDREF bzw. IDREFS-Attributen dann referenziert werden kann.

Gegenüber diesem Mechanismus bietet der Schlüsselmechanismus von XML Schema einige Vorteile:

Unterschiede zwischen ID/IDREF und key/keyref

- Schlüssel können aus mehreren Bestandteilen bestehen.
- Schlüsselbestandteile können beliebigen Typen angehören, auf denen eine Äquivalenzrelation definiert ist. In DTDs muss dem Schlüssel der ID-Typ, dem Fremdschlüssel IDREF bzw. IDREFS zugewiesen werden.
- Außerdem können Schlüsselbestandteile nicht nur Attributinhalte, sondern auch Elementinhalte darstellen.
- Die Gültigkeit eines Schlüssels lässt sich durch Kombination von Kontextelement und Selektorausdruck beliebig festlegen.
- Ausschlaggebend für XML Schema ist nicht die syntaktische Gleichheit, sondern die semantische Wertgleichheit.

4.6 Wiederverwendung und Erweiterbarkeit

Komplexe Schemata werfen ähnliche Probleme wie andere Softwarekomponenten auf. Um sie wartbar zu halten, sollten sie möglichst modular aufgebaut werden. Und diese Module lassen sich dann idealerweise für andere Schemata wiederverwenden (insbesondere bestimmte Typdefinitionen). Hierzu sind Mechanismen zur Einbindung und zur Dokumentation erforderlich.

Ein weiteres Problem ist die anwendungsspezifische Assoziation von Zusatzinformationen mit Schemadefinitionselementen, wofür XML Schema ebenfalls Ausdrucksmittel bereitstellt.

4.6.1 Modellgruppen und Attributgruppen

Mit Modellgruppen und Attributgruppen besteht die Möglichkeit, eine Gruppe von Attributen oder Elementen zu definieren, die dann in unterschiedlichen Kontexten referenzieren kann, ohne dass dadurch weitergehende semantische Beziehungen impliziert werden. Dies entspricht also einer Makrofunktionalität und ersetzt so die für DTD-Entwürfe typische Verwendung von Parameterentitäten.

4.6.2 Einbinden von externen Schemata

4.6.2.1 Einbinden als Teil des aktuellen Namensraumes

XML Schema erlaubt die Definition eines Schemas auf der Basis bereits existierender Schemata. Die erste Möglichkeit ist dabei das unveränderte Einbinden des externen Schemas mittels `include`, die zweite Möglichkeit ist das Einbinden und Verändern von Typdefinition oder Elementdeklarationen mittels `redefine`. Bei beiden wird das eingebundene Schema Teil des aktuellen Namensraumes.

Das unveränderte Einbinden geschieht durch Angabe der URI des einzubindenden Schemas:

```
<include schemaLocation="uri" />
```

Das Verändern von ausgewählten Konstrukten (Elementdeklarationen, Attributdeklarationen, Typdefinitionen) geschieht durch

```
<redefine schemaLocation="" >
      Typdefinitionen
</redefine>
```

Redefiniert werden dürfen die Typdefinitionen und die Attribut- und Elementgruppen. Typredefinition erfolgen dadurch, dass man einen neuen Typ mit demselben Namen ableitet, so dass nur dieselben Modifikationen wie bei Restriktion oder Extension möglich sind. Modell- und Attributgruppen müssen entweder Ober- oder Untermengen der ursprünglichen Gruppen darstellen.

4.6.2.2 Einbindung aus einem fremden Namensraum

Eine weitere Möglichkeit, eine bestehende Schemadefinition zu nutzen, besteht darin, den Namensraum des bestehenden Schemas zu „importieren", d.h. in der Schemadefinition wird darauf hingewiesen, dass Schemaelemente aus einem anderen Namensraum verwendet werden sollen. Dies geschieht durch das Element `import`:

```
<import namespace="uri" schemaLocation="uri" />
```

Zusätzlich muss die Verwendung dieses Namensraumes auch in der klassischen Weise im einleitenden `schema`-Element angegeben werden:

```
<schema xmlns:myns="Namensraumbezeichner" ... >
```

Dann lassen sich beliebige Typen oder Elemente referenzieren, wie z.B.

```
<element name="myElement" type="myns:myType" />
```

Im Instanzdokument bleibt im Gegensatz zum vorangegangenen Abschnitt weiterhin der fremde Namensraum sichtbar. Außerdem wirkt das Importieren transitiv; d.h. alle Namensräume, die vom importierten Schema importiert werden, werden auch im aktuellen Schema verfügbar.

4.6.3 Dokumentation des Schemas

Essentiell für eine effiziente Wiederverwendung und Weiterentwicklung vorhandener Schemadefinition ist die Möglichkeit zur Dokumentation der hinter den einzelnen Konstrukten in einer Schemadefinition stehenden Entwurfsentscheidungen und Konzepte. Damit die Dokumentation nicht unabhängig von der Schemadefinition evtl. bei Änderungen inkonsistent wird, bietet XML Schema die Möglichkeit, Dokumentationstexte in unterschiedlichen Sprachen direkt an Schemakonstrukte (Elemente, Typen, Attribute) anzuhängen:

```
<element name="...">
  <annotation>
    <documentation xml:lang="en">
      ...
    </documentation>
  </annotation>
</element>
```

4.6.4 Schemaannotationen

Schemadefinitionen, wie sie mittels XML Schema erstellt werden können, dienen nicht nur der reinen Validierung von einem XML-Instanzdokument. Vielmehr macht es in vielen Kontexten Sinn, die Schemadefinition mit zusätzlichen, anwendungsspezifischen Informationen zu verknüpfen. So können beispielsweise hier in die einzelnen Schemaelemente Informationen über die Abbildung auf relationale Schemata, auf die Klassen einer Programmiersprache oder auf Benutzerschnittstellenelemente eingebettet werden.

Für solche maschinenlesbare Annotationen (im Gegensatz zur Dokumentation aus dem vorangegangenen Abschnitt) sieht XML Schema das Element `appinfo` vor:

```
<element name="....">
  <appinfo>
    ...
  </appinfo>
</element name="....">
```

Unterhalb des `appInfo`-Elementes können beliebige Elemente aus anderen Namensräumen verwendet werden.

Externe vs. eingebettete Schema-annotationen

Bei Schemaannotationen, d.h. beim „Anhängen" von Metainformation an bestimmte Schemaelemente gibt es zwei grundlegende Strategien: entweder die Einbettung in die Schemadefinition oder ein separates Metainformationsdokument. Die Einbettung hat den Vorteil, dass der Kontext, auf den sich eine Annotation bezieht, direkt gegeben ist und dass die Zuordnung der Annotationen bei Änderung des Schemas konsistent bleibt. Demgegenüber ist diese Einbettung ungeeignet, wenn viele unterschiedliche Arten der Schemaannotationen direkt in die Schemadefinition integriert werden, weil so schnell die Übersicht verloren gehen kann. Bei einer Separierung werden jedoch Adressierungsmechanismen notwendig, um die zu annotierenden Schemaelemente eindeutig identifizieren zu können.

Einen sprachunabhängigen Rahmen für die Annotation stellt beispielsweise das *Schema Adjunct Framework* bereit.

4.7 Weitere Schemaansätze

XML Schema ist zwar eine W3C-Empfehlung, und zahlreiche Hersteller haben auch angekündigt, den Standard zu unterstützen bzw. unterstützen ihn bereits. Dennoch existieren einige konkurrierende Ansätze, die insbesondere den Strukturteil zu vereinfachen bzw. zu verbessern versuchen. Von einigen wird auch davon ausgegangen, dass auf Dauer eine Vielfalt an Sprachen für die Schemaproblematik von XML nebeneinander koexistieren werden.[3]

Grammatik- und regelbasierte Schemaansätze

Derzeit gibt es für den Entwurf von Schemadefinitionssprachen zwei Ansätze: grammatikbasierte und regelbasierte Ansätze. Bei grammatikbasierten Ansätzen besteht die Schemadefinition aus Produktionsregeln, die die erlaubten Strukturen in einem Instanzdokument festlegen. Die Validierung eines Instanzdokumentes erfolgt durch die Überprüfung, ob die Struktur des Instanzdokumentes in der von den Produktionsregeln definierten Sprache enthalten ist. Dies entspricht einem geschlossenen Schemaformalismus (wie bei XML Schema), der nur das erlaubt, was explizit spezifiziert ist. Bei regelbasierten Ansätzen werden statt dessen Regeln dazu verwendet, bestimmte Gültigkeitsüberprüfungen durchzuführen, d.h. prinzipiell sind zunächst einmal alle Strukturen zugelassen, sie werden jedoch durch die Gültigkeitsregeln, die beim Validieren nacheinander überprüft werden, eingeschränkt (offener Schemaformalismus).

Die Stärke der grammatikbasierten Ansätze liegen in der einfacheren Implementierung von syntaxgesteuerten Anwendungen wie Editoren o.ä. und in der Existenz einer breiten Theorie über Grammatiken und ihre Eigenschaften. Bei regelbasierten Ansätzen hingegen können durch die einfache Verknüpfung von Regeln mit Fehlermeldungen direkt Validierungsberichte erzeugt werden, die vor allem im Bereich des Datenaustausches von großer praktischer Bedeutung sind.

Im Folgenden sollen kurz zwei XML Schema-Alternativen näher charakterisiert werden: RELAX NG als Vertreter der grammatikorientierten Ansätze und Schematron als regelbasierten Ansatz. Außerdem wird XML Data Reduced (XDR) aufgrund seiner derzeit noch

[3] Diese Einschätzung scheint nicht zuletzt darin bestätigt zu werden, dass inzwischen Multi-Schema-Validatoren angeboten werden, z.B. der von Sun für Java.

großen praktischen Bedeutung im Rahmen von MS SQL Server 2000 und insbesondere Biztalk knapp vorgestellt.

Andere Schemasprachen sind z.B. DT4DTD [BGP00], DDML [Bour99] und SOX [Davi99]. Einen vergleichenden Überblick zu diesen unterschiedlichen Ansätzen verschaffen Lee und Chu in [LeCh00], einen „Stammbaum" liefert Jeliffe in [Jeli99].

Ein weiterer, im Rahmen von Schemaformalismen zu betrachtender Ansatz ist RDF Schema ([RDFSchema]), das mehr auf semantische als auf syntaktische Probleme abgestimmt ist (Vergleich s. [HuLa01]), wobei hier RDF als Datenmodell verwendet wird.

4.7.1 RELAX NG

RELAX NG [ClMu01] wurde als gemeinsame Initiative auf der Basis der beiden alternativen Schemaformalismen TREX [Clar01] und RELAX [Mura01] ins Leben gerufen und zielt auf eine Vereinfachung des Strukturteils von XML Schema ab.

RELAX NG kennt keine komplexen Typen; alle Strukturierungselemente werden auf der Ebene der Elementdeklarationen durchgeführt. Außerdem wurde versucht, die Unterschiede zwischen Attributdeklarationen und Elementdeklarationen zu minimieren, da die Verwendung von Elementen oder Attributen in vielen Fällen austauschbar ist.

Eine Beispieldeklaration für eine Adressliste kann wie folgendermaßen aussehen:

```
<element name="adressliste">
  <zeroOrMore>
    <element name="adresse">
      <element name="Name">
        <text/>
      </element>
      <element name="Vorname">
        <text/>
      </element>
      ...
      <optional>
        <element name="Telefon">
          <text/>
        </element>
      </optional>
    </element>
```

```
  </zeroOrMore>
</element>
```

Wie man erkennen kann, werden Kardinalitäten (Wiederholbarkeit und Optionalität) anders ausgedrückt als bei XML Schema. Bei RELAX NG werden diese als Klammerelemente benutzt. Der ODER-Konnektor wird wie bei XML Schema als *<choice>*-Element realisiert.

<interleave>

Als Besonderheit (und als wiederum etwas andere Wiedereinführung des AND-Konnektors aus SGML) unterstützt RELAX-NG das sog. *<interleave>*-Muster. Es erlaubt eine „Verschränkung" von zwei oder mehr Inhaltsmodellen, so dass z.B. die <all>-Semantik von XML Schema durch folgende Deklaration erreicht werden kann:

```
<interleave>
  <element name="..." />
  <element name="... " />
</interleave>
```

Typbibliotheken

Auch RELAX NG sieht eine Typisierung von Textinhalten vor, doch definiert es selbst kein Typsystem. Es erlaubt die Verwendung von Typbibliotheken; die einzige, die derzeit verfügbar ist, ist die von XML Schema. Allerdings ist es Schemavalidatoren freigestellt, welche Typbibliotheken sie unterstützen.

Keine Erweiterung des Datenmodells

Eine besondere Eigenschaft im Gegensatz zu XML Schema ist die Tatsache, dass RELAX NG keine Erweiterung des Datenmodells von XML darstellt, da keine Änderung an der Informationmenge, die für ein XML-Dokument durch einen RELAX NG-Validator bereitgestellt wird, stattfindet. Dies hat den Vorteil, dass der Einsatz von RELAX NG vollständig transparent ist, aber gleichzeitig auch den Nachteil, dass darauf aufbauende Werkzeuge auch keine mächtigeren Konstrukte wie z.B. Typen vorfinden.

Insgesamt stellt RELAX NG einen interessanten Ansatz dar, die grammatikorientierten Mechanismen von DTDs fortzuentwickeln, ohne allzu komplexe Konstrukte bereitstellen zu müssen. RELAX NG-Schemata „gehen leichter von der Hand" und sind sicherlich deutlich leichter zu erlernen als XML Schema. Allerdings ist fraglich, ob diese Erweiterung auf rein syntaktischer Ebene, ohne die Konstrukte des Datenmodells zu vergrößern, besonders datenbankorientierten Umgebungen ausreichen. Auch der Verzicht auf eine Standard-Typbibliothek dürfte die Interoperabilität nicht verbessern.

4.7.2 Schematron

Schematron [Jeli01] hat einen gegenüber den anderen Schemadefinitionssprachen komplett anderen Ansatz. Anstatt die Strukturen in einer Art von Grammatik zu definieren, die in einem Instanzdokument erlaubt sein sollen, spezifiziert es Bedingungen an die Struktur, die überprüft werden. Da sich an die einzelnen Bedingungen Berichtselemente anhängen lassen, eignet es sich hervorragend zur Erstellung von Validierungsberichten, die genauere und anwendungsspezifische Meldungen über Fehler in der Struktur liefern können.

Grundelement von Schematron ist eine Zusicherung *(assertion)*, die mit Report-Elementen verknüpft werden kann. Diese berichten über erfolgreiche Validierung oder fehlerhafte Validierung mit frei bestimmbaren Meldungen. Die von der Zusicherung zu prüfende Bedingung wird über XSLT-Muster spezifiziert.

Diese Zusicherungen lassen sich dann auch zu Regeln *(rule)* und Mustern *(pattern)* zusammenfassen, um so die zu prüfenden Zusicherungen besser zu strukturieren.

Als Beispiel nehmen wir unsere Bestellpositionen, und wir lassen Schematron überprüfen, ob alle Attribute/Elemente angegeben waren und die Bestellposition ein gültiges Katalogelement referenziert:

```
<schema>
  <pattern name="Attributtest">
    <rule context="Bestellposition">
      <assert test="name">Artikelname fehlt!</assert>
      <assert test="anzahl">Anzahl fehlt!</assert>
      <assert test="gesamtpreis">Gesamtpreis fehlt!</assert>
    </rule>
  </pattern>
  <pattern name="Katalogtest">
    <rule context="Bestellposition">
      <assert test="id(@katalogelement)">
      Kein passender Artikel im Katalog! </assert>
    </rule>
  </pattern>
</schema>
```

Da das Zusicherungselement eigentlich das zentrale Element darstellt und die zusätzlichen Elemente nur ordnende Funktion haben, bezeichnet man Schematron oft auch als Ein-Element-Schemadefinitionssprache.

Schematron hat einen gänzlich anderen Zugang zur Schemaproblematik. Es reduziert das Problem auf das Überprüfen von Dokumentenstrukturen und stellt hierfür optimierte Ausdrucksmittel bereit. Gerade für den häufigen Fall des Überprüfens von Daten aus anderen Quellen kann Schematron mit einer nützlichen Fehlerberichtsgenerierung helfen. Für die systematische Umsetzung von Modellen und die Spezifikation von Datenbasen ist es hingegen weniger geeignet. Es bietet sich eine Kombination der beiden Techniken an, z.B. über eine Annotation von XML Schemata mit Schematron-Ausdrücken.

4.7.3 XML Data Reduced (XDR)

XML Data Reduced [FrTh98] ist die abgespeckte Version einer frühen Schemadefinitionssprache für XML: XML Data [LJM+98]. Um eine leichtere Umsetzung zu ermöglichen, wurde XML Data auf das Notwendigste reduziert. Da XDR bereits 1998 zur Verfügung stand, fand es bereits in einigen Anwendungen Verwendung, vor allem im MS SQL Server.

Auf der Ebene der Datentypen definiert XDR einen Satz von einfachen Datentypen, der auch die Grundlage für XML Schema bildet. Es fehlen zwar die Datentypen für wiederholbare Daten und für Zeitbereiche, aber die gängigen Datentypen (einschließlich Binärdaten) stehen zur Verfügung. Für Beschränkungen des Wertebereichs einzelner Typen benutzt XDR nicht das Ableitungskonzept, sondern formuliert die Beschränkungen direkt bei der Typzuweisung. Diese Beschränkungen sind auch weniger differenziert als die Typeigenschaften bei XML Schema: es stehen nur *maxLength*, *min*, *max* und *enumeration* zur Verfügung.

```
<ElementType name="bundesländer">
  <datatype type="enumeration"
           values="Baden-Württemberg Bayern ..." />
</ElementType>
```

Der Strukturteil von XDR ist ebenfalls recht ähnlich zu XML Schema. Die Typkonstruktoren sind allerdings ähnlich wie die Kardinalitäten als Attribut *order* bzw. *occurs* realisiert, die einer Elementgruppe oder einer einzelnen Elementdeklaration zugewiesen werden können. Für *order* stehen zur Verfügung: *seq* für den Sequenzkonnektor, *one* als exklusives Oder (*choice*), *all* für eine Nachbildung des AND-Konnektors von SGML) und *many* für Wiederholbarkeit. Occurs unterstützt allgemeine Kardinalitäten der Form m:n und für typische Fälle symbolische Namen wie *required*, optional, *zeroOrMore*, *oneOrMore*.

```
<ElementType name="Katalog">
  <element name="Eintrag" type="Katalogelement"
        order="many" />
</ElementType>

<ElementType name="Katalogelement">
  <attribute name="katalogElementID" type="int" />
  <element name="name" type="string" />
  <element name="beschreibung" type="formatierterText"
        occurs="0:1" />
</ElementType>
```

Außer den gängigen Inhaltsmodellen unterstützt XDR auch offene Inhaltsmodelle, bei denen neben den angegebenen Elementen bzw. Attributen auch noch beliebig weitere Elemente vorkommen können.

Erweiterung komplexer Typen

XDR verfügt auch über die Möglichkeit zur Ableitung komplexer Typen, wobei aber nur die Erweiterung erlaubt ist. Die Erweiterung vererbt alle Attribute und Elemente; zusätzlich können bestimmte Modifikationen am Inhaltsmodell vorgenommen werden, so lange das Substituierbarkeitsprinzip nicht verletzt wird:

- Der Obertyp hat ein offenes Inhaltsmodell oder der abzuleitende Typ einen leeren Inhalt.
- Fall der abzuleitende Typ ein nichtleeres Inhaltsmodell besitzt, müssen die *order*-Werte verträglich sein, also eine Verschärfung darstellen (*all* zu *seq*, *many* zu *seq*, *one* oder *all*)

XDR hat eigentlich nur noch historischen Charakter. Wie man an den Konstrukten von XDR sieht, wurde die Entwicklung von XML Schema sehr stark durch XDR beeinflusst. Dementsprechend ist der Aufwand für eine Migration gering.

4.8 Zukunft und Fazit

XML Schema ist ein erster umfassender Versuch, eine allen Anwendungsfeldern gerecht werdende Schemasprache zu definieren.

Die Entwicklung ist hiermit sicherlich nicht abgeschlossen, denn zahlreiche Probleme sind noch nicht zufriedenstellend gelöst.

4.8.1 Offene Probleme

Die enorme Komplexität des Standards wird selbst von Mitgliedern der Arbeitsgruppe als Problem wahrgenommen. Als nächste Schritte werden deshalb Modularisierungsbemühungen gesehen, die analog zur Dekomposition von HTML zu XHTML-Modulen den Standard in beherrschbare Einheiten zerlegen sollen.

Formales Modell für XML Schema

Ein weiteres Problem, das vor allem für die Entwicklung von Datenbanksystemen, die mit XML Schema umgehen, essentiell ist, ist das fehlende zugrundeliegende mathematische Modell. Dadurch wird es schwierig, theoretische Aussagen über Eigenschaften von XML Schemata zu gewinnen, die für Optimierungen u.ä. ausgenutzt werden können. Deshalb wurde bereits damit begonnen, ein solches formales Modell namens MSL (Model Schema Language, [BFRW01]) auszuarbeiten, was sicherlich auch für die Verbesserung und Weiterentwicklung des Standards selbst positive Auswirkungen haben wird. Eine erste W3C-Version wurde im Herbst 2001 veröffentlicht ([XMLSchemaFD]).

4.8.2 Fazit

Die Empfehlung des W3C für eine Schemadefinitionssprache versucht, den vielen unterschiedlichen Strömungen einen für alle gleichermaßen zufriedenstellenden Schemaformalismus bereitzustellen. So finden sich sowohl die Elemente der Dokumentenauszeichnungssprachen (in Form von gemischten Inhalten, Substitutionsgruppen u.a.) als auch die Elemente des datenorientierten Denkens wieder, indem ein umfangreiches und erweiterbares Typsystem geschaffen und ein flexibles Schlüsselkonzept eingeführt wurde. Auch für semistrukturierte Daten eignet sich XML Schema, indem Dokumente gegen unterschiedliche Schemata validiert werden können und in den Strukturbeschreibungen sich gezielt strukturelle Freiheiten definieren lassen.

Diese Universalität hat aber auch ihre Tücken. So führt sie zu einem recht komplexen Standard, der durch seine zahlreichen Ausdrucksmöglichkeiten weder einfach zu erlernen/anzuwenden noch in Anwendungen einfach umzusetzen ist. Etliche Fachleute — insbesondere aus der Dokumentenauszeichnungswelt — sehen XML

Schema als wenig praktikabel an und schlagen einfachere Verfahren vor (wie z.B. RELAX NG und Schematron), die für einen Großteil der Anwendungsfälle ausreichend seien.

Dennoch: Die reichhaltigen Ausdrucksmöglichkeiten bieten Vorteile über die reine Validierung hinaus. Denn sie lassen sich für die Bereitstellung von semantischer Zusatzinformation nutzen, was die Entwicklung von XML-basierten Anwendung beträchtlich vereinfachen kann. Dies beginnt bei der repräsentationsunabhängigen Interpretation von Werten (z.B. numerische und Datumswerte) und erstreckt sich bis zum Substituierbarkeitsprinzip bei der Typhierarchie. Wenn diese Zusatzinformationen auch in angrenzenden XML-Techniken wie Transformation (XSLT) und den Programmierschnittstellen (DOM bzw. SAX) zur Verfügung steht, spielt XML Schema erst seine wahre Stärke aus. Inwieweit diese Integration mit anderen W3C-Standards gelingt, entscheidet über die Akzeptanz von XML Schema.

5 Zugriff

5.1 XML-Anfragesprachen im Überblick

Eines der grundlegenden Prinzipien von Datenbankanwendungen ist die Entkopplung der persistenten Speicherung von der eigentlichen Anwendung, die auf diese Daten zugreift. Durch die Entkopplung entsteht die Notwendigkeit einer Schnittstelle für den Zugriff. Um der Persistenzschicht möglichst große Optimierungsspielräume einzuräumen, besteht die Schnittstelle in Form einer deskriptiven Anfragesprache, die beschreibt, auf was zugegriffen werden soll, nicht aber auf welchem Wege. Bei XML ergibt sich die Forderung nach Deskriptivität umso mehr, da sich hinter einer XML-Schnittstelle die unterschiedlichsten Systeme verbergen können, die Anfragen auf entsprechend unterschiedliche Weise auszuführen versuchen.

5.1.1 Lesende und schreibende Zugriffe

Anfragesprachen lassen sich grob in zwei Teile aufteilen: den lesenden und den schreibenden Zugriff. Bei XML ist die Entwicklung der lesenden Anfragesprachen schon relativ weit fortgeschritten, weshalb auch die Darstellung zweier Vertreter (XQL als eine einfache Anfragesprache, die bereits kommerziell verfügbar ist, und XQuery als den kommenden W3C-Standard) größeren Raum einnimmt. Für schreibende Zugriffe existieren zwar bereits unterschiedliche Vorschläge, die am Ende dieses Kapitels kurz skizziert werden, doch hier wird erst ein Konsolidierungsprozess einsetzen müssen, nachdem die ersten Erfahrungen damit gesammelt wurden.

5.1.2 Anfragesprachen und die drei Strömungen von XML

Ähnlich wie bei der Betrachtung von Schemaformalismen für XML wird auch die Entwicklung einer XML-Anfragesprache dadurch erschwert, daß die unterschiedlichen Anwendungsgebiete sehr unterschiedliche Anforderungen an die Zugriffsmethoden haben. Wieder lassen sich diese sehr gut an den drei in Kapitel 4 eingeführten Strömungen illustrieren.

Anforderungen an die Entwicklung von XQuery

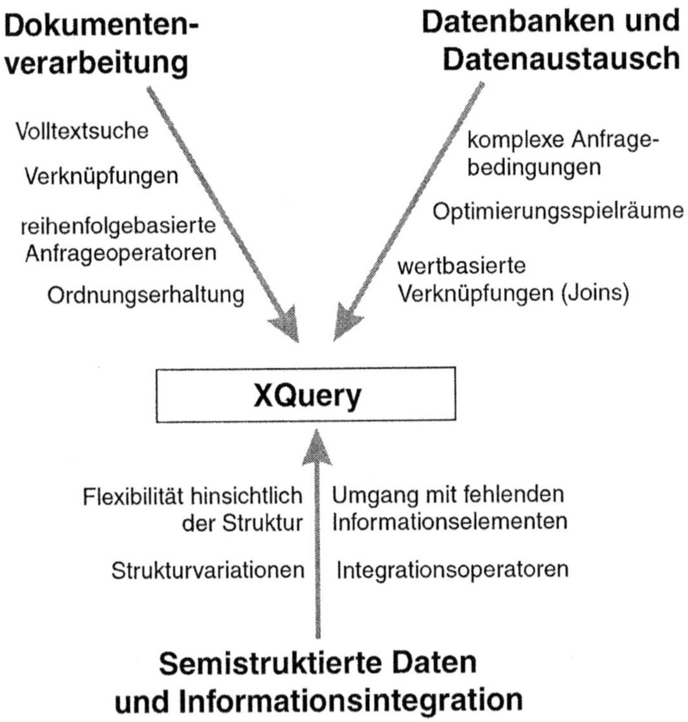

5.1.2.1 Dokumentenverarbeitung

Die Dokumentenverarbeitung geht im Wesentlichen mit um Metadaten angereicherten Texten um. Dementsprechend sind die typischen Zugriffsoperationen:

- Auffinden einer Menge von Dokumenten in einer Kollektion

- Extraktion von Dokumentteilen
- Modifikation von Dokumentteilen

Das Auffinden von Dokumenten in einer Kollektion vollzieht sich entweder durch Anfragebedingungen auf den Metadaten oder durch eine Volltextsuche. Hierzu werden Prädikate wie *enthalten*, *nahe bei* oder Phrasensuche benötigt.

Querverknüpfungen zwischen unterschiedlichen Dokumentteilen kommen häufig vor und haben die Gestalt von gezielten Verweisen, z.B. über eindeutige Identifikatoren (ID/IDREF) oder Adressen (wie bei XLink).

Die Extraktion von Dokumentteilen geschieht entlang der strukturellen Einheiten und nutzt dabei die Anordnung der einzelnen Teile. So sind hier typische Anfragebedingungen: der dritte Abschnitt im zweiten Kapitel oder der Abschnitt nach Tabelle 5.2. Hier ist essentiell, dass die Ordnung der Elemente sowohl anfragbar ist, als auch bei der Ergebnispräsentation erhalten bleibt.

Wichtig ist für die Dokumentenverarbeitung auch die einfache Möglichkeit, den Text ohne die Auszeichnungselemente zu erhalten, und zwar elementübergreifend.

Schreibzugriffe bei Dokumenten (wo sie nicht auf das reine Speichern kompletter Dokumente beschränkt sind) sind meist das Ersetzen oder Anhängen von Fragmenten.

5.1.2.2 Datenbanken und Datenaustausch

Im traditionellen Datenbankbereich ist die bestimmende Größe das Datenvolumen. Die Systeme und die von ihnen eingesetzten Mechanismen müssen skalierbar sein. Datenbanksysteme sind darauf ausgelegt, große Datenmengen anwendungsunabhängig persistent zu speichern und effiziente Zugriffsmechanismen auf diese riesigen Datenmengen bereitzustellen.

Daraus ergeben sich harte Forderungen an die Anfragesprachen:

- *Deskriptivität.* Um dem DBMS möglichst große Optimierungsspielräume einzuräumen, darf die Anfragesprache nur Mittel zur Beschreibung dessen bereitstellen, was gesucht wird, nicht jedoch auf welchem physikalischen Zugriffswege es zu erhalten ist.
- *Komplexe Anfragebedingungen.* Aufgrund des großen Datenvolumens und der Vielfalt der Anwendungen, die diese nutzen wollen, müssen von der Anfragesprache auch komplexe Anfragebedingungen bereitgestellt werden, die z.B. die booleschen

Operatoren *AND*, *OR* und *NOT* und darüber hinaus auch weitergehende logische Ausdrücke wie Existenz- und Allquantoren enthalten können. Ebenso ist die Komposition von Anfragen aus einzelnen Teilanfragen ein wichtiges Element zur Strukturierung komplexer Anfragen.

- *Verknüpfungen.* Durch die Tatsache, dass mehrere Anwendungen dieselben Daten für unterschiedliche Zwecke nutzen (und zusätzlich die Daten meist möglichst redundanzfrei, sprich: „normalisiert", gespeichert werden sollen), ist es häufig erforderlich, unterschiedliche Sichten zu definieren, die Daten aus unterschiedlichen Entitäten miteinander kombinieren. Die Verknüpfung erfolgt dabei oft wertbasiert und nicht nur auf der Ebene der Objektidentität. In relationalen Sprachen ist daher der Join der zentrale Anfrageoperator. Analoge Operationen sollten (obwohl die hierarchische Struktur manche Joins überflüssig macht) in einer XML-Anfragesprache ebenfalls zur Verfügung stehen.
- *Aggregation und Sortierung.* Weil in Datenbankanwendungen davon ausgegangen wird, daß die gespeicherten Daten keine spezielle Ordnung besitzen (was für die Optimierung große Spielräume bietet), muß für sortierte Ergebnisse ein Sortieroperator zur Verfügung stehen. Zusätzlich werden Aggregationsoperatoren benötigt, die es erlauben, Daten zu verdichten (z.B. Summe der Umsätze eines Kunden pro Monat, durchschnittlicher Umsatz pro Bestellung).

5.1.2.3 Semistrukturierte Daten und Informationsintegration

Während bei der Dokumentenverarbeitung und bei klassischen Datenbankanwendungen von einer bekannten und festen Struktur ausgegangen werden kann, ist bei semistrukturierten Daten der Mangel solchen verlässlichen Strukturwissens die eigentliche Herausforderung. Die Anfragesprache muß dabei Mechanismen zur Verfügung stellen, um flexibel gegenüber der Struktur Anfragen zu spezifizieren. Adresselemente können beispielsweise an beliebiger Stelle und unter unterschiedlichen Namen im Baum vorkommen. Hierzu sind Pfadausdrücke mit Platzhalterzeichen oder sogar reguläre Pfadausdrücke gefordert.

Ebenso wichtig ist der Umgang mit unvollständiger Information. Wie soll beispielsweise eine Anfragebedingung ausgewertet werden, die sich auf ein nicht vorhandenes Attribut bezieht? Ein Benutzer möchte z.B. alle Bohrmaschinen unter DM 3.500,- mit einer Kundenbewertung von mehr als 7 (auf einer Skala von 1 bis 10). Liegt für eine Bohrmaschine keine Bewertungsinformation vor: wie ist dann die Anfrage auszuwerten? Hier sollte die Anfragesprache anwendungsspezifische Lösungsmöglichkeiten bieten.

Ein anderes Problem entsteht durch die Wiederholbarkeit von Attributen. Sind für ein Produkt beispielsweise Staffelpreise angegeben, und es wird nach Produkten unterhalb von DM 500,- gefragt, so besteht die Möglichkeit, ein Produkt nur dann in die Ergebnismenge aufzunehmen, wenn alle aufgelisteten Preise unterhalb des Limits liegen (sog. „Allquantifizierung") oder bereits wenn nur ein Preis unterhalb des Limits liegt (sog. „Existenzquantifizierung").

Die Integration von Informationen aus unterschiedlichen Quellen fordert zudem, daß die Anfragesprache problemlos mit unterschiedlichen Namensräumen und Schemata zurechtkommt. Zusätzlich sollte die Anfragesprache auch Operatoren bereitstellen, die Informationseinheiten aus unterschiedlichen Quellen über ein und dasselbe Objekt miteinander zu verschmelzen erlauben. Im Idealfall stellt die Anfragesprache alles bereit, was benötigt wird, um integrierte Sichten auf heterogene XML-Quellen zu definieren.

5.1.3 Selektions- und Transformationsaspekt

Durch die flexiblen Strukturierungsmöglichkeiten von XML, die nicht durch ein a priori Schema eingeschränkt werden müssen, haben XML-Anfragen zwei Aspekte: Neben die Selektion, d.h. die Auswahl der interessierenden Datenbasisausschnitte, tritt die Transformation der Ergebnisse in eine vom Benutzer spezifizierte Struktur.

Zu dieser Problemstellung ergeben sich dabei zwei grundsätzliche Lösungsmöglichkeiten. Entweder man spaltet das Problem in einen klassischen Selektionsteil und in einen Transformationsteil (der von XSLT übernommen werden kann) auf, oder man integriert beide Aspekte in eine einzige Anfragesprache. Die Trennung der beiden Probleme hat den Vorteil, daß die Komplexität der Aufgabe in zwei Teilprobleme zerlegt wird, von denen eines bereits über eine zuverlässige Lösung verfügt. Demgegenüber erhofft man sich von einem direkt in die Anfragesprache integrierten Transformationsteil eine effizientere Verarbeitung, da der für die Selektion verwendete Kontext direkt für die Konstruktion der gewünschten Ergebnisstruktur verwendet werden kann und so bessere Optimierungen möglich werden.

Unter den Vorschlägen für eine XML-Anfragesprache gibt es Vertreter beider Richtungen, und es wurde sogar vorgeschlagen, auf die Entwicklung einer eigenen XML-Anfragesprache ganz zu verzichten, da XSLT bereits als vollwertige Anfragesprache zu betrachten ist. Die kommerziell am weitesten verbreitete Sprache XQL (s.u.) konzentriert sich ganz auf den Selektionsteil, während der kommende XML-Anfragestandard des W3C (wie die meisten Vorschläge aus der Datenbankwelt) Selektion und Transformation gleichermaßen abdeckt.

5.1.4 Ansätze für eine XML-Anfragesprache

Als Konzepte insbesondere für die Selektionsaufgabe haben sich zwei Ansätze herauskristallisiert: Baumschablonen *(tree patterns)* und Pfadausdrücke.

Baum-schablonen (tree patterns)

Die Idee von Baumschablonen ist sehr einfach. Ein Ausschnitt aus dem Dokumentenbaum wird durch die Vorgabe einer Teilstruktur spezifiziert, in die gezielt Variablen eingestreut werden. Beim „Einpassen" *(matching)* werden alle Stellen im Baum „gesucht", die auf dieses Muster passen. Das Ergebnis ist eine Menge von Variablenbindungen, d.h. eine Relation der Wertekombinationen für die Variablen.

```
$k = <kunde>
         <name>Schmidt</name>
         <vorname>Andreas</vorname>
     </kunde>
```

Eine Einschränkung der Einsatzmöglichkeit von Baumschablonen ist, dass sich mit ihrer Hilfe nur konjunktive Anfragen formulieren lassen. Oder-Bedingungen oder Negationen lassen sich so nur schwer umsetzen.

Pfadausdrücke

Ein anderer Ansatz zur Selektion von Dokumentfragmenten sind Pfadausdrücke. Mit ihrer Hilfe werden Knoten(mengen) identifiziert, indem man angibt, welche Pfade verfolgt werden sollen. In Pfadausdrücken können nicht nur Elementnamen vorkommen, sondern auch Platzhalter, so dass sich einfache Anfragen der Art „alle Email-Elemente" realisieren lassen. In einer weiteren Ausbaustufe können reguläre Ausdrücke aus der Menge der Knotenbezeichner einbezogen werden oder die Knotenbezeichner selbst mit Platzhalterzeichen ausgestattet werden.

Für XML existiert als Standard für Pfadausdrücke XPath, das zusätzlich auch noch Filterbedingungen erlaubt, aber keine regulären Ausdrücke auf Knotenbezeichnern.

Pfadausdruck	Bedeutung
`kunde.name`	Namen aller Kunden
`*.email`	Email-Elemente an beliebiger Stelle im Baum
`*.*URL`	alle Elemente, die auf „URL" enden an beliebiger Stelle im Baum
`(anbieter|kunde).name`	Namen aller Anbieter oder Kunden

5.2 XQuery[1]

5.2.1 Überblick

Nachdem im Laufe des Jahres 1998 zwei Vorschläge für eine Anfragesprache beim W3C eingereicht wurden und Ende 1998 zu diesem Thema ein Workshop vom W3C organisiert wurde, begann eine Arbeitsgruppe des W3C im Laufe des Jahres 1999 mit der Standardisierung einer Anfragesprache für XML. Im Laufe des Jahres 2000 wurden die Grundlagen (Anforderung, Datenmodell und eine Algebra) vorgelegt. Der erste Entwurf für XQuery, der auf einem Entwurf für eine XML-Anfragesprache namens „Quilt" [Cham00] für die Integration von Datenquellen basiert, erschien im Februar 2001. Ursprünglich war die Version 1.0 als W3C-Empfehlung für Ende 2001 geplant, aber inoffiziell wird bereits von einer Verschiebung um mindestens ein Jahr ausgegangen.

Die Standardisierungsbemühungen von XQuery gliedern sich in die folgenden Teile:

- *XQuery Datenmodell [XQueryDM].* Dieses wird in Zusammenarbeit mit der XPath-Arbeitsgruppe ausgearbeitet und bestimmt auch die Weiterentwicklung zu XPath 2.0
- *XQuery formale Semantik [XQueryFS].* In diesem Rahmen sollen grundlegende Operatoren definiert werden, die vergleichbar sind zur relationalen Algebra (deshalb hieß dieser Teil auch ursprünglich XML Query Algebra).

[1] Dieser Abschnitt basiert auf dem Entwurf vom 20. Dezember 2001. Bis zum endgültigen Standard sind noch einige Änderungen zu erwarten.

- *XQuery Anfragesprache [XQuery].* Dieser Teil spezifiziert eine Syntax für eine funktionale XML-Anfragesprache, die im Wesentlichen für menschliche Benutzer gedacht ist. Sie wird im Folgenden als XQuery bezeichnet und genauer vorgestellt.
- *Standard-Bibliothek von Funktionen und Operatoren [XQueryFO].* Neben dem gemeinsamen Datenmodell wird auch eine gemeinsame Standardbibliothek an Funktionen und Operatoren in Zusammenarbeit mit der XPath-Arbeitsgruppe definiert.
- *XQueryX XML-Syntax [XQueryX].* Für die maschinelle Generierung und Verarbeitung von XML Anfragen wird noch eine alternative, voll XML-konforme Syntax definiert, die am Ende des Abschnitts über XQuery noch etwas illustriert wird.

5.2.2 Grundstruktur und Verarbeitungsmodell

Der grundsätzliche Aufbau von XQuery ist recht einfach. Anfragen sind sogenannte FLWR-Ausdrücke, weil sie aus den Teilen FOR, LET, WHERE und RETURN bestehen:

FLWR-Ausdruck

- `FOR $v IN pfad`
  Dieser Teil iteriert über Knotenmengen. Der Pfadausdruck spezifiziert die Knotenmenge, über die iteriert wird.
- `LET $v = pfad`
  Diese Anweisung weist einer Variable den Knoten (bzw. die Knotenliste zu), auf die der Pfad verweist.
- `WHERE bedingung`
  Im Bedingungsteil können (analog zum gleichnamigen SQL-Konstrukt) Bedingungen über den eingeführten Variablen geprüft werden.
- `RETURN <element>$v</element>`
  Im Konstruktionsteil wird die Ergebnisstruktur aufgebaut.

Zentral für XQuery ist das Konzept der Variablenbindungen, so dass man sich die Abarbeitung eines FLWR-Ausdrucks konzeptionell wie folgt vorstellen kann:

- *FOR* und *LET*-Teil generieren die Variablenbindungen. Variablenbindungen kann man sich als Relation vorstellen, bei der die Spalten die gebundenen Variablen darstellen und die Attributwerte die gebundenen Knoten. Ein *LET*-Ausdruck führt dann zur Ergänzung einer Spalte, ein *FOR*-Ausdruck führt zu einem Kreuzprodukt mit der Menge der Knoten in der Iterationsmenge.

- Der *WHERE*-Teil spezifiziert nun für jedes Tupel von Variablenbindungen einen booleschen Ausdruck. Ist dieser nicht erfüllt, so wird das Tupel aus der Relation der Variablenbindungen gelöscht.
- Der *RETURN*-Teil baut nun für jedes übriggebliebene Tupel ein Ergebniselement auf, entsprechend den Elementkonstruktoren.

Beispielanfrage

```
<kunden>
 FOR $k in document("marktplatz.xml")//käufer
 LET $b =count($k//bestellung[datum>2001-01-01])
 WHERE $b > 0
 RETURN
   <kunde>
      $k/name,
      $k/vorname,
      <anzahl>$b</anzahl>
   </kunde>
</kunden>
```

Variablenbindungen, die bei der Verarbeitung entstehen

FOR/LE

$k	**$b**
Karl Meier	0
Andreas Schmidt	1
Petra Bauer	5

↓

WHER

$k	**$b**
~~Karl Meier~~	~~0~~
Andreas Schmidt	1
Petra Bauer	5

Ergebnis der Beispielanfrage

```
<kunden>
  <kunde>
     <name>Schmidt</name>
     <vorname>Andreas</vorname>
     <anzahl>1</anzahl>
 </kunde>
 <kunde>
     <name>Bauer</name>
```

```
    <vorname>Petra</vorname>
    <anzahl>5</anzahl>
  </kunde>
</kunden>
```

Die grundlegende Datenstruktur von XQuery ist anders als bei XPath 1.0 die Knotenliste.[2] Knotenlisten können dabei durchaus Knoten doppelt enthalten und haben eine definierte Ordnung. Geschachtelte Listen werden, falls sie irgendwo auftreten, automatisch zu einer flachen Repräsentation konvertiert (d.h. aus [1, [2,3], 4] wird [1,2,3,4]).

Interessant an dieser Stelle ist, dass jeder Ausdruck, der eine Knotenliste zurückliefert, eine gültige XQuery-Anfrage ist. Dies gilt insbesondere für Pfadausdrücke, aber auch für FLWR-Ausdrücke und Elementkonstruktoren.

Im Folgenden sollen kurz einige der wesentlichen Aspekte von XQuery vorgestellt werden. Insbesondere für die vorgestellten Operatoren und Funktionen gilt, dass hier in Zusammenarbeit mit der XPath-Arbeitsgruppe noch eine Standardbibliothek erstellt wird. Deshalb sind die präsentierten Funktionen und Operatoren exemplarisch, und es wird besonders auf grundlegende Probleme eingegangen, die mit der Verwendung dieser Operatoren und Funktionen einhergehen.

5.2.3 Pfadausdrücke

Eine wichtige Rolle bei XQuery spielen Pfadausdrücke, mit denen sich Knotenlisten adressieren lassen. Die verwendete Sprache für Pfadausdrücke basiert dabei auf XPath. Im derzeitigen Stand des Entwurfs sind noch alle Adressierungsachsen erlaubt; es wird jedoch über sinnvolle Einschränkungen nachgedacht. Hinsichtlich der Ordnung der Knotenlisten gilt wie bei XPath, dass Knoten in Dokumentreihenfolge zurückgegeben werden.

XQuery hat die Pfadausdruckssyntax von XPath 1.0 um zwei Operatoren erweitert (die wohl in XPath 2.0 Eingang finden werden):

- *Indexbereich.* Hiermit können z.B. die ersten fünf Bestellpositionen einer bestimmten Rechnung ausgewählt werden.

  ```
  //bestellung[bestellungID="117"]/bestellposition[1 TO 5]
  ```

---

[2] Die Mengensemantik von XPath wird – dem derzeitigen Entwicklungsstand zufolge – zugunsten der XQuery-Listensemantik aufgegeben.

- *Dereferenzierung.* Für eine typische Navigation entlang ID/IDREF-Fremdschlüsselbeziehungen stellt XQuery eine besondere Schreibweise bereit, die in einem Schritt auch den Typ des referenzierten Elements überprüfen kann:

```
bestellposition@katalogelementID->katalogelement
```

Für den Dereferenzierungsoperator wird derzeit darüber nachgedacht, ihn auf andere Formen der Navigation zu verallgemeinern, insbesondere auf die Fremdschlüsselbeziehungen von XML Schema und XLink-Verknüpfungen. Dies erscheint vor allem deshalb notwendig, weil sich eine komplexe Anwendungssemantik am besten durch eine Kombination der unterschiedlichen Techniken abbilden lässt (vgl. Kapitel 9).

5.2.4 Knotenlistenoperatoren und -funktionen

5.2.4.1 Listenoperatoren

Ähnlich wie SQL stellt auch XQuery Mengenoperationen bereit. Werden sie auf Knotenlisten angewandt, so werden Duplikate auf der Basis der Knotenidentität entfernt (Mengensemantik statt Listensemantik); die Ergebnisordnung entspricht der Dokumentenordnung, sofern die Knoten aus ein und demselben Dokument stammen. Für die Mengenvereinigung steht *UNION*, für die Durchschnittbildung *INTERSECT* und die Mengendifferenz *EXCEPT* zur Verfügung. Auch die Anwendung der Mengensemantik läßt sich hierbei mittels *UNION-ALL, INTERSECT-ALL* oder *EXCEPT-ALL* „abschalten".

Mit Mengenoperatoren lassen sich relativ einfach dokumentenübergreifende Anfragen (hier: Vereinigung des Kundenstamms zweier Anbieter, allerdings ohne Duplikateliminierung) realisieren:

```
$alleKunden := document("anbieter1.xml")//käufer
               UNION document("anbieter2.xml")//käufer
```

Von XQL hat XQuery außerdem die beiden Operatoren *AFTER* und *BEFORE* geerbt: *A AFTER B* liefert die Liste von Knoten aus A zurück, die nach mindestens einem Element aus *B* kommen. Analog liefert *A BEFORE B* diejenigen Knoten aus *A*, die vor mindestens einem Knoten aus *B* kommen. Grundlage hierfür ist die Dokumentreihenfolge, weshalb diese Operatoren auch nur für Knotenlisten desselben Dokumentes definiert sind.

5.2.4.2 Listenfunktionen

XQuery unterstützt auch Funktionen auf Knotenlisten. Listen lassen sich auf das Vorhandensein von Elementen mittels *empty()* und auf ihre Länge mittels *count()* überprüfen.

Duplikate auf der Basis von Wertgleichheit (für Elemente wird außer dem normalisierten Inhalt zusätzlich der Name und die Menge der Attribute verglichen) werden mittels *distinct()* entfernt. Die Ordnung der Ergebnismenge ist dabei nicht festgelegt.

5.2.4.3 Elementkonstruktoren

Elemente können auf denkbar einfache Weise konstruiert werden. XQuery unterstützt die direkte Notation als XML-Elemente und erlaubt auch die Parametrisierung von Elementnamen mit Variablen. So erzeugt die folgende Anfrage eine Liste von leeren Elementen mit den Namen der Hersteller:

```
<herstellerliste>
  FOR $h IN //hersteller
  RETURN
  < {$h} />
</herstellerliste>
```

Ähnliches gilt auch für Attribute:

```
<herstellerliste>
  FOR $h IN //hersteller
  RETURN
  <hersteller name="{$h}" />
</herstellerliste>
```

5.2.4.4 Ordnung

XQuery geht wie geschildert prinzipiell immer von geordneten Knotenlisten aus, wobei der Ausgangspunkt für die Ordnung die Dokumentreihenfolge ist. Werden keine ordnungszerstörenden Operationen (z.B. Mengenoperationen) angewandt, so bleibt diese erhalten.

In manchen Anwendungen kann eine Ordnungserhaltung nicht notwendig sein (z.B. in den meisten klassischen Datenbankanwendungen), und man kann der Anfragebearbeitung zusätzliche Spielräume durch Verwendung der Funktion *unordered()* einräumen.

Umgekehrt kann es (insbesondere für das Ergebnis) notwendig sein, Elemente in eine bestimmte Reihenfolge zu bringen. Hierzu lässt sich eine *Sort by*-Klausel an einen Ausdruck anhängen, der eine Knotenliste liefert (z.B. auch Elementkonstruktoren). *Sort by* wird parametrisiert durch einen Ausdruck, der für jedes Element der Knotenliste einen einzelnen Wert liefert, nach dem auf- oder absteigend (*ASC* bzw. *DESC*) sortiert wird. Grundlage hierfür ist dabei die Ordnungsrelation des Wertebereichs des Typs, also nicht notwendigerweise die lexikographische Ordnung.

Das einführende Beispiel ließe sich nun so modifizieren, daß die Ausgabe absteigend sortiert nach Anzahl der Bestellungen erfolgt:

Einführendes Beispiel ergänzt um Sortieroperationen

```
<kunden>
   FOR $k in unordered(document("marktplatz.xml")//käufer)
   LET $b =count($k//bestellung[datum>2001-01-01])
   WHERE $b > 0
   RETURN
     <kunde>
        $k/name,
        $k/vorname,
        <anzahl>$b</anzahl>
     </kunde>
</kunden> SORT BY kunde/anzahl DESC
```

5.2.5 Operationen auf atomaren Werten

5.2.5.1 Arithmetische Operationen

Für Berechnungen auf numerischen Datentypen stellt XQuery die üblichen arithmetischen Operationen bereit: +, -, *. /, *mod* und *div*. Sie sind zunächst nur auf atomaren Werten definiert. Werden Knoten übergeben, so erfolgt eine Konvertierung. Eine Operation zwischen einem Wert und einer Liste wird durch implizite Iteration gelöst: das Ergebnis ist eine Liste, die durch Ausführung der Operationen auf jedem einzelnen Element der Liste hervorgeht. Arithmetische Operationen zwischen zwei Listen sind in der derzeitigen Fassung nicht definiert.

Beispiele für die Auswertung von arithmetischen Operationen

```
$l = [1,2,3,4]
$p = <preis>58</preis>
$m = <mehrwertsteuer>16</mehrwertsteuer>

$l * 2                    = [2,4,6,8]
$p / ( 1 + ($m / 100) )   = 50
```

5.2.5.2 Vergleichsoperatoren

Als Vergleichsoperatoren stehen für einfache Datentypen Gleichheit und Ungleichheit bereit, die in zwei verschiedenen Varianten existieren: = bzw. != arbeiten auf Werten, also auf der Basis der Äquivalenzrelation des Wertebereiches, während == bzw !== auf der Knotenidentität arbeiten. Ob für komplexe Datentypen ebenfalls eine Wertgleichheit definiert wird, ist derzeit noch umstritten.

Falls für Datentypen von XML Schema oder (wie z.B. für Zeichenketten) von der XQuery-Implementierung eine Ordnungsrelation definiert ist, stehen auch <, <=, >, >= bereit.

Die wertbasierten Vergleichsoperatoren (alle bis auf == und !==) gehen von atomaren Werten aus. Falls nötig, wird eine implizite Konvertierung durchgeführt.

Vergleiche auf Knotenlisten

Ein wichtiges Element ist auch die Semantik dieser Vergleichsoperatoren auf Knotenlisten. Hier wird eine implizite Existenzquantifizierung zugrundegelegt, d.h. wird eine Liste mit einem Wert verglichen, so ist der Vergleich dann erfolgreich, wenn er für ein Element der Liste erfolgreich ist. Beim Vergleich zweier Listen gilt eine doppelte Existenzquantifizierung: Der Vergleich ist dann wahr, wenn er für ein Paar aus den beiden Listen wahr ist. Dies führt insbesondere dazu, daß $a > b$ und $a < b$ gleichzeitig gelten können.

```
[1,2,3,4] > 2           und    [1,2,3,4] < 2
[1.3.5,7] > [2,3,4,5]   und    [1,3,5,7] < [2,3,4,5]
```

Vergleiche von Zeichenketten

Für Vergleiche von Zeichenketten ist derzeit (im Entwurf für die Standardbibliothek für XQuery und XPath 2.0) die Unterstützung von „collations“ angedacht, die die Internationalisierungsproblematik (unterschiedliche Sprachen und Alphabete haben unterschiedliche Ordnungsrelationen auf Zeichenketten zur Folge) lösen sollen. Hierbei wird statt der binären Vergleichsoperatoren eine Vergleichsfunktion *compare(a,b,collation)* eingeführt, die mit einem *collation*-Objekt parametrisiert ist und die einer Bibliothek vom System unterstützter Sprachen entstammt. Die Vergleichsfunktion liefert –1 für kleiner, 0 für gleich und 1 für größer.

5.2.6
Logische Operatoren und Funktionen

5.2.6.1
Junktoren

XQuery stellt die Möglichkeit bereit, beliebige boolesche Ausdrücke zu bilden. Dabei werden AND und OR als Operatoren und not() als boolesche Funktion bereitgestellt.

Behandlung von fehlenden Werten

Bislang ist die Auswertungsgrundlage eine zweiwertige Logik. Allerdings ist noch nicht entschieden, wie mit fehlenden Werten, wie sie für semistrukturierte Daten typisch sind, oder mit Nullwerten umzugehen ist. Eine Möglichkeit wäre es, Bedingungen auf fehlenden Werten zu unbekannt (?) auszuwerten. Die Wahrheitstabellen könnten für diese dreiwertige Logik dann so aussehen:

and	W	F	?
W	W	F	?
F	F	F	F
?	?	F	?

or	W	F	?
W	W	W	W
F	W	F	?
?	W	?	?

not	
W	F
F	W
?	?

Im Rahmen der Funktionsbibliothek und der Zusammenarbeit mit der XPath 2.0-Entwicklung deutet sich jedoch eine andere Lösung an, indem eine Funktion *if-absent* bereitgestellt wird, die eine explizite statt einer impliziten Behandlung fehlender Werte ermöglicht. Dennoch sind boolesche Operatoren für eine dreiwertige Logik noch als offenes Problem im aktuellen Arbeitsdokument enthalten.

5.2.6.2
Existenz- und Allquantor

XQuery unterstützt nicht nur aussagenlogische Operatoren, sondern auch die prädikatenlogischen Quantoren. Der Existenzquantor hat die Form:

```
SOME $v IN knotenliste SATISFIES bedingung
```

So würde die Bedingung für Kunden, die eine Bestellung hatten, die mehr als 100 Euro Bestellwert hatte, folgendermaßen lauten:

```
SOME $b in $k/bestellung SATISFIES sum($b/preis)>100
```

Der Allquantor hat die Form:

```
EVERY $v IN knotenliste SATISFIES bedingung
```

Über die Quantoren läßt sich z.B. explizit kontrollieren, wie Vergleiche, die Knotenlisten umfassen, ausgewertet werden sollen.

5.2.7 Funktionen

XQuery erlaubt die Definition von eigenen Funktionen, die zur verbesserten Lesbarkeit oder zur Formulierung von rekursiven Zusammenhängen eingesetzt werden können.

```
DEFINE FUNCTION name(typ1 argument1, typ2 argument2)
        RETURNS typ
{
       Ausdruck
}
```

Die Angabe von Typen ist dabei optional; werden jedoch Typen angegeben, so findet eine Typüberprüfung statt. Dabei ist noch offen, wieviel Flexibilität diese Typüberprüfung einräumen soll. Derzeit werden folgende Konzepte diskutiert:

- *Promotionshierarchie für einfache Typen.* Hierbei wird von XQuery eine Hierarchie auf den primitiven Typen definiert, entlang derer Typen automatisch konvertiert werden können, so daß sie auf eine bestimmte Funktionssignatur passen.
- *Substitutionsprinzip.* Für einen Parameter mit einem bestimmten Typ werden auch alle Untertypen (seien sie durch Restriktion oder Extension abgeleitet) akzeptiert.
- *Substitutionsgruppen.* Wird der Kopf einer Substitutionsgruppe angegeben, werden auch alle Mitglieder der Substitutionsgruppe akzeptiert.

Wie schon erwähnt, entsteht in Zusammenarbeit mit der XPath-Arbeitsgruppe eine Bibliothek von Standardfunktionen, die auf den Funktionen, die für XPath verfügbar sind, aufbaut.

5.2.8 Datentypen und XQuery

Um die Typinformation aus der Schemavalidierung ausnutzen zu können, stellt XQuery diverse syntaktische Konstrukte bereit. Diese sind besonders nützlich bei der Realisierung polymorpher Funktionen (sofern Polymorphie von der endgültigen XQuery-Fassung unterstützt wird). Dabei legt XQuery immer den dynamischen Typ zugrunde, d.h. es wird nicht nur statisch anhand der in der Anfrage und in der Schemadefinition vorhandenen Typinformationen gearbeitet, sondern der konkrete Typ des vorliegenden Elementes betrachtet, der ein Untertyp des statischen Typs sein kann.

Für Literale (konkrete Zahlen, Zeichenketten etc.) unterstützt XQuery die automatische Typerkennung für *string*, *integer*, *decimal* und *float*. Ansonsten steht eine Menge von Konstruktorfunktionen zur Verfügung.

Zur Überprüfung, ob ein bestimmtes Element einen bestimmten Typ besitzt, steht *INSTANCEOF* zur Verfügung.

```
$v INSTANCEOF t
```

Ein solcher Ausdruck wird zu „wahr“ ausgewertet, wenn *$v* Instanz von *t* oder eines Untertyps ist. Für eine exakte Typüberprüfung kann *INSTANCEOF ONLY* verwendet werden.

Wird eine ganze Reihe von Typüberprüfungen in bedingten Anweisungen hintereinander durchgeführt, um so ein typspezifisches Verhalten zu erreichen, kann auch die abkürzende Syntax verwendet werden:

```
TYPESWITCH $v
      CASE t1  ausdruck
      CASE t2  ausdruck
      DEFAULT  ausdruck
```

Wie auch in Programmiersprachen besteht die Möglichkeit, einen Typ in einen anderen Typ zu konvertieren, was vor allem bei numerischen Datentypen sinnvoll ist. Hierzu steht *CAST AS* zur Verfügung.

Eine etwas andere Möglichkeit stellt *TREAT AS* zur Verfügung. Hierbei wird der Typ nicht konvertiert, sondern nur für die Typprüfung von XQuery als ein bestimmter Typ „getarnt“.

5.2.9
XML-Syntax von XQuery

Die bislang vorgestellte Syntax, die sich an SQL orientiert, bietet eine für Menschen gut lesbare Syntax für XML-Anfragen, macht aber zu ihrer Verarbeitung einen speziellen Parser erforderlich. In Umgebungen, in denen Anfragen von Systemen generiert werden, ist dieser Aufwand unnötig, und eine reine XML-Repräsentation wäre vorteilhafter. Deshalb wurde von Anfang an von der XQuery-Arbeitsgruppe auch eine XML-Syntax (als XQueryX bezeichnet) mitentwickelt. Sie orientiert sich dabei stark an den Produktionsregeln und den Nichtterminalsymbolen der Grammatik für die oben vorgestellte menschenlesbare Syntax.

Betrachten wir als Beispiel die Anfrage vom Anfang dieses Abschnittes und nachfolgend ihre XQueryX-Version:

Beispielanfrage in menschenlesbarer Syntax

```
<kunden>
  FOR $k in document("marktplatz.xml")//käufer
  LET $b =count($k//bestellung[datum>2001-01-01])
  WHERE $b > 0
  RETURN
    <kunde>
       $k/name,
       $k/vorname,
       <anzahl>$b</anzahl>
    </kunde>
 </kunden>
```

Beispielanfrage in XQueryX

```
<q:query xmlns:q="http://www.w3.org/2001/06/xqueryx">
  <q:elementConstructor>
    <q:tagName>
      <q:identifier>kunden</q:identifier>
    </q:tagName>
    <q:flwr>

      <q:forAssignment variable="$k">
        <q:step axis="SLASHSLASH">
          <q:function name="document">
            <q:constant datatype="CHARSTRING">
               marktplatz.xml</q:constant>
          </q:function>
          <q:identifier>käufer</q:identifier>
        </q:step>
      </q:forAssignment>
```

```
      <q:letAssignment variable="$b">
        <q:function name="count">
          <q:step axis="SLASHSLASH">
            <q:variable>$k</q:variable>
            <q:predicatedExpr>
              <q:identifier>bestellung</q:identifier>
              <q:function name="GREATER">
                <q:identifier>datum</q:identifier>
                <q:constant datatype="CHARSTRING">
                 2001-01-01</q:constant>
              </q:function>
            </q:predicatedExpr>
          </q:step>
        </q:function>
      </q:letAssignment>
      <q:where>
        <q:function name="GREATER">
          <q:variable>$b</q:variable>
          <q:constant datatype="CHARSTRING">0</q:constant>
        </q:function>
      </q:where>
      <q:return>
        <q:elementConstructor>
          <q:tagName>
            <q:identifier>kunde</q:identifier>
          </q:tagName>
          <q:step axis="CHILD">
            <q:variable>$k</variable>
            <q:identifier>name</q:identifier>
          </q:step>
          <q:step axis="CHILD">
            <q:variable>$k</variable>
            <q:identifier>vorname</q:identifier>
          </q:step>
          <q:elementConstructor>
            <q:tagName>anzahl</q:tagName>
              <q:variable>$b</q:variable>
            </q:tagName>
          </q:elementConstructor>
        </q:elementConstructor>
      </q:return>
    </q:flwr>
  </q:elementConstructor>
</q:query>
```

Bei der XML-Syntax ist noch offen, ob die einzelnen syntaktischen Elemente von XPath tatsächlich in einzelne XML-Elemente aufgelöst werden. Diese ausführliche XML-Repräsentation hat zwar den Vorteil, daß kein separater Parser für XPath benötigt wird, andererseits wird die Anfragedarstellung dadurch sehr voluminös (vgl. Beispiel!).

5.3 Weitere Anfragesprachen

Ähnlich wie bei XML Schema existieren auch bei XQuery zahlreiche alternative Anfragesprachen. Einige davon sind im Rahmen von Forschungsprojekten entwickelt worden und füllen nur die Lücke, bis ein W3C-Standard entwickelt ist. Andere, wie z.B. XQL, werden bereits in kommerziellen Produkten eingesetzt. Neben dem im Folgenden vorgestellten XQL und dem XQuery-Vorläufer Quilt sind die bekanntesten Vorschläge:

- *Lorel* [AQM+99]. Lorel entstand als Anfragesprache für das semistrukturierte Datenbanksystem Lore der Stanford University. Ursprünglich handelt es sich dabei um eine Anfragesprache für das Datenmodell OEM; im Zuge der Migration zu XML kann Lorel auch als XML-Anfragesprache dienen. Die Syntax von Lorel ist angelehnt an SQL und nutzt reguläre Pfadausdrücke.
- *XML-GL* [CCD+99]. XML-GL ist eine graphische XML-Anfragesprache. Anfragebedingungen werden nicht textuell, sondern durch graphische Elemente ausgedrückt.
- *XML-QL* [DFF+99]. Hierbei handelt es sich um eine sehr mächtige Anfragesprache. Hauptbestandteile sind Baummuster zu Selektion von Dokumentfragmenten und Variablenbindungen, auf denen Bedingungen und Transformationen definiert werden.
- *XMAS* [LPV99]. Im Rahmen des XML-Integrationsprojektes MIX wurde eine XML-Anfragesprache entwickelt, die darauf abzielt, die virtuelle Integration von XML-Daten zu unterstützen.
- *YAXQL* [MoFi00]. YAXQL ist als sehr mächtige Anfragesprache speziell für WWW-Umgebungen konzipiert. Als Spezialität bietet sie die direkte Anbindung relationaler Datenbanken und das Ausfüllen von Web-Formularen. Außerdem werden freie Variablen mittels einer vierwertigen Logik unterstützt.

Gute Vergleiche zwischen unterschiedlichen Anfragesprachen bieten [BoCe00], [IvYi00] sowie [FSW99].

5.3.1 XQL

XQL [Robi99] ist eine sehr frühe Anfragesprache für XML, die mit ihren Pfadausdrücken die Entwicklung von XPath und des darauf aufsetzenden XSLT beeinflusst hat. Nach der Standardisierung durch das W3C wurde die XQL-Syntax an die offizielle XPath-Syntax angepasst. Durch ihre frühe Verfügbarkeit und den relativ einfachen Aufbau, wurde XQL bereits in zahlreichen Produkten umgesetzt, darunter auch MS SQL Server und Tamino.

Pfadausdrücke

Die Grundlage einer XQL-Anfrage sind Pfadausdrücke, die Knotenlisten adressieren, und darauf angewandte Filter, die diese Knotenlisten anhand von Bedingungen auf den Knoten filtern. Die Syntax ist hierfür wie bei XPath *Pfadausdruck[Filter]*. Filter sind boolesche Bedingungen, wobei dem Vergleich von mengenwertigen Attributen mit atomaren Werten eine implizite Existenzquantifizierung zugrundegelegt wird.

Ein wichtiges Entwurfsziel für XQL war die Tatsache, dass XQL-Anfragen für jeden beliebigen Teilbaum ausgeführt werden können und nicht unbedingt an der Wurzel ansetzen müssen. Dadurch sind geschachtelte Anfragen relativ einfach möglich. Dies wird dadurch ermöglicht, daß XQL für jeden Ausdruck einen Kontextknoten voraussetzt (analog zu XQuery).

Analog zu XQuery unterstützt bereits XQL Mengenoperationen auf Knotenlisten:

- *union* (Kurznotation |) für Mengenvereinigung, *intersect* für Mengenschnitt
- *both* (Kurznotation ~). Dies ist eine Variante des Mengenvereinigungsoperators, bei dem die Vereinigung nur dann zurückgegeben wird, wenn beide Listen nicht leer sind.

Gruppierungsoperator

Der Gruppierungsoperator `query { subquery }` ist eine kleine Eigenheit von XQL. Seine Semantik ist, dass für jeden Ergebnisknoten der übergeordneten Anfrage *(query)* ein leeres Element desselben Namens generiert wird, in das dann die Ergebnisse der Unteranfrage *(subquery)* eingefügt werden. Zusammen mit dem Umbenennungsoperator lässt sich die Anfrage nach allen Kunden, die seit Beginn 2001 schon etwas bestellt haben, wie folgt realisieren:

```
//käufer[count(./bestellung[bestelldatum >
                                    date("2001-01-01")]
  { ./name | ./vorname
    | count(./bestellung[bestelldatum > date("2001-01-01")
  }
```

Dieses Verhalten lässt sich relativ einfach in XQuery durch geschachtelte FLWR-Ausdrücke und die besseren Restrukturierungsmöglichkeiten von XQuery realisieren.

Joins

Recht spät wurde XQL auch die Möglichkeit zur Formulierung von Joins hinzugefügt. Dies geschieht auf der Basis des eben vorgestellten Gruppierungsoperators, indem zusätzlich noch sogenannte „Korrelationsvariablen" eingeführt werden, die die Join-Bedingung realisieren. Sie werden an ein Attribut der übergeordneten Anfrage gebunden und stehen zur Formulierung von Bedingungen im Unteranfragenteil zur Verfügung. Möchte man beispielsweise für alle Katalogelemente die Anzahl der Bestellungen herausfinden, so ließe sich dies durch einen Join zwischen den Bestellpositionen und den Katalogelementen über die KatalogelementID herstellen:

```
//katalogElement[$e := @id] {
     sum(//bestellposition[katalogelementID = $e]/anzahl)
       -> anzahl  }
```

Insgesamt ist zu konstatieren, dass die Hauptschwächen von XQL in den beschränkten Ausdrucksmitteln für komplexe Anfragen und in den mangelnden Möglichkeiten zur Beeinflussung der Ergebnisstruktur liegen. Es stehen nur folgende Mittel zur Verfügung:

Beeinflussungsmöglichkeiten der Ergebnisstruktur

- der *Gruppierungsoperator* zum Ausblenden von Teilbäumen und begrenzten Restrukturieren ähnlich dem *filter*-Operator von XQuery,
- der *Sequenzoperator*, mit dem sich die Reihenfolge von Elemenen beeinflussen lässt,
- der *Umbenennungsoperator* ->, mit dem sich Elemente für das Ergebnis umbenennen lassen

Ansonsten wird grundsätzlich das Anfrageergebnis in `<xql:result> ... </xql:result>` eingeschlossen, um sicherzustellen, daß das Ergebnis ein gültiges XML-Dokument mit einem einzelnen Wurzelelement darstellt.

5.3.2 Erweiterung des SQL-Standards

Auch die SQL-Standardisierung hat sich inzwischen im Rahmen eines Unterprojektes SQL/XML der Thematik XML angenommen ([EiMe01], vgl. auch [Ende01]). Dabei sollen folgende Probleme angegangen werden:

- SQL-Daten in XML darstellen
- SQL-Schemata auf XML-Schemata abbilden
- SQL Schemata und -Aktionen in XML darstellen
- Zusammenspiel von SQL mit XML-Daten

Derzeit sind diese Bemühungen noch nicht besonders weit fortgeschritten. Sie beschränken sich auf die Abbildung von SQL-Bezeichnern auf XML-Bezeichner (und umgekehrt) und auf die Abbildung von SQL-Datentypen auf XML Schema-Datentypen (vgl. das Arbeitspapier [SQLX01]). Über die anderen Punkte wird noch intensiv diskutiert. Der aktuelle Stand kann unter http://www.sqlx.org abgerufen werden

5.4 Schreibzugriffe

5.4.1 Einführung

Bislang war die Verwendung von XML in datenorientierten Umgebungen darauf fokussiert, aus bestehenden Datenbeständen XML-Sichten bereitzustellen; die Daten wurden aber weiterhin mit konventionellen Anwendungen auf der Basis von Programmierschnittstellen und Anfragesprachen für das zugrundeliegende Datenmodell abgewickelt. Ein logischer nächster Schritt ist jedoch, diese XML-Sichten selbst nicht nur für Lese-, sondern auch für Schreiboperationen zu nutzen. Dann kann man mit den unterschiedlichsten Datenbanksystemen mit XML-Schnittstelle „in XML reden", ohne das zugrundeliegende Datenmodell zu kennen.

Derzeit steht für Schreibzugriffe auf XML-Daten als standardisiertes Werkzeug eigentlich nur das Objektmodell DOM zur Verfügung, das jedoch eine Programmierschnittstelle und keine deskriptive Anfragesprache bietet. Aber wie bei lesenden Anfragesprachen ist auch bei schreibenden Anfragesprachen ein deskriptiver Ansatz zu fordern, um dem Persistenzdienst Optimierungsspielräume zu geben.

Einzeländerungen vs. Massenänderungen

Schreibzugriffe können generell in zwei Klassen eingeteilt werden. Die eine Klasse sind gezielte Einzeländerungen, bei denen es im Wesentlichen darum geht, das betreffende Objekt, das geändert werden soll, genau zu spezifizieren. Die andere Klasse sind Massenänderungen, wie z.B. Import, aber auch größere Änderungen an der Datenbasis. Wie im relationalen Fall zielen deskriptive Schreibzugriffe im Wesentlichen auf die erste Klasse ab. Für die zweite Klasse werden meist Mechanismen angeboten, die auf das einzelne Datenbanksystem abgestimmt sind.

Angesichts eines fehlenden Standards werden im Folgenden zwei Ansätze betrachtet: ein Ansatz aus einem Industriekonsortium (XML:DB) und ein Forschungsansatz. Ein weiterer kommerzieller Ansatz findet sich in Abschnitt 13.3.4, in dem es um die sog. „Update Grams" geht, wie sie der MS SQL Server 2000 bereitstellt. An diesen Ansätzen lässt sich das Spektrum möglicher XML-Anfragesprachen (bzw. Anfragespracherweiterungen) für Schreibzugriffe illustrieren.

5.4.2 XUpdate

XUpdate [LaMa00] ist die Entwicklung einer Arbeitsgruppe der XML:DB-Initiative (http://www.xmldb.org), die sich speziell um datenbankbezogene Problemstellungen von XML bemüht und aus kleineren, auf XML spezialisierten Firmen besteht. Derzeit kümmert sich diese Initiative neben XUpdate auch um eine Programmierschnittstelle (im Gegensatz zu einer deskriptiven Anfragesprache) für XML-Datenbanken *(XML Database API)*.

Das Grundprinzip von XUpdate ist relativ einfach: Für jede Aktualisierungsoperation muß der Knoten lokalisiert werden, den es betrifft; dies geschieht durch die Verwendung von XPath-Ausdrücken. Für das Angeben der eigentlich einzubringenden Inhalte stellt XUpdate Konstruktoren bereit, wie z.B. `<xupdate:element>` oder `<xupdate:attribute>`.

Als Operationen stehen zur Verfügung:

- *Einfügen (vor oder nach).* Hierbei wird der Inhalt als Vorgänger oder als Nachfolger des selektierten Kontextknotens eingebracht.

```
<xupdate:insert-before select="pfad">
  neuer Knoten
</xupdate:insert-before>
```

- *Anhängen.* Dies erlaubt das Hinzufügen des neuen Inhaltes als Kind des selektierten Knotens. Durch das *child*-Attribut kann zusätzlich die Einfügeposition festgelegt werden (Standard ist „am Ende").

```
<xupdate:append select="pfad" child="kindnr">
  neuer Knoten
</xupdate:append>
```

- *Aktualisieren.* Das Aktualisieren ersetzt den Inhalt des Kontextknotens.

```
<xupdate:update select="pfad">
 neuer Wert
</xupdate:update>
```

- *Entfernen.* Hiermit kann der Kontextknoten entfernt werden.

```
<xupdate:remove select="pfad" />
```

- *Umbenennen.* Hiermit kann der Kontextknoten umbenannt werden.

```
<xupdate:rename select="pfad">
 neuer Name
</xupdate:rename>
```

Die Arbeitsweise von XUpdate sei an zwei Beispielen illustriert. Das erste Beispiel aktualisiert die Telefonnummer eines Kunden in einer Kundenliste.

```
<xupdate:modifications version="1.0"
          xmlns:xupdate="http://www.xmldb.org/xupdate">
  <xupdate:update select="//kunde[ name='Schmidt'
                              and vorname='Andreas']/telefon"
    +49 (0) 721 9654-732
  </xupdate:update>
</xupdate:modifications>
```

Das zweite Beispiel demonstriert das Hinzufügen eines neuen Kunden.

```
<xupdate:modifications version="1.0"
          xmlns:xupdate="http://www.xmldb.org/xupdate">
  <xupdate:append select="//kunden">
    <xpdate:element name="kunde">
      <name>Schmidt</name>
      <vorname>Andreas</vorname>
    </update:element>
</update:modifications>
```

5.4.3 Erweiterungen von XQuery

Aus der Forschung am Tukwila-Projekt an der Universität von Washington ging ein Vorschlag für eine Erweiterung von XQuery um Schreiboperationen hervor [Tata01], der im Folgenden kurz vorgestellt werden soll, um anzudeuten, wie XQuery in seiner derzeitigen Form leicht um Aktualisierungsoperationen erweitert werden kann.

Grundidee dabei ist das Ersetzen der Konstruktionsklausel (RETURN) durch eine UPDATE-Klausel. Diese UPDATE-Klausel bezieht sich immer auf einen Kontextknoten, der durch eine gebundene Variable spezifiziert wird. Auf diesen Kontextknoten können nun unterschiedliche Operationen angewendet werden:

- Löschen eines Kindknotens

  `DELETE $child`

- Umbenennen eines Kindknotens

  `RENAME $child TO name`

- Ersetzen eines Kindknotens durch einen neuen

  `REPLACE $child WITH konstruktionsausdruck`

- Einfügen eines Kindknoten s

  `INSERT konstruktionsausdruck [BEFORE|AFTER] $child`

Ein Konstruktionsausdruck kann dabei ähnlich wie bei der RETURN-Klausel aus Elementkonstruktoren in der Standard-XML-Syntax bestehen, aber auch Attributkonstruktoren (*new_attribute*) oder einfacher Text ist erlaubt.

```
FOR     $k IN //kunde
LET     $t = $k/telefon
WHERE   $k/name="Schmidt" AND $k/vorname="Andreas"
UPDATE  $k {
  REPLACE $t WITH <telefon>+49 (0) 721 9654-732</telefon>
}

LET     $k = //kunden
UPDATE  $k {
  INSERT <kunde>
            <name>Schmidt</name>
            <vorname>Andreas</vorname>
         </kunde>
}
```

5.5 Fazit

Im Vergleich zu anderen Datenmodellen vollzieht sich die Entwicklung und Standardisierung von XML-Anfragesprachen (zumindest für lesende Zugriffe) in einem rasanten Tempo. Freilich: es fehlen praktische Erfahrungen beim Einsatz solcher Sprachen sowohl in Anwendungen als auch in DBMS, und viele theoretische Fragen, die für die Optimierung der Anfrageauswertung bedeutsam sind, sind noch ungeklärt. Auch ist klar, daß XQuery in der derzeitigen Form noch nicht alle Wünsche erfüllt.

Bereits jetzt hat die Entwicklung einer Anfragesprache positive Auswirkungen auf die Weiterentwicklung bestehender XML-Standards. So wird für XML endlich ein theoretisch fundiertes Datenmodell erarbeitet, auf das alle XML-Techniken aufsetzen sollen. Und XQuery bestimmt maßgeblich die Anforderungen für XPath 2.0. Dennoch darf dabei nicht übersehen werden, dass dadurch auch die einzelnen Standards abhängiger voneinander werden, wodurch ein großer und schwer beherrschbarer „XML-Komplex" entsteht.

Es steht zu erwarten, dass nach dem Abschluss der Entwicklung von XQuery 1.0 recht schnell die Problematik der Schreibzugriffe angegangen wird. Hier hemmt eine Vielzahl proprietärer Verfahren einen weitergehenden Einsatz von XML-Datenbanken (nativ oder nur mit logischer XML-Schnittstelle) in praktischen Projekten. In diesem Bereich werden derzeit – wie dargestellt – die entsprechenden Vorarbeiten geleistet.

6 Weiterverarbeitung und Präsentation

6.1 Einleitung

Daten werden zum Zwecke der Persistenz und Konsistenz in einer Datenbank gespeichert. Hierfür wird das Schema üblicherweise einmalig angelegt, und Änderungen des Schemas und der Daten werden, wegen des großen Aufwands, nur selten durchgeführt. Werden nur Teile der Daten innerhalb einer Anwendung benötigt, müssen Daten zusammengefasst dargestellt werden, oder dürfen nur Teile der Daten weitergereicht werden, so wird dies weitestgehend über Sichtenbildung und Selektion der Daten in der Anwendung unterstützt. Obwohl es für XML kein Konstrukt ähnlich der Sichtenbildung in relationalen Datenbanken gibt (*create view* in SQL), kann man natürlich über beispielsweise XQuery Anfragen auf XML Dokumente stellen und somit auch Ausschnitte der Daten betrachten. Jedoch verbleibt man hierbei, ähnlich wie bei SQL Anfragen auch, immer im gleichen Datenmodell, also XML.

Zur Weiterverarbeitung und Präsentation reichen diese Mechanismen nicht aus. Will man XML-Daten effizient weiterverarbeiten, sind oft flexiblere und mächtigere Restrukturierungsmöglichkeiten nötig. Hierfür hat das W3C die Initiative für eine *extensible stylesheet language* (XSL) gestartet. Wegen des Umfangs und der Komplexität der Anforderungen an eine solche Sprache wurde die Initiative relativ schnell in drei Aspekte unterteilt. XPath haben wir bereits im Kapitel über XML-Grundlagen betrachtet. XSLT (*XSL transformations*) betrachtet den Transformationsaspekt der Weiterverarbeitung und Präsentation. XPath und XSLT wurden relativ früh vom W3C verabschiedet. Die Spezifikation von XSL-FO (*XSL formating objects*), die sich vor allem um Aspekte des Layouts kümmert, ist seit Oktober 2001 ebenfalls verfügbar.

In diesem Kapitel werden wir uns auf eine kurze Einführung in XSLT beschränken und XSL-FO außen vorlassen, da der Datenaspekt hierbei eher gering ist. Stattdessen wird im zweiten Abschnitt XForms beschieben, dass sich zur Zeit in der Spezifikation befindet, und einen Erstellungsmechanismus für Benutzerschnittstellen mit Formelementen in XML bereitstellen wird.

6.2 XSLT

Die *eXtensible Stylesheet Language Transformation* (XSLT) ist eine XML-Transformationssprache, die seit November 1999 als Empfehlung des W3C vorliegt, und über die mittels eines Transformationsprozesses (XSLT-Prozess) XML-Dokumente in andere XML-Dokumente oder andere Datenformate transformiert werden können. Der XSLT-Prozess benötigt hierzu zwei Dokumente:

- das zu transformierende XML-Dokument, das Quelldokument
- eine Transformationsvorschrift, das Stylesheet-Dokument.

Ein Stylesheet-Dokument ist ebenfalls ein XML-Dokument und folgt somit dem Namensraum von XSLT, der in der XSLT-Namensraum-Deklaration unter *http://www.w3.org/1999/XSL/Transformation* aufgeführt ist[1].

Der Transformationsprozess von XSLT

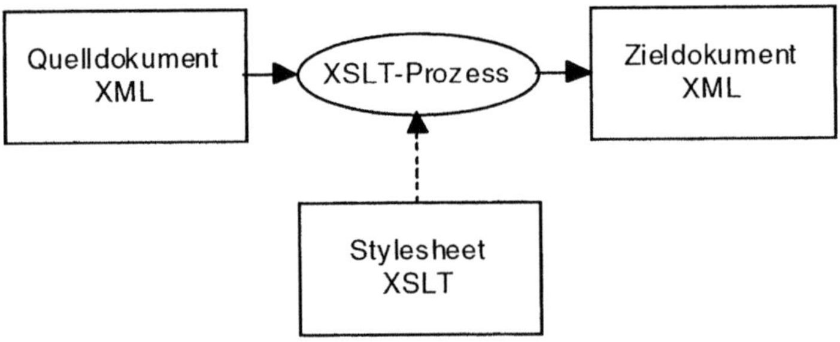

Das Stylesheet-Dokument setzt sich aus Regeln zusammen, die beschreiben, wie der Dokumentbaum des Quelldokuments in den Ergebnisbaum transformiert werden soll. Die verwendeten Regeln werden Template-Regeln (*template rules*) genannt. Eine Template-

[1] Als Namensraumpräfix für den XSLT-Namensraum wird normalerweise `xsl` verwendet. Der Einfachheit halber wird jedoch das Präfix im Folgenden weggelassen.

Regel besteht dabei aus zwei Teilen: Zum einen aus einem Muster (Pattern), das mit den Knoten des Quelldokuments verglichen wird, zum anderen aus einer Schablone (Template), die im Zielbaum instanziiert wird, wenn der Vergleich des Patterns mit den Knoten des Quelldokuments positiv verläuft.

Pattern und Template sind in XSLT durch das `template`-Element realisiert. Das `template`-Element ist das wichtigste Element von XSLT. Jedes Stylesheet hat mindestens ein `template`-Element.

Der XSLT-Prozess produziert während der Transformation einen Ausgabestrom, der das aus der Transformation resultierende Dokument enthält. Dieses Zieldokument kann wieder ein XML-Dokument sein, es ist aber auch möglich, einen anderen Dokumenttyp zu produzieren.

Der XSLT-Prozess traversiert das Quelldokument beginnend an der Dokumentwurzel und setzt den Wurzelknoten als initialen Kontextknoten. Nun wird im ersten Schritt im Stylesheet-Dokument nach einer Produktionsregel für den aktuellen Knoten gesucht. Wird der Prozessor fündig, so arbeitet er die Template-Regel gemäß den im `template`-Element gegebenen Anweisungen ab. Während dieses Abarbeitungsprozesses instanziiert der Prozessor neue Knoten im Ergebnisbaum des Zieldokuments.

Das Abarbeiten einer Template-Regel bedeutet dabei ein Traversieren des Teilbaums im Stylesheet, der den Inhalt der Regel bildet. Für jedes Element in dem abzuarbeitenden Stylesheet-Fragment prüft der XSLT-Prozessor den Namensraum, ob es also ein XSLT-Element ist. Ist das der Fall, so wertet der XSLT-Prozessor das Element als XSLT-Konstrukt aus. Gehört das Element hingegen nicht zum XSLT-Namensraum, so gibt es zwei Möglichkeiten, wie weiter verfahren wird:

- Das Element gehört zu einem Namensraum, der für Erweiterungen innerhalb des Stylesheets deklariert wurde. In diesem Fall wird das Element an einen näher zu spezifizierenden Auswertungsprozess weitergegeben.
- Das Element ist für den Transformationsprozess nicht relevant und wird nach erfolgter Attributexpansion in das Ergebnisdokument geschrieben.

Findet der Prozessor eines der XSLT-Elemente `apply-templates` oder `for-each`, so bildet er aus dem zugehörigen Attribut `select` eine Knotenmenge (*node set*) und prüft nach dem oben beschriebenen Verfahren sukzessiv für jeden Knoten, ob für ihn eine Produktionsregel existiert. Der Wert von `select` ist dabei ein XPath-Ausdruck, der die Knoten bestimmt, die in die Knotenmenge einfließen sollen.

Findet der Prozessor keine zum Kontextknoten passende Produktionsregel, so wird eine implizite Regel angewandt. Diese implizite Regel wird auch als *built-in template rule* bezeichnet. Ist der betrachtete Kontextknoten beispielsweise ein Textknoten, so werden die Zeichendaten des Textknotens in das Zieldokument überführt. Besitzt der Kontextknoten bzw. das zugehörige Element untergeordnete Elemente, so lautet die Regel, über alle untergeordneten Elemente des Knotens zu traversieren und nach Template-Regeln für diese Knoten zu suchen.

Nach diesem Überblick über die Arbeitsweise des Transformationsprozesses wollen wir uns nun einigen XSLT-Elementen zuwenden. Dabei beginnen wir mit dem wichtigsten Element: Dem `template`. Die folgenden Abschnitte beschreiben nur einen Ausschnitt der Funktionalität. XSLT ist bereits in der hier berücksichtigten 1.0 Version sehr mächtig und wird in der Version 2.0 noch um einiges erweitert werden. Eine Lektüre der Spezifikation [XSLT] bzw. eines reinen XSLT-Buches, wie [Kay01] ist daher zu empfehlen, will man den vollen Funktionsumfang ausnutzen.

6.2.1 Templates

6.2.1.1 Das `template`-Element

Bei der Transformation von XML-Dokumenten mit XSLT wird ein Element im Quelldokument ausgewählt und dann ein passendes Template gesucht, das Produktionsregeln für die Elemente im Dokumentenbaum des Zieldokuments beinhaltet. Das Template definiert also ein Ausgabeformat für dieses Element.

Definition des `template`-Elements

```
<xsl:template
        match = pattern
        name = qname
        mode = qname
        priority = number>
<!--Content:(xsl:param*,template)-->
</xsl:template>
```

Das `match`-Attribut hat als Wert ein Muster, also eine Regel, nach der eine Template-Regel für einen Knoten ausgewählt wird. Es handelt sich hierbei um eine Liste von einem oder mehreren Lokalisierungspfaden, die durch ein Pipe-Symbol (`"|"`) disjunktiv verknüpft werden.

Ein *location path pattern* ist ein Muster für einen Lokationspfad mit folgenden Einschränkungen:

- Die Lokalisierungsschritte dürfen nur `child`- und `attribute`-Achsen verwenden.
- Die `descendant-or-self`-Achse darf nicht verwendet werden. Es dürfen aber Lokalisierungsschritte mittels `"/"` und `"//"` verknüpft werden.
- Prädikate dürfen alle gültigen Ausdrücke verwenden.
- Der Lokalisierungspfad kann mit der `id()`- oder `key()`-Funktion beginnen.

Ein Muster ist also im Wesentlichen ein XPath-Ausdruck mit den obengenannten Beschränkungen, durch den spezifiziert wird, für welche Knoten dieses Template gültig ist. Die Beschränkungen sind nötig um Zyklen zu vermeiden. Man sagt auch, ein Pattern ist eine Kontext-Spezifikation, mit der der aktuelle Knoten verglichen wird.

Mit einer Oder-Verknüpfung verschiedener Location Path Patterns kann man erreichen, dass das Template für verschiedene Elemente des Quelldokuments bzw. in verschiedenen Elementkontexten benutzt werden kann.

Ein einfaches Template-Beispiel ist das folgende Template:

```
<xsl:template match="beschreibung"></xsl:template>.
```

Dieses Template ist für alle Knoten gültig, die ein Element `<beschreibung/>` repräsentieren.

Das `name`-Attribut erlaubt es, das Template mit einem Namen zu versehen. Mit diesem Namen kann dann z.B. in Verbindung mit dem `call-template`-Element dieses Template referenziert und aufgerufen werden. Wird ein Name für das Template angegeben, so kann das `match`-Attribut entfallen.

Das `mode`-Attribut ist ein sehr wichtiges Instrument, um für Kontextknoten verschiedene Template-Instanziierungen abhängig von einem Modus zu realisieren. Wird eine Knotenmenge mittels `apply-templates` erzeugt, so kann an dieser Stelle eben ein solcher Modus mit übergeben werden. Es wird dann aus der Liste der möglichen Templates dasjenige ausgewählt, das in seiner Definition diesen Modusnamen beinhaltet.

Beispiele

```
<xsl:template match="name" mode="unterstrichen">
</xsl:template>.
```

und

```
<xsl:template match="name" mode="fett"></xsl:template>.
```

Mit dem `priority`-Attribut kann nun dem Template eine Priorität zugeordnet werden, die in dem Moment greift, wenn mehrere Templates existieren, die auf einen Kontextknoten anwendbar sind.

6.2.1.2 Anwenden von Templates

Innerhalb von `template`-Elementen ist es möglich, `apply-templates`-Elemente einzusetzen, die wiederum weitere Templates anstoßen. Dies ist beispielsweise sinnvoll, wenn man nach dem Auffinden eines Elements, auf das ein bestimmtes Template angewendet werden kann, die Kindknoten des Elements im Kontext des ausgewählten Templates verarbeiten will.

Definition des `apply-templates`-Elements

```
<xsl:apply-templates
        select = node-set-expression
        mode   = qname>
<!-- Content:(xsl:sort | xsl:with-param)* -->
</xsl:apply-templates>
```

Über `select` wird die Knotenmenge beschrieben, die innerhalb des Templates verarbeitet werden soll. Der Wert von `select` ist wiederum ein XPath-Ausdruck.

Wird `select` weggelassen, so werden alle Kindknoten des Kontextknotens verarbeitet. Für jeden Knoten der ausgewählten Knotenmenge wird nach einer Produktionsregel innerhalb des Stylesheets gesucht. Die zugehörigen Templates können wiederum `apply-templates`-Elemente beinhalten.

Betrachten wir folgendes Beispiel:

```
<xsl:template match="/">
<table>
  <xsl:apply-templates select="marktteilnehmer/organisation"
  />
</table>
</xsl:template>
```

```
<xsl:template match="organisation">
  <tr>
    <td>
      <xsl:value-of select="name"/>
    </td>
    <td>
      <xsl:value-of select="kontakt"/>
    </td>
  </tr>
</xsl:template>
```

Das Beispiel generiert eine HTML-Tabelle, die die Namen der Organisationen in einem XML-Dokument zusammen mit den Kontakten beinhaltet.

Über `mode` kann wie oben angedeutet die Auswahl der Templates beeinflusst werden.

Die Knoten der ausgewählten Knotenmenge können mittels des `sort`-Element noch vor der Verarbeitung nach verschiedenen Kriterien sortiert werden. Dazu wird das `sort`-Element einfach zwischen die Tags des `apply-templates`-Elements gesetzt (weiter unten mehr zum `sort`-Element).

Außerdem können den auf die Knoten anzuwendenden Templates Parameter durch das `with-param`-Element übergeben werden.

Eine weitere Möglichkeit Templates anzuwenden, stellt die Verwendung des `call-template`-Elements dar.

Definition des `call-template`-Elements:

```
<xsl:call-template
      name = qname>
<!-- Content: xsl:with-param* -->
</xsl:call-template>
```

Das `call-template`-Element sucht ein Template mit dem Namen "`qname`" und instanziiert den Inhalt des Templates an der aktuellen Stelle im Zieldokument.

6.2.1.3 Ausgabemöglichkeiten

XSLT bietet eine ganze Reihe von Möglichkeiten, das Aussehen des Ergebnisdokuments noch zur Laufzeit des Transformationsprozesses zu bestimmen. Dazu gehört die Möglichkeit, den Wert von Attributen in Ausgabeelementen mit Attributwert-Templates *(attribute value templates)* zur Laufzeit zu setzen sowie das direkte Erzeugen von Elementen mit Hilfe der Konstruktoren `xsl:element`, xsl:attribute, xsl:processing-instruction, xsl:comment und xsl:text.

Darüber hinaus kann über XSLT sortiert und kopiert werden und man kann bedingte Verarbeitungsanweisungen angeben. Einen Ausschnitt dieser Funktionalität wollen wir nachfolgend betrachten.

Attributwert-Templates

Mit Attributwert-Templates ist es möglich den Dateninhalt von Elementen des Quelldokuments in Werte für Attribute des Zieldokuments zu transformieren. Hierfür wird der XPath Ausdruck, der den Attributwert bestimmt in geschweifte Klammern gesetzt, also {}.

Als Beispiel diene folgendes image-Element eines Quelldokuments

```
<artikel>
   <name> regal </name>
   <bild> regal_img.gif </bild>
<artikel>
```

Will man das Bild in ein HTML image-Element einbinden, könnte man folgendes Template anwenden:

```
<template match="artikel">
       <image name="{bild}" width="300" height="200"/>
</template>
```

Da der Ausdruck in den geschweiften Klammern ein XPath-Ausdruck ist, sind hier beliebig komplizierte Attributwertberechnungen möglich.

Der XPath-Ausdruck wird nach der Auswertung in einen String umgewandelt und anschließend an die entsprechende Stelle in dem Zieldokument kopiert.

Einfügen von Elementen

Die Ausgabe von Elementen in ein Ergebnisdokument kann in Templates durch einfache Instanziierung der Elementtags geschehen. Z.B. kann ein <table>-Element einfach durch Einfügen an die gewünschte Stelle im Template erzeugt werden. Manchmal ist es jedoch wünschenswert, erst zur Laufzeit zu entscheiden, welches Element an die jeweilige Stelle im Template gehört, bzw. welches Element im Ergebnisdokument instanziiert werden soll. Für diesen Zweck gibt es in XSLT das element-Element, eine Art Konstruktor für Elemente.

```
<xsl:element
        name = { qname }
        namespace = { uri-reference }
        use-attribute-sets = qnames>
<!-- Content: template -->
</xsl:element>
```

Defintion des `element`-Elements

Der Name des Elements wird durch ein Attribute Value Template ausgedrückt. Als Beispiel soll wieder das `image`-Element aus dem vorherigen Abschnitt dienen.

Mit dem Template

```
<template match="image">
        <element name={@type}>
        <name><value-of select="name"/></name>
        </element>
</template>
```

wird z.B. ein Element `<urlaubsbild>` im Ergebnisdokument erzeugt, dass als Kindelement den Namen des Bilds besitzt. Mit dem `namespace`-Attribut lässt sich für das Element darüber hinaus noch ein Namensraum spezifizieren. Zusätzlich können noch vordefinierte Attributlisten für das Element genutzt werden.

Einfügen von Attributen

Analog zum Einfügen von Elementen mit dem `element`-Element lassen sich Attribute in das Zieldokument einfügen. Hierzu dient das attribute-Element.

```
<xsl:attribute
        name = { qname }
        namespace = { uri-reference }
<!-- Content: template --
</xsl:attribute>
```

Definition des `attribute`-Elements

Auch hier wird das `name`-Attribut wieder durch ein Attribute Value Template ausgedrückt, und der Namensraum kann definiert werden. Wichtig bei der Benutzung des `attribute`-Elements ist , dass dieses direkt hinter dem einleitenden Element gesetzt wird.

Eine weitere Möglichkeit, Attribute in ein Zieldokument einzufügen, ist die Definition einer Attributliste durch das `attribute-set`-Element. Dieses Element ist dann sinnvoll, wenn es nötig ist, dieselbe Gruppe von Attributen in verschiedenen Elementen zu nutzen.

Einfügen von Standardelementen

XSLT besitzt zum Zweck des Einfügens von Elementen in ein Zieldokument eine Reihe von Standardelementen. An dieser Stelle begnügen wir uns jedoch mit der Auflistung und verweisen auf die

XSLT-Referenz [XSLT] für Details. Die Elemente sind das `text`-Element zum Erzeugen eines Textknotens, das `processing-instruction`-Element zum Erzeugen einer Ausführungsanweisung und das `comment`-Element zum Erzeugen eines Kommentarknotens.

Sortieren von Knotenmengen

Wie im vorangehenden Abschnitt gesehen, kann man innerhalb von `apply-templates`-Elementen, die Knoten der ausgewählten Knotenmenge vor der Verarbeitung nach verschiedenen Kriterien sortieren. Hierzu verwendet man das `sort`-Element.

Die Definition des `sort`-Elements

```
<xsl:sort
      select = string-expression
      lang = { nmtoken }
      data-type = {"text"|"number"|qname-but-not-ncname}
      order = { "ascending" | "descending" }
      case-order = { "upper-first" | "lower-first" } />
```

Das `select`-Attribut legt fest, welche Kindknoten als Sortierkriterium genutzt werden sollen. Der Wert des `select`-Attributs ist dabei wiederum ein XPath-Ausdruck.

Ein Beispiel für die Anwendung eines `sort`-Elements ist das Folgende:

Angenommen sei folgende Datenstruktur, die z.B. einer Datenbank entstammen könnte:

```
<katalog>
  <katalogelement>
    <name>Bücherregal</name>
    <beschreibung>Regal für Bücher</beschreibung>
  </katalogelement>

  <katalogelement>
    <name>Leiter</name>
    <beschreibung>Metalleiter</beschreibung>
  </katalogelement>
</katalog>
```

Eine Liste der Katalogelemente könnte dann z.B. nach Namen sortiert ausgegeben werden, in dem man die folgenden Templates in einem Stylesheet verwendet:

```
<xsl:template match="katalog">
  <ul>
    <xsl:apply-templates select="katalogelement">
      <xsl:sort select="name"/>
```

```
    </xsl:apply-templates>
  </ul>
</xsl:template>


<xsl:template match="katalogelement">
  <li>
    <xsl:value-of select="name"/>
  </li>
</xsl:template>
```

In dem hier gegebenen Beispiel wurde nach Kindelementnamen sortiert. Da das `select`-Attribut aber ein XPath-Ausdruck ist, könnte man ebenso gut nach einem Attribut eines Kindelements sortieren. Durch die Angabe von mehreren `sort`-Elementen können beliebig viele Sortierkriterien für die zugrunde liegenden Daten angegeben werden.

Das Beispiel zeigt noch ein wenig mehr als die Verwendung des `sort`-Elements zum Sortieren von Kindelementen. Es kommt hier noch einmal das `value-of`-Element zum Einsatz. Das `value-of`-Element nimmt den Wert dessen, was man mittels eines XPath-Ausdruck auswählt, und gibt diesen Wert in das Zieldokument aus. In diesem Fall, wird der Inhalt des Knoten `name` ausgewählt und der in diesem Knoten beinhaltete Textknoten in das Zieldokument ausgegeben.

Mit dem `lang`-Attribut gibt man die Sprache, die für die Sortierung benutzt werden soll, an. Vom Englischen abweichende Sortierregeln (z.B. im deutschen Alphabet mit Umlauten, im griechischen Alphabet mit z vor o, etc.) können hier eingesetzt werden. Wird das `lang`-Attribut weggelassen, so wird standardmäßig die Systemsprache verwendet.

Das `data-type`-Attribut erlaubt es, den Datentyp festzulegen, den die Strings repräsentieren, nach denen sortiert wird. Wird dem `data-type`-Attribut der Wert `"text"` zugeordnet, so wird lexiographisch sortiert nach den Regeln der benutzten Sprache. Wird dem `data-type`-Attribut der Wert `"number"` zugeordnet, so wird der String zunächst in eine Zahl umgewandelt und dann entsprechend seines Werts in die sortierte Liste aufgenommen.

Die Sortierrichtung wird mit dem `order`-Attribut festgelegt. Eine aufsteigende Sortierung erreicht man mit `order="ascending"`, eine absteigende Sortierung mit `order="descending"`.

Zu guter Letzt dient das `case-order`-Attribut dazu festzulegen, ob Kleinbuchstaben oder Großbuchstaben vorrangig sortiert werden sollen. Also ob `"aA"` oder `"Aa"` sortiert wird.

Mit dem `otherwise`-Element kann man Default-Kindknoten definieren, die verarbeitet werden sollen, wenn keine Testbedingung erfüllt ist. Wenn das `otherwise`-Element eingesetzt wird, so muss es auf jeden Fall hinter dem letzten `when`-Element stehen.

Übergabe von Templateparametern

Will man Werte innerhalb eins Templates erst beim Aufruf setzen, so können Parameter an das Template mitübergeben werden. Die zu übergebenen Parameter werden innerhalb des Templates mit dem `param`-Element definiert.

Definition des `param`-Elements

```
<xsl:param
        name = qname
        select = expression>
<!-- Content: template -->
</xsl:param>
```

Innerhalb des Templates kann dann mittels `{$qname}` auf den Wert des Parameters zugegriffen werden.

Übergeben wird der Parameter durch das `with-param`-Element, das als Kindknoten innerhalb des aufrufenden Elements steht.

Definition des `with-param`-Elements

```
<xsl:with-param
        name = qname
        select = expression>
<!-- Content: template -->
</xsl:with-param>
```

6.2.2 Stylesheets

Nachdem wir uns jetzt ausgiebig mit dem `template`-Element auseinandergesetzt haben, kommen wir nun zu der Definition des eigentlichen Stylesheets. Ein Stylesheet enhält Anweisungen für einen XSLT-Prozessor, wie dieser ein XML-Dokument in ein anderes Dokument transformieren soll. Die Frage ist nun, wie man den XSLT-Prozessor dazu bringt, dass er mit seiner Transformationsarbeit beginnt. Hierfür gibt es mehrere Möglichkeiten, nämlich eingebettete Stylesheets, referenzierte Stylesheets und ungebundene Stylesheets.

Eingebettete Stylesheets

Eingebettete oder „embedded" Stylesheets sind direkt im zu transformierenden XML-Dokument enthalten.

Der große Nachteil dieser Vorgehensweise ist der, dass das eingebettete Stylesheet nicht direkt wieder für ein anderes Dokument verwendet werden kann. Dies wäre nur möglich, indem man das Stylesheet in die jeweils zu transformierenden Dokumente hineinkopiert, was eine spätere Änderung des Stylesheets sehr schwierig macht.

Referenzierte Stylesheets

Alternativ dazu können auch externe Stylesheets refenziert werden. Die Referenzierung von Stylesheets in XML-Dokumenten geschieht mittels einer *XML processing instruction* wie

```
<?xml-stylsheet type="text/xml" href="..." ?>.
```

Hierbei kennzeichnet das `type`-Attribut die Sprache, die innerhalb des Stylesheets verwendet wird, und das `href`-Attribut beinhaltet die URL, die auf das Stylesheet verweist.

Der Nachteil bei dieser Art der Stylesheetverwendung ist, dass die *processing instruction* geändert werden muss, wenn ein anderes Stylesheet für das Dokument verwenden werden soll.

Ungebundene Stylesheets

Ist in dem zu transformierenden XML-Dokument kein Stylesheet eingebunden oder referenziert, so kann die Transformation auch durch getrennte Übergabe des XML-Dokuments und des Stylesheets an den XSLT-Prozessor erreichet werden, wodurch erst zur Laufzeit das Stylesheet definiert wird.

6.2.2.1 Das stylesheet-Element

Das Dokumentelement eines Stylesheets ist das `stylesheet`-Element bzw. sein synonymes `transform`-Element.

Definition des `stylesheet`-Elements:

```
<xsl:stylesheet
        id = id
        extension-element-prefixes = tokens
        exclude-result-prefixes = tokens
        version = number>
<!-- Content: (xsl:import*, top-level-elements) -->

</xsl:stylesheet>
```

Das `id`-Attribut dient zur eindeutigen Identifizierung des `stylesheet`-Elements innerhalb einer anderen Ressource.

Mit dem `extension-element-prefixes`-Attribut kann eine Liste von Präfixen durch Leerzeichen getrennt angegeben werden. Elemente, deren Namensraum-URI mit einem der hier deklarierten Präfixes übereinstimmen, werden als *extension elements* behandelt.

Mit dem `exclude-result-prefixes`-Attribut kann eine Liste von Namensraumpräfixen deklariert werden, die beim Erzeugen von Elementen im Ergebnisdokument unterdrückt werden sollen.

Das `version`-Attribut ist zwingend anzugeben. Hier wird die vom Stylesheet benutzte Version von XSLT angegeben (aktuell 1.0). Die XSLT-Spezifikation ist aber aufwärtskompatibel. XSLT-Prozessoren sollen auch XML-Dokumente verarbeiten können, die Elemente einer höheren XSLT-Version benutzen. Trifft ein Prozessor auf ein solches Element oder Attribut, so ignoriert er es gemäß der Spezifikation einfach.

Das stylesheet-Element kann als Kindelemente nur die sogenannten Top-Level-Elemente besitzen. Dazu zählen die folgenden Elemente:

- `import`
- `include`
- `strip-space`
- `preserve-space`
- `output`
- `key`
- `decimal-format`
- `namespace-alias`
- `attribute-set`
- `variable`
- `param`
- `template`

Einige der Top-Level-Elemente werden im Folgenden etwas genauer vorgestellt.

6.2.2.2 Einbinden von Stylesheets

Stylesheets können andere Stylesheets einbinden und sich so aus einer beliebigen Anzahl unterschiedlicher Stylesheets zusammensetzen. Diese Funktion ermöglicht u.a. das Einsetzen fertiger Bausteine (z.B. Ausdrucksformen für Elemente) in beliebige Stylesheets. Eine andere Möglichkeit ist das Verteilen von großen Stylesheets auf kleinere, und damit übersichtlichere Einheiten. Das Einbinden von anderen Stylesheets wird mit den Elementen `xsl:include` und `xsl:import` realisiert.

Die Definition des `include`-Elements:

```
<xsl:include href = uri-reference />
```

Die Definition des import-Elements:

```
<xsl:import href = uri-reference />
```

Wird ein Stylesheet in ein anderes Stylesheet eingebunden, so werden sämtliche Top Level Elemente des einzubindenden Stylesheets an die Stelle des include- bzw. import-Elements kopiert. Hat ein einzubindendes Stylesheet ebenfalls include- oder import-Elemente, so werden diese hinter die include- und import-Elemente des einzubindenden Stylesheets angehängt.

Sind alle include- und import-Elemente bekannt, so werden zunächst alle Templates eingebunden, die in Stylesheets vorkommen und über include-Elemente eingebunden werden. Diese Templates werden später bei der Auswahl des anzuwendenden Templates für einen Kontextknoten gleichrangig behandelt. Anders sieht das bei den Templates aus, die über ein import-Element eingebunden wurden. Die import-Elemente werden so abgearbeitet, dass ein Importbaum entsteht. Innerhalb des Importbaums haben die importierten Templates eine sogenannte Präzedenz, die sich aus der Reihenfolge der Imports ergibt. Zuerst eingebundene Templates haben eine niedrigere Präzedenz als zuletzt eingebundene. Die Präzedenz kommt zum Tragen, wenn es darum geht, Konflikte bei der Auswahl des anzuwendenden Templates aufzulösen.

6.2.2.3 Ausgabemethoden

Ein XSLT-Prozessor kann das Ergebnisdokument der Transformation als Byte-Strom ausgeben. Dies muss aber nicht der Fall sein. Das Ergebnisdokument kann z.B. in eine Datei geschrieben oder als HTTP-Datenstrom ausgegeben werden. Das output-Element ermöglicht es, die Ausgabemethode genauer zu spezifizieren.

Definition des output-Elements

```
<xsl:output
      method = "xml"|"html"|"text"| qname-but-not-ncname
      version = nmtoken
      encoding = string
      omit-xml-declaration = "yes" | "no"
      standalone = "yes" | "no"
      doctype-public = string
      doctype-system = string
      cdata-section-elements = qnames
      indent = "yes" | "no"
      media-type = string />
```

- Das `method`-Attribut legt die Art und Weise der Ausgabe fest. Erlaubt sind die Werte `"xml"`, `"html"` und `"text"`. Zusätzlich kann man einen qualifizierten Namen angeben, der ein Namensraumpräfix besitzen muss.
- Mit dem `version`-Attribut legt man die Version der Ausgabemethode fest, die benutzt wird.
- Das `encoding`-Attribut definiert den benutzten Zeichencodierungstyp. Dieser wird in die XML-Deklaration des Ausgabedokuments kopiert. Dies geschieht allerdings nur, wenn `omit-xml-declaration="no"`.
- Das `omit-xml-declaration`-Attribut legt fest, ob bei der Ausgabe des Ergebnisdokuments die XML-Deklaration unterdrückt werden soll, oder nicht.

Das `media-type`-Element legt den MIME-Type des Ausgabestroms fest.

Eine Output-Methode „html" könnte somit wie folgt aussehen:

```
<xsl:stylesheet version="1.0"
xmlns:xsl="http://www.w3.org/1999/XSL/Transform">
<xsl:output method="html"/>
<xsl:template match="/">
<html>
       <xsl:apply-templates/>
</html>
</xsl:template>
       ...
</xsl:stylesheet>
```

6.3 XForms - Benutzerinteraktion über Web-Formulare

Während XSLT und XSL-FO leistungsfähige Mechanismen zur Aufbereitung von XML-Daten für unterschiedliche Medien bereitstellen, fehlen hier die Möglichkeiten zur Generierung von Schnittstellen, die eine bidirektionale Interaktion mit den Daten erlauben. Im Web-Umfeld heißt das insbesondere die Generierung von Formularen.

Klassische HTML-Formulare bieten zwar einfache Eingabemöglichkeiten für Daten, doch ist das für eine stark datenorientierte Anwendung nicht ausreichend:

- Eingabeelemente sind nicht auf die darin zu erfassenden Datentypen abgestimmt. Insbesondere kann clientseitig keine Typ- oder Gültigkeitsüberprüfung durchgeführt werden. Hilfsmittel ist hier derzeit JavaScript, wobei es dieser Lösung aber an Deskriptivität mangelt.
- Die Übergabe der Formulardaten erfolgt als eine Liste von Name-Wert-Paaren. Für eine Integration in den XML-Prozess muss erst eine Konvertierung stattfinden.

XForms ist ein in der Entwicklung befindlicher W3C-Standard, der eine bessere Integration von Web-Formularen mit dem XML-Prozess erreichen will. Hierzu besteht XForms aus unterschiedlichen Elementen. Zum einen existiert ein formales Modell für die über Formulare zu erfassenden Daten (*XForms Model*). Dabei stützt sich XForms auf die einfachen Datentypen von XML Schema, obwohl derzeit noch ein paar Ergänzungen durch XForms vorgenommen werden.

Überblick über die Elemente von XForms

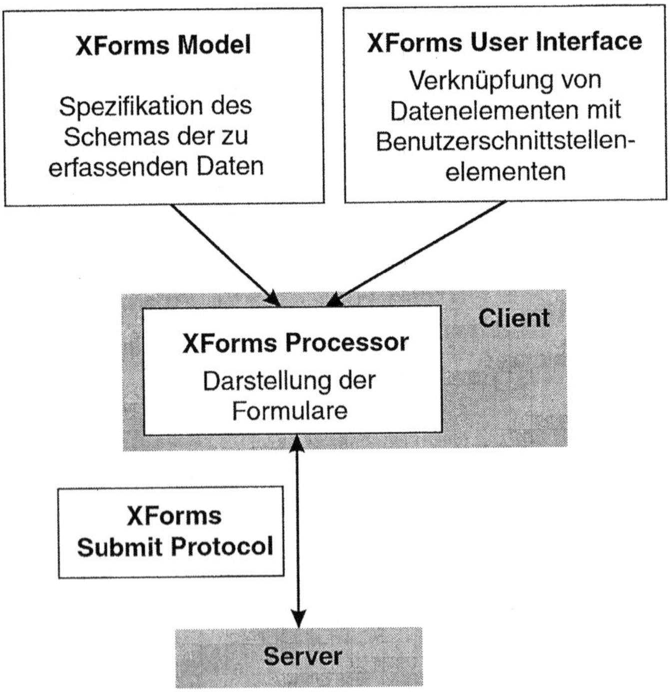

Das zweite wichtige Element ist *XForms User Interface*. Hier lassen sich Elemente aus der Modellierung der zu erfassenden Daten mit Benutzerschnittstellenelementen verknüpfen. Hierzu stehen die gewohnten Steuerelemente Textfeld, Optionsfeld, Liste, Kombinationssteuerelement sowie Bedienknöpfe zur Verfügung.

Das dritte Element ist das Protokoll zur Übermittlung der erfaßten Daten. Während derzeit keine unmittelbare XML-basierte Verarbeitung von Formulardaten möglich ist, wird dieser Mangel durch Definition des sog. *XForms Submit Protocol* behoben.

Damit XForms eingesetzt werden kann, muss der Web-Browser über einen XForms-Prozessor verfügen, der die Benutzerschnittstellenspezifikationen interpretiert und darstellt und die Kommunikation mit dem Web-Server über das *Submit Protocol* steuert.

6.3.1 Anfrageschnittstellen

XForms bietet in seiner derzeitigen Form zwar Lösungen für die schemabasierte Bearbeitung von XML-Daten, jedoch nicht für schemabasierte Anfrageformulare. Vision dabei ist die automatische Generierung von Anfrageschnittstellen aus Schemainformationen.

Wie eine solche Lösung auf der Basis von XForms aussehen könnte, demonstriert XQForms [PVP01]. Hierbei wird auf Schemaannotationen gesetzt, die übersetzt werden in Benutzerschnittstellendefinitionen. Mittels dieser Annotationen kann dann beim Absenden des Formulars automatisch eine XML-Anfrage (hier in der für das MIX-Projekt speziell definierten Sprache XMAS) generiert werden. Auch die Berichtsgenerierung erfolgt auf der Basis von XSL-Definitionen, die aus den Schemaannotationen gewonnen wurden.

XQForms nimmt als Ausgangspunkt die XML Schema-Definition, die mittels eines speziellen Vokabulars annotiert wird, um die Datenelemente mit Anfragesteuerelementen zu verknüpfen. Außerdem erlaubt die Annotationssprache auch das Formulieren von Abhängigkeiten zwischen unterschiedlichen Steuerelementen. Die Annotationen werden unter Hinzunahme einer Präsentationsschablonenbibliothek, die abhängig ist von den Zielgeräten, in eine Zwi schenrepräsentation übersetzt. Zur Laufzeit werden diese von der XQForms-Laufzeitumgebung interpretiert und daraus die Anfrageformulare (unter Einbeziehung der tatsächlich vorhandenen Daten, z.B. Auswahlliste alle in einem Attribut vorkommenden Werte) generiert, die an den Client geschickt werden. Die Anfrage des Client wird in eine XML-Anfragesprache übersetzt, die an die Datenbasis zur Auswertung übergeben wird. Das Ergebnis wird mittels XSL für die Präsentation aufbereitet, wobei die XSL-Spezifikationen ebenfalls im Übersetzungsschritt gewonnen wurden.

Überblick über XQForms

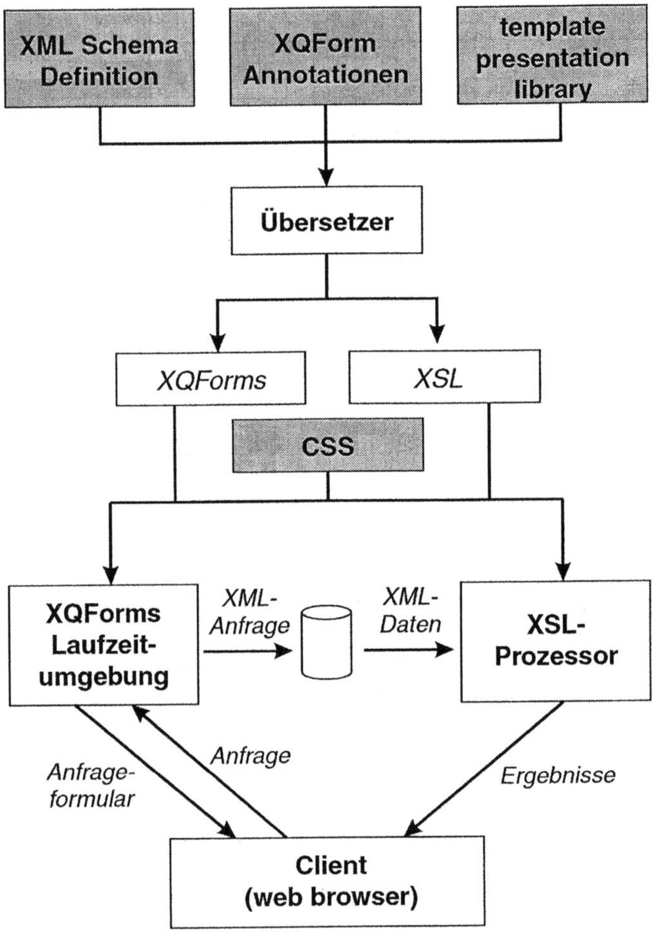

7 Anwendungsschnittstellen

7.1 Einleitung

Will man auf Daten zugreifen, so benötigt man Schnittstellen, die weitestgehend anwendungsunabhängig sind. Für relationale Datenbanken hat sich SQL als deskriptive Anfragesprache durchgesetzt, jedoch auch hierfür benötigt man Schnittstellen, wie beispielsweise JDBC oder ODBC um auf die Daten zuzugreifen. Für XML existieren, wie schon in Kapitel 5 besprochen auch deskriptive Anfragesprachen und XQuery scheint sich unter diesen durchzusetzen. Um jedoch zu vermeiden, dass für jede Anwendung beispielsweise ein eigener Parser implementiert werden muss, der die anwendungsspezifischen Elemente einliest und weiterverarbeitet, wurden standardisierte Anwendungsschnittstellen entwickelt, die diese Aufgaben unabhängig von der Anwendung übernehmen. Immer wiederkehrende Funktionen, wie das Einlesen eines Dokuments, das Parsen der Dokumentstruktur, die Bereitstellung der Inhalte des XML-Dokuments und die Ausgabe in ein neues XML-Dokument, werden somit von diesen Anwendungsschnittstellen bereitgestellt. Anwendungsspezifische Entwicklungen können dann darauf zurückgreifen. Grundsätzlich werden zwei Ansätze unterschieden:

- Das ganze Dokument wird eingelesen und in ein Objektmodell umgewandelt. Für dieses Objektmodell können dann Funktionen wie das Auslesen von Inhalten oder der Navigation zwischen den Knoten in einer standardisierten Form angeboten werden. Diesen Ansatz, der auch baumbasiert genannt wird, verfolgt das *Document Object Model* (DOM) [DOM01].
- Das Dokument wird Schritt für Schritt durchwandert, und bei jedem Schnitt wird ein Ereignis (*event*) generiert, das eine Aktion zur Folge haben kann. Dieser Ansatz wird ereignisbasiert ge-

nannt und wird bei der *Simple API for XML* (SAX) verfolgt [SAX01].

Eine grundsätzliche Aussage darüber, welche Variante eingesetzt werden sollte, kann nicht getroffen werden, da beide Ansätze Vor- und Nachteile haben. Auch wenn DOM wesentlich mächtiger ist und wohl zunächst als das Mittel der Wahl gilt, existieren Anwendungsfälle, in denen SAX performanter ist und somit eher eingesetzt werden sollte. Gerade in datenorientierten Anwendungen, wie sie in diesem Buch behandelt werden, fällt die Entscheidung nicht leicht. Wir werden daher im Folgenden beide Ansätze kurz vorstellen und am Ende des Kapitels die beiden Ansätze bewerten.

Eine besondere Rolle für den Zugriff auf XML-Datenbanken könnte die XML:DB Initiative einnehmen und wird in Abschnitt 7.4 kurz vorgestellt.

7.2 DOM

Das Document Object Model (DOM) ist eine Empfehlung des W3C. Ziel der Entwicklung war es, eine plattform- und programmiersprachenunabhängige Schnittstelle zu definieren, über die aus der Anwendung heraus dynamisch auf den Inhalt, die Struktur und die Darstellungseigenschaften von XML-Dokumenten zugegriffen werden kann.

Die Eigenschaften, die ein solches Objektmodell für Dokumente besitzen sollte, wurden von der DOM Working Group, die 1997 ins Leben gerufen wurde, wie folgt festgelegt:

- Das Objektmodell muss plattform- und programmiersprachenunabhängig sein.
- Es soll ein grundlegendes Objektmodell definiert werden, das auf HTML, CSS und XML-Dokumente anwendbar ist.
- Das Objektmodell muss sowohl für das Zusammensetzen als auch für das Zerlegen von Dokumenten verwendet werden können.
- Weder die Nutzung von externen Programmen, die auf Dokumentinhalte zugreifen, noch die von Skripten, die in Dokumente eingebettet sind, sollten durch das Objektmodell ausgeschlossen werden.
- Eine konsistente Namensgebung muss durch alle Stufen des Objektmodells hindurch gewährleistet sein.

- Eine visuelle Benutzerschnittstelle soll für eine Implementierung des DOMs nicht erforderlich sein.
- Die einzelnen speziellen Objektmodelle für HTML, CSS und XML sollen sich an den zugrundeliegenden Konstrukten dieser Sprachen orientieren.
- Es muss möglich sein, ein Dokument einzulesen, zu bearbeiten und es in seiner veränderten Struktur auszugeben, wobei die ursprüngliche Struktur wieder herstellbar sein sollte.
- Das Objektmodell darf dem Anwender keine Probleme hinsichtlich Sicherheit, Gültigkeit von Dokumenten oder der Vertraulichkeit bereiten.
- Das Objektmodell darf keine Mechanismen ausschließen, um auf Dokumente zuzugreifen.

DOM Level

Man sieht an diesen Anforderungen, das mit DOM ein sehr mächtiges Konzept geschaffen wird. Auch wenn DOM zum heutigen Zeitpunkt noch nicht vollständig definiert wurde, so ist es durch die phasenweise Entwicklung und Verabschiedung des Standards auch jetzt schon einsetzbar. Die einzelnen Entwicklungsstufen setzen dabei aufeinander auf und erweitern jeweils die Möglichkeiten der vorangegangenen Stufe. Die Entwicklung der ersten beiden Stufen des DOMs wurden bereits vom W3C verabschiedet und aktuell arbeitet die DOM Working Group an der Definition der Stufe 3.

7.2.1 Die Dokumentstruktur in DOM

Dokumente werden in DOM durch eine Baumstruktur repräsentiert. Dabei besitzt jedes Dokument einen Wurzelknoten, keinen oder genau einen *doctype*-Knoten und beliebig viele Kommentarknoten und Verarbeitungsanweisungen *(processing instructions).* Der Name „Document Object Model“ wurde auf grund der Sicht auf die einzelnen Elemente eines Dokuments gewählt. Diese werden als eigenständige Objekte innerhalb eines Dokuments behandelt.

Als Beispiel diene folgendes XML-Dokument:

```
<artikel katalogelementID="407"
  <name>10 Kg Sack Zement</name>
  <bestellung>
    <beschreibung>Nachbestellung</beschreibung>
  </bestellung>
</artikel>
```

Das Beispieldokument enthält Texte, Elemente in einer vorgegebenen Hierarchie, sowie deren Attribute. Diese und natürlich auch weitere Bestandteile sollen über das Objektmodell zugreifbar gemacht werden. Nachdem das Dokument geladen und das Objekt instantiiert wurde kann dann ähnlich wie in der folgenden Abbildung auf die einzelnen Elemente, Texte und Attribute zugegriffen werden:

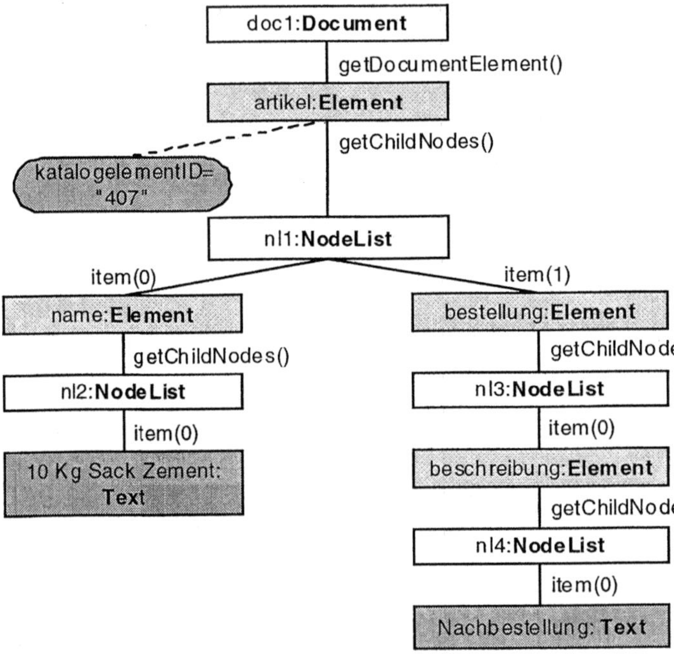

Wir verzichten an dieser Stelle auf die Auflistung aller Funktionen die in DOM definiert wurden. Grundsätzlich kann man sagen, dass man über die Schnittstelle auf alle Knotentypen von XML zugreifen kann und entsprechend bei der Erweiterung für HTML auch auf diese. Zur einfacheren Navigation innerhalb des Dokuments können auch die aus XPath bekannten Achsen durchlaufen werden. In den folgenden Abschnitten soll nur grob die Funktionalität, die in den unterschiedlichen DOM Phasen eingeführt wurde bzw. eingeführt wird, vorgestellt werden.

7.2.2 DOM Level 1

Mit der ersten Stufe des Document Object Model wurde definiert, wie die Struktur und der Inhalt von Dokumenten repräsentiert und manipuliert werden kann. Hierzu wurde festgelegt, wie die Navigation innerhalb von Dokumenten (HTML und XML) funktionieren soll und wie der Inhalt oder die Struktur solcher Dokumente verändert werden kann. DOM Core definiert Funktionalitäten, die zum einen in Verbindung mit XML zum Einsatz kommen können, und die zum anderen als Basis für DOM HTML dienen.

7.2.3 DOM Level 2

Die zweite Stufe des Document Object Model erweitert die vorherige Entwicklungsstufe um Sichten auf Dokumente, ein Ereignismodell und Zugriffsmöglichkeiten auf Darstellungsinformationen (Cascading Style Sheets, CSS). Hinzu kommt eine Verbesserung der Navigationsmöglichkeiten, sowie die Handhabung ganzer Dokumentbereiche (Ranges).

Eine Sicht auf ein Dokument bezeichnet die Art, wie ein Dokument sich in einer speziellen Situation repräsentiert. Es sind also verschiedene Sichten auf ein Dokument möglich. Man stelle sich hierzu ein Dokument vor und nach dem Anwenden eines Stylesheets auf das Dokument vor. In beiden Fällen ist das dargestellte Dokument dasselbe. Man betrachtet es nur mit einer anderen Sichtweise.

Eine Sicht kann statisch sein, in diesem Fall reflektiert sie das Dokument zu dem Zeitpunkt, als die Sicht erzeugt wurde. Ist die Sicht dynamisch, so gibt sie mögliche Veränderungen des Dokuments sofort wieder.

Ereignisse und der Umgang mit ihnen sind aus vielen Programmiersprachen wie z.B. Java bekannt. Mit der Definition eines Ereignismodells für das DOM ist die Möglichkeit geschaffen, Ereignishandler zu verwenden, um auf veränderte Gegebenheiten in Dokumenten zu reagieren. Solche Ereignisse sind z.B. Ereignisse, die durch Interaktion mit dem Benutzer auf einer Benutzeroberfläche ausgelöst werden, oder Ereignisse die anzeigen, dass die Struktur des Dokuments verändert wurde.

Mit der zweiten Stufe verfügt DOM nun auch über Schnittstellen, um auf Stylesheets zuzugreifen. Für HTML- und XML-Dokumente bedeutet dies z.B., dass sowohl die Handhabung von einzubindenden Stylsheet-Dokumente, als auch von Style-Elementen spezifiziert wurde.

Mit dem DOM Level 2 Traversal Feature wurde das Document Object Model um eine weitere Schnittstelle zum einfachen Navigieren durch Dokumentenbäume ergänzt.

Durch die Spezifikation von DOM Range ist jetzt die Handhabung von ganzen Dokumentbereichen möglich. DOM Range abstrahiert von der Knotenebene eines Dokuments zu einer höheren Sichtweise auf ein Dokument. Wenn beispielsweise in einem Textverarbeitungsprogramm ein Textabschnitt eines Dokuments markiert wird, so sind durch die Markierung und die später eventuell durchzuführenden Aktionen darauf sehr wahrscheinlich ganze Teile des Dokumentenbaums in diese Aktionen einbezogen. DOM Range erlaubt eine einfache Handhabung und Durchführung solcher Aktionen. Die Funktionen, die in DOM Range hierfür spezifiziert wurden, können natürlich auch durch die Anwendung mehrerer Funktionen auf Knotenebene realisiert werden. Mit dieser Sichtweise sind die Range-Operationen als eine Zusammenfassung von mehreren Knotenoperationen aufzufassen.

DOM Level 2

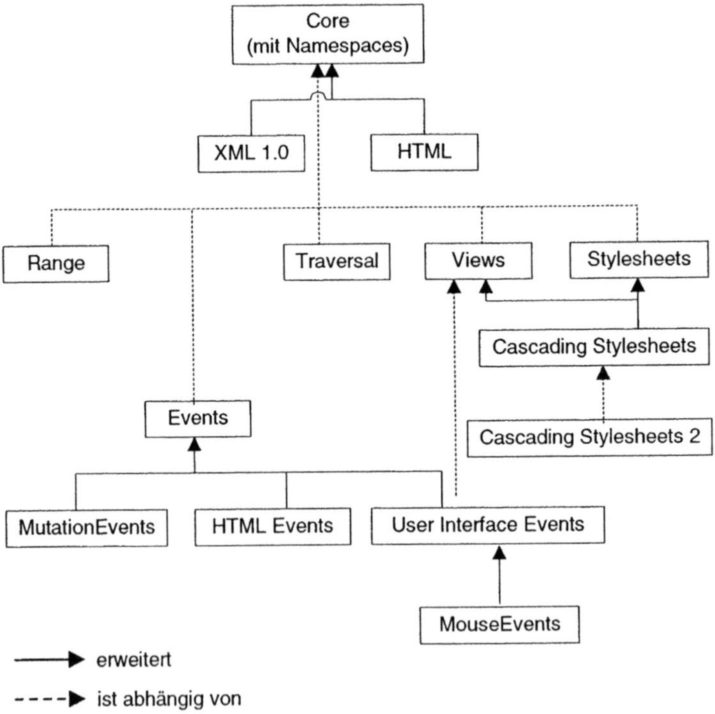

7.2.4
DOM Level 3

Die dritte Entwicklungsstufe des Document Object Models wird von der DOM Working Group aktuell erarbeitet.

In DOM Level 3 soll nunmehr XML 1.0 vollständig unterstützt werden. Zusätzlich sollen sowohl abstrakte Dokumentbeschreibungen wie DTDs und XML Schema als auch XPath verarbeitet werden können. Anhand der Dokumentbeschreibungen (DTDs und XML Schema) werden dann auch Funktionen für die Validierung von Dokumenten zur Verfügung stehen. Außerdem wird das Ereignismodell der Benutzerschnittstelle um Tastaturereignisse erweitert. Ein weiterer Hauptpunkt ist schließlich die Definition von Speicher- und Ladefunktionen für Dokumente.

7.2.5
DOM Implementierungen

Implementierungen des DOM (Level 1 und Level 2) existieren heute für fast alle gängigen Programmiersprachen und für verschiedene Produkte. Neben den Implementierungen für Java und ECMAScript (die Standardisierung von JavaScript/Jscript von der European Computer Manufacturer's Association), die direkt vom W3C beschrieben werden, gibt das W3C unter http://www.w3c.org/DOM/Bindings noch eine Liste von Implementierungen anderer Hersteller an. Hier findet man z.B. Links zu Seiten für C, C++, PLSQL und Python.

7.3
SAX

7.3.1
Einleitung

Die Simple API for XML (SAX) ist ein de-facto Standard für ein ereignisbasiertes Parsen von XML-Dokumenten. SAX definiert eine Schnittstelle, die es erlaubt, die Informationen eines XML-Dokuments in linearer Reihenfolge zu durchlaufen ohne eine Baumstruktur aufzubauen.

Wir sprechen von de-facto Standard, da für SAX, im Gegensatz zu DOM, keine offizielle Spezifikation vom W3C existiert[1]. SAX wurde von den Mitgliedern der XML-DEV Mailing List entwickelt, verfügt über eine breite Akzeptanz und wurde am 11. Mai 1998 in der Version 1.0 veröffentlicht. Inzwischen gibt es die Version 2.0 (SAX2), auf die wir uns im Folgenden beziehen. Es existieren inzwischen Implementierungen für die meisten gängigen Programmier- und Skriptsprachen, wie Java, Perl, Python und C++.

7.3.2 Das Ereignismodell

Bei einer ereignisbasierten API wie SAX gibt es zwei wichtige Programmkomponenten: Einen Treiber (XML Parser) der Ereignisse erzeugt, und einen Handler, der diese Ereignisse verarbeitet. Nehmen wir folgendes XML-Dokument als Beispiel:

```
<?xml version="1.0">
<rowset>
        <roe>SAX Test</row>
</rowset>
```

Im Gegensatz zum DOM-Ansatz wird nicht erst das gesamte Dokument eingelesen, bevor es bearbeitet werden kann. Beim Durchlaufen des Dokuments erzeugt der Parser stattdessen Ereignisse (Events), die direkte Aktionen nach sich ziehen können. In diesem kleinen Beispiel werden folgende Ereignisse erzeugt:

```
StartDocument( )
StartElement( "rowset" )
StartElement( "row" )
Characters( "SAX Test" )
EndElement( "row" )
EndElement( "rowset" )
EndDocument( )
```

Man kann die Ereignisse grob in folgende Klassen einteilen:

- Ereignisse durch den Inhalt eines XML-Dokuments
- Ereignisse durch Validierung
- Ereignisse durch Fehler

[1] http://www.megginson.com/SAX/faq.html

Um auf diese Ereignisse reagieren zu können, müssen so genannte Handler implementiert werden. Die Namen dieser Handler sind abhängig von der Programmiersprache. Wird zu einem Ereignis kein passender Handler gefunden, so bleibt dieses Ereignis unbehandelt. Zu den meisten Ereignissen werden vom Parser noch Parameter übergeben, zum Beispiel bei StartElement der Name des Elements oder bei Error der Fehlercode.

Typische Schnittstellen für einen solchen Parser sind der *XML Reader*, der *Content Handler* und der *Error Handler*

XML Reader

Der XML Reader dient dazu, den XML Parser zu konfigurieren, den Event Handler zu registrieren sowie den Parse-Vorgang zu starten.

Content Handler

Durch die Implementierung des Content Handlers kann auf Ereignisse reagiert werden, die durch den Inhalt des XML-Dokuments entstehen:

- Start Dokument
- End Dokument
- Start Element
- End Element
- Characters

Error Handler

Der Error Handler unterscheidet zwischen zwei Arten von Fehlern:

- Error
  Fehler, die beim Parsen übersprungen werden können
- Fatal Error
  Fehler, die zum Abbruch des Parsens führen

Ein SAX-Parser macht somit nichts anderes, als ein XML-Dokument zu durchwandern und eine Reihe von Ereignissen zu generieren, die dann von der Anwendung abgefangen und in sinnvolle Funktionen umgewandelt werden. Soll in einer Anwendung ein SAX-Parser eingesetzt werden, so muss diese zusätzlich folgende Funktionalität haben:

- Ein anwendungsspezifisches Objektmodell, in das die Daten aus dem XML-Dokument eingelesen werden können, und
- einen Listener, der die Ereignisse, die durch den SAX-Parser erzeugt werden, abfängt.

Es ist somit also auch möglich, ein DOM-Objekt mit einem SAX-Parser zu erzeugen.

7.4 XML:DB

Einen besonderen Stellenwert unter den XML-Anwendungsschnittstellen nimmt die XML:DB [XMLDB]-Initiative ein, die für die Entwicklung einer Standardschnittstelle zu nativen XML-Datenbanken steht. Im Gegensatz zu DOM und SAX handelt es sich hierbei nicht um einen weiteren Zugriffsmechanismus auf XML-Dokumente, sondern um eine Schnittstelle, die, ähnlich dem ODMG-Standard für objektorientierte Datenbanken, den Zugriff auf native XML-Datenbanken standardisieren soll. Die Notwendigkeit für einen solchen Standard liegt auf der Hand, beobachtet man die zur Zeit in der Entwicklung befindlichen XML-Datenbanken, die noch jeweils proprietäre APIs zur Verfügung stellen, obwohl sie jeweils ähnliche Funktionalität anbieten.

Über die Definition der Schnittstelle hinaus stellt die Initiative auch eine Open Source Referenzimplementierung bereit und erhofft sich über die Community-Bildung, der Verbreitung nativer XML-Datenbanken mehr Nachdruck zu verleihen. Auch wenn es sich nicht um eine W3C-Initiative handelt, so ist doch eine enge Zusammenarbeit mit dem W3C angestrebt, um aus der Initiative einen internationalen Standard zu machen.

Die zur Zeit als Arbeitsversion zur Verfügung gestellte API ist, ähnlich wie DOM auch, in soganannte Level unterteilt, die jeweils mehrere Module umfassen. Diese Einteilung dient einerseits einer frühen Bereitstellung der Basisfunktionalität, und andererseits der Klassifizierung der XML-Datenbanken, die hierüber angeben können welche XML:DB API-Level sie unterstützen bzw. unterstützen werden. Momentan werden Core Level 0 und Level 1 definiert.

Core Level 0 ist das absolute Minimum, das eine XML-Datenbank unterstützen muss. Es enthält zwei Module, *API Base* und *Resources*. Das wichtigste Interface von Resources ist *XMLRessource*, die den Zugriff auf XML-Dokumente als DOM, über SAX oder als Text anbietet. Soll zusätzlich auf die binären Daten, also beispielsweise Multimediainhalte, zugegriffen werden, so wird dies über das optionale Interface *BinaryRessource* abgewickelt. Hierauf aufbauend definiert *APIBase* den Zugriff auf Datenbankobjekte (*Database*), Mengen von Ressourcen (*Collection*, *RessourceSet*) und einiges mehr.

Über die Basisfunktionalität von Core Level 0 hinaus, bietet Level 1 den Zugriff auf einzelne Dienste (*Services*). Aktuell werden folgende Dienste definiert:

- *XPathQueryService* definiert den Zugriff über XPath auf die Ressourcen.
- *XUpdateService* ist für Aktualisierungen mittels XUpdate gedacht.
- Die Verwaltung der Kollektionen wird über den *CollectionManagementService* abgewickelt, der jedoch nur minimale Funktionalität anbietet soll, und die eigentliche Verwaltung doch wieder dem Hersteller überlässt.
- Der Transaktionsdienst *TransactionService* ist für die Transaktionsverwaltung zuständig

7.5 Bewertung

In den beiden ersten Abschnitten wurden die zwei wichtigsten Alternativen vorgestellt, in einer standardisierten Form auf XML-Dokumente zuzugreifen. Grundsätzlich kann man sagen, das die erste Wahl auf DOM fallen sollte, da DOM einen sehr mächtigen Mechanismus anbietet, ein XML-Dokument einzulesen, und über wohldefinierte Schnittstellen auf dem Objektmodell zu operieren.

Warum DOM

Dies führt beispielsweise dazu, dass auch sehr komplexe Suchanfragen realisierbar sind und wahlfrei auf das XML-Dokument zugegriffen werden kann, beides Funktionalitäten, die beim ereignisbasierten Parsen nur schwer möglich sind. Darüber hinaus ist DOM, im Gegensatz zu SAX, nicht nur auf das Lesen und Verarbeiten von XML-Dokumenten, sondern auch auf das Schreiben von XML-Dokumenten ausgelegt.

Auch wenn SAX wesentlich weniger Möglichkeiten bietet, so bringt jedoch das ereignisbasierte Parsen einige Besonderheiten mit sich, die in bestimmten Fällen den Einsatz von SAX nicht nur rechfertigen sondern auch sinnvoller machen.

Warum SAX

Der wichtigste Aspekt ist, dass durch das lineare Parsen das XML-Dokument nicht vollständig im Speicher liegen muss, bevor es bearbeitet werden kann. Dies führt zu einem konstanten und sehr niedrigen Speicherverbrauch, auch bei sehr großen XML-Dokumenten. Hinzu kommt, dass das Dokument nicht erst komplett geparst werden muss, was den Vorteil hat, dass man das Parsen jederzeit abbrechen kann, zum Beispiel wenn das gewünschte Element gefunden wurde.

Zu bevorzugen ist der SAX-Ansatz auch, wenn es sich um ein stark datenorientiertes XML-Dokument handelt, das eine flache Hierarchie hat. Soll beispielsweise eine Adressliste in eine Anwendung eingulesen werden, so müssen die Daten voraussichtlich sowieso in ein anwendungsspezifisches Objektmodell abgebildet werden. Oberhalb von SAX kann somit ein Adress-Handler definiert werden, der die Daten direkt in das interne Objektmodell abbildet, ohne Umweg über ein anwendungsneutrales Objekmodell.

Zusammenfassend kann man sagen, dass beide Ansätze ihre Berechtigung haben und man anwendungsabhängig die Entscheidung für den einen oder anderen Ansatz treffen sollte.

Die XML:DB Initiative zielt im Gegensatz zu DOM und SAX auf die Vereinheitlichung des Zugriffs auf XML-Datenbanken. Eine Initiative dieser Art ist besonders wichtig, sollen sich XML-Datenbanken in Zukunft gegenüber relationalen Datenbanken behaupten, für die solche Schnittstellen schon seit Jahren existieren. Ob sich jedoch diese sehr neue Initiative durchsetzen wird, bleibt abzuwarten, da die Liste der Unternehmen die XML:DB bereits unterstützen noch sehr klein ist, und die großen Namen noch fehlen.

TEIL III

Einbindung in den Datenbankentwurfsprozess

8 XML und der Entwurfsprozess

8.1 Einführung

In den vorangegangenen Kapiteln wurden die grundlegenden Techniken für den Einsatz von XML als logisches Datenmodell vorgestellt:

- das Datenmodell an sich (Kapitel 3),
- Schemaformalismen (Kapitel 4) und ihr Beitrag zu einem Datenmodell,
- Anfragesprachen für deskriptive lesende und schreibende Zugriffe (Kapitel 5),
- Transformationstechniken und Methoden zur datenorientierten Endbenutzerinteraktion (Kapitel 6)
- sowie Schnittstellen für direkt auf dem Persistenzdienst aufsetzende Anwendungen (Kapitel 7).

Diese Techniken sind die Basis für XML-Anwendungen. Aber wie entstehen diese Datenbankanwendungen? Und wann und wie kommt dabei XML ins Spiel? Dieser Frage wollen sich die Kapitel 9 bis 11 im Folgenden widmen.

Im klassischen Fall entsteht eine Datenbankanwendung im Rahmen eines Entwurfsprozesses, der bei der Ermittlung der Anforderungen beginnt und bei der Inbetriebnahme endet. Hier wollen wir XML als logisches Datenmodell betrachten, in das das konzeptuelle Schema übersetzt werden muss und das selbst wiederum in ein physisches Schema übersetzt wird.

Doch nicht immer entstehen Datenbankanwendungen von Grund auf von neuem. Im Gegenteil ist aufgrund der langfristigen Speicherung von Daten davon auszugehen, dass bereits eine Anwendung existiert, die man in eine neue Umgebung einpassen muss. Hier betrachten wir die Problematik, wenn wir Datenbanken in einem anderen Datenmodell vorliegen haben, diese aber in einem XML-Umfeld ansprechen wollen.

8.2 Klassische Entwurfsmethodik

Wie der allgemeine Softwareentwurfsprozess ist auch der Datenbankentwurfsprozess in unterschiedliche Phasen gegliedert. Begonnen wird mit informellen Anforderungen, die dann mittels eines konzeptuellen Modells (wie z.B. ER und UML) stärker formalisiert werden. Ziel ist es hierbei, die Struktur und Semantik der Anwendungswelt weitgehend implementierungsunabhängig zu erfassen. Das Ergebnis ist das *konzeptuelle oder semantische Schema.*

Der nächste Schritt ist die Übersetzung dieses konzeptuellen Schemas in die Sprache eines logischen Datenmodells (z.B. das relationale, das objektorientierte oder XML-DTD- bzw. XML Schema-Datenmodell). Da die konzeptuellen Modelle in aller Regel mächtiger sind als die logischen Datenmodelle, zieht dieser Übersetzungsschritt unvermeidlich einen Informationsverlust nach sich, wenn die Konstrukte im konzeptuellen Modell keine Entsprechung im Datenmodell finden. Außerdem werden gewisse Entwurfsentscheidungen notwendig, wenn die Abbildung nicht eindeutig ist, sondern Alternativen bestehen (diese Probleme werden das Thema von Kapitel 9 darstellen). Diese Entwurfsentscheidungen sollten anhand von Gütekriterien bewertet werden. Ergebnis dieses Schrittes ist das *logische Datenbasisschema.* Dieses stellt gleichzeitig (zumindest im produktunabhängigen Idealfall) die Schnittstelle dar, über die später die Anwendung mit dem DBMS kommuniziert.

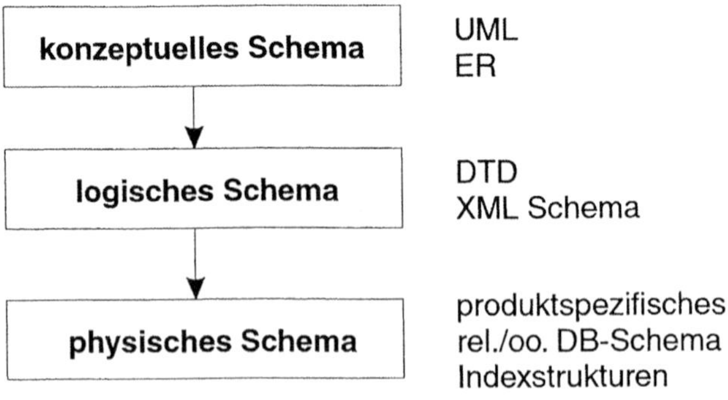

Der nächste Schritt ist die Bestimmung des physischen Schemas, das abgestimmt ist auf die Besonderheiten eines speziellen DBMS. Auch hier werden i.a. Entwurfsentscheidungen notwendig, die insbesondere Einfluss auf die Performanz des Systems ausüben können. Im Falle von XML als logischem Datenmodell kann diesem Schritt noch eine weit gewichtigere Bedeutung zufallen: hier muss entschieden werden, ob eine native XML-Datenbank eingesetzt werden soll oder auf Datenbanken mit einem anderen Datenmodell zurückgegriffen wird. Im Falle beispielsweise eines relationalen DBMS mit XML-Schnittstelle muss auch eine Abbildung auf ein logisches relationales Schema erfolgen. Auf diese Problematik wird in Kapitel 10 eingegangen.

8.3 Abbildung existierender Datenbanken

Wenn wir existierende Datenbanken vorfinden, für die wir eine XML-Schnittstelle benötigen, um sie in einem XML-Umfeld einsetzen zu können, ist die Situation etwas anderes gelagert. Man kann nicht so einfach von oben nach unten entlang eines abnehmenden Abstraktionsniveaus vom konzeptuellen zum physischen Schema vorgehen. Vielmehr geht es darum, von einem physischen Schema

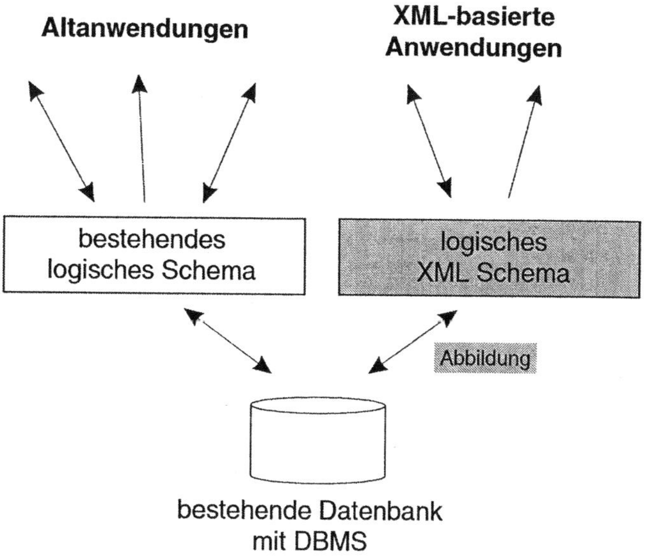

Integration existierender Daten in eine XML-Welt

aus zu einem logischen Schema zu gelangen, das einen möglichst hohen Grad der Interoperabilität erlaubt.

Die Herausforderung bei einer solchen Entwurfsaufgabe liegt darin, dass man

- die alten Daten möglichst nahtlos in die neue Welt einbinden möchte, d.h. im Falle von XML als logischem Datenmodell soll das logische Schema möglichst alle Operationen auf XML-Daten zulassen,
- aber andererseits die alten Anwendungen, die auf den Daten im alten Datenmodell arbeiten, weiter benutzen möchte.

Einfacher gelagert ist das Problem noch, wenn man eine Nur-Lese-XML-Sicht bereitstellt und die Daten weiterhin im „alten" Datenmodell pflegt. Spätestens jedoch, wenn man Schreiboperationen auf die XML-Sicht anbieten möchte/muss, wird die Aufgabe sehr komplex. Denn dabei handelt es sich nicht einfach um die Frage der effizienten Abbildung von XML auf ein anderes Datenmodell (wie es z.B. zum Zwecke der Speicherung in Kapitel 10 betrachtet wird). Vielmehr geht es um die Problematik, dass die Speicherstrukturen bereits feststehen und eine passende XML-Struktur hierfür gefunden werden muss, die die Operationen auf XML-Daten möglichst effizient auf die vorhandenen Zugriffstechniken abbilden lässt.

Wo dieses Problemfeld näher untersucht wird, wird es meist als Re-Engineering-Problem betrachtet, bei dem ein vorliegendes relationales oder objektorientiertes Schema über den „Umweg" eines konzeptuellen Schemas in ein XML Schema überführt wird. Insofern lassen sich hier Ergebnisse aus dem Re-Engineering objektorientierter oder relationaler Schemata und die Ausführungen in Kapitel 9 übertragen.

Aufgrund der Komplexität von bidirektionalen Abbildungen zwischen existierenden Systemen und der XML-Welt wird in der Praxis meist ein anderer Weg eingeschlagen: Die Integration findet nicht über die Abbildung von Datenmodellen, sondern über das Festlegen von anwendungsspezifischen (XML-)Nachrichten statt, die zwischen den Systemen ausgetauscht werden. Hier wird XML auf Anwendungsebene verwendet, und nicht mehr auf Datenmodellebene. Diese Vorgehensweise wirft selbst wiederum ganz neue Fragen im Bezug auf die Architektur solcher Anwendungen auf, insbesondere welche Unterschiede in der Verwendung von XML auf den unterschiedlichen Ebenen sich ergeben.

Solche Fragen, die die Anwendung von XML im Kontext einer Gesamtarchitektur betrachten, sind der Gegenstand von Kapitel 11.

9 Abbildung konzeptueller Modelle

9.1 Einführung

Bei der Frage nach dem konzeptuellen Modell, das am besten für die Modellierung von XML-Daten geeignet ist, besteht grundsätzlich die Alternative zwischen

- einem allgemeinen konzeptuellen Modell (wie z.B. UML oder ER-Modell)
- und einem speziell auf XML abgestimmten Modell (wie z.B. einer UML-Variante, die spezielle XML-Konstrukte bereitstellt).

Hier findet sich der bekannte Zielkonflikt der konzeptuellen Modellierung wieder: Implementierungsunabhängigkeit vs. problemlose Abbildung auf ein logisches Datenmodell. Stellt man im konzeptuellen Modell bereits Konstrukte des logischen Datenmodells bereit, so ist die Übersetzung in ein logisches Schema i.d.R. einfach durchzuführen, während man sich schon relativ früh auf eine bestimmte Implementierungsvariante festlegt. Eine stärker implementierungsunabhängige konzeptuelle Modellierung ist besonders dann anzuraten, wenn das konzeptuelle Modell für unterschiedliche Implementierungen verwendet wird, z.B. für die Umsetzung in eine objektorientierte Programmiersprache und als Datenbasisschema. Auch fällt eine Migration zu einer anderen Implementierung später deutlich leichter, wenn eine implementierungsunabhängige konzeptuelle Modellierung existiert, die in einer formalisierten Weise die Anwendungssemantik festhält.

Hier soll die Betrachtung der Verwendung eines allgemeinen konzeptuellen Modells den breitesten Raum einnehmen; in einem

Ausblick wird noch kurz auf die andere Alternative eingegangen. Allerdings lassen sich viele der Überlegungen auch aufspezielle Modelle für XML übertragen, denn dort entsteht eine ähnlich gelagerte Übersetzungsproblematik oft bereits während der konzeptuellen Modellierung selbst.

9.1.1 Ziel dieses Kapitels

Übersetzung als Entwurfstätigkeit

In diesem Kapitel soll versucht werden, die Übersetzung konzeptueller Modelle in ein XML-Datenmodell zu problematisieren. Dieser Übersetzungsvorgang soll dabei als Entwurfstätigkeit begriffen werden; dementsprechend werden Alternativen aufgezeigt und bewertet. Die entstehenden logischen Schemata sollen dabei die Anwendungssemantik allein mit Hilfe der Mittel des logischen Datenmodells ausdrücken. Nur so kann die Arbeitsteilung zwischen Datenbanksystem und Datenbankanwendung effizient funktionieren.

Automatisierung der Übersetzung

Eine weitere Alternative wäre die Suche nach Algorithmen für die weitestgehende Automatisierung des Übersetzungsprozesses, wie sie z.B. für CASE-Werkzeuge wie Rational Rose geboten werden und von [KlLi01] für DTDs systematisch untersucht werden. Auch diese Vorgehensweise hat ihre Berechtigung, doch kann sie zu wenig anwendungsspezifische Gütekriterien für einen logischen Entwurf berücksichtigen. Eine Lösung für dieses Problem ist die im vorangehenden Abschnitt erwähnte Einführung von XML-Konstrukten in die konzeptuelle Modellierungssprache, um so größeren Einfluss auf das logische Schema nehmen zu können. Dann aber vermischt man bereits den konzeptuellen und den logischen Entwurf.

XMI

Einen noch etwas anders gelagerten Ansatz verfolgt XMI (*XML Metadata Interchange*, [XMI00]); hier wird versucht, ein UML-Modell zwischen unterschiedlichen UML-Werkzeugen austauschbar zu machen, indem eine XML-Serialisierungssyntax definiert wird. Gewiss ist auch dieses Vorgehen eine Übersetzung von UML nach XML, jedoch geht es dort nicht darum, die Semantik eines UML-Modells in eine XML-Repräsentation zu übersetzen, die ohne die Kenntnis von UML von Systemen genutzt werden kann, z.B. für die Konsistenzsicherung.

Dabei ist zu beachten, dass die Betrachtung der konzeptuellen Modellierung für XML-Schemaentwürfe derzeit ein kaum erforschtes Gebiet darstellt. Mangels gesicherter Ergebnisse sind die hier vorgestellten Verfahren und Lösungen zum einen ohnehin diskussionsfähig, zum anderen bedürfen sie auch einer tieferen Untersuchung und einer Evaluierung in der praktischen Anwendung.

9.2 Entwurfsalternativen bei XML Schema und ihre Bewertung

Wie in Kapitel 4 vorgestellt bietet XML Schema zahlreiche Ausdrucksmöglichkeiten zur Schemadefinition. Schon bei den vergleichsweise ausdrucksarmen Dokumenttypdefinitionen gibt es Spielräume bei der Wahl der Sprachmittel einer DTD (so z.B. die Problematik Attribut oder Element mit Textknoten). Bei XML Schema sind durch die Einführung des Typkonzeptes und der Möglichkeit zur Differenzierung zwischen lokalen und globalen Elementdeklarationen noch weitere Beschreibungsmittel hinzugekommen.

In diesem Abschnitt sollen kurz die alternativen Verwendungsformen dieser Sprachmittel aufgezeigt werden. Zuvor werden jedoch ein paar Kriterien vorgestellt, nach denen sich die unterschiedlichen Lösungen bewerten lassen.

9.2.1 Gütekriterien für Schemaentwürfe

Die Betrachtung unterschiedlicher Alternativen macht nur dann Sinn, wenn man Kriterien definiert, nach denen man sie vergleichen kann. Da viele Kriterien spezifisch für bestimmte Anwendungsbereiche sind, sollte man es als Teil der Entwurfstätigkeit begreifen, diese Kriterien zu definieren und später die Lösung danach zu bewerten.

Im Folgenden werden (ohne Anspruch auf Vollständigkeit) zunächst ein paar allgemeine Kriterien vorgestellt, bevor Hinweise auf szenariospezifische Kriterien anhand der Gegenüberstellung von Datenbankanwendungen und Datenaustauschanwendungen gegeben werden.

9.2.1.1 Allgemeine Gütekriterien

Allgemeine Gütekriterien, die an praktisch jeden Entwurf eines logischen Schemas gestellt werden können, sind:

- *Kopplungsgrad.* Ziel ist eine Minimierung der Abhängigkeiten zwischen einzelnen Komponenten, so dass Änderungen an Schemakomponenten nur lokale Auswirkungen haben.
- *Wiederverwendbarkeit.* XML Schema stellt bewusst objektorientierte Konstrukte bereit, um so auch Teile von Schemata in zukünftigen Entwürfen wiederverwenden zu können.
- *Semantische Zusammengehörigkeit.* Was semantisch zusammengehört, soll nach Möglichkeit auch in der Schemadefinition semantisch zusammenhängend sein. Diese Forderung steht in vielen Fällen der Forderung nach Minimierung der Abhängigkeiten entgegen.

9.2.1.2 Kriterien für Austauschformatdefinitionen und Datenbasisschemata

Wenn man sich die Verwendung von XML in datenorientierten Anwendungen anschaut, so stellt man fest, dass es bereits massiv für Datenaustauschszenarien eingesetzt wird, andererseits aber auch XML-Datenbasen im Entstehen begriffen sind. Diese beiden Szenarien haben sehr unterschiedliche Charakteristika, die auch die Anforderungen an den logischen Entwurf beeinflussen.[1]

Datenbasisschemata

Datenbasisschema bewegen sich auf der Ebene der Datenmodelle. Im Vordergrund stehen hier generische Operationen auf Daten, die ohne Kenntnis der Anwendungsdomäne auskommen. Bei Datenbasisschemata stehen klassische Kriterien des Datenbankentwurfs im Vordergrund. Hierzu gehört zum einen ein verschärfter Aspekt der Informationserhaltung konzeptueller Modelle: Semantische Bedingungen sollten so präzise wie möglich in das logische Modell übersetzt werden, um z.B. für die Anwendungswelt geltende Zusammenhänge durch Konsistenzregeln im Schema selbst zu verankern, so dass das DBMS selbst die Konsistenz auf generische Weise überprüfen kann. Hierzu gehören insbesondere Bedingungen der referentiellen Integrität. Das andere wichtige Kriterium ist die Redundanzfreiheit. Ein Objekt der realen Welt sollte nur einmal als Instanz im Schema auftauchen, und ein Informationselement sollte nur ein einziges Mal gespeichert werden. Durch eine redundanzfreie Speicherung lassen sich Probleme bei der Aktualisierung (sog. Anomalien) vermeiden.

[1] Eine tiefer gehende Behandlung der Unterschiedliche zwischen den beiden Szenarien findet sich in Kapitel 11.

Im Falle von *Austauschformaten* zwischen unterschiedlichen Systemen liegt die Sache anders als bei echten Datenbasisschemata. (vgl. hierzu auch den folgenden Abschnitt). Austauschvokabulare bewegen sich nicht auf der Ebene der anwendungsneutralen Datenspeicherung, sondern auf der Ebene der Anwendungslogik. Sie versuchen, anwendungsspezifische Schnittstellen zu definieren. Auch bei Austauschformaten spielt die Konsistenzsicherung eine große Rolle, allerdings stehen hier syntaktische Belange im Vordergrund. Die Prüfung referentieller Integrität ist dadurch eingeschränkt, dass Datenaustausch nachrichtenorientiert und in Portionen erfolgt und sich Konsistenzbedingungen auf Schemaebene auf die einzelne Portion (sprich: Dokument) beschränken (da diese die Validierungseinheit für eine Schemavalidierung darstellt). So lässt sich beispielsweise für die Übermittlung einer Bestellung mit XML Schema nicht überprüfen, ob die Bestellung auch Artikel im Katalog des Anbieters referenziert; dies erfolgt erst durch die Anwendungslogik. Die Redundanzfreiheit ist keine besondere Forderung, da die übermittelten Daten ohnehin erst von den empfangenden Anwendungen weiterverarbeitet und in die Datenbasis integriert werden. Stattdessen müssen Austauschformate besonders evolutionsfähig sein. Es muss offen sein für Erweiterungen, und zukünftige Versionen müssen kompatibel sein zu „alten“ Instanzen.

Austausch-vokabulare

Gerade für die Bewertung der Evolutionsfähigkeit von XML-Schemata liegen bislang keinerlei Ergebnisse vor, obwohl in vielen Fällen es gerade die Evolutionsfähigkeit ist, die man sich vom Einsatz von XML erhofft. Erste Schritte in diese Richtung sind beispielsweise in [SKC+01] enthalten.

Evolutionsfähigkeit

9.2.2 Behälterelemente, Datenbasen und die Rolle des „Dokumentes“

Bevor wir auf die einzelnen Konstrukte eingehen, soll an dieser Stelle noch auf die Rolle von Dokumenten eingegangen werden. Dabei ist wieder zu differenzieren zwischen den zwei unterschiedlichen Szenarien:

Im *Austauschszenario* werden XML-Daten als Nachricht versandt. Die Daten sind transient in dem Sinne, dass sie nicht in der ausgetauschten Form direkt gespeichert werden, sondern vom Sender aus einer beliebigen anderen Form generiert und vom Empfänger erst nach einer weitergehenden Verarbeitung gespeichert werden. Hierbei stellt das Dokument die ausgetauschte Einheit und das Schema das Vokabular dar, mit Hilfe dessen die Nachricht formu-

Transiente Austausch-nachrichten

liert wird. Das Schema erfüllt also praktisch einzig die Funktion einer Schnittstellendefinition auf Anwendungsebene.

Persistente XML-Datenbasen

Im *Datenbankszenario* werden XML-Daten in einer Datenbasis persistent gespeichert. Eine Datenbasis umfasst dabei sinnvollerweise ein XML-Dokument, da ansonsten Validierungen (die ja dokumentenbezogen sind) nicht über die gesamte Datenbasis möglich sind. Das Wurzelelement dieses Datenbasisdokumentes stellt dabei ein Behälterelement dar, das alle Elemente umfasst, die in der Datenbasis unabhängig sind (d.h. nicht als Kinder anderer Elemente vorkommen). Dieses Behälterelement ergibt sich i.a. nicht unmittelbar aus dem konzeptuellen Modell, sondern muss dem logischen Schema hinzugefügt werden. In der Datenbankterminologie ist also das Schema der Datenbasis die Schemadefinition plus die Festlegung eines Wurzelelementes.

Diese Sichtweise ist keineswegs Konsens (da praktisch keine Erfahrung mit reinen „XML-Datenbasen" vorliegt), ist aber aus unserer Sicht am ehesten mit dem Validierungskonzept von XML Schema vereinbar. Freilich lässt sich über eine Möglichkeit der Fragmentierung von nicht miteinander über Fremdschlüsselbeziehungen verbundene Teile der Datenbasis nachdenken; doch dies ist eher eine Frage der physischen Umsetzung als der Schemamodellierung. Allerdings soll nicht verschwiegen werden, dass diese Sichtweise in dokumentenorientierten Umgebungen unnatürlich wirkt, da entweder das Dokument als eigene Datenbasis begriffen wird oder als Teildokument in das Datenbasisdokument eingebunden werden muss (die Dokumentenkollektion ist die Datenbasis). Aus Mangel an standardisierten Änderungsoperationen machen viele XML-fähige DBMS derzeit auch vom Dokument als primärer Aktualisierungseinheit Gebrauch.

9.2.3 Vergleich Typen, Elemente, Attribute

9.2.3.1 Attribut vs. Element

Wenn man die Diskussion um gute DTD-Entwürfe verfolgt, so scheint das Urteil gerechtfertigt, dass die Verwendung von Attributen oder Elementen mit einfachem Inhalt eine Geschmackssache ist. So spielen oft ästhetische Argumente für die Repräsentationssyntax (Attribute machen das XML-Dokument kompakter) eine große Rolle. Konsequent hat z.B. RELAX NG (vgl. Abschnitt 4.7.1) auf Schemaebene versucht, die syntaktischen Unterschiede bei der Deklaration zu minimieren. Es gibt jedoch ein paar Punkte, die bei der Entscheidung berücksichtigt werden sollen:

- *Mehrwertigkeit.* Mehrwertige Attribute können nur über Listentypen realisiert werden. Der Zugriff auf die einzelnen Einträge wird aber oft nicht direkt unterstützt, so dass man hier auf wiederholbare Elemente zurückgreifen sollte.
- *Nullwerte.* Sollen auch Nullwerte eingesetzt werden, so kann dies nur mit Elementen realisiert werden.
- *Komplexwertigkeit.* Attribute können keine weitere Unterstruktur besitzen; hier muss auf Unterelemente zurückgegriffen werden.

9.2.3.2 Elemente vs. Typen[2]

Eine andere Grundfrage betrifft die Verwendung der neuen Typen bei komplexen Elementen. Sollte für komplexe Elemente zunächst ein benannter Typ definiert werden, der dann einer konkreten Elementdeklaration zugewiesen wird oder soll die Unterstruktur von Elementen direkt über einen eingebetteten anonymen Typ realisiert werden? Für Typen spricht generell:

- Wird ein „Element" nie als Instanz verwendet (ist es also abstrakt), so sollte es grundsätzlich als (abstrakter) Typ modelliert werden; Elemente als abstrakt zu deklarieren macht nur bei der Verwendung von Substitutionsgruppen für den Kopf der Gruppe einen Sinn.
- Generell wird durch die Verwendung des benannten Typs die Wiederverwendbarkeit deutlich erhöht. Deshalb sollte im Zweifelsfall ein explizit benannter Typ verwendet werden.

9.2.3.3 Globale vs. lokale Deklarationen

An die Frage Elementdeklaration oder Typ schließt sich die Frage an, ob für Elementdeklarationen eher die lokale oder die globale Variante gewählt werden soll. [Cast01] teilt die Möglichkeiten in drei Varianten ein:

- *Russische Matroschka (Russian doll).* Alle Elemente werden lokal deklariert. Hierdurch ist eine Wiederverwendung von Ele-

[2] vgl. [Cast01]

menten an unterschiedlichen Stellen in der Schemadefinition nicht möglich; umgekehrt bewirkt eine Änderung an einer bestimmten Stelle auch keine Seiteneffekte an anderen Stellen. Instanzdokumente können nur mit dem bzw. den globalen Elementen beginnen.

- *Salamischeiben (salami slice).* Alle Elemente werden global deklariert und in den jeweiligen Kontexten nur referenziert. Dadurch sind alle Elemente wiederverwendbar, und im Instanzdokument kann jedes Element als Wurzelelement dienen.
- *Venezianischer Spiegel (Venetian blind).* Hierbei werden global (also nicht anonym) definierte Typen verwendet, die Elemente jedoch, soweit nicht als Wurzelelemente zu verwenden, lokal deklariert. Hierdurch erreicht man eine kontrollierte Wiederverwendung. Seiteneffekte lassen sich auf Änderungen auf Typebene beschränken, auf der zusätzlich die Möglichkeit besteht, Typen als final oder als abstrakt zu deklarieren.

9.2.3.4 Elemente mit variablem Inhalt

Oft kommt es vor, dass der Inhalt eines Elementes variiert. So können in unserem Beispiel sowohl Artikel als auch Dienstleistungen in einem Katalog enthalten sein, und Marktteilnehmer können sowohl Personen als auch Organisationen darstellen. Solche Strukturen lassen sich auf unterschiedliche Weise realisieren:

- Der objektorientierte Weg ist die Definition eines abstrakten Obertyps, von dem alle möglichen Unterelemente abgeleitet werden. Dies bietet den Vorteil, dass sich Gemeinsamkeiten zwischen den Möglichkeiten herausfaktorisieren und in den Obertyp verlagern lassen. Auch ist es möglich, dass die unterschiedlichen Möglichkeiten nicht durch die Elementnamen, sondern erst durch die Typisierung im Instanzdokument differenziert werden.
- Eine stärker dokumentenorientierte Lösung ist die Verwendung des *choice*-Konstruktors. Bei stark sich unterscheidenden Möglichkeiten ist dies die einfachere Variante.

9.2.4 Beziehungen

Das schwierigste Gebiet beim Entwurf von XML Schemata ist die Umsetzung von Beziehungen zwischen unterschiedlichen Objekten der realen Welt. Prinzipiell gibt es hierfür drei Möglichkeiten:

- *Umsetzung durch Hierarchiebeziehung.* Hierbei wird die Beziehung zwischen zwei Entitäten durch eine Element/Unterelementbeziehung ausgedrückt. Dies stellt die „natürliche" Strukturierungsform von XML dar, hat aber grundsätzliche Beschränkungen. Sie kann beispielsweise nur für 1:n-Beziehungen eingesetzt werden.
- *Umsetzung als Fremdschlüsselbeziehung.* Die klassische relationale Umsetzung von Beziehung ist die Fremdschlüsselbeziehung. Diese existiert in XML in zwei Ausprägungen: ID/IDREF und *key/keyref* (Fremdschlüsselbeziehung von XML Schema). Mit einem zusätzlichen eigenständigen Beziehungselement lassen sich hiermit auch allgemeine m:n-Beziehungen realisieren.
- *Umsetzung als XLink-Verweis.* XLink wurde speziell für das Problem des Verweisens auf andere XML-Dokumentteile konzipiert und hat als einzige Realisierungsform von Beziehungen auch die Möglichkeit, die Dokumentgrenzen zu überwinden. Leider ist XLink nicht für Datenbankanwendungen entwickelt worden; es fehlen deshalb wichtige Eigenschaften wie Typsicherheit. Auch die Deklaration auf Schemaebene ist nur eingeschränkt möglich.

Für die beiden „Referenzierungslösungen" (Fremdschlüssel und XLink) bestehen dabei noch die Optionen, eine Beziehung durch direkte Verweise oder durch ein eigenständiges Beziehungselement zu lösen.

Da sich die unterschiedlichen Realisierungsmöglichkeiten am besten anhand von konkreten Konstrukten eines konzeptuellen Modells vergleichen lassen, werden sie en détail im Abschnitt über die Umsetzung des ER-Modells diskutiert.

9.3 Abbildung des Entity-Relationship-Modells nach XML[3]

Im Folgenden sollen die Entwurfsprobleme anhand des ER-Modells näher ausgearbeitet werden. Das ER-Modell ist durch seine Einfachheit und Zugänglichkeit für Nichtfachleute trotz der Entwicklung von UML für Datenbankanwendungen immer noch sehr beliebt. Außerdem ist die Anzahl der Modellierungskonstrukte überschaubar, so dass man sich (im Hinblick auf unsere Abbildungsproblematik) auf wenige Teilprobleme konzentrieren kann.

9.3.1 Ausdrucksmöglichkeiten im ER-Modell

Wie schon einleitend erwähnt ist das ER-Modell (auch in seinen Erweiterungen) relativ einfach gehalten:[4]

Gegenstände, Beziehungen, Kardinalitäten, Attribute

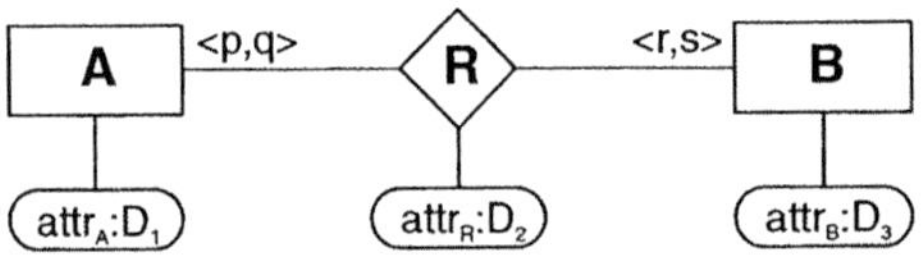

- Grundausdrucksmittel von ER-Modellen sind Gegenstände (eigentlich Gegenstandstypen, da das ER-Modell nur die Schemaebene betrachtet, nicht die Instanzebene) und Beziehungen (Beziehungstypen) zwischen ihnen.
- Gegenstände und Beziehungen können Attribute besitzen, denen man auch eine Domäne zuweisen kann. Dabei lassen sich Attribute als Schlüsselattribute auszeichnen.
- Die Beziehungen zwischen Gegenständen können durch Kardinalitäten näher charakterisiert werden. Die Notation (vgl. obige Abbildung) ist wie folgt zu lesen: Jeder Gegenstand vom Typ A geht zwischen *p* und *q* mal in eine Beziehung R mit B ein, wäh-

[3] Die folgenden Ausführungen greifen auf Ergebnisse aus [WiMo00], [KlLi00] und [CSF00] zurück, wobei dort teilweise UML als Ausgangsmodell betrachtet wird

[4] Im Folgenden wird nur eine kurze Zusammenfassung der Konstrukte des ER-Modells gegeben. Es wird davon ausgegangen, dass der Leser bereits mit diesem vertraut ist. Einen guten Überblick über das ER-Modell in der hier vorgestellten Ausbaustufe bietet z.B. [LaLo95].

rend jeder Gegenstand vom Typ B zwischen *r* und *s* mal eine solche Beziehung eingeht

- Beziehungen können dabei durchaus mehr als zwei Gegenstandstypen miteinbeziehen. Man spricht dann von mehrstelligen Beziehungen.

mehrstellige Beziehungen

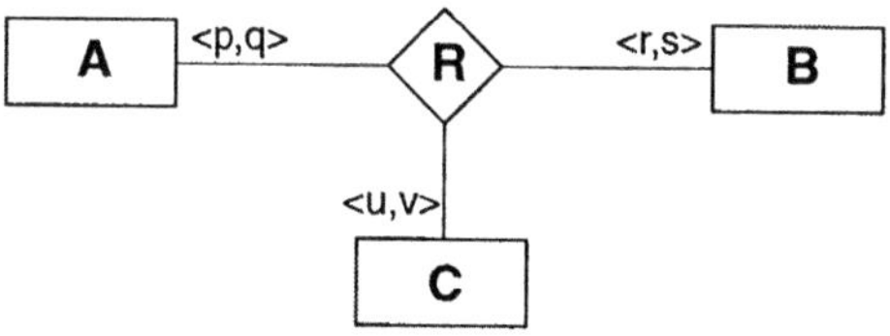

- Es existiert das Konzept der schwachen Entitäten. Dies sind Gegenstandstypen, die an die Lebensdauer der mit ihnen in Beziehung stehenden starken Entitäten gekoppelt sind. Sie werden durch eine durchbrochene Umrandung gekennzeichnet.

schwache Entitäten

- Gegenstände können auch in eine Generalisierungshierarchie gebracht werden. Dabei werden alle Attribute des allgemeineren Typs vererbt. Es ist dabei nur ein Obertyp zugelassen. In der untenstehenden Abbildung ist C der Obertyp für A und B.

Generalisierung

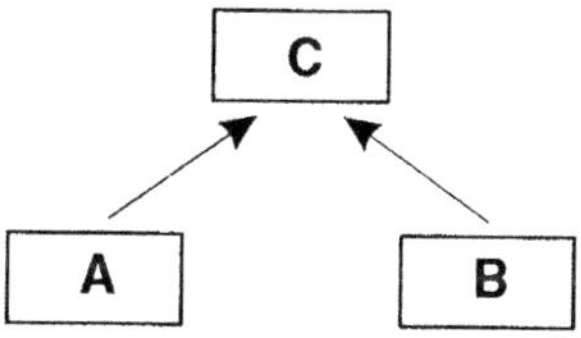

Im Folgenden sollen die einzelnen Konstrukte abgebildet werden. Dabei wird lose begleitend unser Marktmodell als Illustration dienen, das unten als ER-Modell abgebildet ist. Dabei entspricht die Umsetzung nicht immer der „offiziellen" DTD, die im Anhang abgedruckt ist, da möglichst viele Alternativen demonstriert werden sollen.

ER-Modell unseres Marktmodells

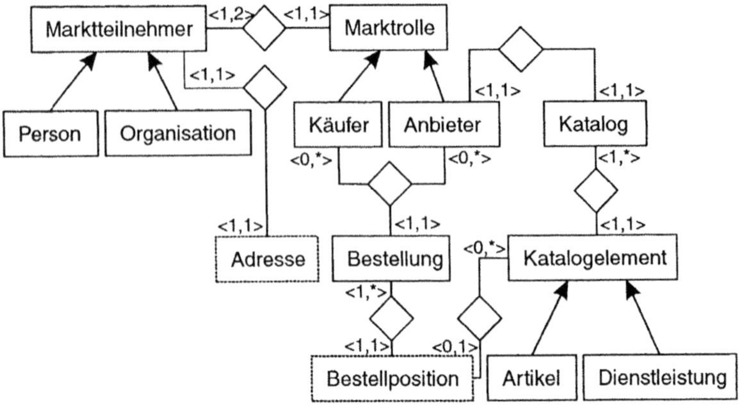

9.3.2 Entitäten und Attribute

9.3.2.1 Entitäten

Entitäten werden in XML Schema durch einen komplexen Typ und eine Elementdeklaration umgesetzt. Dabei ist zu entscheiden,

- ob die Typdeklaration global und benannt oder als anonymer Typ erfolgt
- und ob die Elementdeklaration global oder lokal erfolgen soll.

Die Entscheidung zwischen lokaler und globaler Elementdeklaration hängt letztlich daran, ob Elemente in unterschiedlichen Zusammenhängen verwendet werden sollen. Handelt es sich bei der Entität um eine schwache Entität, so liegt die lokale Variante nahe, d.h. man deklariert das der schwachen Entität entsprechende Element lokal als Unterelement der zugehörigen starken Entität. Ähnliches gilt auch für Entitäten, die als Kindelemente in einer Hierarchiebeziehung (vgl. Abschnitt 9.3.4) umgesetzt werden.

Bei anderen Entitäten ist grundsätzlich von einer Unabhängigkeit auszugehen (insbesondere im Hinblick auf zukünftige Änderungen), so dass die globale Variante empfohlen wird.

9.3.2.2 Attribute

Attribute von Entitäten können mit unterschiedlichen Konstrukten umgesetzt werden, wobei dies abhängig ist von ihrer Domäne:

- *Attribute.* Dies bietet sich bei atomaren Domänen an. Ist dabei die Domäne in XML Schema nicht vorhanden, so kann diese mit einer einfachen Typdefinition nachgeholt werden.
- *Unterelemente.* Diese Variante kann sowohl bei atomaren als auch komplexen Domänen eingesetzt werden. Für komplexe Domänen sollte dabei ein globaler Typ gewählt werden.

Ist für eine Attributkombination eine Schlüsseldefinition festgelegt, so kann diese problemlos in XML Schema formuliert werden.

Als Beispiel betrachten wir die Umsetzung der Entität Bestellposition:

```
<complexType name="Bestellposition">
  <sequence>
    <element name="name" type="string" />
    <element name="anzahl" type="positiveInteger"/>
    <element name="gesamtpreis" type="Waehrung"/>
  </sequence>
</complexType>
```

9.3.3 Beziehungen

In diesem Abschnitt soll die Problematik der Umsetzung der Beziehungselemente und den mit ihnen verbundenen Kardinalitäten beschrieben werden. Hierzu bietet XML eine Palette von Lösungsmöglichkeiten, die im Folgenden genauer untersucht werden.

9.3.3.1 Umsetzung als Hierarchiebeziehung

Die Hierarchiebeziehung ist die „natürliche" Beziehung in XML. Dabei werden semantisch untergeordnete Elemente als Unterelemente realisiert, die an die Lebensdauern ihres Elternelementes gekoppelt sind. Diese „natürliche" Beziehung hat aber auch grundsätzliche Einschränkungen:[5]

---

[5] Es wird davon ausgegangen, dass B das untergeordnete Element repräsentiert; ansonsten gelten symmetrische Einschränkungen.

```
<A>
  <B>..</B>
  ,,,
</A>
```

- Wegen der Bindung der Lebensdauer von B an die Lebensdauer von A können nur Beziehungen mit $s = 1$ auf diese Weise abgebildet werden.
- Im Normalfall muss auch $r = 1$ sein. Beziehungen mit $r = 0$ können ebenfalls abgebildet werden, wenn B auch anderweitig im Dokument verwendet wird (z.B. Adresselement von Kunden und Anbietern). Im Zweifelsfall kann man für die „beziehungslosen" Elemente auch vereinbaren, dass sie als Kindelement des Wurzelelementes auftauchen.

Die obigen Einschränkungen gelten unter der Maßgabe, dass ein redundanzfreies Schema angestrebt wird, bei dem für eine Entität auch tatsächlich nur eine Elementinstanz in einem XML-Dokument steht. In der Praxis dominieren jedoch Nur-Lese-Schemata, für die Redundanzfreiheit keine unbedingte Forderung darstellt. Deshalb wird oftmals in Kauf genommen, dass auch nicht exklusive Beziehungen mit der Hierarchiebeziehung abgebildet werden. So werden beispielsweise für eine Rechnung die Kundeninformationen wie z.B. Adresse für jede einzelne Rechnung eingebettet, obwohl es reichen würde, die Kundennummer anzugeben und die Kundeninformationen separat und rechnungsübergreifend zu speichern. Für Nur-Lese-Anwendungen können daher etwas lockerere Bedingungen für die Verwendung der Hierarchiebeziehung angelegt werden. Dies korreliert mit der Problematik der Normalisierung in der relationalen Welt. Auch dort vereinfacht die Normalisierung die Aktualisierung; für die Anwendung werden die Daten aber meist in einer stärker denormalisierten Form benötigt.

Die Umsetzung einer Beziehung samt den Kardinalitäten mittels DTDs erfolgt nun konkret im Rahmen der Deklaration des Inhaltsmodells des übergeordneten Elements, also A:

p	**q**	**Deklaration für A**
0	*	`<!ELEMENT A (B*) >`
1	*	`<!ELEMENT A (B+) >`
1	1	`<!ELEMENT A (B)  >`
0	1	`<!ELEMENT A (B?) >`
2	5	`<!ELEMENT A ( B, B, (B, (B, B?)?)?) >`

Wie man am letzten Beispiel sieht, ist die Umsetzung allgemeiner Kardinalitäten mit DTDs nicht besonders elegant. Dieser Mangel wird durch die Einführung der Eigenschaften *minOccurs* und *maxOccurs* in XML Schema deutlich vereinfacht, so dass sich folgende Typdefinition ergibt:[6]

```
<complexType name="A">
  <sequence>
    <element name="B" type="B"
             minOccurs="p" maxOccurs="q" />
  </sequence>
</complexType>
```

Beispiel

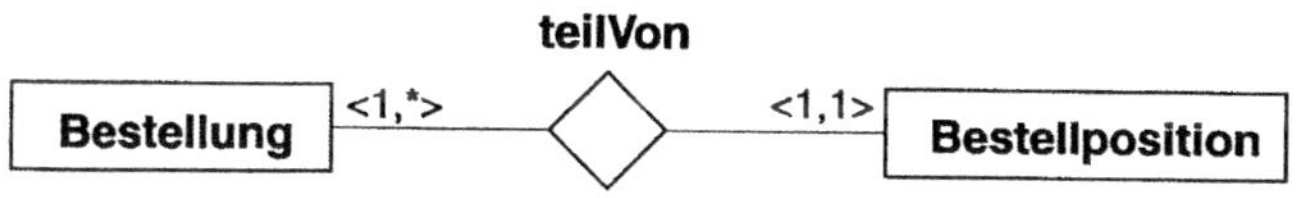

... als DTD

```
<!ELEMENT bestellung (bestellposition)+ >
```

... als XML Schema

```
<complexType name="Bestellung">
  <sequence>
    <element name="bestellposition" type="Bestellposition"
             minOccurs="1" maxOccurs="unbounded"/>
  </sequence>
</complexType>

<element name="bestellung" type="Bestellung" />
```

Im Instanzdokument sieht das dann folgendermaßen aus:

```
<bestellung>
  <bestellposition>
  ...
  </bestellposition>
</bestellung>
```

[6] Im Falle der Verwendung von B auch als Kindelement anderer Element, sollte B global deklariert werden und in der Typdefinition nur referenziert werden.

Als Kriterien für den Einsatz der Hierarchiebeziehung kann man Folgendes heranziehen:

- Wo es der Anwendungssemantik entspricht und dies möglich ist, sollte auf jeden Fall die Hierarchiebeziehung eingesetzt werden, da mit ihr die Weiterverarbeitung am einfachsten ist. Außerdem ist die Typsicherheit und die Durchsetzung der Kardinalitäten bei der Umsetzung gewährleistet.
- Schwache Entitäten modellieren exakt die Bindung einer Entität an die Lebensdauer einer anderen. Sie sollten daher immer mittels der Hierarchiebeziehung umgesetzt werden.

9.3.3.2 Umsetzung mittels ID/IDREF(S) ohne Beziehungselement

Die ID/IDREF-Beziehung wird dadurch realisiert, dass Elementen, auf die verwiesen werden soll, ein Attribut vom Typ ID hinzugefügt wird. Die konkreten Verweise werden dann von Attributen vom Typ IDREF (für einzelne Verweise) bzw. IDREFS (für mehrere Verweise) realisiert. Somit wird eine Art selektive Objektidentität begründet, die auf ein Dokument beschränkt und nicht elementspezifisch ist. Die Benennung des Referenzattributes sollte sich entweder am Beziehungsnamen oder einem angegebenen Rollenbezeichner orientieren.

```
<!ELEMENT A ...>
<!ELEMENT B ...>
<!ATTLIST A ID       ID     #REQUIRED>
```

In Abhängigkeit von den Kardinalitäten *p* und *q* ergibt sich für die Attributdeklaration des verweisenden Attributs *ref* von B:

p	q	Deklaration des verweisenden Attributs für B
0	1	`<!ATTLIST B ref IDREF #IMPLIED >`
0	*	`<!ATTLIST B ref IDREFS #IMPLIED >`
1	1	`<!ATTLIST B ref IDREF #REQUIRED >`
1	*	`<!ATTLIST B ref IDREFS #REQUIRED >`

Einschränkungen für die Kardinalitäten r und s lassen sich mit einfachen Verweisen nicht formulieren, da keine Kontrolle darüber besteht, wie viele Elemente B auf ein Element A verweisen. Auch für p und q lassen sich allgemeine Kardinalitäten, die nicht in die obigen Fälle passen, nicht ausdrücken.[7]

XML Schema kann durch die Möglichkeit, einfache Typen weiter einzuschränken, zumindest dem letzteren Problem abhelfen.

```
<complexType name="A">
  <attribute name="ID" type="ID" use="required">
</complexType>

<complexType name="A">
  <attribute name="ref" use="required">
  <!-- bei p=0 kann auch use="optional" gewählt werden -->
    <simpleType>
      <restriction base="IDREFS">
        <minLength value="p" />
        <maxLength value="q" />
      </restriction>
    </simpleType>
  </attribute>
</complexType>
```

Ein entscheidender Nachteil der Umsetzung von Beziehungen mittels ID/IDREF ist die fehlende Typsicherheit. Im obigen Beispiel kann auf Schemaebene nicht festgelegt werden, dass ein Element B tatsächlich nur auf ein Element A (und kein Element C) verweisen darf.

Verwendet man XML Schema, so gibt es eigentlich keinen Grund, Fremdschlüsselbeziehungen über ID/IDREF zu realisieren. Die im folgenden Abschnitt vorgestellte Möglichkeit über *key/keyref* ist deutlich flexibler und kann auch Typsicherheit gewährleisten. Deshalb sollten ID/IDREF-Beziehungen nur dann zum Einsatz kommen, wenn man entweder auf DTDs festgelegt ist oder man die Kompatibilität (freilich unter Verzicht der Durchsetzung der Kardinalitäten) zu DTDs benötigt.

[7] Ein weiteres Problem ist auch, dass das ER-Modell eine Mengensemantik bei den Kardinalitäten unterlegt, IDREFS jedoch ein Listentyp ist, in dem Duplikate durchaus vorkommen. Um die weiteren Ausführungen nicht noch komplexer zu machen, wird im Folgenden stillschweigend davon ausgegangen, dass die Werte in einem IDREFS-Datentyps stets paarweise verschieden sind.

9.3.3.3
Umsetzung mittels key/keyref

Wie schon in Kapitel 4 beschrieben verallgemeinert XML Schema die ID/IDREF-Fremdschlüsselbeziehung zu einer wertbasierten Beziehung, die auch mehrere Attributwerte umfassen kann. Gegenüber ID/IDREF hat die *key/keyref*-Beziehung eher impliziten Charakter; sie ist mehr Konsistenzbedingung als explizites Beziehungskonstrukt. Ob sie als solches gelten kann, hängt letztlich davon ab, ob sie ebenso wie ID/IDREF in den angrenzenden XML-Techniken unterstützt wird.

Für die *key/keyref*-Beziehung gelten ähnliche Einschränkungen wie für die ID/IDREF-Beziehung, d.h. für r und s lassen sich keine Vorgaben machen.

Für das folgende Schema nehmen wir an, dass B[8] mit Fremdschlüsselelementen Instanzen von A referenziert. Die Schlüsselbestandteile haben die Bezeichnung ka_1 und ka_2; der Einfachheit halber haben auch die Fremdschlüsselbestandteile diese Bezeichnung.

Typdefinition von A

```
<complexType name="A">
  <sequence>
    <element name="ka1" />
    <element name="ka2" />
  </sequence>
</complexType>
```

Schlüssel-definiton für A

```
<key name="schlüsselA">
  <selector xpath="A" />
  <field    xpath="ka1" />
  <field    xpath="ka2" />
</key>
```

Element-deklaration für A

```
<element name="a" type="A" />
```

[8] Zur Notation: Obwohl durch XML Schema die Namensräume getrennt sind, werden zur besseren Verständlichkeit Elemente kleingeschrieben und Typen großgeschrieben. Dies ist an dieser Stelle besonders wichtig, da Schlüssel auf der Ebene der Elemente und nicht der Typen deklariert werden!

```
<complexType name="B">
  <sequence>
    ...
    <!-- Referenzierung des Schlüssels von A -->
    <element name="ref" minOccurs="p" maxOccurs="q">
      <complexType>
        <sequence>
          <element name="ka1" />
          <element name="ka2" />
        </sequence>
      </complexType>
    </element>
  </sequence>
</complexType>
```

Typdefinition von B

```
<element name="b" type="B" />
```

Element-deklaration für B

```
<keyref name="fremdschlüssel" ref="schlüsselA">
  <selector xpath="b/ref" />
  <field    xpath="ka1" />
  <field    xpath="ka2" />
</keyref>
```

Fremdschlüssel-deklaration für B

9.3.3.4 Umsetzung mit Beziehungselementen

Wie im relationalen Fall *m:n*-Beziehungen durch die Einführung einer Beziehungstabelle realisiert wurden, lassen sich auch bei XML unabhängige Beziehungselemente einführen, die jeweils Verweise zu den beteiligten Elementen haben. Diese Beziehungselemente werden, falls sich keine andere Umsetzung anbietet, dem Wurzelelement des Dokumentes hinzugefügt.

Was die Umsetzung der Kardinalitäten angeht, geht hier jedoch noch mehr semantische Information verloren. Denn man wechselt die Perspektive. Während die Kardinalitäten immer angeben, wie oft eine Entität (als eine Instanz des entsprechenden Typs) eine Beziehung eingeht, kann bei Beziehungselementen nur modelliert werden, wie viele an einer Beziehungsinstanz teilnehmen, was sich aber i.a. nicht aus dem ER-Modell ablesen lässt.

Über zusätzliche Schlüsselbedingungen/Eindeutigkeitsbedingungen lassen sich Mindestkardinalitäten (nur in XML Schema) abdecken: Definiert man die Referenzen auf A und/oder B als eindeutig über alle (!) Beziehungselemente, so lässt sich jeweils eine Maximalkardinalität von 1 durchsetzen.

Die Einführung von Beziehungselementen ist erst dann sinnvoll, wenn attributierte Beziehungen oder mehrstellige Beziehungen vorliegen. Dies wird noch weiter unten genauer thematisiert.

9.3.3.5 Zweiseitige Referenzen[10]

Neben der Möglichkeit der Einführung eines Beziehungselementes gibt es auch noch die Möglichkeit, zweiseitige Referenzen zu nutzen, d.h. man stattet beide Entitäten mit einem Schlüssel aus und verweist jeweils gegenseitig. Diese Realisierungsmöglichkeit unterscheidet sich nicht grundlegend zwischen ID/IDREF und *key/keyref*; man macht einfach die Fremdschlüsselelemente wiederholbar.

Hierdurch lässt sich beispielsweise durchsetzen, dass für beide Seiten eine untere Grenze für die Kardinalität gilt.

Die Verwendung dieses Konstrukts zieht aber gleichzeitig ein Verlust an Präzision bei den oberen Grenzen nach sich. Denn eine Beziehung kann sowohl durch einen Verweis von A auf B als auch durch einen Verweis von B auf A zustande kommen. Dadurch lassen sich keine oberen Grenzen von Kardinalitäten durchsetzen, denn diese lassen sich jeweils nur von einer Seite her festlegen.

Deshalb ist diese Variante eigentlich nur bei <*p*,*>- und <*r*,*>-Kardinalitätsangaben anzuraten.

9.3.3.6 Umsetzung mit XLink

Eine derzeit (zumindest bei Datenbankanwendungen) nur am Rande diskutierte[11] Möglichkeit der Umsetzung von Beziehungen ist der W3C-Standard XLink, der genau für den Zweck des Verweisens zwischen unterschiedlichen Dokumententeilen entwickelt wurde (vgl. Kapitel 2). Allerdings war das Anwendungsszenario eher im Bereich der sog. „Hyperlink"-Dokumente angesiedelt.

Bei der Umsetzung von Beziehungen mit XLink wird hier nur die Möglichkeit mit erweiterten Verknüpfungen betrachtet, da einfache Verknüpfungen keinerlei Vorteile gegenüber den anderen Möglichkeiten bieten. Dies entspricht einer Umsetzung mit einem Beziehungselement. Für solche Beziehungselemente bietet XLink bereits vordefinierte Attribute, die sich nutzen lassen.

Das Beziehungselement selbst wird zum *extended link.* Für jede an der Beziehungsinstanz beteiligte Elementinstanz muss es ein *locator*-Element geben, das diese identifiziert. Es ist hierbei sinnvoll,

---

[10] vgl. hierzu auch [WiMo00]
[11] z.B. ansatzweise in [KlLi01]

die Elemente mit gleichem Typ mit demselben *label* zu versehen. Zusätzlich muss noch die eigentliche Beziehung über ein *arc*-Element hergestellt werden, wobei man sich der definierten Bezeichner *(label)* bedient, so dass man pro Richtung nur ein solches Element benötigt.

Eine Beispiel-Schemadefinition, die diese Vorgehensweise widerspiegelt und ein Maximum an Festlegung auf Schemaebene erreicht, könnte so aussehen:

Muster für die Verwendung von XLink

Typdefinition für einen XLink-Verweis

Beziehungs-element

Beziehungs-attribute

Verweise auf Instanzen von A

Verweise auf Instanzen von B

```
<complexType name="XlinkVerweis"
  <attribute ref="xlink:type" fixed="locator" />
  <attribute ref="xlink:href" use="required" />
  <attribute ref="xlink:label" use="required" />
</complexType>

<complexType name="R">
  <attribute ref="xlink:type" fixed="extended" />
  <sequence>
    <element name="beziehungsattribute">
      <complexType>
        <attribute ref="xlink:type" fixed="resource" />
        <sequence>
          <!-- hier kommt eine beliebige Unterstruktur
               mit den Attributen von R -->
        </sequence>
      </complexType>
    </element>

    <element name="rolleA">
    <!-- hier evtl. noch Kardinalitäten angeben -->
     <simpleContent>
       <restriction base="XLinkVerweise">
         <attribute ref="xlink:label" fixed="A" />
       </restriction>
     </simpleContent>
   </element>

   <element name="rolleB">
    <!-- hier evtl. noch Kardinalitäten angeben -->
     <simpleContent>
       <restriction base="XLinkVerweise">
         <attribute ref="xlink:label" fixed="B" />
       </restriction>
```

```
    </simpleContent>
  </element>
```

Beziehungsarten (Kanten): A nach B

```
  <element name="verknuepfungAnachB"
          minOccurs="0" maxOccurs="1">
    <complexType>
      <attribute ref="xlink:type" fixed="arc" />
      <attribute ref="xlink:from" fixed="A" />
      <attribute ref="xlink:to"   fixed="B" />
    </complexType>
  </element>
```

... und B nach A

```
  <element name="verknuepfungBnachA"
          minOccurs="0" maxOccurs="1">
    <complexType>
      <attribute ref="xlink:type" fixed="arc" />
      <attribute ref="xlink:from" fixed="B" />
      <attribute ref="xlink:to"   fixed="A" />
    </complexType>
  </element>
 </sequence>
</complexType>
```

Im Instanzdokument sieht das schematisch dann folgendermaßen aus, wenn man eine bidirektionale Verknüpfung zwischen zwei konkreten Instanzen von A und einer konkreten Instanz von B wünscht:

Verwendung in Instanzdokumenten

```
<r>
  <rolleA xlink:href="#xpointer(...)" />
  <rolleA xlink:href="#xpointer(...)" />
  <rolleB xlink:href="#xpointer(...)" />
  <verknuepfungAnachB />
  <verknuepfungBnachA />
</r>
```

XLink kann auch sehr gewinnbringend eingesetzt werden, wenn eine Beziehung nur indikativen Charakter hat und nicht erzwungen werden soll (erkennbar als Mindestkardinalität 0 auf der verweisenden Seite). Ein solcher Fall liegt beispielsweise bei der Beziehung zwischen Bestellposition und Katalogelement vor. Eine Bestellung sollte sich zwar bei Eingang auf existierende Katalogelemente beziehen. Aber: während Bestellungen dauerhaft und unverändert archiviert werden, passt sich der Katalog dem aktuellen Angebot an.

Insbesondere werden alte Artikel aus dem Programm genommen, so dass für manche Bestellungen kein Katalogelement mehr vorliegt. Der Verzicht auf das Explizitmachen dieser Beziehung würde eine generische Prüfung z.B. bei Bestelleingang unmöglich machen, die Deklaration als optional (z.B. bei Fremdschlüsselbeziehungen) ebenfalls. Hier kann beispielsweise XLink ins Spiel kommen, wobei wir da sogar von den einfachen Verknüpfungen Gebrauch machen können, um den Verweis direkt in die Bestellposition einbetten zu können:

```
<element name="bestellposition">
  <complexType>
    <attribute ref="xlink:type" fixed="simple" />
    <attribute ref="xlink:href" use="required" />
    <!-- hier kommen noch die Attribute von
         Bestellposition hinein -->
  </complexType>
</element>

<bestellposition href="#xpointer(id('10990'))" >
  <name>..</name>
  <anzahl>...</anzahl>
  <gesamtpreis>...</gesamtpreis>
</bestellposition>
```

XLink bietet eine konzeptionell sehr elegante Möglichkeit zur Verknüpfung von unterschiedlichen Elementen in beliebigen XML-Dokumenten. Einzig über XLink ist es so möglich, über Dokumentgrenzen hinweg Beziehungen zu erlauben. Allerdings ist auch XLink nicht das universelle Sprachkonstrukt für Datenbankanwendungen:

- XLink unterstützt keinerlei Typsicherheit. Es kann auf Schemaebene nicht erzwungen werden, dass die an einer Beziehung beteiligten Instanzen von einem bestimmten Typ sind.
- Kardinalitäten durchzusetzen ist aus den oben bei der Betrachtung von Beziehungselementen genannten Gründen sehr schwierig. Man könnte auf den Gedanken kommen, das Beziehungselement selbst in die Beziehung miteinzubringen; dies würde jedoch Probleme bei der Referenzierung über einen URI bereiten.
- Eine Zusicherung der Existenz von Verknüpfungspartnern ist abhängig von XLink-Prozessoren, die die entsprechenden

XPointer-Ausdrücke auswerten. Für Massendaten ist diese Vorgehensweise momentan unrealistisch; entsprechende Werkzeuge hierfür existieren derzeit nicht, und es ist fraglich, ob es sie geben wird.

- Die Formulierung von XLink-Beziehungen ist nicht besonders intuitiv, wie das obige Beispiel zeigt.

Der Einsatz von XLink bietet sich z.B. in Datenaustauschszenarien an, um Beziehungen zwischen den Austauschnachrichten und einer (zumindest logischen) Datenbasis herzustellen. So kann beispielsweise in einer Bestellung mit XML-Mitteln auf ein Katalogelement verwiesen werden. Ein entsprechender XLink-Prozessor kann dann bei Ankunft der Bestellung die Existenz des Katalogelementes auf generische Weise (d.h. ohne anwendungsspezifische Logik) überprüfen.

9.3.3.7 Attributierte Beziehungen

Die Attributierung von Beziehungen stellt kein grundsätzliches Problem dar. Je nach Realisierungsform der Beziehung ergeben sich folgende Alternativen:

- Bei der Umsetzung als Hierarchiebeziehung lassen sich die Beziehungsattribute einfach dem untergeordneten Element (entweder als Unterelement oder als Attribut) zuordnen.
- Bei der Fremdschlüsselbeziehung werden die Attribute der „Fremdschlüsselinstanz" zugeordnet. Wie dies geschieht, ist beliebig. Nur muss jede Fremdschlüsselinstanz über einen entsprechenden Attributsatz verfügen.
- Wird ein unabhängiges Beziehungselement verwendet, so ist die Umsetzung sehr einfach, da dieses Element ja genau einer Beziehungsinstanz entspricht. Man kann die Attribute der Beziehung zu Attributen des Elementes oder zu Unterelementen machen.

9.3.3.8 Rekursive Beziehungen

Bisher sind wir immer davon ausgegangen, dass Beziehungen nur zwischen verschiedenen Gegenstandstypen vorkommen können. Das ER-Modell stellt jedoch auch die Möglichkeit bereit, rekursive Beziehungen zu formulieren.

- Bei der Hierarchiebeziehung sind rekursive Beziehungen insofern problematisch, dass eine Terminierung der Verschachtelung sichergestellt sein muss. Dies kann nur bei optionalen Beziehungen der Fall sein, d.h. es muss eine Mindestkardinalität 0 vorliegen.
- Für Fremdschlüsselbeziehungen ist das unproblematisch, da hier einfach die Schlüsseldefinition desselben Elementes referenziert wird, das auch den Fremdschlüssel hat.
- Für die XLink-Lösung ist das ebenso einfach möglich, da ohnehin die Typen der Elemente, auf die verwiesen wird, keine Rolle spielen.

9.3.3.9 Mehrstellige Beziehungen

Mehrstellige Beziehungen lassen sich am einfachsten durch ein unabhängiges Beziehungselement realisieren. Allerdings gehen dabei wie schon im binären Fall praktisch alle Kardinalitätsinformationen verloren, da sie allenfalls aus der Perspektive der Beziehungsinstanz formulierbar sind, nicht aus der der teilnehmenden Instanzen.

In speziellen Fällen lassen sich mehrstellige Beziehungen auch ohne Beziehungselement realisieren, nämlich dann, wenn sich die Beziehung einem Gegenstandstyp direkt zuordnen lässt. Hier muss die Mindestkardinalität bei 1 liegen.

9.3.3.10 Zusammenfassung

Wie man gesehen hat ist die Umsetzung von Beziehungen in XML ein gegenüber z.B. dem relationalen Datenmodell deutlich schwierigeres Unterfangen. Dies dürfte sicherlich mit ein Grund sein, warum derzeit konzeptuelle Modelle für die Modellierung von XML Schemata nicht besonders hoch im Kurs stehen.

Abschließend sollen hier nochmals die unterschiedlichen Konstrukte (jeweils als einseitige Verweise ohne eigenes Beziehungselement – bis auf XLink) zusammenfassend gegenübergestellt werden:

Zusammenfassung der unterschiedlichen Alternativen für die Umsetzung von Beziehungen

	Hierarchie	ID/IDREF	key/keyref	XLink
Reichweite	Dokument	Dokument	Dokument	beliebig
Typsicherheit	ja	nein	ja	nein
Integrität	ja	ja	ja	ja, falls Werkzeug dies unterstützt
Datenmodell	XML (DTD/Schema, falls Typsicherheit/Kardinal.)	DTD	XML Schema	XML + XLink
Beziehungen	1:n exklusiv	m:n nicht-exklusiv	m:n nicht-exklusiv	m:n nicht-exklusiv
<p,q>	voll abbildbar	DTD: p=0,1 q=1,*	voll abbildbar	keine
<r,s>	<1,1> (<0,1>)	keine	keine	keine

9.3.4 Generalisierung

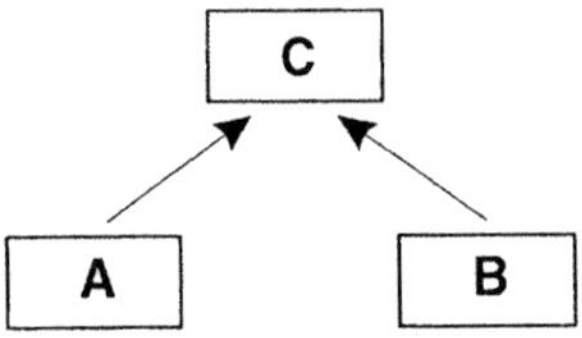

9.3.4.1 Generalisierung mit DTDs[12]

Da DTDs kein Konstrukt kennen, das der Generalisierung ähnelt, können wir nur versuchen, die Wirkung der Generalisierung in einer bestimmten Hinsicht nachzubilden.

Der wichtigste Aspekt einer Generalisierung ist die Vererbung der Attribute der Oberklasse. Um dies nachzubilden stehen die folgenden Möglichkeiten zur Verfügung:

12 vgl. [WiMo00]

- Parameterentitäten werden in den meisten DTD-Entwürfen dazu verwendet, gemeinsame Inhaltsmodellfragmente oder Attributdeklarationen in unterschiedlichen Elementen zu verwenden. So lassen sich beispielsweise die Attribute von C als Parameterentität definieren und in A und B verwenden. Dies entspricht der Nachbildung der Generalisierung durch einen Makro-Mechanismus.
- Eine andere Möglichkeit besteht in der Deklaration eines speziellen Elementes, das die Attribute der Oberklasse (C) umsetzt. Dies kann dann in A, B und C eingebettet werden. Sofern keine Oberklasseninstanzen existieren, kann dieses spezielle Element auch mit dem Oberklassenelement zusammenfallen.

In unserem Marktmodell bietet sich die Parameterentitätenlösung für die Marktrolle an, die als Entität ja nur als konzeptionelle Zusammenfassung von Käufer und Anbieter existiert. Diese Lösung wäre dann sinnvoll, wenn nicht eine zusätzliche Semantik dahinterstünde: nämlich dass jeder Marktteilnehmer höchstens jeweils eine der beiden Rollen innehat. Deshalb wurden für den DTD-Entwurf Anbieter und Käufer als Unterelemente von Marktteilnehmer modelliert.

Anders gelagert ist die Problematik, wenn die Generalisierung nicht primär zur Vererbung von Attributen, sondern zur Nutzung des Substituierbarkeitsprinzips beim Eingehen von Beziehungen genutzt wird. Hier bieten sich Inhaltsmodelle mit Oder-Gruppen an. An den Stellen, an denen das `C` in der übersetzten DTD vorkommt, wird es durch `(A|B)` bzw. `(A|B|C)` ersetzt. Hier können auch Parameterentitäten eingesetzt werden. Die beiden Techniken lassen sich dabei problemlos kombinieren.

Ein Beispiel für die Umsetzung einer Generalisierung ist das Katalogelement, das sowohl ein Artikel, als auch eine Dienstleistung darstellen kann:

Umsetzung der Generalisierung mittels Parameterentitäten

```
<!ENTITY % katalogelement "(artikel|dienstleistung)" >
<!ENTITY % katalogelement.attr
          "(katalogelementID, name, beschreibung?)" >
<!ELEMENT katalog (%katalogelement;+) >
<!ELEMENT artikel (%katalogelement.attr;,
          hersteller, lieferzeit?, bild?, stueckpreis?) >
<!ELEMENT dienstleistung (%katalogelement.attr;,
          stundensatz?) >
```

9.3.4.2
Generalisierung mit XML Schema

Die Generalisierung lässt sich in XML Schema auf drei verschiedene Arten ausdrücken:

- Extensionsableitung: Die naheliegendste Umsetzung ist es sicherlich, die Extensionsableitung auf Typen zu benutzen, da dies ziemlich präzise der Semantik der Generalisierung des ER-Modells entspricht.
- Substitutionsgruppen: Zusätzlich zu dieser reinen Ableitungsbeziehung, die die Elemente und Attribute des Obertyps verfügbar macht, lässt sich die Generalisierung auch mit Substitutionsgruppen umsetzen. Dies hat den Vorteil, dass in der weiteren Schemadefinition eine Substituierbarkeit auf Elementebene geschaffen wird. Dabei wird der Obertyp zum Kopf der Substitutionsgruppe und der Untertyp referenziert diesen als Substitutionsgruppe.
- Typ und Instanzelemente: Falls die Untertypen keine weiteren Attribute definieren und keine speziellen Beziehungen eingehen, bietet sich auch eine einfache Variante an. Man macht den Obertyp zu einem Typ und betrachtet die Untertypen als Instanzen dieses Typs, ohne dass für sie ein eigener Typ definiert wird.

Wie man sieht, bietet XML Schema insbesondere bei der Umsetzung der Generalisierung deutlich mehr als der einfache DTD-Formalismus (wobei die Möglichkeiten aus dem vorangegangenen Abschnitt erhalten bleiben; Parameterentitäten werden nur durch Attribut- bzw. Elementgruppen ersetzt).

9.3.5
Fazit

Die Betrachtung der Übersetzungsproblematik vom ER-Modell nach XML zeigt im Wesentlichen einen wichtigen Unterschied zur gleichen Problematik bei relationalen Modellen (vgl. [LaLo95]): durch die Möglichkeit von mehrwertigen Referenzen lassen sich Kardinalitäten deutlich besser abbilden, wenn auch weiterhin nicht komplett. Auch unterstützt XML sehr gut den in der Praxis sehr häufig vorkommenden Typ der exklusiven 1:n-Beziehungen durch die hierarchische Strukturierung.

Dennoch ist die Umsetzung von Beziehungen auch bei XML alles andere als trivial, da das „universelle Beziehungskonstrukt" in XML fehlt. Jede der möglichen Realisierungsvarianten hat ihre Vorzüge und Nachteile; der vorangegangene Abschnitt hat versucht, hier eine Entscheidungshilfe zu geben, indem die Unterschiede und Probleme aufgezeigt wurden.

Auch konnte man erkennen, dass die Mittel zur Umsetzung des konzeptuellen Modells sicht z.T. erheblich unterschieden, je nachdem, ob XML Schema oder DTDs verwendet wurden. Deshalb wird i.d.R. auch ein Instanzdokument eine unterschiedliche Struktur haben, und der Einsatz von DTD/XML Schema ist nicht transparent. Dies gilt insbesondere auch für unser Marktmodell im Anhang.

9.4 Abbildung von UML[13]

In diesem Abschnitt geht es nun um die Umsetzung des inzwischen in objektorientierten Umgebungen zum Modellierungsstandard avancierten UML (Unified Modelling Language, [BRJ99]). UML hat gegenüber dem ER-Modell die viel umfassendere Zielsetzung einer Unterstützung des gesamten Entwurfsprozesses. So existieren in UML unterschiedliche Arten von Diagrammen, die jeweils unterschiedliche Aspekte modellieren: Anwendungsfall-, Klassen-, Sequenz-, Kollaborations-, Zustands- und Aktivitätsdiagramme. Viele dieser Modellierungstechniken zielen dabei darauf ab, die Dynamik der Anwendungswelt formal zu fassen.

Für die Umsetzung nach XML kann nur das Klassendiagramm herangezogen werden, da nur hier die statische Struktur der Daten zum Ausdruck gebracht wird.

Nach den z.T. sehr detailreichen Vorarbeiten bei der Umsetzung von ER-Konstrukten können wir uns in diesem Kapitel um die Eigenheiten und fortgeschrittenen Mechanismen von UML kümmern.

9.4.1 Ausdrucksmittel der UML-Klassendiagramme

Das primäre Konstrukt in UML-Klassendiagrammen ist die Klasse. Klassen

Dabei ist eine Klassendefinition in drei Abschnitte gegliedert: den Klassennamen (evtl. Stereotypen oder Eigenschaften), den Attributen und den Operationen dieser Klasse. Eine abstrakte Klasse wird durch die Eigenschaft *{abstract}* oder einen kursiven Klassennamen ausgedrückt.

[13] Auch dieser Abschnitt geht davon aus, dass der Leser mit dem UML-Klassendiagramm vertraut ist. Eine praxisorientierte und anschauliche Einführung bietet z.B. [HiKa99].

Attribute

Für Attribute kann differenziert werden nach Klassenattributen (unterstrichen) und Instanzattributen. Eine Attributdefinition setzt sich zusammen aus Sichtbarkeit (öffentlich, geschützt, privat), dem Attributnamen, seiner Multiplizität (in der Notation [m..n]), der Typangabe, ein Standardwert und evtl. zusätzlichen Eigenschaften. Es lassen sich auch abgeleitete Attribute definieren, die sich aus anderen Attributwerten berechnen lassen. Um sie zu kennzeichnen, wird ein „/" vorangestellt. Für Operationen wird neben der Sichtbarkeit die Signatur der Funktion (Name, Parameter und Rückgabewert) angegeben.

Klassen können in eine Generalisierungsbeziehung gebracht werden. UML erlaubt dabei, dass Klassen mehrere Oberklassen besitzen dürfen.

Assoziationen

Beziehungen zwischen Klassen werden in UML als Assoziationen bezeichnet und durch einfache Linien gekennzeichnet. An den jeweiligen Enden einer Assoziation kann angegeben werden, wie viele Objekte mit einer Instanz in Beziehung stehen dürfen. Die untenstehende Abbildung ist wie folgt zu lesen: Eine Instanz von A darf mit zwischen *r* und *s* Instanzen von B in Beziehung stehen, während eine Instanz von B mit zwischen *p* und *q* Instanzen von A in Beziehung stehen darf.

Assoziationen können auch mehr als zwei Klassen umfassen. Mehrstellige Assoziationen werden durch eine grosse Raute gekennzeichnet.

Navigierbarkeit

Assoziationen können als in eine bestimmte Richtung navigierbar gekennzeichnet werden. Damit drückt man aus, dass eine Assoziation eigentlich nur in diese Richtung ausgenutzt wird. Standardmäßig setzt UML eine beidseitige Navigierbarkeit voraus.

Aggregation

Komposition

Neben allgemeinen Assoziationen bietet UML noch spezielle Arten von Assoziationen. Hierzu gehört die Aggregation, die eine Teil-Ganzes-Beziehung darstellt und somit eine gewisse Asymmetrie zwischen den Assoziationspartnern zum Ausdruck bringt. Sie wird durch eine kleine, nicht-ausgefüllte Raute am „übergeordneten" Partner dargestellt. Die schärfere Form der Aggregation ist die Komposition, die durch eine gefüllte Raute ausgedrückt wird. Sie hat als Zusatzsemantik, dass zum einen die Beziehung exklusiv ist (d.h. eine Klasse kann maximal eine Kompositionsbeziehung als untergeordneter Partner eingehen) und zum anderen die untergeordnete Instanz an die Lebensdauer der übergeordneten gekoppelt ist.

9.4.2
Klassen und ihre Attribute

Grundsätzlich ist die Umsetzung von Klassen in UML vergleichbar mit der Umsetzung von Entitäten. Von der Klassendefinition können dabei nur die Attribute umgesetzt werden; die Operationen finden in XML keinerlei Entsprechung. Klassen

Im Allgemeinen werden Klassen durch komplexe Typen ausgedrückt, wobei hier die Überlegungen von Abschnitt 9.1 durchaus zu anderen Umsetzungsformen führen können.

- Die Eigenschaft *{abstract}* lässt sich direkt in XML Schema umsetzen; hier stünde sogar noch eine feinere Differenzierung nach Extensions- und Restriktionsableitung zur Verfügung. In DTDs findet sich hierfür (mangels Vererbungskonzeptes) keinerlei Entsprechung.
- *Interfaces* können mangels Operationen in XML nicht umgesetzt werden.
- Die Verwendung des *«type»*-Stereotyps zur dynamischen Zuweisung von Rollen, mit denen auch eine Veränderung der statischen Struktur verbunden sein kann, findet keine direkte Entsprechung.
- Aufzählungstypen (Stereotyp *«enumeration»*) können durch einen einfachen Typen umgesetzt werden, der vom entsprechenden primitiven Typ abgeleitet wird. (vgl. Kapitel 4). In DTDs sollte das über eine Attributdefinition mit einer festen Werteliste realisiert werden; die Wiederverwendung dieser Attributdefinition kann über die Verwendung von Parameterentitäten sichergestellt werden.

Zusätzlich zur Typdeklaration wird i. Allg. auch eine Elementdeklaration benötigt, bei der Nutzung des Substituierbarkeitsprinzips auf Elementebene auch für abstrakte Klassen (vgl. Ausführungen in Abschnitt 9.2). Elemente, die nicht Bestandteil einer Hierarchiebeziehung sind, werden zudem dem (zusätzlich einzuführenden) Wurzelelement hinzugefügt.

Attributen können entweder als (XML-)Attribute oder als Unterelemente umgesetzt werden. Die Attribut-Lösung ist nur dann praktikabel, wenn das Attribut in UML nicht komplexwertig oder mengenwertig ist. Dabei gilt jedoch zu berücksichtigen: Attribute

- In UML sind Attribute standardmäßig obligatorisch. Optionale Attribute werden durch eine entsprechende Multiplizitätsangabe mit Mindestkardinalität 0 gekennzeichnet.
- Standardwerte lassen sich in XML Schema durch die *default*-Eigenschaft sowohl bei Elementen als auch bei Attributen realisieren.
- Die Eigenschaft *{frozen}*, die angibt, dass ein Attributwert nur einmal zugewiesen werden darf und dann unverändert bleibt, kann wiederum aufgrund der statischen Ausrichtung von DTDs/XML Schema nicht umgesetzt werden
- Eine Abbildung von Sichtbarkeitsregeln ist nicht umsetzbar, da XML Schema keine Kapselung kennt.
- Klassenattribute lassen sich nur behelfsmäßig in XML umsetzen, indem man sie als speziell benannte Attribute oder nicht wiederholbare Unterelemente des Wurzelelementes umsetzt. XML bietet hier keinerlei Unterstützung.
- Abgeleitete Attribute sollten aus Gründen der Redundanzfreiheit nicht mit aufgenommen werden; wo doch, bleibt die Berechnungsvorschrift eine Aufgabe der Sichtdefinition.

Objektidentität

Ein anderes Problem wirft die von UML vorausgesetzte Objektidentität auf (die beim eher relational geprägten ER-Modell dem Schlüsselkonstrukt entspricht). Diese kann praktisch nur dann (durch ID-Attribute für jedes Element) gewährleistet werden, wenn diese sich innerhalb eines Dokumentes befinden. Ansonsten ist ein zusätzlicher Identifikator (z.B. URI) für das Dokument erforderlich.

9.4.3 Generalisierung

Semantik der Generalisierung

Die Generalisierung kann in UML mit unterschiedlicher Semantik verwendet werden (vgl. [HiKa99]):

- *Subtyp-Beziehung*. Hierbei steht das Substituierbarkeitsprinzip im Vordergrund, d.h. die Instanzen des abgeleiteten Typen sollen überall dort eingesetzt werden können, wo auch die Instanzen des Obertyps eingesetzt werden können.
- *Spezialisierungsvererbung*. Diese ist gekennzeichnet durch die *{is-a}*-Eigenschaft. Hierbei steht weniger das (eher technische) Substituierbarkeitsprinzip im Vordergrund als mehr die extensi-

onale Sicht: Jede Instanz der Unterklasse ist auch gleichzeitig eine Instanz der Oberklasse.

- *Implementierungsvererbung* (gekennzeichnet durch das «implementation»-Stereotyp). Diese Art der Vererbung bildet keine semantischen Zusammenhänge ab, sondern nutzt nur die Definitionen der Oberklasse.

Die ersten beiden Möglichkeiten entsprechen dem Vererbungskonzept von XML Schema in Verbindung mit den Substitutionsgruppen auf Elementebene, während die dritte Art der Vererbung in XML Schema eher durch die syntaktischen Mechanismen, wie sie durch Element- und Attributgruppen bereitgestellt werden, umgesetzt werden sollten. Hiermit lassen sich relativ einfach Definitionen wiederverwenden, ohne dass damit eine weitergehende Semantik verknüpft wird.

{overlapping}

Nicht-disjunkte Generalisierungen (also Generalisierungsbeziehungen, die entweder die Zugehörigkeit von Instanzen zu mehr als einer Unterklasse oder die Ableitung von Enkelklassen von mehr als einer Unterklasse erlauben), sind in XML Schema nicht möglich, da hier weder Mehrfachklassifikation noch Mehrfachvererbung zur Verfügung steht. Wo diese Semantik benötigt wird, muss sie durch andere Konstrukte nachgebildet werden.

Mehrfachvererbung

Ein großes Problem bei der Umsetzung der Generalisierung ist die fehlende Mehrfachvererbung bei XML Schema. Hier kann jedoch auf die bei der Übersetzung des Generalisierungskonstrukts des ER-Modells untersuchten Emulationsmöglichkeiten für DTDs zurückgegriffen werden:

- Die syntaktische Implementierungsvererbung ist kein Problem, da hier ohnehin nicht auf die Vererbung in XML Schema zurückgegriffen werden sollte und statt dessen die Attribut- und Elementgruppen (bzw. die Parameterentitäten in DTDs) verwendet werden sollten. Eine Alternative bietet hier auch die Einbettung eines Oberklassenelementes in die Unterklasseninstanz.
- Die Nachbildung eines Substituierbarkeitsprinzips auf der Grundlage von Parameterentitäten ist zwar für DTDs eine Option; für XML Schema sollte jedoch eine Lösung über eine Verflachung der Klassenhierarchie angestrebt werden, die die Mehrfachvererbung in eine Einfachvererbung umwandelt.

9.4.4 Assoziationen

Da die Assoziationskonzepte sich weitgehend mit denen des ER-Modells decken, können die Überlegungen von Abschnitt 9.3 weitestgehend übernommen werden. Nur die Notation der Kardinalitäten unterscheidet sich; sie werden genau an das andere Ende der Assoziation geschrieben:

Die Eigenschaft *{ordered}* für eine Beziehung lässt sich relativ einfach in XML umsetzen, da XML ein geordnetes Datenmodell darstellt. Eine spezifische Sortierung lässt sich in XML Schema nicht formulieren.

9.4.4.1 Komposition

Die Komposition entspricht mit ihrer Semantik der exklusiven Bindung an die Lebensdauer der übergeordneten Klasse exakt der Hierarchiebeziehung. Insofern ist hier die Umsetzung relativ einfach. Sogar wenn eine Klasse mehrere Kompositionsbeziehungen als untergeordnete Klasse eingeht (sog. „konkurrierende Komposition"), so lässt sich dies sehr einfach dadurch umsetzen, dass ein Kindelement an unterschiedlichen Stellen auftauchen darf. Hier ist die Forderung von UML, dass eine Instanz nur genau eine der Kompositionsbeziehungen eingehen muss, naheliegenderweise durchsetzbar.

9.4.4.2 Aggregation und allgemeine Assoziationen

Verzichtet man auf die Forderung der Exklusivität, so gelangt man zur Aggregation, die nur recht diffus von der allgemeinen Assoziation abgegrenzt ist,[14] weshalb hier auch keine großen Unterschiede bei der Umsetzung gemacht werden.

[14] vgl. hierzu die Ausführung in [HiKa99]

UML erlaubt die Spezifikation von nur einseitig navigierbaren Beziehungen und geht standardmäßig davon aus, dass Beziehungen beidseitig navigierbar sind. Dies trat als Problem im Rahmen der ER-Modellierung nicht auf, da hier Beziehungen im wesentlichen als mathematische Relationen betrachtet wurden. Für XML ist die Navigierbarkeit durchaus bedeutsam. Denn die unterschiedlichen Realisierungsformen für Beziehungen unterscheiden sich durchaus:

- Die Hierarchiebeziehung ist nur beidseitig navigierbar.
- Fremdschlüsselbeziehungen sind nur vom Fremdschlüssel zum Schlüssel navigierbar; für die andere Richtung stehen keine Mittel zur Verfügung. Will man eine beidseitige Navigierbarkeit, so muss man auf zweiseitige Referenzen oder unabhängige Beziehungselemente, auf die von beiden Partnern verwiesen wird, zurückgreifen.
- Bei XLink liegt die Sache ähnlich wie bei Fremdschlüsselbeziehungen, wobei allerdings in Zukunft XLink-Prozessoren sicherlich eine weitergehende Unterstützung bieten werden.

Assoziationsklassen entsprechen den attributierten Beziehungen des ER-Modells, so dass die Umsetzung analog erfolgen kann.

9.4.5 Ein XML Schema-Profil für UML

Die Probleme bei der Abbildung von UML nach XML können vermindert werden, indem das UML-Modell um XML-spezifische Informationen angereichert wird. Dies kann UML-konform durch Hinzufügen spezifischer Modellelemente wie z.B. Stereotypen erfolgen, die beispielsweise Klassendefinitionen hinzugefügt werden, um anzuzeigen, ob eine Klasse als einfacher, als komplexer Typ oder einfach nur als Element mit einem anonymen Typen umgesetzt werden soll. Hierdurch lässt sich eine automatische Generierung von XML Schemata aus UML-Modellen erreichen.

Eine Möglichkeit, UML entsprechend zu erweitern, besteht in der Einführung der folgenden Stereotypen für Klassen mit den jeweils zugeordneten Eigenschaften (vgl. [Carl01], [Carl01a], [Carl01b], [Carl01c], [Carl01d]):

- *«XSDcomplexType» für Klassen.* Hierdurch lässt sich ausdrücken, dass eine Klasse als komplexer Typ in XML Schema umgesetzt werden soll. Als zusätzliche Eigenschaften, die die Klasse noch weiter charakterisieren, können eingeführt werden:

  - *attributeMapping*. Dies gibt an, ob die Attribute der Klasse als Attribute oder als Elemente umgesetzt werden sollen.
  - *modelGroup*. Falls die Elementlösung gewählt wurde, kann hiermit spezifiziert werden, ob *all*, *sequence* oder *choice* als Konstruktor Anwendung finden soll (d.h. ob die Attribute als ungeordnet, geordnet oder alternativ betrachtet werden sollen).

- *«XSDsimpleType» für Klassen*. Dies ist das komplementäre Stereotyp. Hiermit kann angezeigt werden, dass die Klasse als einfacher Typ umgesetzt werden soll.
- *«XSDelement» für Attribute oder Assoziationsendpunkte*. Dies gibt für ein Attribut bzw. einen Assoziationsendpunkt an, dass die Umsetzung über ein Element in XML Schema erfolgen soll. Folgende zusätzliche Eigenschaften stehen zur Verfügung:
  - *anonymousType*. Dies gibt an, ob eine anonyme Typdefinition eingesetzt werden soll.
  - *anonymousRole*. Dies gibt an, dass die Rollenbezeichnung der Assoziation nicht umgesetzt werden soll.
- *«XSDelement» für Attribute oder Assoziationsendpunkte*. Hier handelt es sich auch wieder um das komplementäre Stereotyp zum vorangegangenen, mit dem die Umsetzung als Attribut angezeigt wird. Als Eigenschaft steht zur Verfügung:
  - *use*. Hiermit kann der Wert für die gleichnamige Eigenschaft in XML Schema spezifiziert werden.

Insgesamt ist dieser Ansatz sehr interessant, weil er über die Verbindung mit XMI eine höchstmögliche Automatisierung und Werkzeugunterstützung bietet. Auch ein „round-trip“-Vorgehen, also von UML nach XML Schema und bei Bedarf auch wieder zurück, ist möglich.

Der einzige Einwand gegen eine solche Vorgehensweise ist die Vermischung der konzeptionellen mit der logischen Ebene, da keine echte Trennung mehr besteht. Dies ist besonders dann problematisch, wenn das UML-Modell für unterschiedliche logische Zielmodelle verwendet wird. Dann könnte man für XML als Zielmodell in einem zweiten Schritt eine Annotation mit den XML-Stereotypen durchführen.

Einen von der Grundidee her ähnlichen Ansatz für das ER-Modell liefert [Psail00].

9.5
Fazit

Das Thema konzeptuelle Modellierung für XML wird derzeit nur in Ansätzen systematisch behandelt. Dabei steht das automatische Umsetzen von konzeptuellen Modellen (UML) in XML Schemata („Code-Generierung") im Vordergrund, während die Frage eigentlicher Entwurfsentscheidungen, Entwurfskriterien und Gütemaße für Entwürfe nur auf sehr pragmatische Weise angegangen wird (vgl. z.B. [Carl01]). Insbesondere die Umsetzung von Beziehungen ist jedoch zu bedeutsam, als dass man hier auf systematische Untersuchungen verzichten könnte.

Dieses Kapitel hat versucht, hier einige Impulse zu liefern, indem die unterschiedlichen Alternativen einander vergleichend gegenüber gestellt wurden. Dabei zeigten sich auch die Schwächen von XML bei der präzisen Umsetzung von Assoziationen auf Schemaebene. Trotz einer Vielfalt an Konstrukten kann keines als „Universalkonstrukt" dienen. Die Lösung könnte hier in einer Erweiterung von XLink für Datenbankanwendungen liegen, indem Typsicherheit auf Schemaebene hinzugefügt wird.

Insgesamt ist zu konstatieren, dass aufgrund der Tatsache, dass XML Schema ein junger Standard ist, noch sehr wenige Erfahrungen mit Schemaentwürfen zur Verfügung stehen. Dies gilt umso mehr für Erfahrungen mit XML-Datenbasen, die erst mit der Verfügbarkeit von XML Schema als DDL *(data definition language)* und XQuery als DML *(data manipulation language)* für reale Projekte einsetzbar werden. Deshalb sind die spärlichen Erfahrung derzeit auch auf die Modellierung von Austauschvokabularen beschränkt, was doch, wie am Anfang des Kapitels festgehalten, eine etwas andere Perspektive ergibt.

10 Speicherung von XML

10.1 Einführung

Sollen XML-Dokumente in einem Datenbanksystem gespeichert und verwaltet werden, so kommen heute vor allem drei Lösungen in Frage: eine objekt-orientierte, ein relationale oder eine native XML-Datenbank. *Native XML-Datenbanken* unterscheiden sich von den übrigen Systemen, die oft als *XML-fähige Datenbanksysteme* bezeichnet werden, indem sie einen besonderen Wert auf Aspekte wie die Wahrung der exakten Elementreihenfolge, Kommentare, Processing Instructions oder die Speicherung von Dokumenten ohne eine DTD legen. Sie bieten komplette XML-Schnittstellen, die die Anwendungsentwicklung leichter machen, und sie können durch die Verwendung spezieller auf XML hin optimierter Speichertechniken in bestimmten Anwendungen performanter und besser skalierbar sein als die XML-fähigen Datenbanklösungen.

Dieses Kapitel soll einen Überblick der Techniken liefern, die heute bei der Speicherung von XML-Dokumenten in Datenbanken und speziell in nativen XML-Datenbanken zum Einsatz kommen. Konkrete Datenbanksysteme sind dagegen der Gegenstand von Kapitel 12 bis 14. Zu Beginn widmen wir uns zunächst den Anforderungen an ein XML-Datenbanksystem. Anschließend beschreiben wir grob mögliche Architekturen von XML-Anwendungen, die auf eine XML-Datenbank zurückgreifen. Schließlich stellen wir einige Verfahren zur Ablage von XML-Dokumenten auf dem Hintergrundspeicher vor.

Ähnlich den relationalen Datenbanken, bei denen das zugrundeliegende interne Datenmodell (relationales Modell) und nicht die Form der Hintergrundspeicherung von Daten für die Einstufung des Systems entscheidend ist, ist auch bei den nativen XML-Datenbanken nicht die Hintergrundspeicherung das entscheidende Kriterium. So gibt es Lösungen, die auf sehr unterschiedlichen

Techniken basieren: Speicherung von XML Dokumenten in indizierten Textdateien, in CLOB-Spalten relationaler Systeme und einige mehr. Viele Systeme greifen auf die bewährten objektorientierten oder relationalen Systeme als Hintergrundspeicher zurück und setzen Verfahren ein, die eine möglichst exakte Abbildung von XML auf das objektorientierte bzw. relationale Modell realisieren. Wir unterteilen daher unsere Ausführungen in drei Abschnitte, die sich jeweils der Speicherung von XML in objekt-orientierten Datenbanken, relationalen Datenbanken und den propriäteren Speicherungsansätzen widmen.

10.2 Verwendete Beispiele

Als Grundlage für unsere Überlegungen verwenden wir zwei Beispiele. Das *Katalogbeispiel* ist ein Ausschnitt unserer Marktplatz-DTD:

Katalog-DTD

```
<!ELEMENT katalog (name, beschreibung?, katalogelement+)>
<!ELEMENT name (#PCDATA)>
<!ELEMENT beschreibung (#PCDATA)>

<!ELEMENT katalogelement (name, beschreibung?,
  (artikel | dienstleistung))>

<!ELEMENT artikel (hersteller, lieferzeit, stueckpreis)>
<!ATTLIST artikel status (normal | neuheit | angebot)
  "normal">
<!ELEMENT dienstleistung ( stundensatz )>

<!ELEMENT hersteller (#PCDATA)>
<!ELEMENT lieferzeit (#PCDATA)>
<!ELEMENT stueckpreis (#PCDATA)>
<!ELEMENT stundensatz (#PCDATA)>
```

Die DTD modelliert den Katalog eines Marktplatzanbieters. Der Katalog enthält mindestens ein Katalogelement. Das Katalogelement ist entweder ein Artikel oder eine Dienstleistung, was als Verschachtelung und ODER-Verknüpfung im `katalogelement` realisiert wurde. Artikel zeichnen sich durch einen Hersteller, eine Lieferzeit und einen Stückpreis aus. Ferner besitzen sie einen Status. Der Status sagt aus, ob ein Artikel ein Sonderangebot, eine Marktneuheit oder ein gewöhnlicher Artikel ist. Dienstleistungen werden durch den berechneten Stundensatz charakterisiert.

Im *Buchbeispiel* wird hingegen in einer stark vereinfachten Form ein Buch modelliert:

Buch-DTD

```
<!ELEMENT buch (titel, autor+, kapitel+)>
<!ELEMENT titel (#PCDATA)>
<!ELEMENT autor (#PCDATA)>

<!ELEMENT kapitel (titel, absatz*, kapitel*)>
<!ELEMENT absatz (#PCDATA | begriff)*>
<!ELEMENT begriff (#PCDATA)>
```

Ein Buch besitzt in unserem Beispiel einen Titel sowie eine Reihe von Autoren und setzt sich aus einer beliebigen Anzahl von Kapiteln zusammen. Ein Kapitel besteht wiederum aus einem Titel gefolgt von einer beliebigen Anzahl von Absätzen und einer beliebigen Anzahl von Unterkapiteln. In einem Absatz können einzelne Worte oder Wortpassagen als Begriffe ausgezeichnet werden.

10.3 Systemanforderungen

In diesem Abschnitt widmen wir uns den Anforderungen, die bei der Speicherung und Verwaltung von XML-Dokumenten zu erfüllen sind. Wir legen dabei einen besonderen Wert auf die Frage, inwieweit sich die Merkmale von XML in einer ähnlichen Form in den „klassischen" – relationalen und objekt-orientierten – Datenbanksystemen wiederfinden. Die hier herrschenden Diskrepanzen führen zu einem Mehraufwand bei der Verwendung solcher Systeme zum Speichern von XML. In weiteren Abschnitten des Kapitels zeigen wir eine Reihe von Methoden und Architekturen, die diese Lücke schließen.

10.3.1 Generelle Anforderungen an ein Datenbanksystem

Die einfachste Art und Weise XML-Dokumentenbestände zu verwalten, ist wohl die Speicherung der Dokumente in einem Dateisystem. Für viele Anwendungen kann dieser Ansatz eine ausreichende Lösung darstellen. Die Verwendung eines Datenbanksystems empfehlt sich dann, wenn außer der dauerhaften Ablage der Daten noch weitere Funktionen benötigt werden. Einige davon sollen an dieser Stelle in Erinnerung gerufen werden.

Anfragesprache

Ein Datenbanksystem muss eine Datenmanipulationssprache zum Einfügen, Ändern und Löschen von Daten sowie eine Anfragesprache unterstützen. Neben Ansätzen wie XQL und XML-QL existiert vor allem mit XQuery eine Entwicklung des W3C im Bereich der XML-Anfragesprachen, auf der Anbieter von XML-Datenbanksystemen aufbauen können (siehe Kapitel 5). Die Fragen der Datenmanipulation in XML werden allerdings noch wenig diskutiert. Hier ist vorübergehend ausschließlich mit rudimentären und proprietären Lösungen zu rechnen.

Mehrbenutzerfähigkeit

Ein Datenbanksystem muss eine effiziente Mehrbenutzersynchronisation unterstützen. Werden Sperren in einer XML-Datenbank lediglich auf der Ebene gesamter Dokumente vergeben, führt dies unvermeidlich zu starken Leistungsproblemen. Dokumentzerlegung und feingranulare Sperrmechanismen sind notwendig. Ein weiterer Punkt ist an dieser Stelle die Zugriffskontrolle, also die Fragen der Verwaltung von Benutzerrechten und -rollen.

API

Zur einfachen und effizienten Anbindung von Datenbanken an die Anwendungen sollte ein Datenbanksystem Programmierschnittstellen (API) für gängige Programmiersprachen anbieten. Im Fall von XML existieren mit der DOM und SAX-Spezifikation schon seit längerer Zeit etablierte Lösungen. Auch die Möglichkeit, auf eine Datenbank mittels HTTP zuzugreifen, ist in der Web-Ära nicht zu vernachlässigen.

Datenorganisation

Ein Datenbanksystem muss eine Reihe von Mechanismen zur effektiven Organisation der Daten und einem schnellen Speicherzugriff unterstützen. In relationalen Systemen geschieht dies mit Hilfe von Indexstrukturen. Die bekanntesten Vertreter sind hier B-Bäume und das Hashing.

10.3.2 Besonderheiten von XML

XML als Sprache für den elektronischen Datenaustausch weist eine ganze Reihe von Eigenschaften, die sich in vergleichbarer Form weder in relationalen noch in objekt-orientierten Datenbanksystemen wiederfinden. Dies führt zu einem Mehraufwand bei der Speicherung und Verwaltung von XML-Dokumenten in solchen Systemen. Diese Eigenschaften sollen hier detailliert betrachtet werden.

10.3.2.1 Strukturelle Aspekte

Die wesentlichen Unterschiede zwischen XML und der Welt der klassischen Datenbanken liegen in der Struktur der XML-Dokumente und -Schemata im Vergleich zu relationalen bzw. objekt-orientierten Daten und Schemata.

Vorhandensein von Schema

Im Falle klassischer Datenbanksysteme muss das Schema der zu speichernden Daten bereits vor dem Erzeugen des ersten Datums in der Datenbank bekannt sein. Ist hingegen ein XML-Dokument zu speichern, so kann, muss aber nicht, eine zugehörige DTD bzw. ein Schema vorliegen. Eine XML-Datenbank sollte daher jedes beliebige wohlgeformte XML-Dokument speichern können. Das Fehlen des Schemas schränkt vor allem den strukturellen Optimierungsraum eines Datenbanksystems stark ein, womit seine Leistungsfähigkeit sinkt. Wie wir später noch sehen werden, lassen viele der Ansätze zur Kombination von XML mit relationalen bzw. objekt-orientierten Systemen diese Anforderung fallen und setzen die Kenntnis des Schemas voraus.

Verschachtelung von Elementen

Ein wesentliches Strukturmerkmal von XML-Dokumenten ist die Verschachtelung der Elemente. Ein Buch enthält Kapitel, die Kapitel enthalten wiederum Absätze, weitere (Unter-)Kapitel usw. In relationalen Datenbanken kann die Zelle einer Tabelle immer nur einen elementaren Wert aufnehmen. Verschachtelte Konzepte müssen daher immer zuerst zerlegt und dann mittels Fremdschlüssel wieder miteinander verknüpft werden. In XML kann ein Element hingegen nicht nur Zeichendaten sondern auch weitere Unterelementen aufweisen. Die Tiefe der Verschachtelung von Elementen ist dabei nicht beschränkt, und auch rekursive Strukturen sind erlaubt. In objekt-orientierten Systemen existiert mit *struct* ein nicht wirklich vergleichbares, da sehr eingeschränktes, Konstrukt zur Abbildung zusammengesetzter Konzepte. Verschachtelte Strukturen müssen deshalb auch hier auf Klassen verteilt und mittels Referenzen zusammengehalten werden.

Wiederholung von Elementen

In XML-Dokumenten können Kindelemente innerhalb eines Elements beliebig oft wiederholt werden. So kann in unserem Katalogbeispiel das Katalogelement in einem Katalog beliebig oft vorkommen. Auch setzt sich das Buch aus einer beliebigen Zahl von Kapiteln zusammen. In relationalen Datenbanken existiert kein vergleichbares Konstrukt; eine Spalte ist hier immer einmalig und enthält einfache Werte. Das heißt, auch hier ist die Auslagerung der Daten in eine separate Tabelle und Fremdschlüsselbeziehungen notwendig. Objekt-orientierte Systeme erlauben hingegen die Verwendung von Behälterklassen wie *List*, *Array* oder *Set* zur Zusammenfassung mehrerer Objekte gleicher Art.

Alternativen

Die Elemente eines XML-Elementtyps müssen nicht unbedingt alle die gleichen Kindelemente enthalten. So können Katalogelemente in unserem Katalogbeispiel mal Artikel, mal Dienstleistungen aufweisen. Ein vergleichbares Konstrukt existiert weder in relationalen noch in objekt-orientierten Systemen. Weder eine Tabellen- noch eine Klassendefinition kann Alternativen vorsehen.

Optionale Elemente

In XML können Kinder eines Elementtyps optional sein. Ein `Katalogelement` kann, muss aber nicht eine `Beschreibung` aufweisen. Diese Eigenschaft bieten auch relationale Datenbanken, denn eine Spalte darf Nullwerte aufnehmen, sofern sie weder mit „NOT NULL" spezifiziert ist, noch zum Primärschlüssel gehört. Auch in objekt-orientierten Systemen sind Nullwerte erlaubt.

Mixed Content

Elemente in XML-Dokumenten können den sog. *gemischten Inhalt* (*mixed content*) aufweisen. Ein solches Element enthält abwechselnd Zeichendaten und Kindelemente. Dadurch werden Strukturinformation und die eigentlichen Daten vermischt. In relationalen Datenbanken kann die Zelle einer Tabelle immer nur elementare Werte speichern. In objekt-orientierten Systemen kann eine Instanzvariable entweder ausschließlich Werte oder ausschließlich Referenzen aufnehmen.

Attribute

In XML können Elemente mit Attributen versehen werden. Die Attribute können als erforderlich oder optional bzw. als einfach oder mehrwertig spezifiziert werden. Die Angabe von Standardwerten ist möglich. In unserem Beispiel besitzen Katalogelemente eine `katalogelementID` und die Artikel einen Status. Weder in relationalen Datenbanken noch in objekt-orientierten Systemen gibt es vergleichbare Konstrukte. Weder ein Tabelleneintrag noch der Wert einer Instanzvariablen können um beliebigen Informationen in ähnlicher Art und Weise angereichert werden werden.

10.3.2.2 Elementreihenfolge

Eine besondere Aufmerksamkeit verdient die Elementreihenfolge in XML-Dokumenten.

Vollständige Reihenfolge

In einer objekt-orientierten Datenbank speichert ein Objekt Werte und Referenzen auf andere Objekte. In einer relationalen Datenbank enthält die Zeile einer Tabelle die Daten zu einem Datenobjekt. Sowohl ein objekt-orientiertes als auch ein relationales Schema sagen lediglich etwas darüber aus, welche Werte zu speichern sind, nicht in welcher Reihenfolge diese gespeichert werden sollen. Dementsprechend treffen korrekt geschriebene Anwendungen keine Annahmen darüber.

Anders im Falle von XML. Hier ist die Reihenfolge der Elemente ein integraler Bestandteil der Dokumentenstruktur, und ihre Einhaltung bei der Wiederherstellung von Dokumenten durch das Datenbanksystem wird von vielen Anwendungen vorausgesetzt. Betrachten wir dazu das folgende Beispiel:

```
<buch>
  <titel>Datenbanken und XML</titel>
  <kapitel>
    <titel>Einführung in XML</titel>
    ...
  </kapitel>
  <kapitel>
    <titel>Speicherung von XML</titel>
    ...
  </kapitel>
</buch>
```

Eine Datenbank, die die ursprüngliche Reihenfolge der Elemente bei der Wiederherstellung des Dokuments nicht bewahren kann, ist für eine derartige Anwendung unbrauchbar. Sie könnte beim Auslesen ein Dokument liefern, in dem zunächst das Speichern von XML in Datenbanken und erst dann eine Einführung in XML gegeben würde.

Kann eine Datenbank die Reihenfolge der Elemente im obigen Sinne bewahren, so sprechen wir im Folgenden von der *vollständigen Wiederherstellung der Reihenfolge*.

Gültige Reihenfolge

Doch auch in Anwendungen, die keine derart strikte Einhaltung der Elementreihenfolge verlangen, spielt diese eine Rolle. Betrachten wir dazu den Ausschnitt eines Dokuments, dem die DTD aus unserem Buchbeispiel zugrunde liegt:

```
<katalog>
  <name>Baustoffe</name>
  <beschreibung>Ein Beispielkatalog</beschreibung>
  <katalogelement>
    <name>Waschbecken Victor U39</name>
    ...
  </katalogelement>
  <Katalogelement>
    <name>Badewanne Diana X51</name>
    ...
  </katalogelement>
</katalog>
```

Aus der Sicht zweiter Systeme, die ihre Inhalte mittels XML austauschen, wird die Reihenfolge der Elemente in dem Dokument wohl ohne Bedeutung sein. Jedes andere Dokument, das die gleichen Daten enthält, ist gleichwertig, so auch dieses:

```
<katalog>
  <katalogelement>
    <name>Badewanne Diana X51</name>
    ...
  </katalogelement>
  <katalogelement>
    <name>Waschbecken Victor U39</name>
    ...
  </katalogelement>
  <name>Baustoffe</name>
  <beschreibung>Ein Beispielkatalog</beschreibung>
</katalog>
```

Soll allerdings mit Hilfe eines validierenden XML-Parsers die Gültigkeit der übertragenen Dokumente bezüglich der DTD überprüft werden, so müssen im Element Katalog immer zunächst der Name, dann die Beschreibung und dann die Katalogelemente angegeben werden. Anderenfalls erklärt der Parser das Dokument als nicht gültig.

Der Unterschied zum ersten Beispiel liegt darin, dass hier die Reihenfolge der Katalogelemente keine Bedeutung hat. Der Parser prüft lediglich die Gültigkeit der Struktur, nicht die Gesamtreihenfolge der Elemente. Daher ist auch das folgende Dokument, in dem die Badewanne vor dem Waschbecken angegeben wird, gültig:

```
<katalog>
  <name>Baustoffe</name>
  <beschreibung>Ein Beispielkatalog</beschreibung>
  <katalogelement>
    <name>Badewanne Diana X51</name>
    ...
  </katalogelement>
  <katalogelement>
    <name>Waschbecken Victor U39</name>
    ...
  </katalogelement>
</katalog>
```

Kann ein Datenbanksystemen zumindest diese, schwächere Anforderung erfüllen, so sprechen wir im Folgenden von der *gültigen Wiederherstellung der Reihenfolge.*

10.3.2.3 Weitere Aspekte

Außer den strukturellen Besonderheiten von XML gibt es schließlich eine Reihe weiterer Punkte, die genannt werden müssen.

Datentypen

Der Inhalt eines Elements kann in der DTD als *PCDATA*, eine Kombination von Kindelementen, gemischter Inhalt, *EMPTY* oder *ANY* festgelegt werden. Datentypangaben wie *int*, *float* oder Zeichenketten fester Länge bzw. Formatierungsvorschriften für die Zeichendaten (etwa Erzwingen von Jahresangaben in der Form `DD.MM.YYYY`) sind nicht vorgesehen. Es fehlen daher wichtige Informationen, die ein Datenbanksystem zur Speicheroptimierung verwenden könnte. Das Datenvolumen lässt sich aufgrund der fehlenden Größenbeschränkungen der Zeichendaten nicht im voraus einschätzen, und Mechanismen wie Indizierung und Hashing können nur auf Zeichenkettenoperationen zurückgreifen. Erst mit XML Schema ist XML um ein sehr ausdruckstarkes Typsystem erweitert worden (siehe Kapitel 4).

Binärdaten

Durch die Verwendung nicht geparster Entities ist die Einbindung von Binärdaten in XML-Dokumente möglich. Binärdaten benötigen in einer Datenbank i.d.R. einer besonderen Behandlung. Ein XML-Datenbanksystem muss daher solche Daten erkennen kennen und Strategien für ihre Behandlung vorsehen.

Nullwerte

Zu beachten ist auch die Behandlung von Nullwerten in XML-Dokumenten. Nullwerte sind bekanntlich von dem Wert 0 bzw. einer leeren Zeichenkette zu unterscheiden. Ein optionales Element hat in XML den Wert „null", wenn es im Dokument an der erwarteten Stelle nicht vorkommt. Kommt es hingegen vor, und enthält es eine leere Zeichenkette, so ist der Wert des Elements definiert und entspricht eben dieser leeren Zeichenkette. XML Schema bieten in diesem Zusammenhang auch das Attribut `xsi:null`.

Processing Instructions und Kommentare

Schließlich können in einem XML-Dokument an beliebigen Stellen *Processing Instructions* und Kommentare auftreten. Ein XML-Datenbanksystem muss diese erkennen und derart speichern können, dass sie nach dem Wiederherstellen des Dokuments an gleicher Stelle wieder zu finden sind.

10.4 Daten- versus dokumentenorientierte Anwendungen

Ein wesentlicher Faktor, der zum Erfolg von XML als Standard für den elektronischen Datenaustausch beigetragen hat, ist die ungeheure Flexibilität dieser Sprache. Das Spektrum von Inhalten, die in einer sehr natürlichen Art und Weise in XML abgebildet werden können, ist sehr breit. Es reicht von Publishing-Anwendungen, in denen Texte und Multimediaelemente im Mittelpunkt stehen, bis zum E-Business, wo entlang der Wertschöpfungsketten elektronische Produktanfragen, Bestellungen und Rechnungen fließen. Die Anforderungen, die an die Systeme zur Speicherung und Verwaltung von XML-Dokumenten gestellt werden, variieren dementsprechend stark. Je nach Anwendungsfall kann die Speicherung in Dateien im Dateisystem, die Verwendung eines relationalen Datenbankmanagementsystems, eine objekt-orientierte oder eine native XML-Datenbank die beste Lösung darstellen. Eine gute Entscheidungshilfe bei der Auswahl einer Datenmanagementlösung ist die Überlegung, ob es sich aus der XML-Sicht um eine daten- oder eine dokumentenorientierte Anwendung handelt [Bou01].

Datenorientierte Anwendungen

Datenorientierte Anwendungen sind an der äußerst regulären und feinen Struktur der XML-Dokumente erkennbar. Typische Beispiele sind Bestelldaten, Börsenkurse, Telefonlisten oder Flugpläne. Tief in der verschachtelten Struktur findet man hier sehr kompakte Elemente wie Produktpreis, Währungseinheit, Bestellmenge, Zeitangaben, Flug- und Telefonnummern. Diese eingeschlossenen in größere Einheiten wie Bestellpositionen oder Flüge werden regelmäßig wiederholt.

XML kommt in datenorientierten Anwendungen zum Einsatz, weil es einfache, effiziente und interoperable Lösungen ermöglicht. Es werden aber längst nicht alle charakteristischen XML-Eigenschaften verwendet. So spielt die Reihenfolge der Datenelemente meist keine Rolle, und auch gemischte Inhalte kommen nur selten vor. Weitere wichtige Besonderheiten datenorientierter Anwendungen sind die meist kurzen Transaktionszeiten, die sich auf sehr kleine Datenausschnitte beziehen, sowie die vielen bei der Datenmanipulation zu beachtenden Konsistenzregeln.

Ein Beispiel einer datenorientierten Anwendung ist das Katalogbeispiel. So ist die Struktur der XML-Dokumente sehr fein und regelmäßig. Stellvertretend für viele ähnliche Elemente stehen im Katalogbeispiel `stueckpreis`, `lieferzeit` und `stundensatz`, die (indirekt) eingeschlossen in `katalogelement` schablonenartig wiederholt werden. Ob der Stückpreis nun vor der Lieferzeit genannt wird oder umgekehrt, spielt aus der Sicht der Anwendung keine Rolle. Und auch gemischter Inhalt könnte höchstens in der Beschreibung der Katalogelemente nützlich sein, um die Auszeichnung von Beschreibungstexten im Stil von HTML zu erlauben.

Dokumentenorientierte Anwendungen

Dokumentenorientierte Anwendungen sind meist stärker auf die Mensch-Maschine-Kommunikation ausgelegt. Die XML-Dokumente sollen hier vor allem durch den Menschen betrachtet und bearbeitet werden. Dazu zählen zum Beispiel: E-Mail, Textverarbeitung und DTP. Im Gegensatz zu datenorientierten Anwendungen ist die Struktur der Dokumente viel freier, unregelmäßiger. Die Elemente sind oft weniger kompakt – es können etwa ganze Absätze eines Buches oder einer E-Mail sind. XML-Besonderheiten wie Beachtung der Reihenfolge von Elementen und gemischter Inhalt sind in dokumentenorientierten Anwendungen meistens von essentieller Bedeutung. Die Transaktionen sind in derartigen Anwendungen meist längerfristig und beziehen sich auf größere Teile der Dokumente wie etwa die Kapitel eines Buches. Dementsprechend ist das Buchbeispiel im Gegensatz zum Katalogbeispiel ein typischer Vertreter dokumentenorientierter Anwendungen.

Zum Schluss soll noch eines betont werden: Die Frage, ob es sich um eine daten- oder dokumentenorientierte Anwendung handelt, bezieht sich alleine auf Struktur und den typischen Umgang mit den XML-Dokumenten in einer Anwendung. Die Art und Weise wie die Dokumente dem Benutzer präsentiert werden, spielt keine Rolle. Natürlich werden auch in datenorientierten Anwendungen die Daten in ein ansprechendes Layout gebracht, in dem die Reihenfolge, Positionierung und Erscheinung der Werte von Bedeutung sind. Diese Aspekte sind jedoch kein integraler Bestandteil der Daten sondern dienen lediglich der besseren Lesbarkeit.

10.5 Architekturen

Die Untersuchung der Systemanforderungen hat bereits gezeigt, dass aufgrund einiger Eigenheiten von XML eine Lücke zwischen XML und den klassischen, relationalen und objekt-orientierten, Datenbanksystemen entsteht. Auf der anderen Seite ist das Spektrum der XML-Anwendungen sehr breit, so dass meistens nur ein Teil der Systemanforderungen auch wirklich zu erfüllen ist. Mal kommt es auf die Reihenfolge der Elemente, mal auf feingranulare Sperrmechanismen und Transaktionen an. In der typischen Drei-Schichten-Architektur mit der Präsentations-, Anwendungslogik- und Persistenzschicht, empfehlt es sich daher, eine zusätzliche Schicht einzuführen, die die Lücke zwischen den Anforderungen der Anwendung und den Eigenschaften der Persistenzschicht fallspezifisch schließen würde.

Die Komplexität der Zwischenschicht ist natürlich umso größer, je weiter die Anforderungen der XML-Anwendung und die Eigenschaften der Persistenzschicht auseinander liegen. Sofern möglich sollten daher beide schon beim Systementwurf aufeinander abgestimmt werden. So lassen sich relationale und objekt-orientierte Datenbanksysteme besonders gut mit datenorientierten XML-Anwendungen kombinieren. Die regelmäßige und feine Struktur der XML-Dokumente ähnelt der Struktur relationaler bzw. objekt-orientierter Schemata. Die gesamte ausgereifte Technologie insbesondere der relationalen Systeme kommt zu tragen: Ausfallsicherheit, Leistungsfähigkeit, effizienter Mehrbenutzerbetrieb. XML-Besonderheiten wie Alternativelemente, gemischter Inhalt oder Relevanz der Elementreihenfolge, welche in den klassischen Systemen in ähnlicher Form nicht zu finden sind, werden auch von den datenorientierten XML-Anwendungen nur selten genutzt und daher kaum von der Datenbank verlangt.

Anders im Falle dokumenenorientierter Anwendungen: Hier kommt es auf die möglichst originalgetreue Wiederherstellung der XML-Dokumente an, die von den klassischen Datenbanksysteme an sich nicht unterstützt wird. Als Persistenzschicht eignen sich in dem Fall besser Dateisysteme, in denen die Dokumente als einzelne Dateien abgelegt werden, oder die Speicherung gesamter Dokumente als CLOBs in einer relationalen Datenbank. Dies führt allerdings zu einigen Nachteilen. So geht der effiziente Mehrbenutzerzugriff verloren, da die Sperren nun auf Dokumentebene gesetzt werden müssen. Der Zugriff auf die „am Stück" gespeicherten Dokumente ist stark an die physikalische Struktur eines Dokuments gebunden. Deshalb ist das Auslesen von Dokumenten in jeder anderen Ordnung als der ursprünglichen ineffizient. Außerdem ist die Speicherverwaltung in keiner Weise optimiert. Auch stehen die Daten nicht für andere Zugriffsformen zur Verfügung. Zum Beispiel ist es nicht möglich, die Inhalte der XML-Dokumente mittels SQL abzufragen.

Werden von einer XML-Anwendung die Eigenschaften beider Welten verlangt, ist dies nur mittels einer komplexen Mittelschicht realisierbar. Diese setzt nun entweder auf einer relationalen bzw. objekt-orientierten Datenbank auf und ergänzt sie um die fehlenden Eigenschaften zur Unterstützung dokumentenorientierter Anwendungen, oder die verwendet einen für dokumentenorientierte Anwendungen geeigneten Hintergrundspeicher und ergänzt ihn um

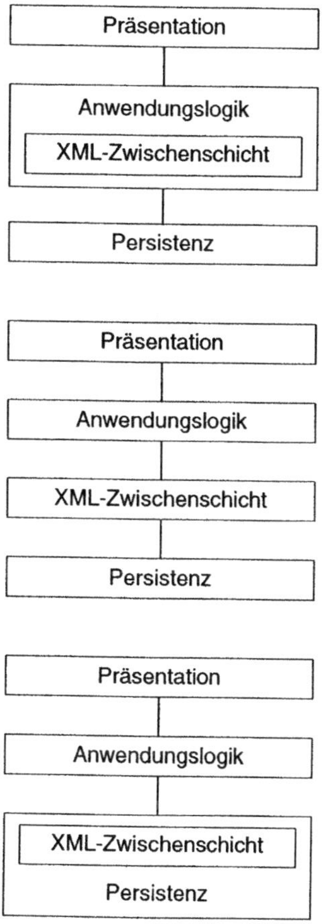

Architekturen für XML-Speicherung

weitere notwendige Funktionen eines Datenbanksystems. Schließlich kommt noch die Entwicklung völlig neuartiger Speicherungsverfahren für XML in Frage.

Liegen die Anforderungen der XML-Anwendung nahe an den Eigenschaften eines der Speichersysteme, so kann die im dem Fall einfache XML-Zwischenschicht vollständig in der Anwendungslogik aufgehen. Sind die Aufgaben der Schicht hingegen komplexer, so sollte sie von der Anwendung gelöst werden. Eine Möglichkeit ist dabei die separate Realisierung der Zwischenschicht, die auf einer vorhandener Datenbank oder einem Dateisystem aufbaut. Diese Idee findet sich wieder in der sog. *XML-Middleware*. Die XML-Zwischenschicht kann aber auch in das Datenbanksystem integriert werden, was wiederum zu den *XML-fähigen Datenbanken* bzw. den *nativen XML-Datenbanken* führt, wobei letztere besonders auf die Standardkonformität (XML, XSLT, XPath, XQuery etc.) und vollständige Erfüllung der Anforderungen an eine XML-Datenbank zielen.

In diesem Spannungsfeld entstanden seit ca. 1999 zahlreiche Methoden und Systeme, die die Diskrepanz zwischen XML-Anwendungen und den Speichersystemen zu lösen versuchen. Die Methoden sind der Gegenstand der nun folgenden Abschnitte. Einige Systeme werden in Kapitel 12 bis 14 vorgestellt.

10.6 XML in objekt-orientierten Datenbanken

Wie im vorangegangenen Abschnitt gezeigt können objekt-orientierte Datenbanksysteme in zweierlei Art und Weise zur Speicherung und Verwaltung von XML-Dokumenten eingesetzt werden. Sie können entweder direkt oder über eine Zwischenschicht an die Anwendung angebunden werden. Im ersten Fall kommuniziert die Anwendung unmittelbar mit dem Datenbanksystem und muss daher selber die Brücke zwischen der XML-Anwendung und der objekt-orientierten Datenbank schlagen. Im zweiten Fall übernimmt die Zwischenschicht die Rolle der Brücke. So kann das objekt-orientierte Datenbanksystem etwa als Hintergrundspeicher für eine native XML-Datenbank dienen, die der Anwendung ihrerseits eine komplette standardisierte XML-Schnittstelle zur Verfügung stellt.

DTD-abhängige Speicherung

Die Verfahren zur Speicherung von XML in objekt-orientierten Datenbanken können grob in zwei Kategorien unterteilt werden: DTD-abhängige und DTD-unabhängige Ansätze. Erstere bilden die in der vorliegenden DTD vorkommenden Konzepte wie „Flug", „Flugnummer", „Artikel", „Dienstleistung", „Buch" oder „Paragraph" sowie die zwischen diesen bestehenden Beziehungen (ein „Buch" besteht aus 1 bis n „Kapiteln" etc.) auf Klassen, Attribute und Beziehungen im objekt-orientierten Schema ab. Die so entstandenen Datenbankschemata liegen sehr nahe an der Anwendung, so dass die Verknüpfung von Anwendung und Datenbank in dem Fall recht leicht fällt. Die DTD-abhängigen Verfahren empfehlen sich daher besonders dann, wenn das Datenbanksystem direkt zur Speicherung von XML verwendet werden soll.

DTD-unabhängige Speicherung

Die zweite Gruppe der Verfahren bilden die DTD-unabhängigen Verfahren. Diese erlauben den Entwurf von objekt-orientierten Schemata, ohne dass eine DTD vorliegen muss. Dazu bauen sie auf einem XML-Modell wie dem DOM auf (siehe Kapitel 7). Das Datenbankschema enthält dann Klassen wie „Element", „Attribut", „Kommentar" sowie Beziehungen, welche zum Beispiel die Reihenfolge der Elemente innerhalb eines Vaterelements in einem XML-

Dokument festhalten können. Bei den DTD-unabhängigen Verfahren liegen nicht die Daten alleine, sondern vielmehr das gesamte XML-Dokument mit allen dazu gehörigen Aspekten, wie Elementreihenfolge, Kommentare, Processing Instructions etc., im Mittelpunkt. Somit eigenen sie sich besonders gut als Grundlage für die Entwicklung von auf objekt-orientierten Datenbanken basierten nativen XML-Datenbanksystemen. Die direkte Anbindung an eine Anwendung gestaltet sich hingegen nur dann recht einfach, wenn auch die Anwendung DTD-unabhängig „denkt". Dies wäre etwa ein Dokumenten- oder Content-Management-System.

10.6.1 DTD-abhängige Verfahren

Ronald Bourret [Bou01] stellt in seinen Arbeiten die sog. *Objekt-relationale Abbildung von XML* vor. Ein Teil dieses Ansatzes umfasst die Erzeugung eines objekt-orientierten Schemas zu einer gegebenen DTD oder einem XML-Schema. Dieser soll hier vorgestellt werden. Er findet sich in einigen Systemen in gleicher oder ähnlicher Form wieder.

10.6.1.1 Graphendarstellung der DTD

Um die Vorgehensweise bei der Abbildung einer DTD auf ein Objektschema leichter zu vermitteln, wird die DTD zunächst in eine Graphendarstellung überführt. Wir zeigen dies am Beispiel unserer Katalog-DTD.

Die Abbildung geschieht wie folgt: Zu jedem in der DTD deklarierten Elementtyp, jedem Attribut und jedem Inhaltsteil einer Inhaltsspezifikation wird im Graphen ein Knoten erzeugt. Knoten, die den Elementtypen entsprechen, tragen den Namen des Elementtyps. Knoten, die Attributen entsprechen, tragen den Namen des Attributes. Inhaltsteile besitzen keinen Namen. Alle Knoten, die diesen entsprechen, tragen daher die Bezeichnung „inhalt_n", wobei n eine durchgehende Nummerierung der Knoten dieser Art ist.

In unserem Beispiel ergeben sich auf diese Weise aus den definierten Elementtypen die Knoten: *katalog*, *name*, *beschreibung*, *katalogelement*, *artikel*, *dienstleistung*, *hersteller*, *lieferzeit*, *stueckpreis* und *stundensatz*. Das Attribut `status` von `artikel` führt zu dem Knoten *status*. Die Deklaration von `katalogelement` enthält ferner den Inhaltsteil `(artikel | dienstleistung)`. Dieser ergibt den Knoten *inhalt_1*.

Graph der Katalog-DTD

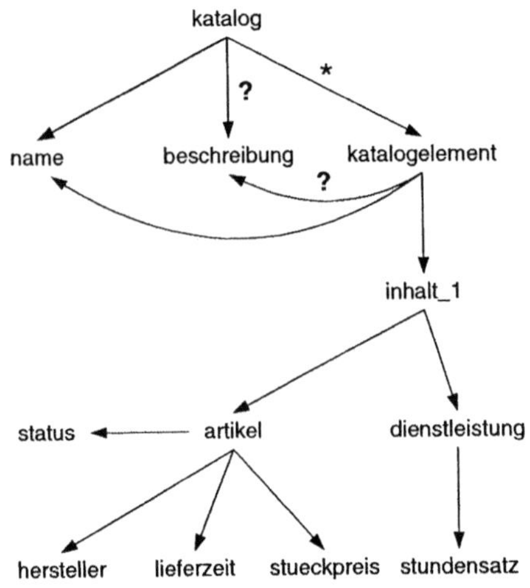

Die Knoten werden durch zwei Arten von Kanten verbunden: Elementkanten und Attributkanten. Elementkanten machen die Verschachtelung der Elementtypen in der DTD deutlich. So verbindet etwa eine Elementkante die Knoten *katalog* und *katalogelement*. Attributkanten verbinden hingegen Elementtypen mit ihren Attributen. In unserem Beispiel ist dies die Kante von *artikel* zu *status*.

An Elementkanten werden jetzt die Zeichen +, * und ? platziert. Ihre Bedeutung entspricht der in der DTD: Kann ein Element oder Inhaltsteil im übergeordneten Element oder Inhaltsteil mehrmals hintereinander wiederholt werden, so wird die entsprechende Elementkante mit + markiert. Kann das Element mehrmals oder auch gar nicht vorkommen, so wird die Kante mit * markiert (siehe `katalogelement` in `katalog`). Kann das Element einmal oder kein mal vorkommen, so wird die Kante mit einem ? versehen werden (siehe `beschreibung` in `katalog`).

In ähnlicher Weise wie Elementkanten werden auch Attributkanten markiert. Besitzt ein Attribut einen einwertigen Typ, d.h. CDATA, ID, IDREF, NMTOKEN, ENTITY, NOTATION oder ein Aufzählungstyp, und ist als erforderlich (REQUIRED) deklariert, so wird die Kante nicht markiert. Ist das Attribut einwertig aber nicht erforderlich, so wird die Kante mit ? markiert. Kanten zu mehrwertigen Attributen (IDREFS, NMTOKENS und ENTITIES) werden mit + markiert, falls das Attribut erforderlich ist, und mit * falls es nicht erforderlich ist.

Alternativen werden im Graphen nicht besonders gekennzeichnet. So ist es aus unserem Graphen nicht ersichtlich, dass *inhalt_1* entweder einen Artikel oder eine Dienstleistung und nicht beide gleichzeitig enthalten kann. Außerdem ist es zu beachten, dass sich mit Hilfe des Graphen nicht jede beliebige DTD abbilden lässt. DTDs, die Inhaltsmodelle der Art

```
<!ELEMENT A (B, C, B*) >
```

spezifizieren, sind nicht darstellbar. Hier kommt das Elementtyp `B` in einem Inhaltsteil mehrfach vor. Bei der Umsetzung zeigt sich, dass die Behandlung derartiger Konstrukte einen überproportionalen Aufwand im Verhältnis zu ihrer Häufigkeit in DTDs verursacht. Insbesondere in datenorientierten Anwendungen, in denen die Reihenfolge der Elemente keine Rolle spielt, können Inhaltsspezifikationen wie die obige tatsächlich in äquivalente und gleichzeitig durch den Graphen darstellbare Spezifikationen überführt werden. Im obigen Fall wäre es etwa mit der folgenden Typdeklaration geschehen:

```
<!ELEMENT A (B+, C) >.
```

10.6.1.2 Erstellen des Datenbankschemas

Nun kann der Graph in ein Objektschema abgebildet werden. Bei der Konstruktion des Objektschemas werden die Blätter des Graphen auf fundamentale, d.h. nicht zusammengesetzte, Datentypen und seine inneren Knoten auf Klassen abgebildet. Die Klassennamen ergeben sich aus den Bezeichnungen der Knoten. In unserem Fall wird allen Blättern der Datentyp *String* zugewiesen. Zu den inneren Knoten werden folgende Klassen definiert:

- Klasse *Katalog* zum Knoten *katalog*,
- Klasse *Katalogelement* zum Knoten *katalogelement*,
- Klasse *Inhalt_1* zum Knoten *inhalt_1*,
- Klasse *Artikel* zum Knoten *artikel*,
- Klasse *Dienstleistung* zum Knoten *dienstleistung*.

Der Wechsel von der Klein- zur Großschreibung ist alleine durch die in objekt-orientierten Sprachen üblichen Stilregeln begründet.

Die Abbildung von Element- und Attributkanten geschieht in der folgenden Weise: Führt eine Kante von einem inneren Knoten zu einem Blattknoten, so wird in der Klasse des inneren Knotens ein Objektattribut vom Typ des Blattknotens definiert. Führt eine Kante von einem inneren Knoten zu einem weiteren inneren Knoten, so wird in der Klasse des ersten Knotens eine Referenz auf Objekte der

Klasse des zweiten Knotens definiert. Für den Knoten *katalogelement* ergibt sich so die Klassendefinition:

```
class Katalogelement {
  String name;
  String beschreibung;
  Inhalt_1 inhalt_1;
}
```

Es ist zu beachten: Das Verfahren bildet sowohl Element- als auch Attributkanten auf Objektattribute ab. Bei der Wiederherstellung eines XML-Dokuments aus der Datenbank kann deshalb ohne die Kenntnis der DTD nicht entschieden werden, ob zum Beispiel aus dem Objektattribut *name* im XML-Dokument ein Attribut oder ein Kindelement von *katalogelement* erzeugt werden soll.

Dic Kantenmarkierungen * und + haben eine Auswirkung auf das Datenbankschema. Ist eine Kante mit * oder + markiert, so wird statt eines einfachen Objektattributs oder einer einfachen Referenz ein Array oder eine Behälterklasse verwendet. Damit können mehrere Referenzen gespeichert werden. In unserem Beispiel gilt dies für die Elementkante von *katalog* zu *katalogelement*. Die Klasse *Katalog* wird wie folgt definiert:

```
class Katalog {
  String name;
  String beschreibung;
  Katalogelement[] katalogelement;
}
```

oder:

```
class Katalog {
  String name;
  String beschreibung;
  Vector katalogelement;
}
```

Bei alternativen Kindelementen, wie *Artikel* und *Dienstleistung* im *Inhalt_1*, wird für jede der Alternativen ein Objektattribut bzw. eine Referenz deklariert:

```
class Inhalt_1 {
  Artikel artikel;
  Dienstleistung dienstleistung;
```

```
}
```

Da es in DTDs nicht möglich ist, den Datentyp der Zeichendaten genauer zu beschreiben, können ohne zusätzliche Informationen die Blätterknoten immer nur auf Zeichenketten abgebildet werden. In unserem Beispiel wurden daher alle Blattknoten in den Typ *String* überführt. Liegt hingegen eine XML Schema-Definition vor, so können Elemente wie Preise, Mengen, Datumsangaben u.a. auf Datentypen wie *float*, *int* bzw. *Date* abgebildet werden.

10.6.1.3 Konsistenzsicherung

Validierende Parser führen zwar eine Überprüfung der XML-Dokumente durch, sollen aber auch Nicht-XML-Anwendungen direkt auf der Datenbank arbeiten können, empfiehlt sich, eine zusätzliche Konsistenzsicherung in der Datenbank vorzusehen. Dazu können zunächst die Kantenmarkierungen genutzt werden. Ist eine Kante nicht markiert, so darf das zugehörige Objektattribut oder die Referenz niemals den Wert *null* annehmen. Ist die Kante hingegen mit einem ? versehen, sind auch Nullwerte erlaubt. Für Kanten mit einem + gilt, dass das zugehörige Array immer eine Größe von mindestens 1 haben muss. Ist eine Kante mit * markiert, so darf das Array auch die Größe 0 haben. Für die Klasse Katalog folgt daraus beispielweise:

```
class Katalog {
  String name;                        // null nicht erlaubt
  String beschreibung;                // null erlaubt
  Katalogelement[] katalogelement;    // Größe >= 0
}
```

Bei alternativen Inhaltsteilen können die Objektattribute bzw. Referenzen den Wert *null* annehmen. Bei der Erzeugung und Modifikation der Objekte muss sichergestellt werden, dass immer genau eine der Alternativ einen von *null* verschiedenen Wert besitzt:

```
class Inhalt_1 {
  Artikel artikel;                  // null erlaubt
  Dienstleistung dienstleistung;    // null erlaubt
}
```

Bei Attributen kann ein Aufzählungstyp verliegen. Diese Information kann verwendet werden, um den Wertebereich des zugehörigen Objektattributs einzugrenzen. So kann der Wertebereich von *status* auf die drei Werte *normal*, *angebot* und *neuheit* beschränkt werden.

Die Überprüfung der Konsistenz erfolgt in Konstruktoren und Set-Methoden der Klassen. Soweit die Sprache, in der das Datenbankschema definiert wird, es unterstützt, können auch Aufzählungstypen zur Konsistenzsicherung eingesetzt werden. In ODL [Scha97] wäre es möglich zu schreiben:

```
enum Status {normal, angebot, neuheit};

interface Artikel {
  ...
  attribute Status status;
  ...
}
```

10.6.1.4 Gemischter Inhalt

Um die Speicherung von Elementen mit gemischtem Inhalt zu erklären, greifen wir auf das Buchbeispiel zurück. Ein XML-Dokument könnte den folgenden Ausschnitt enthalten:

```
<absatz>
  Unter einer <begriff>XML-Datenbank</begriff> verstehen
  wir...
</absatz>
```

Nun können aber die Zeichendaten im Element `absatz` in besondere Elemente, hier mit `text` bezeichnet, eingeschlossen werden:

```
<absatz>
  <text>Unter einer </text><begriff>XML-Datenbank
  </begriff><text> verstehen wir ...</text>
</absatz>
```

Nach dieser Modifikation hat `absatz` nun nicht mehr einen gemischten, sondern ein Element-Inhalt, und diesen können wir bereits behandeln. Bildet man also die Elementdefinitionen

```
<!ELEMENT absatz (#PCDATA | begriff)* >
<!ELEMENT begriff (#PCDATA)>
```

auf das objekt-orientierte Datenbankschema ab, so muss in der Klasse `Absatz` lediglich ein weiteres Objektattribut definiert werden, das die Zeichendaten aufnimmt:

```
class Absatz {
  String[] text;
  String[] begriff;
}
```

10.6.1.5 Elementreihenfolge

Objekt-orientierte Datenbanken speichern zu einem Objekt die Werte seiner Attribute und seine Referenzen auf andere Objekte. Die Reihenfolge, in der diese Elemente gespeichert werden, ist nicht definiert und wird daher von Anwendungen nicht verwendet. Anders in Falle von XML. In XML ist die Reihenfolge, in der die Elemente in einem Dokument auftreten, signifikant, und dokumentenorientierte XML-Anwendungen erfordern auch meist vom Datenbanksystem die vollständige Wiederherstellung dieser Reihenfolge. Datenorientierte Anwendungen benötigen zur Validierung der Dokumente mindestens die gültige Wiederherstellung der Elementreihenfolge.

Die Lösung beim Speichern von XML-Dokumenten in einer objekt-orientierten Datenbank besteht darin, in den Objekten neben den eigentlichen Daten weitere Informationen über die Reihenfolge ihrer Kinder zu speichern. Dazu wird zu jedem Objektattribut und jeder Referenz in einer erzeugten Klasse ein zusätzliches Attribut definiert. Dieses speichert die Positionsangabe. In unserem Buchbeispiel ergänzen wir etwa die Klasse Buch wie folgt:

```
Class Buch {
  String titel;
  int titelPosition;
  String[] autor;
  int[] autorPosition;
  Kapitel[] kapitel;
  int[] kapitelPosition;
}
```

Ein Objekt könnte nun folgende Werte enthalten:

```
titel = "Datenbanken und XML"
titelPosition = 1
autor = {„Kazakos", „Schmidt", „Tomczyk"}
autorPosition = {2, 3, 4}
```

```
kapitel = { Referenz auf Kapitel „Speichern von XML",
            Referenz auf Kapitel „Was ist XML"}
kapitelPosition = {6, 5}
```

Mit diesen zusätzlichen Informationen ist es klar, dass bei der Wiederherstellung des Elements Buch seine Kindelemente in der Reihenfolge: Titel, Autor „Kazakos“, Autor „Schmidt“, Autor „Tomczyk“, das Kapitel „Was ist XML“ und das Kapitel „Speichern von XML“ zusammengestellt werden müssen. Die Konsistenz der Positionsangaben muss innerhalb der Klasse, z.B. im Konstruktor, sichergestellt werden.

10.6.2 DTD-unabhängige Verfahren

Im Falle DTD-abhängiger Verfahren modelliert das erzeugte Datenbankschema, wie die zugrunde gelegte DTD, einen konkreten Anwendungsbereich – Bestellungen mit den zugehörigen Produkten, Flüge mit ihren Nummern, Abflug- und Ankunftszeiten etc. Die objekt-orientierte Datenbank ist dann in der Lage, alle XML-Dokumente zu speichern, die der DTD genügen, d.h. *gültig* sind. Nun kann ein XML-Dokument, muss aber nicht, eine zugehörige DTD bzw. ein Schema aufweisen. Eine XML-Datenbank sollte daher in bestimmten Anwendungen imstande sein, jedes *wohlgeformte* Dokument zu speichern, also auch Dokumente, die den syntaktischen Regeln von XML genügen, jedoch keine DTD besitzen.

Ein DTD-unabhängiges Verfahren zur Speicherung von XML-Dokumenten in einer Datenbank muss „höher“ ansetzen. Statt einer konkreten Anwendungsdomäne modelliert hier das Datenbankschema XML selbst. In der objekt-orientierten Datenbank findet man daher keine Bestellungen oder Flüge, sondern ein Objektmodell von XML mit Konzepten wie Element, Attribut, Kommentar, Relationen für Vater-Kind- oder Vorgänger-Nachfolger-Beziehungen zwischen Elementen u.ä.

Ein Kandidat für ein derartiges objekt-orientiertes Modell von XML ist das *Document Object Model* (DOM), eine Empfehlung des W3C (siehe Kapitel 7). Das DOM ist die Definition einer Programmierschnittstelle (API) für HTML- und XML-Dokumente. Es legt zweierlei fest: eine an Bäume angelehnte logische Struktur der Dokumente und die Methoden für den Zugriff und die Modifikation der Dokumente. Die Wahl von DOM als Grundlage für eine DTD-unabhängige objekt-orientierte Datenbank liegt nahe, da DOM – der Spezifikation nach – „ein Modell im Sinne der klassischen objekt-orientierten Entwurfstheorie ist: Dokumente werden als Objekte aufgefasst, und das Modell erfasst nicht nur die Struktur eines Dokuments, sondern auch sein Verhalten und das Verhalten seiner Bestandteile“ [DOM].

Eines der grundlegenden Konzepte von DOM, das auch für die XML-Speicherung zentral ist, ist ein Knoten des Dokumentbaumes, der durch die Klasse *Node* repräsentiert wird. Die unterschiedlichen Arten von Knoten drücken sich in den Unterklassen von *Node* aus: *Element, Attr, Text, CDATASection, EntityReference, Entity, ProcessingInstruction, Comment.* Der Zugriff auf die einzelnen Knoten geschieht über die Klasse *Document*, etwa mittels *Document.getElementsByTagName().* Mit Methoden wie *Node.getChildNodes()* kann durch den Dokumentbaum navigiert werden, wobei die Ordnung der Elemente von DOM stets beachtet wird. Eine ad hoc Lösung zum Speichern von XML-Dokumenten in einer objekt-orientierten Datenbank bestünde nun darin, die Klassen *Document* und *Node* mit ihren Unterklassen als „persistent“ zu deklarieren, und so vom Datenbanksystem verwalten zu lassen. In Produktionssystemen ist natürlich die Frage der Performanz und Optimierbarkeit eines solchen Ansatzes zu stellen.

Zu beachten ist, dass DOM lediglich ein logisches Modell von XML vorgibt. Wie die konkrete Umsetzung der logischen Dokumentenstruktur hinter der API auszusehen hat, ist nicht festgelegt. Das beste Beispiel hierfür liefert das *Persistent DOM* (PDOM), die Realisierung einer XML-Datenbank von GMD IPSI [GMD99]. PDOM erlaubt die dauerhafte Verwaltung von XML-Dokumenten mittels der DOM-API aus Java-Anwendungen heraus. Die Lösung greift jedoch nicht auf eine objekt-orientierte Datenbank als Hintergrundspeicher zurück, sondern verwendet eine seiten-orientierte Speicherung der Dokumente in indizierten Binärdateien. Das objektorientierte Modell bildet hier also nur die Schnittstelle zur Anwendung. Im Hintergrund wird diese auf ganz andere Speicherstrukturen abgebildet.

10.7 XML in relationalen Datenbanken

Relationale Datenbanksysteme sind bekanntlich die zur Zeit am besten ausgereifte und am meisten verbreitete Art der Datenbanken. Die Systeme sind äußerst leistungsfähig, die Anfragesprache SQL wohl bekannt und die vorhandenen Datenmengen riesig. Möchten also Anwender die Speicherung von XML auf der Basis eines relationalen Datenbanksystems durchführen, so könnten folgende Punkte der Hintergrund dazu sein:

- Der Anwender möchte ein ähnlich leistungsfähiges, zuverlässiges und skalierbares System wie eine relationale Datenbank erhalten.
- Die Anfrageschnittstelle sollte einfach und auch SQL anwendbar sein.
- Existierende Datenbestände sollten in die XML-Lösung mit integriert werden.

Auch im Falle der Speicherung von XML in relationalen Datenbanken können die Verfahren in DTD-abhängige und DTD-unabhängige Ansätze untergliedert werden. Allerdings ist die Kluft zwischen XML und dem relationalen Modell viel größer als beim Vergleich mit dem objekt-orientierten Modell. Hier führt auch die Anwendung DTD-abhängiger Verfahren häufig zu Schemata, die sich nur schwer direkt an die Anwendungen anbinden und warten lassen. An dieser Stelle muss daher eine feinere Unterteilung vorgenommen werden.

Einfache DTD-abhängige Verfahren schränken die erlaubte Struktur der Dokumente stark ein. Es sind nur recht einfache, an Tabellenstruktur angelehnte DTDs erlaubt. Die erzeugten relationalen Schemata sind daher übersichtlich. Sie lassen sich direkt aus den Anwendungen nutzen, mit SQL-Anfragen abfragen und effizient pflegen. Damit erfüllen sie die oben genannten Anforderungen.

Komplexe DTD-abhängige Verfahren machen es möglich, zu jeder beliebigen DTD ein relationales Schema zu generieren. Die Verwaltung der so entstandenen Datenbank und den Zugriff auf diese sollte dann aber wegen der hohen Komplexität eine XML-Zwischenschicht regeln. Gleiches gilt auch für die DTD-unabhängigen Ansätze. Die beiden letztgenannten Kategorien sind daher vor allem für native XML-Datenbanken interessant, die auf den „guten Eigenschaften“ der relationalen Systeme aufbauen möchten.

10.7.1 Einfache DTD-abhängige Ansätze

Ronald Bourret diskutiert in seinen ausführlichen Arbeiten zu XML und Datenbanken u.a. die *tabellen-basierte Abbildung* von XML-Dokumenten auf die Tabellen einer relationalen Datenbank

[Bour01]. Das Verfahren kann zum Speichern von Dokumenten angewendet werden, deren Struktur sich durch Transformationen, etwa mittels XSLT, in die folgende Form bringen lässt:

```
<database>
  <table>
    <row>
      <column1>…</column1>
      <column2>…</column2>
      …
    </row>
    <row>
      …
    </row>
    …
  </table>
  <table>
    …
  </table>
  …
</database>
```

Ein Dokument wird hier also als ein in XML beschriebener Satz von Tabellen einer relationalen Datenbank gesehen. In einer konkreten Anwendung wird das Element `table` durch den Namen einer Tabelle ersetzt. Ähnliches geschieht mit den Spaltennamen `column1` bis `columnN`. Auf diese Weise wird die Verbindung zwischen dem XML-Dokument und dem Datenbankschema hergestellt. Die Erzeugung der INSERT-Anweisungen zum Einfügen eines Dokuments in die Datenbank ist in dem Fall nicht schwer.

Das Verfahren kann zu den DTD-abhängigen Verfahren gerechnet werden, da es ähnlich den DTDs die Struktur der XML-Dokumente einschränkt. Nutzen bringt es vor allem beim Datenaustausch zwischen relationalen Systemen. Für andere Anwendungen ist es aufgrund der für XML unnatürlichen strukturellen Einschränkungen nur bedingt geeignet.

10.7.2 Komplexe DTD-abhängige Ansätze

Shanmugasundaram et al [STH+99] stellen in ihrer Arbeit ein Verfahren zur Speicherung von XML in relationalen Datenbanken vor, das keine Beschränkungen bzgl. der DTDs macht. Bei der Erzeugung des relationalen Schemas legen sie einen besonderen Wert auf folgende Aspekte:

- Behandlung des Konflikts zwischen der Tabelle-Attribut-Natur des relationalen Datenmodells auf der einen und dem verschachtelten Charakter der XML Dokumente auf der anderen Seite,
- Umgang mit der Komplexität der DTDs,
- Umgang mit wiederholbaren Elementen und Rekursion in XML-Dokumenten.

Wir wollen das Verfahren an unserem Buchbeispiel erklären.

10.7.2.1 Vereinfachen von DTDs

Im allgemeinen können DTDs äußerst komplex sein. Die direkte Generierung von relationalen Schemata aus solchen DTDs ist nicht empfehlenswert. Glücklicherweise ist es möglich, DTDs derart zu vereinfachen, dass die anschließend generierten relationalen Schemata weniger komplex sind, die generierte Datenbank aber dennoch alle Dokumente speichern kann, die der ursprünglichen DTD genügen. Man beachte, dass an dieser Stelle nicht gefordert wird, aus dem relationalen Schema umgekehrt die DTD wiedergewinnen zu können. Das vereinfachte Schema muss also nicht alle Informationen aus der ursprünglichen DTD abbilden. Es wird lediglich gefordert, dass die erzeugte Datenbank alle gültigen Dokumente speichern kann, und dass alle XML-Anfragen, die sich auf die ursprüngliche, komplexe DTD beziehen, auch auf der vereinfachten ausführbar sind.

Die Komplexität einer DTD ist meistens auf komplexe Definitionen von Elementtypen zurückzuführen. So könnten wir im Extremfall die folgende Definition vorfinden:

```
<!ELEMENT a ((b|c|e)?,(e?|f?,(b,b)*))*)>
```

wobei `b`, `c`, `e` und `f` weitere Elementtypen sind.

Auf der Ebene der Anfragesprache zählen allerdings, nach Meinung der Autoren, lediglich die relative Position eines Elements zu seinen Nachbarn im XML-Dokument sowie die Vater-Kind-Struktur der Elemente. Sie schlagen daher einen Satz von Transformationsregeln vor, welche eine DTD vereinfachen, ohne gleichzeitig Auswirkungen auf die Anfrageformulierung zu haben. Die Regeln sind eine

Erweiterung ähnlicher Regeln, die von Deutsch et al [DFS99] präsentiert wurden. Sie unterteilen sich in drei Kategorien.

Entflechtende Regeln lösen die Verschachtelungen in Elementdefinitionen derart auf, dass die binären Operatoren „," und „|" nicht mehr innerhalb eines anderen Operators auftreten:

```
(e₁, e₂)* → e₁*, e₂*
(e₁, e₂)? → e₁?, e₂?
(e₁ | e₂)* → e₁?, e₂?
```

Vereinfachende Regeln reduzieren mehrere Verwendungen unärer Operatoren auf einen einzelnen Operator:

```
e** → e*
e*? → e*
e?* → e*
e?? → e?
```

Gruppierende Regeln fassen mehrere Unterelemente mit dem selben Namen in einer Elementdefinition zu einem einzelnen Unterelement zusammen:

```
..., e*, ..., e*, ... → ..., e*, ...
..., e*, ..., e?, ... → ..., e*, ...
..., e?, ..., e*, ... → ..., e*, ...
..., e?, ..., e?, ... → ..., e*, ...
..., e, ..., e, ... → ..., e*, ...
```

Ferner werden alle „+" Operatoren in „*"-Operatoren verwandelt. Das obige Beispiel ließe sich so bis auf die Elementdefinition

```
<!ELEMENT a (b*, c?, e*, f*)>
```

vereinfachen.

Die präsentierten Transformationsregeln bewahren die Aussagen über die Wiederholbarkeit (*) und Optionalität (?) von Elementen, wie sie in der ursprünglichen DTD definiert wurden. Verloren gehen hingegen einige Aussagen über die relative Reihenfolge der Elemente. Diese Information wird bei der Speicherung eines konkreten Dokuments in der Datenbank dennoch gesichert. Dazu werden in den Tabellen, die XML-Elemente aufnehmen, spezielle Positionsspalten angelegt.

Betrachten wir die vereinfachenden Transformationen, so fällt auf, dass Regeln für den Umgang mit gemischtem Inhalt fehlen. Um unser Buchbeispiel einsetzen zu können, müssen wir daher ein ähnliche Modifikation vornehmen, wie wir es bereits bei der Speicherung von gemischtem Inhalt in einer objekt-orientierten Datenbank getan haben. Wir ersetzen die Definition:

```
<!ELEMENT absatz (#PCDATA | begriff)* >
<!ELEMENT begriff (#PCDATA)>
```

durch:

```
<!ELEMENT absatz (text | begriff)* >
<!ELEMENT text (#PCDATA)>
<!ELEMENT begriff (#PCDATA)>
```

und erhalten nach der vereinfachenden Umformung:

```
<!ELEMENT absatz (text*, begriff*) >
```

10.7.2.2 Einfacher Ansatz

Der einfache Ansatz versucht die Fragmentierung der XML-Daten zu reduzieren, indem so viele Nachfolger eines Elements wie nur möglich in einer einzelnen Relation zusammengefasst werden. Dennoch erzeugt dieser Ansatz zu jedem Elementtyp in der DTD eine Relation, denn jedes Element einer DTD kann das Wurzelelement eines Dokuments sein. So wird zu `buch` eine entsprechende Relation mit dem Attribut *titel* erzeugt. Gleichzeitig gibt es aber auch eine separate Relation *titel*, denn prinzipiell könnte ein gültiges Dokument lediglich aus einem einzigen Element

```
<titel>Ein Titel</titel>
```

bestehen. Attribute der Relationen verwenden als Namen den gesamten Pfad von dem Wurzelelement der Relation aus beginnend:

```
buch : {[buchID, buch.titel]}
titel : {[titelID, titel]}
```

Nun müssen aber zwei Punkte besonders angesprochen werden: wiederholbare Elemente und die Rekursion in XML-Dokumenten bzw. DTDs. So können wir bei der Abbildung von `buch` auf eine Relation die Liste der Autoren nicht nach dem oben eingeführten Prinzip behandeln, da das relationale Datenmodell keine mengenwerti-

DTD-Graph und Elementgraph für <buch>

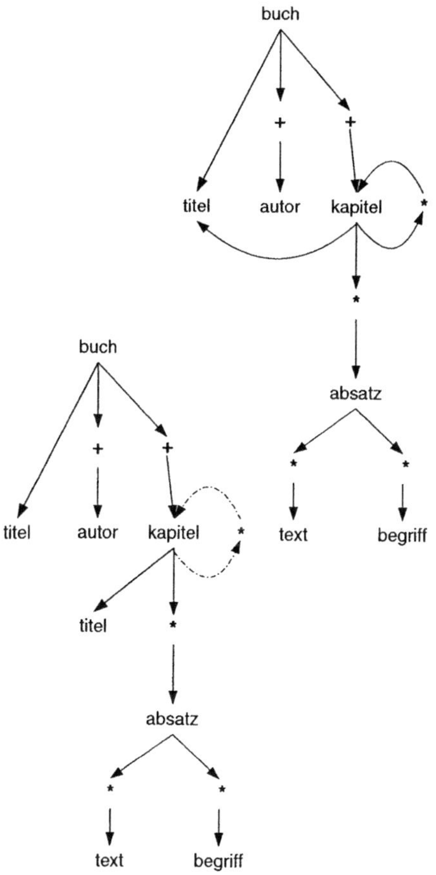

gen Attribute vorsieht. In solchen Fällen wird die typische Technik zum Speichern von Mengen in relationalen Datenbanken typischerweise eingesetzt: man erzeugt eine separate Relation für Autoren und verknüpft Autoren mit den von ihnen verfassten Büchern durch einen Fremdschlüssel, hier die *parentID*:

```
buch : {[buchID, buch.titel]}
buch.autor :
  {[buch.autorID, buch.autor.parentID, buch.autor]}
```

DTD-Graph

Ein Problem tritt auf, sobald eine DTD die Rekursion erlaubt, d.h. ein oder mehrere Elemente können beliebig oft ineinander verschachtelt werden. In der Buch-DTD ist dies bei Kapiteln der Fall, die weitere Kapitel als Unterkapitel enthalten dürfen. Das vorgestellte Verfahren terminiert nur dann, wenn die Tiefe der Verschachtelung in der DTD beschränkt ist. Aufgrund dessen schlagen die Autoren auch hier das Aufbrechen der Beziehung und die Verwendung von Fremdschlüsselbeziehungen vor. Zu diesem Zweck führen sie zunächst den sog. *DTD-Graph* ein.

Der DTD-Graph spiegelt die Struktur einer DTD wieder. Seine Knoten entsprechen Elementen, Attributen und Operatoren in der DTD. Jedes Element erscheint nur einmal im DTD-Graphen, Attribute und Operatoren erscheinen dagegen so oft im DTD-Graphen, wie oft sie in der DTD auftreten. Zyklen im Graphen lassen Rekursion in der DTD erkennen.

Das zu einer DTD generierte Schema ist die Menge aller Relationen, die zu den Elementen der DTD erzeugt wurden. Um die Menge der Relationen zu identifizieren, die zu einem einzelnen Element erzeugt werden, bilden die Autoren zu jedem Element einen *Elementgraphen*. Dieser wird wie folgt aufgebaut.

Erstellen des Elementgraphen

Man führe die Tiefensuche auf dem DTD-Graphen beginnend mit dem Element bzw. Knoten, für das die Menge der Relationen bestimmt werden soll, durch. Jeder Knoten des Graphen wird als besucht markiert, sobald es das erste mal erreicht wird. Die Markierung wird wiederum entfernt, sobald alle Kinder des Knotens besucht wurden.

Sobald beim Durchwandern des DTD-Graphen ein nicht markierter Knoten erreicht wird, wird im Elementgraphen ein neuer Knoten mit dem Namen des gerade erreichten noch nicht markierten Knotens erzeugt. Anschließend wird im Elementgraphen eine Kante hinzugefügt. Diese verbindet den Knoten mit dem selben Namen wie der Vaterknoten, über den man den nicht markierten Knoten erreicht hat, mit dem neu erzeugten Knoten.

Wird beim Durchwandern des DTD-Graphen hingegen ein bereits markierter Knoten gefunden, so existiert im Elementgraph bereits ein entsprechender Knoten. Dies ist der Hinweis auf Rekursion. In diesem Fall wird statt der oben genannten Kante eine *Rücksprungkante* (im Bild gestrichelt gezeichnet) von dem diesem Element zu dem Knoten mit dem selben Namen wie der Vaterknoten, über den man den markierten Knoten erreicht hat.

Betrachtet man die Abbildung etwas genauer, so wird es deutlich, dass der Elementgraph immer einen Teil des DTD-Graphen in eine Baumstruktur überführt.

Erzeugen der Relationen

Ist ein Elementgraph erstellt, so werden die Relationen wie folgt erzeugt. Eine Relation wird für die Wurzel des Elementgraphen erzeugt, und alle Unterelemente der Wurzel werden als Attribute in diese Relation aufgenommen, mit zwei Ausnahmen:

1. Unterelemente, die mit der Wurzel über einen „*“- oder „+“-Knoten verbunden sind, werden in separate Relationen ausgelagert, wie dies bereits besprochen wurde.
2. Zu jedem Knoten, zu dem eine Rücksprungkante führt, muss ebenfalls eine separate Relation erzeugt werden.

Das komplette erzeugte Schema lautet.

```
buch : {[buchID, buch.titel]}
buch.autor :
  {[buch.autorID, buch.autor.parentID, buch.autor]}
buch.kapitel :
  {[buch.kapitelID, buch.kapitel.parentID,
  buch.kapitel.titel]}
buch.kapitel.absatz :
  {[buch.kapitel.absatzID, buch.kapitel.absatz.parentID]}
buch.kapitel.absatz.text :
  {[buch.kapitel.absatz.textID,
  buch.kapitel.absatz.text.parentID,
  buch.kapitel.absatz.text]}
buch.kapitel.absatz.begriff :
  {[buch.kapitel.absatz.begriffID,
  buch.kapitel.absatz.begriff.parentID,
  buch.kapitel.absatz.begriff]}

titel : {[titelID, titel]}

autor : {[autorID, autor]}

kapitel :
  {[kapitelID, kapitel.parentID, kapitel.titel]}
kapitel.absatz :
  {[kapitel.absatzID, kapitel.absatz.parentID]}
kapitel.absatz.text :
  {[kapitel.absatz.textID, kapitel.absatz.text]}
kapitel.absatz.begriff :
  {[kapitel.absatz.begriffID,
  kapitel.absatz.begriff.parentID, kapitel.absatz.begriff]}

absatz : {[absatzID]}
absatz.text :
  {[absatz.textID, absatz.text.parentID, absatz.text]}
absatz.begriff :
```

```
{[absatz.begriffID, absatz.begriff.parentID,
absatz.begriff]}

text : {[textID, text]}

begriff : {[begriffID, begriff]}
```

Ein klar erkennbarer Nachteil des einfachen Verfahrens ist die große Zahl erzeugter Relationen. Daraus resultiert ein weiterer Nachteil: Während sich das einfache Verfahren für bestimmte Arten von Anfragen sehr gut eignet (z.B. „Gib alle Autoren von Büchern“), zeigt es sich für andere sehr ineffizient. So müssten zur Beantwortung der Frage nach „allen Titeln mit dem Begriff XML“ bereits drei separate Anfragen durchgeführt und ihre Ergebnisse vereint werden, da die Titelinformation über drei Tabellen verstreut wurde. Die zwei weiteren Techniken versuchen diese Nachteile zu beseitigen.

10.7.2.3
Der Shared-Ansatz

Der *Shared-Ansatz* versucht die Nachteile der einfachen Vorgehensweise zu beseitigen, indem er sicherstellt, dass sich jeder Knoten des DTD-Graphen in genau einer Relation wiederfindet. Das Prinzip besteht darin, die Knoten zu identifizieren, die sich in mehreren Tabellen wiederfinden (wie in unserem Beispiel der Titel) und sie in eine separate Tabelle auszulagern.

Zunächst muss man entscheiden, welche Relationen erzeugt werden sollen. Im Shared-Ansatz werden Relationen zu jedem Knoten im DTD-Graphen erzeugt, der einen Eingangsgrad (Anzahl eingehender Kanten) größer 1 aufweist. Dies sind genau die Knoten, die im einfachen Verfahren aus mehrere Tabellen verteilt werden. Knoten mit einem Eingangsgrad von 1 werden in die Relation des Vaterelements eingebettet. Für Knoten mit einem Eingangsgrad von 0 werden separate Relationen definiert, denn sie sind von keinem anderen Knoten aus erreichbar. Wie im einfachen Verfahren werden auch hier Elementknoten, die über „*“- und „+“-Knoten erreichbar sind, in separaten Tabellen untergebracht. Zuallerletzt werden rekursive Elementdefinitionen aufgebrochen, indem einer der Elementknoten in eine separate Relation ausgelagert wird, sofern dies aufgrund der anderen Regeln noch nicht geschehen ist.

Nachdem feststeht, welche Elementknoten auf separate Tabellen abgebildet werden sollen, ist es recht einfach, das relationale Schema zu definieren. Für jeden Elementknoten X, der in einer separaten Tabelle gespeichert werden soll, werden Elementknoten Y gesucht, so dass gilt: auf dem Pfad von X nach Y befindet sich bis auf X kein Elementknoten, der in einer separaten Relation zu speichern wäre. Alle diese Knoten Y werden in die Tabelle von X eingebettet. Auffallend ist die geringe Zahl der zur Speicherung der XML-Dokumente benötigten Relationen:

```
buch : {[buchID]}
titel : {[titelID, titel.parentID, titel.parentCODE, titel]}
autor : {[autorID, autor.parentID, autor]}
kapitel : {[kapitelID, kapitel.parentID,
  kapitel.parentCODE]}
absatz : {[absatzID, absatz.parentID, absatz.parentCODE]}
text : {[textID, text.parentID, text]}
begriff : {[begriffID, begriff.parentID, begriff]}
```

Da zum Beispiel ein Titel sowohl ein Kindelement von Buch als auch der Titel eines Kapitels sein kann, hält der *parentCODE* den Elementtyp des Vaterknotens fest.

Die Auslagerung der bisher über mehrere Tabellen verteilten Elemente hat Auswirkungen auf die Anfrageausführung. So ist bei der Selektion aller Titel mit dem Begriff XML nur eine einzige und nicht mehr drei Tabellen relevant. Obwohl der Shared-Ansatz einige der Nachteile der einfachen Technik beseitigt, hat er doch einen wesentlichen Nachteil gegenüber der einfachen Alternative: da die Zahl der erzeugten Tabellen im Falle der Shared-Technik niedriger ist, steigt die Zahl der beim Wiederherstellen eines Dokuments benötigten Joins; was wiederum die Performanz der Lösung einschränkt. Der hybride Ansatz versucht, die Vorteile beider Techniken zu kombinieren.

10.7.2.4 Der hybride Ansatz

Der hybride Ansatz gleich der Shared-Technik mit dem Unterschied, dass hier mehr Elementknoten als bei Shared eingebettet werden. Genauer gesagt bettet der hybride Ansatz diejenigen Elementknoten zusätzlich ein, die einen Eingangsgrad von größer 1 haben aber weder Teil einer rekursiven Struktur noch durch einen „*"-Knoten erreichbar sind. Rekursive Strukturen und „*"-Beziehungen werden weiterhin wie bei Shared behandelt. Das auf diese Weise generierte relationale Schema sieht wie folgt aus:

```
buch : {[buchID, buch.titel, buch.titel.isRoot]}
autor : {[autorID, autor.parentID, autor]}
kapitel : {[kapitelID, kapitel.parentID,
```

```
  kapitel.parentCODE, kapitel.titel, kapitel.titel.isRoot]}
absatz : {[absatzID, absatz.parentID, absatz.parentCODE]}
text : {[textID, text.parentID, text]}
begriff : {[begriffID, begriff.parentID, begriff]}
```

Die Kombination des einfachen Ansatzes mit dem Shared-Ansatz wird am Element `titel` deutlich. Während `titel` im Shared-Schema noch eine separate Relation besaß, wurde es jetzt in die Relationen von `buch` und `kapitel` eingebettet. Das Einbetten eines Elements Y in die Relation von X kann zu Problemen führen, falls ein Dokument Y als Wurzel verwendet. In unserem Beispiel kann ein gültiges Dokument, wie bereits gesagt, aus einem einzigen Element

```
<titel>Ein Titel</titel>
```

bestehen. Für jedes solche Element Y wird daher die Relation um ein Attribut *isRoot* erweitert.

In allen unseren Verfahren setzten wir stillschweigend voraus, dass die Reihenfolge, in der die Elemente in einem Dokument auftreten keine Bedeutung hat. Die Ordnung der Elemente kann allerdings durch eine einfache Erweiterung berücksichtigt werden. Es genügt, die Position eines Elements in einem zusätzlichen Attribut in der entsprechenden Tabelle zu speichern.

10.7.2.5 Experimente

Die Autoren führten Experimente mit 37 recht frei gewählten DTDs (MathML, SMIL, VRML u.a.). Die Untersuchungen konzentrierten sich auf:

- die durchschnittliche Anzahl der SQL-Anweisungen, die für einen XML-Suchpfadausdruck der Länge 3 generiert werden müssen
- die durchschnittliche Anzahl der Joins in den generierten SQL-Anweisungen
- die gesamte Anzahl der Joins, d.h. das Produkt der beiden obigen Zahlen.

Die durchgeführten Experimente zeigten zunächst, dass der einfache Ansatz praktisch nicht anwendbar ist. Die Menge der generierten Relationen war für 11 der 37 DTDs so groß, dass das verwendete Datenbanksystem mit einem Überlauf des virtuellen Speichers abstürzte. So wurden für eine 19-elementige DTD 3462 Tabellen generiert.

Beim Vergleich zwischen dem Shared- und dem hybriden Ansatz konnten keine eindeutigen Vorteile für eins der Verfahren festgestellt werden. Vielmehr lassen sich die DTDs in vier Gruppen unterteilen:

- DTDs, bei denen der hybride Ansatz eine wesentliche Reduktion der Joins pro Anfrage bei einer nur geringfügig höherer Anzahl der SQL-Anfragen im Vergleich zu Shared bewirkt. Insgesamt ist die Anzahl der benötigten Joins also geringer als bei Shared.
- DTDs, bei denen der hybride Ansatz eine Reduktion der Joins bewirkt, die jedoch durch die gestiegene Anzahl der SQL-Anfragen wieder kompensiert wird.
- DTDs, bei denen der hybride Ansatz eine geringfügige Reduktion der Joins bewirkt. Die Anzahl der SQL-Anfragen steigt aber wesentlich, so dass hier das Shared-Verfahren eine niedrigere Gesamtzahl von Joins benötigt.
- DTDs, bei denen beide Verfahren in etwa die gleiche Anzahl von Joins pro Anfrage und gleiche Anzahl von SQL-Anfragen erzeugen.

Die Auswahl des geeigneten Ansatzes kann also nur unter Kenntnis und nach einer gründlichen Untersuchung der DTD erfolgen. Leider liefern die Autoren keinerlei hinweise auf die Wiederherstellungsszeiten von XML-Dokumenten in Abhängigkeit von ihrer Größe.

10.7.3 DTD-unabhängige Ansätze

Als Vertreter DTD-unabhängiger Verfahren zur Speicherung von XML-Dokumenten in relationalen Datenbanken soll an dieser Stelle der von Florescu und Kossmann [FlKo99] entwickelte Ansatz vorgestellt werden. Einen besonderen Wert legen die Autoren auf die Bewahrung der Elementreihenfolge und die Untersuchung von Strategien zur Speicherplatz- und Zugriffszeitoptimierung bei der Verwaltung von XML-Dokumenten.

10.7.3.1
Graphendarstellung eines XML-Dokuments

Zur Vereinfachung nehmen die Autoren an, dass ein XML-Dokument in Form eines gerichteten Graphen darstellbar ist. Dieser Graphendarstellung ist nicht mit dem im vorangegangenem Abschnitt besprochenen DTD-Graphen zu verwechseln. Hier wird nämlich ein konkretes Dokument modelliert, während es sich dort um die Modellierung einer DTD handelte. Jedes XML-Element wird im Graphen durch einen Knoten repräsentiert und mit einer Objektidentität (OID) versehen. Die OIDs können entweder manuell in das Dokument eingefügt oder automatisch erzeugt werden. Vater-Kind-Relationen zwischen Elementen im Dokument werden im Graphen durch Kanten repräsentiert und mit dem Namen des Kindelements beschriftet. Um die Reihenfolge der Kindelemente festzuhalten, werden die von einem Knoten ausgehenden Kanten entsprechend dieser Reihenfolge geordnet. Die im Dokument vorkommenden Werte (PCDATA und Attributwerte) werden als Blätter des Graphen dargestellt.

Wir betrachten das Verfahren am folgenden Beispieldokument:

```
<buch OID="0">
  <titel OID="1">Datenbanken und XML</titel>
  <autor OID="2">Kazakos</autor>
  <autor OID="3">Schmidt</autor>
  <autor OID="4">Tomczyk</autor>
  <kapitel OID="10">
    <titel OID="11">Was ist XML</titel>
    <absatz OID="12">
      <text OID="13">Was sich hinter der Abkürzung </text>
      <begriff OID="14">XML</begriff>
      <text OID="15"> verbirgt...</text>
    </absatz>
  </kapitel>
  <kapitel OID="20">
    <titel OID="21">Speicherung von XML</titel>
  </kapitel>
</buch>
```

Die Abbildung eines XML-Dokuments auf einen Graphen stellt eine Vereinfachung dar und kann daher zum Informationsverlust führen. So unterscheidet die oben geschilderte Abbildungsvorschrift nicht zwischen Kindelementen und Attributen eines XML-Elements.

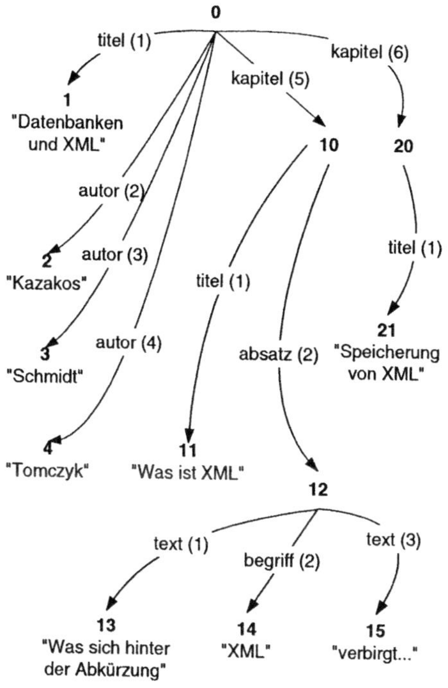

XML-Dokument als Graph

Es unterscheidet ferner nicht zwischen Kindelementen und Referenzen (ID/IDREF-Verknüpfungen). Ein XML-Dokument kann daher unter der Anwendung der vorgestellten Verfahren i.d.R. nicht exakt wiederhergestellt werden. Die fehlenden Aspekte lassen sich jedoch berücksichtigen, indem die Datenbank um weitere Informationen ergänzt wird; z.B. welche Datensätze Elementen und welche Attributen entsprechen.

Vielmehr konzeptionsbedingt unterstützt der graphen-basierte Ansatz hingegen keinen gemischten Inhalt. Aus diesem Grund musste der Text der Abschnitte in unserem Beispieldokument in das Element `text` eingeschlossen werden.

10.7.3.2 Speicherung von Kanten

Insgesamt betrachten die Autoren 6 Verfahrensvarianten zur Speicherung von XML-Daten in einer relationalen Datenbank: 3 unterschiedliche Strategien, um Kanten des Graphen in der Datenbank abzulegen, kombiniert mit 2 Strategien zur Speicherung der Werte, d.h. der Blätter.

Kantentabelle

Die einfachste Strategie speichert alle Kanten des Graphen in einer einzigen gemeinsamen Tabelle. Diese wird als die *Kantentabelle* bezeichnet. Die Kantentabelle enthält folgende Einträge:

- *Quelle*: OID des Knotens, von dem die Kante ausgeht,
- *Position*: die Ordnungsnummer, welche die Reihenfolge der von einem Knoten ausgehenden Kanten festhält,
- *Name*: Name des Knotens, zu dem die Kante hinführt,
- *Typ*: die Information darüber, ob die Kante zu einem weiteren XML-Element (notiert als *ref*) oder zu einem Wert (*String*, *int* weitere Datentypen) führt,
- *Ziel*: OID des Knotens, zu dem die Kante hinführt.

Der Schlüssel der Kantentabelle ist *{Quelle, Position}*. Ein Ausschnitt der zu unserem Beispiel erzeugten Kantentabelle enthält die Werte:

Quelle	Position	Name	Typ	Ziel
0	1	titel	String	1
0	2	autor	String	2
0	3	autor	String	3
...				
0	5	kapitel	ref	10
...				
10	1	titel	String	11
10	2	absatz	ref	12

Die Autoren schlagen vor, die Kantentabelle zu indizieren. Ein Index sollte für die Spalte *Quelle* und ein weiterer Index für das Paar *{Name, Ziel}* angelegt werden. Der erste Index beschleunigt das Wiederherstellen von Elementen mit einer gegebenen OID. Der zweite hilft bei der Beantwortung von Anfragen wie „Gib alle Objekte, in deren Titel das Wort XML vorkommt".

Binärtabellen

In der zweiten Strategie werden Kanten mit dem gleichen Namen in einer separaten Tabelle zusammengefasst. Die Tabellen werden als *Binärtabellen* bezeichnet. Der Ansatz lehnt sich an [ZAW99] an. Die Strategie entspricht einer horizontalen Partitionierung der Kantentabelle bezüglich des Attributes *Name*. D.h., es gibt genauso viele Binärtabellen wie es unterschiedliche Kindelemente und Attribute im zuspeichernden XML-Dokument gibt. Jede Binärtabelle hat die folgende Struktur:

B_{name} : {[Quelle, Position, Typ, Ziel]}

Der Primärschlüssel einer Binärtabelle ist *{Quelle, Ordnung}*, und alle Attribute haben dieselbe Bedeutung wie in der Kantentabelle. In unserem Beispiel erhielten wir statt der obigen Kantentabelle u.a. die Binärtabellen B_{titel}:

Quelle	Position	Typ	Ziel
0	1	String	1
10	1	String	11
20	1	String	21

und $B_{kapitel}$:

Quelle	Position	Typ	Ziel
0	5	ref	10
0	6	ref	20

Als Indizes schlagen die Autoren, analog zum Ansatz mit der Kantentabelle, das Attribut *Quelle* und das Attribute *Ziel* vor.

In der dritten Strategie wird eine einzelne *Universaltabelle* erzeugt, in der alle Kanten gespeichert werden. Sie entspricht einem Full-Outer-Join aller Binärtabellen. Die Struktur der Universaltabelle ist wie folgt, wobei die Indizes 1, ..., n den Kantennamen entsprechen:

Universaltabelle

```
Universal :
  {[Quelle, Ordnung_1, Typ_1, Ziel_1, ...,
            Ordnung_n, Typ_n, Ziel_n]}
```

Für unser Beispieldokument ergibt sich:

Quelle	Pos_{titel}	Typ_{titel}	$Ziel_{titel}$	...	Pos_{autor}	Typ_{autor}	$Ziel_{autor}$	...
0	1	String	1		2	String	2	
0	1	String	1		3	String	3	
..								
10	1	String	11		null	null	null	

Die Verwendung einer Universaltabelle führt in der Regel zu einer hohen Zahl von Nullwerten. Auch die Datenredundanz ist hoch. So kommt in der obigen Tabelle die Verbindung von *Quelle* 0 und $Ziel_{titel}$ 1 zwei mal vor, da das Buch mehr als einen Autor hat. Die Universaltabelle ist also stark denormalisiert mit allen Vor- und Nachteilen einer solchen Vorgehensweise. Entsprechend der Indizierung der Binärtabellen schlagen die Autoren Indexe auf dem Attribut Quelle sowie einen separaten Index auf jedem Zielattribut.

10.7.3.3 Speicherung von Werten

Die drei vorgestellten Strategien zur Speicherung von Kanten des Dokumentgraphen in einer relationalen Datenbank realisieren das Ablegen der Elementverschachtelung. Sie können nun mit zwei weiteren Strategien zur Speicherung der im Dokument enthaltenen Werte kombiniert werden. Obwohl die Werte in einem DTD- bzw. schemalosen XML-Dokument mit der Ausnahme von ID und IDREF Zeichenketten sind, sehen die Autoren in ihrem Verfahren dennoch eine Differenzierung der zuspeichernden Werte nach ihrem Datentyp vor. Es wird also getrennt nach *Strings*, *ints*, *Dates* etc. gespeichert. Dies ist für die Indizierung und Suche in der Datenbank sinnvoll. Es setzt jedoch voraus, dass in den Dokumenten eine Typannotation erfolgt oder der XML-Parser die Zeichenketten untersucht und Typvorschläge macht.

Separate Wertetabellen

Im Fall der *separaten Wertetabellen* wird in der Datenbank für jeden Datentyp eine eigene Tabelle angelegt, in der die entsprechenden Werte aus dem XML-Dokument gespeichert werden. So kann es zum Beispiel neben der obligatorischen *String*-Tabelle auch Tabellen für die Speicherung von *ints*, *Dates* etc. geben. Die Struktur jeder solchen Tabelle ist wie folgt:

W_{type}(OID, Wert)

Dabei ist der Datentyp des Attributs *Wert* tabellenspezifisch. In Kombination mit der gezeigten Kantentabelle ergibt sich eine separate Wertetabelle W_{String} für sämtliche Werte vom Typ *String*:

OID	Wert
1	Datenbanken und XML1
2	Kazakos
3	Schmidt
...	
11	Was ist XML

Der Wert des Attributs *Typ* in der Kantentabelle liefert die Information, in welcher der Wertetabellen der entsprechende Wert zu finden ist. Die Ausprägungen von *Typ* sind daher *String*, *int*, *Date* etc. bzw. *ref*, falls es sich um ein Kindelement und keinen Wert handelt.

Die Strategie der separaten Wertetabellen kann in ähnlicher Weise mit Binärtabellen und der Universaltabelle kombiniert werden. Bezüglich der Indizierung der Wertetabellen schlagen die Autoren jeweils einen Index über das Attribut „OID" und einen über „Wert" vor.

Eingebettete Werte

Die naheliegende Alternative besteht in der Speicherung der Werte gemeinsam mit den Kanteninformationen. In Kombination mit der Kantentabelle entspricht die Einbettung einer Erweiterung der Kantentabelle um so viele Spalten, wie viele unterschiedliche Datentypen verwendet werden. Anders gesprochen handelt es sich um einen Outer-Join der Kantentabelle mit den Wertetabellen. Bei Verwendung von Binärtabellen oder der Universaltabelle gilt dies analog für diese Tabellen.

Die Einbettung der Werte in die Binärtabellen B_{titel} und $B_{kapitel}$ ergibt zum Beispiel B_{titel}:

Quelle	Position	Ziel	$Wert_{String}$	$Wert_{int}$
0	1	1	Datenbanken und XML	null
10	1	11	Was ist XML	null
20	1	21	Speicherung von XML	null

und $B_{kapitel}$:

Quelle	Position	Ziel	$Wert_{String}$	$Wert_{int}$
0	5	10	null	null
0	6	20	null	null

Das Attribut *Typ* in den Binärtabellen ist nun nicht mehr nötig, dafür treten in den hinzugekommenen Wertespalten sehr viele Nullwerte auf, da in jeder Zeile höchstens eins der Attribute nicht null ist.

Im Hinblick auf die Indizierung der Tabellen schlagen die Autoren zusätzlich zu den Indexen über *Quelle* und *Ziel* jeweils einen Index über jede Wertespalte.

10.7.3.4 Experimente

Die von Florescu und Kossmann durchgeführten Experimente zeigen u.a. ein typisches Problem, das bei der Speicherung von XML in relationalen Datenbanken auftritt. Dies ist der enorme Speicherbedarf. So führte ein XML-Testdokument der Größe 80 MB bei der Verwendung von Binärtabellen mit eingebetteten Werten zu einer Datenbank von ca. 140 MB (87 MB Tabellen und 53 MB Indizes). Alle anderen Kombinationen waren noch schlechter. Die Universaltabelle mit separaten Wertetabellen belegten z.B. ganze 215 MB.

10.8 XML-spezifische Speicherung

Im Prinzip können durch die Anwendung der vorgestellten Techniken bzw. ihrer Erweiterungen sowohl objekt-orientierte als auch relationale Datenbanksysteme die am Anfang dieses Kapitels genannten Anforderungen an ein XML-Datenbanksystem erfüllen. Allerdings weisen solche Systeme einige entscheidende Nachteile auf:

- nicht-optimale Performanz,
- nicht-optimale Skalierbarkeit,
- nicht-optimale Ressourcennutzung.

Um die genannten Nachteile zu beheben, werden von den Datenbankentwicklern daher zwei Wege verfolgt. Ersterer besteht in der Optimierung der vorgestellten Verfahren. So bietet etwa der Entwurf einer relationalen Datenbank zur Speicherung von XML, jede Menge Raum für die Optimierung, was bei gleicher verwendeter Technologie zu unterschiedlicher Perfomanz führen kann. Wie wir gesehen haben, führt die Verwendung mancher Verfahren zur Abbildung von XML-Dokumenten auf Relationen dazu, dass bei der Wiederherstellung der Elementhierarchie in einem XML-Dokument mehrere SELECT-Anweisungen benötigt werden. Extrem optimierte Systeme können dagegen jedes belibige Dokumentfragment mit einer einzigen SELECT-Anweisung auslesen.

Der zweite Weg liegt in der Entwicklung neuartiger Techniken zur Ablage von XML-Dokumenten im Hintergrundspeicher, die von Beginn an auf XML hin optimiert wären. Dieser Abschnitt soll einen groben Überblick über diese Techniken geben und einige Hinweise liefern, wann der Einsatz einer darauf aufbauenden XML-Datenbank sinnvoll erscheint.

10.8.1 Anwendungsfälle für spezielle Speicherungstechniken

Das wesentliche Merkmal XML-spezifischer Speicherungsmethoden liegt in dem verwendeten, speziell auf XML ausgelegten Datenmodell, das eben nicht relational oder objekt-orientiert ist. Es gibt einige Gründe, statt einer relationalen oder objekt-orientierten Datenbank auf eine XML-spezifische Speicherungsmethode zu setzen.

So könnten die anfallenden Daten semistrukturiert sein. Solche Daten weisen zwar eine reguläre Struktur auf, die Struktur verändert sich aber stets, so dass bei der Speicherung in einer relationalen Datenbank entweder eine hohe Anzahl an Nullwerten entsteht (Speicherineffizienz) oder eine große Menge an Tabellen benötigt wird (niedrige Performanz). Obwohl semistrukturierte Daten auch in objekt-orientierten Datenbanken gespeichert werden können, zeigen sich XML-spezifische Speicherungsmethoden hier noch etwas flexibler.

Der zweite Grund dafür, eine XML-spezifische Methode zu verwenden, kann die höhere Geschwindigkeit der Wiederherstellung von Dokumenten sein. Manche Methoden erlauben es, XML-Dokumente viel schneller wiederherzustellen, als es eine relationale Datenbank tun kann. Der Grund dafür liegt darin, dass solche Verfahren die Dokumente als eine physikalische Einheit speichern oder statt logischer Zeiger, wie sie in den relationalen Systemen vorzufinden sind, zwischen Dokumententeilen die schnelleren physikalischen Zeiger verwenden. Dies macht es möglich, Dokumente am Stück oder lediglich mit physikalischen Vermengungsoperatoren aus dem Speicher zu extrahieren, was auf jeden Fall schneller als logische Joins ist.

Der wohlbekannte Nachteil dieser Methode ist, dass der Geschwindigkeitsvorteil nur dann entsteht, wenn die Daten in der Form angefordert werden, in der sie auch physikalisch abgelegt sind. Möchte man irgendeine andere Sicht auf die Daten erhalten, so ist die Performanz schlechter als die eines relationalen Systems. Das bedeutet, die Entscheidung kann an dieser Stelle nur unter genauer Kenntnis der Anwendung getroffen werden.

Der Einsatz XML-spezifischer Techniken aus Performanzgründen erscheint etwa dann sinnvoll, wenn Dokumente gespeichert werden sollen, die bereits „von Natur aus" XML-Dokumente sind, ganz unabhängig davon, um welche Inhalte es sich handelt. Ein Beispiel hierfür sind Nachrichten in E-Commerce-Systemen, welche auf XML-basierten Standards aufbauen. Obwohl es sich eigentlich um Datenorientierte Anwendungen handelt, ist das natürliche Format dieser Nachrichten XML. XML-spezifische Lösungen können die Dokumente schneller wiederherstellen, und es wird immer nur eine spezifische Sicht auf die Daten benötigt. Ein anderes Beispiel dieser Art ist ein Web-Cache.

Auch für dokumenten-orientierte Anwendungen eignen sich XML-spezifische Speicherungstechniken natürlich hervorragend.

Dies weil sie Aspekte wie die Reihenfolge der Elemente, Processing Instructions, Kommentare, CDATA-Abschnitte, Verwendung von Entities u.a. bei der Speicherung der Dokumente in effizienter Weise beachten, was bei relationalen und objekt-orientierten Verfahren mit hohem Aufwand verbunden ist. Desweiteren unterstützen sie Anfragesprachen, die Anfragen erlauben wie: "Gibt mir alle Dokumente, in denen im zweiten Absatz ein Wort in Fettschrift steht". Derartige Anfragen sind etwa in SQL äußerst schwierig zu formulieren.

10.8.2 Formen XML-spezifischer Speicherung

Die XML-spezifischen Speicherungsansätze lassen sich nach [Bou01] grob in zwei Kategorien unterteilen: text-basierte und modell-basierte Lösungen.

10.8.2.1 Text-basierte Lösungen

Text-basierte Lösungen speichern XML-Dokumente als Text. Dies kann eine Datei im Dateisystem sein, ein CLOB in einer relationalen Datenbank oder ein proprietäres Textformat. In diesem Sinne ist also eine relationale Datenbank, welche um die Speicherung von XML-Daten in CLOB-Spalten erweitert wurde, eine XML-spezifische text-basierte Lösung. Dieser Ansatz ist nicht mit den in Kapitel 10.6 vorgestellten Verfahren zu verwechseln. Dort wurden XML-Dokumente nämlich nicht als Texte sondern als (graphenartige) Strukturen betrachtet und so auf relationale Schemata abgebildet.

Allen text-basierten Lösungen gemeinsam sind Indizes, die es den Anfragemaschinen erlauben, zu beliebigen Stellen in beliebigen Dokumenten zu springen. Dies verschafft derartigen Speicherungsansätzen wesentliche Geschwindigkeitsvorteile bei der Wiederherstellung von Dokumenten oder Dokumententeilen. Die Dokumente sind nämlich immer als ein Ganzes im Hintergrundspeicher abgelegt. Es genügt daher ein einziges Nachschlagen im Index, um ausgehend von der so gefundenen Position den gewünschten Teil in einem Zug auszulesen. Im Vergleich dazu, benötigt man bei der Wiederherstellung von XML-Dokumenten etwa aus relationalen Datenbanken mehrere Indexzugriffe und mehrere Leseoperationen auf dem Hintergrundspeicher.

In dieser Hinsicht ähneln text-basierte Speicherungslösungen für XML hierarchischen Datenbanken. Beide übertrumpfen relationale Datenbanken beim auslesen der Daten in der Reihenfolge, in der sie physikalisch (d.h. im Hintergrundspeicher) abgelegt sind. Und wie die hierarchischen Datenbanken zeigen auch die text-basierten Lösungen Geschwindigkeitseinbußen bei der Wiederherstellung der Daten in jeder anderen Reihenfolge. Benötigt daher eine XML-Anwendung mehrere Sichten auf dieselben XML-Daten, so sollte eine relationale oder eine modell-basierte Lösung (s.u.) bevorzugt werden, denn mit ihren logischen Indexen können relationale Systeme unterschiedliche Sichten mit vergleichbarer Performanz unterstützen.

10.8.2.2 Modell-basierte Lösungen

Die zweite Kategorie der XML-spezifischen Speicherungslösungen bilden modell-basierte Ansätze. Anstatt ein XML-Dokument als Text zu speichern, bilden sie ein internes Modell des Dokument und legen dieses im Hintergrundspeicher ab. Wie dieses Modell gespeichert wird, ist von System zu System unterschiedlich. Im Kapitel 13 zeigen wir mit *Natix* und *Birdstep* Beispiele solcher Lösungen.

Modell-basierte Speicherungstechniken können an die Geschwindigkeit der text-basierten Lösungen heranreichen. Sie sind also beim Auslesen von Dokumenten in der Form, in der sie im Hintergrundspeicher abgelegt sind, genauso schnell. Der Grund dafür scheint darin zu liegen, dass diese Systeme in der Regel die hierarchische Struktur der XML-Dokumente auf physikalische Zeigerstrukturen abbilden. Der Zugriff ist hier vergleichbar schnell mit dem Auslesen von Text und insbesondere schneller als bei der Verwendung logischer Zeiger. Ob nun eine text-basierte oder eine modell-basierte Lösung vorteilhafter ist, entscheidet häufig das gewünschte Ausgabeformat. Text-basierte Lösungen zeigen Geschwindigkeitsvorteile, falls die Dokumente als Text geliefert werden sollen. Modell-basierte Systeme sind meist schneller, wenn DOM-Bäume zu konstruieren sind, da sich die Zeigerstrukturen recht einfach in das DOM überführen lassen.

Die Verwendung physikalischer Zeiger führt allerdings auch hier dazu, dass die Ansätze immer dann Geschwindigkeitsnachteile aufweisen, sobald die XML-Daten in einer anderen Form, als die im Hintergrundspeicher abgelegte, angefordert werden. Sie verhalten sich also ähnlich den text-basierten Lösungen.

11 XML im Kontext der Systemarchitektur

11.1 Einführung

Moderne Datenbankanwendungen orientieren sich zumeist an der 3-Schichten-Architektur und trennen die wertvolle Datenbasis von der eher variablen Anwendungslogik und der noch stärker variierenden Präsentations- und Interaktionskomponente. Das Datenbanksystem ist in der Regel relational, die Anwendungslogik objekt-orientiert und die Interaktion erfolgt über dynamisches HTML. Die dadurch entstehenden technologischen Brüche beschränken die Flexibilität der Systeme bereits bei ihrer Entwicklung und treiben die Komplexität und Modifikationskosten in die Höhe. Ohne spezielle Methoden und Werkzeuge, wie die objekt-relationalen Abbildungen, ist eine effiziente Entwicklung komplexer Anwendungen nicht möglich.

Durch einen konsequenten Einsatz von XML entlang der gesamten Architektur kann eine Datenbankanwendung ein viel höheres Maß an Durchgängigkeit, Anpassbarkeit und Interoperabilität erreichen. Doch die unterschiedlichen Aufgaben der Schichten führen dazu, dass XML in jeder Schicht auf eine andere Weise genutzt wird. Auch bei einer vollständigen XML-orientierung sind deshalb methodische Brücken an den Schnittstellen notwendig. Im diesem Kapitel betrachten wir daher den Einsatz von XML im Kontext der gesamten Systemarchitektur: ihre heutige Anwendung, die daraus resultierenden Vorteile und die kritischen Stellen der Systeme. Insbesondere widmen wir uns der Verbindung der Persistenzschicht mit der darüber liegenden Anwendungslogik.

11.2 Architekturen ohne XML

Das E-Business ist eine der wichtigsten vorantreibenden Kräfte in der Anwendung und Fortentwicklung von XML. Das Einsatzpotential und die Auswirkungen von XML im E-Business werden bei der Betrachtung der etablierten Drei-Schichten-Architektur einer betrieblichen Datenbankanwendung deutlich.

Die Persistenzschicht baut heute in der Regel auf einem relationalen oder objekt-relationalen Datenbanksystem auf. Der Zugriff auf die Datenbasis erfolgt mit SQL, und die Anbindung der Datenbank in die Anwendungen geschieht durch den Einsatz von Technologien wie ODBC oder JDBC. Die noch Mitte der 90er Jahre als Nachfolgetechnologie gesehenen objekt-orientierten Datenbanken mit den zugehörigen ODMG-Standards wie ODL und OQL finden in sehr speziellen Bereichen Anwendung. Außerdem sind immer noch Datenbanksysteme mit hierarchischen oder Netzwerkdatenmodellen im Einsatz. Schließlich bleiben noch die Warenwirtschaftssysteme wie SAP R/3 mit ihren spezifischen Programmierschnittstellen als zentrale Datenquellen zu nennen.

Die immer schnelleren Veränderungen der Anwendungen im Vergleich zu den stabilen Datenbasen sowie die steigende Komplexität der Anwendungslogik zwang die Systementwickler zur Trennung der Anwendungslogik von den zugrundeliegenden Daten. Im Gegensatz zur Datenbankebene konnte sich hier die objekt-orientierte Sichtweise durchsetzen. Die Objekttechnologie wird in der Anwendungslogik zunehmend mit der Komponententechnologie kombiniert. Dabei werden die Komponenten objekt-orientiert entwickelt, wohingegen die zugrunde liegenden Komponentenrahmenwerke (Frameworks) nicht notwendigerweise objekt-orientiert sein müssen. Ein Beispiel sind die *Enterprise Java Beans*: Mit Java baut die Spezifikation zwar auf einer objekt-orientierten Sprache auf, doch die grundlegenden Konzepte der EJBs sind nicht objekt-orientiert. So kennt die Spezifikation Primärschlüssel und eine Komponentenabhängigkeit im Sinne von Fremdschlüsselbeziehungen, hingegen aber keine Ansätze zur Komponentenabstraktion in Analogie zu Klassenhierarchien.

Was sich bei der Entwicklung komponenten-basierter Rahmenwerke und Systeme durchsetzt, ist die Trennung zwischen Datenelementen (wie die *Entity Beans*) und den auf ihnen operierenden Prozessen (wie die *Session Beans*) in der Anwendungslogik. Die Komponenten werden auf Anwendungsservern installiert, die ihnen Dienste wie Transaktionen, Datenbankanbindung, asynchrone

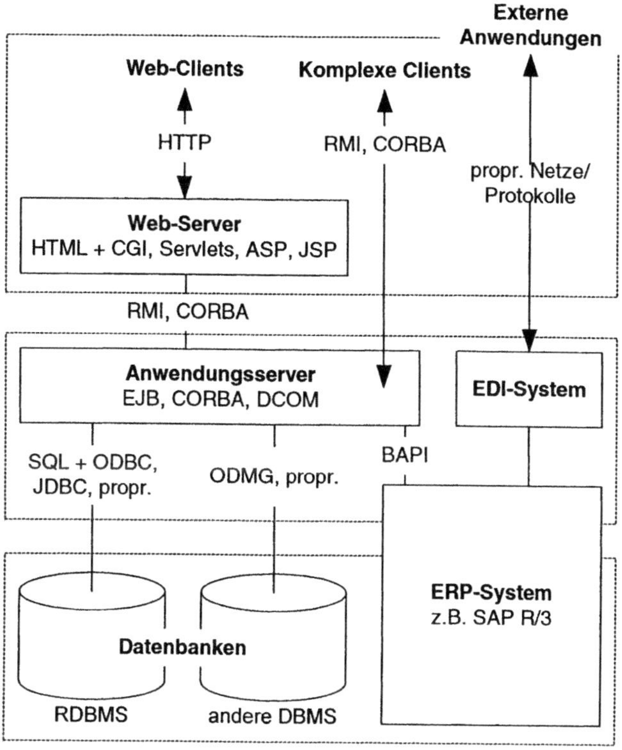

Architekturen ohne XML

Kommunikation oder einen Namensdienst bereitstellen, und können mittels Verteilungstechniken wie CORBA, RMI oder DCOM angesprochen werden.

Die Interaktion mit den Systemen kann unternehmensintern aus komplexen Clients erfolgen. Immer wichtiger wird aber auch die Bereitstellung von Web-Portalen für unternehmensinterne und externe Benutzer. Diese Benutzer verfügen lediglich über einen Web-Browser, der HTML-Dokumente verarbeitet. In diesem Fall bilden Web-Server das Front-End der Applikationsserver. Technologien für dynamisches HTML wie CGI und Servlets und natürlich serverseitige Scripttechniken wie JSP und ASP ermöglichen die vollständige Interaktion mit der Anwendung. Die Vertraulichkeit der Kommunikation wird durch den Einsatz von Verschlüsselung und zugehöriger sicherer Protokolle wie HTTPS umgesetzt.

Die unternehmensübergreifende Kopplung von Anwendungen ist ohne den Einsatz von XML schwierig und teuer. Sie wird meistens durch EDI-Systeme realisiert. Sie bilden eine Brücke zwischen dem internen Warenwirtschaftssystem eines Unternehmens und einem (proprietären) Netzwerk, das das Unternehmen mit seinen Partnern verbindet.

Was hier deutlich wird, ist die mangelnde Durchgängigkeit in den Systemen bereits bei ihrem Entwurf. Die Datenbanken sind überwiegend relational, die Anwendungslogik objekt-orientiert und die Interaktion erfolgt etwa über dynamisches HTML. Dies führt von Anfang an zu einem viel zu niedrigen Maß an Flexibilität. Jede durch eine neue Anforderung ausgelöste Veränderung verursacht hohe Anpassungskosten entlang der gesamten Architektur. Diese können nur durch den strengen Einsatz von Softwareengineering-Techniken und Automatisierungswerkzeugen beherrscht werden.

So führte die Notwendigkeit der Kombination relationaler Datenbanken mit objekt-orientierten Anwendungen zur Entwicklung der objekt-relationalen Abbildungstechniken und zahlreicher Werkzeuge, wie CocoBase, TOPLink und Avantis. Auf der anderen Seite versuchen Ansätze wie die Java Server Pages, die Paradigmenlücke zwischen der dokumenten-orientierten HTML-Welt des Web-Benutzers und den Java-Serverkomponenten zu schließen. Worunter allerdings die Trennung von Anwendungslogik und Präsentation bzw. Interaktion leidet.

11.3 Architekturen mit XML

Betrachtet man nun das Einsatzpotential von XML und den darauf aufbauenden Technologien entlang der gezeigten Architektur, so wird deutlich, dass sich hier ganz neue Perspektiven eröffnen. Heute findet XML Anwendung:

- in der Persistenzschicht und
- in der Interaktionsschicht.

Beides bringt eine größere Flexibilität und Interoperabilität der Lösungen mit sich.

11.3.1 Persistenzschicht

Der Einsatz von XML in der Persistenzschicht bringt zunächst den Datenbankherstellern Vorteile. Aufgrund ihrer hohen Komplexität sind Datenbanksysteme nur dann rentabel, wenn sie ein breites

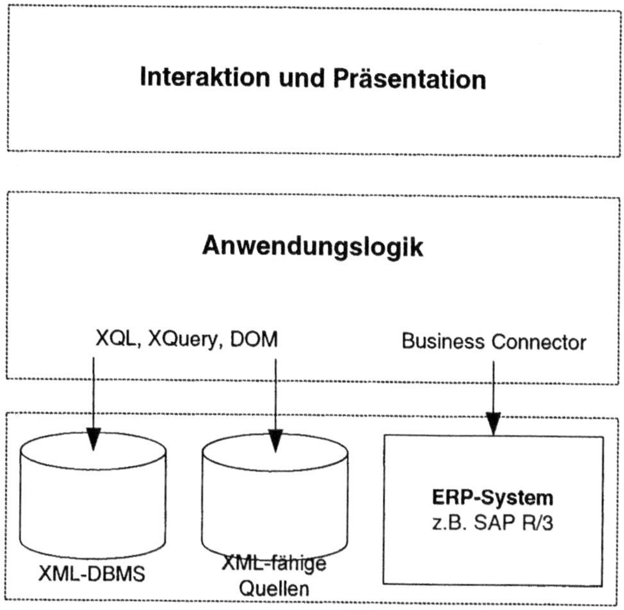

Persistenzschicht mit XML

Einsatzspektrum finden. Sie müssen also möglichst anwendungsunabhängig realisiert werden. An dieser Stelle bietet XML wesentliche Vorteile gegenüber dem relationalen Datenmodell: basierend auf einer XML-Datenbank sind nicht nur daten-orientierte Anwendungen sondern auch dokumentenorientierte und gemischte Systeme leicht realisierbar. Beispiele hierfür sind Dokumenten- und Content Management Systeme, semistrukturierte Datenbanken, wie sie etwa in Lotus Noten zu finden sind, u.v.m.

Wo bisher mehrere Systeme oder proprietäre Erweiterungen benötigt wurden, kommt jetzt eine standardisierte Technologie zu tragen. Mit XML Schema sind im Vergleich zu SQL viel flexiblere Schemadefinitionen möglich, in denen Datenelemente verschachtelt und mit Attributen versehen werden können. Alternative und optionale Inhalte können definiert und die Elementreihenfolge festgehalten werden. Mit XML-Anfragesprachen und DOM stehen Techniken zum Zugriff auf die XML-Datenbestände zur Verfügung. Diese Entwicklung ist sowohl von Seiten der Datenbankhersteller als auch der Systemanwender zu begrüßen.

Ein weiterer Vorteil des Einsatzes von XML liegt darin, dass nun eine viel größere Anzahl an Datenquellen mit einem geringen Aufwand in integrierte Systeme eingebunden werden kann. Nicht nur Datenbanken sondern auch immer mehr Dokumenten- und Content Management Systeme oder Groupware-Komponenten wie Kalender,

Adressbücher und E-Mail-Server verfügen über Schnittstellen zum Importieren und Exportieren ihrer Daten in Form von XML-Dokumenten. Auch ERP-Systeme können zunehmend über XML-Schnittstellen wie der SAP Business Connector eingebunden werden. Somit erhöht sich die Zahl leicht integrierbarer Quellen enorm. Eine Transparenz, die es bisher in der Form nicht gab, wird geschaffen.

11.3.2 Interaktionsschicht

In der Interaktions- und Präsentationsschicht bringt die Anwendung von XML zwei wichtige Vorteile mit sich:

- An der Benutzerschnittstelle vereinfacht sich die Entwicklung von Zugängen für unterschiedliche Endgeräte und Benutzergruppen.
- An der Schnittstelle zu anderen Systemen stellt XML eine leichtgewichtige und interoperable Lösung dar.

Das Web findet immer mehr Benutzer, und das Spektrum der Endgeräte, mit deren Hilfe die Benutzer auf das Web zugreifen können, wächst ebenfalls: Arbeitsplatzrechner, Notebooks, Mobiltelefone, PDAs.

Wie XML zur Steigerung der Flexibilität von Benutzerschnittstellen in Web-Anwendungen beitragen kann, soll am Beispiel von Cocoon gezeigt werden. Cocoon ist ein Servlet, das den Apache Web-Server in ein „XML Publishing Framework" verwandelt [Apa02].

Bisher verwenden Entwickler von Web-Anwendungen an der Schnittstelle zum Browser des Benutzers meist Technologien, die HTML-Code mit serverseitigem Programmcode kombinieren. Ein prominentes Beispiel sind die Java Server Pages (JSP). Hier ein Seitenausschnitt:

```
<html>
  <body>
    <table>
    <tr>
      <td><%=artikel.getNummer()%></td>
      <td><%=artikel.getBezeichnung()%></td>
      <td><%=artikel.getPreis()%></td>
    </tr>
    </table>
  </body></html>
```

Der Aufruf einer solchen JSP bewirkt, vereinfacht gesagt, die Ausführung des eingebetteten Codes durch den Web-Server und das Einfügen des Ergebnisses an seiner Stelle. Da der Java-Code direkt im HTML-Code platziert ist, sind die Ermittlung der Werte und ihre Darstellung untrennbar miteinander verbunden.

Wird statt eines HTML-Dokuments eine XML-Vorlage verwendet, so trennt man die beiden Aspekte Berechnung und Darstellung voneinander. Das Ergebnis wird zunächst ermittelt und in ein XML-Dokument eingefügt. Das so erhaltene Dokument enthält bereits alle darzustellenden Daten, aber noch keinerlei Informationen über ihre Präsentation. Es kann jetzt, z.B. mittels XSLT, in beliebig viele unterschiedliche Darstellungsformate überführt werden: diverse HTML-Darstellungen, WML für WAP-fähige mobile Endgeräte, PDF, RTF und andere auf Unicode basierende Formate. Die Flexibilität und Wiederverwendbarkeit des Systems steigen also durch die Anwendung von XML beträchtlich.

Genau diesen Ansatz verfolgt Cocoon. Zwar ist die Kombination von XML und serverseitigem Java-Code auch mit JSP möglich, doch Cocoon zielt auf ein noch flexibleres Rahmenwerk mit wählbaren Programmiersprachen und Pipelineverarbeitung hinaus. Analog zu JSP heißen die XML-Vorlagen, in die serverseitig auszuführender Code eingebettet wird, eXtensible Server Pages (XSP). Eingebettet werden können diverse Programmiersprachen, z.B. Java und SQL. So ist es möglich, aus XSPs Enterprise Java Beans anzusprechen, aber auch der direkte Zugriff auf eine relationale Datenbank ist realisierbar.

In Analogie zum obigen Beispiel könnte eine XSP enthalten:

```
<katalog>
  <artikel>
    <artikelNummer>
      <xsp:expr>artikel.getNummer()</xsp:expr>
    </artikelNummer>
    <artikelBezeichnung>
      <xsp:expr>artikel.getBezeichnung()</xsp:expr>
    </artikelBezeichnung>
    <artikelPreis>
      <xsp:expr>artikel.getPreis()</xsp:expr> Euro
    </artikelPreis>
  </artikel>
</katalog>
```

XSLT-Pipeline in Cocoon

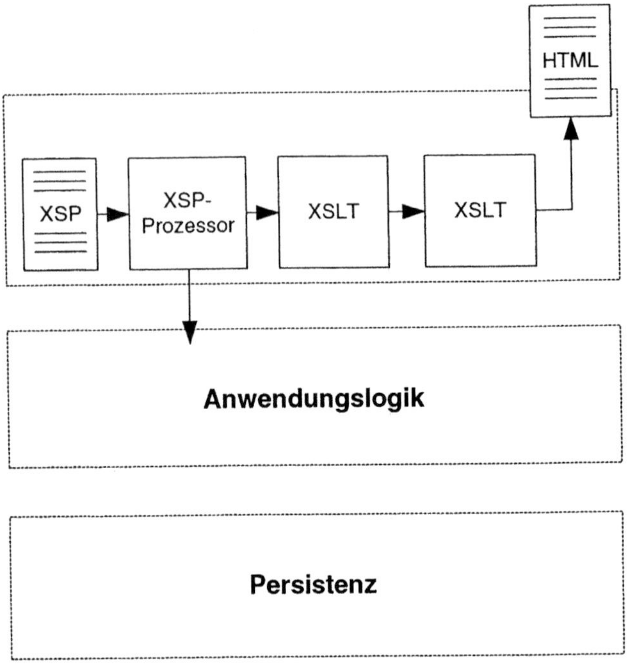

Die XSP-Elemente `xsp:expr` enthalten Ausdrücke in einer wählbaren Programmiersprache, die von einem XSP-Prozessor ausgeführt werden und deren Ergebnis der Prozessor als Text an die Stelle des Elements einfügt. In unserem Fall könnte der Prozessor z.B. dieses Ergebnis erstellt haben:

```
<katalog>
  <artikel>
    <artikelNummer>8325Z9</artikelNummer>
    <artikelBezeichnung>Schrauben gelbverzinkt 4,0x40
    20 Stück</artikelBezeichnung>
    <artikelPreis>3,99 Euro</artikelPreis>
  </artikel>
</katalog>
```

Das nach der Ausführung des eingebetteten Codes erhaltene XML-Dokument kann Cocoon mittels XSLT transformieren. Das Ergebnis der Transformation kann ein HTML-Dokument oder ein weiteres XML-Dokument sein. Das HTML-Dokument wird vom Web-Server an den Client-Browser gesendet. Ein XML-Dokument kann hingegen einer weiteren XSL-Transformation unterzogen werden. Die Daten durchlaufen in Cocoon also eine Art Pipeline von hintereinander geschalteten XSL-Transformationen bis sie in eine darstellbare Form überführt werden, zum Beispiel:

```
<html>
  <body>
    <table>
    <tr>
      <td>8325Z9</td>
      <td>Schrauben gelbverzinkt 4,0x40 20 Stück</td>
      <td>3,99 Euro</td>
    </tr>
    </table>
  </body>
</html>
```

Im Cocoon-Beispiel kommuniziert eine Person mit der Datenbankanwendung. Die Interaktion erfolgt mittels einer HTML-Schnittstelle. Im E-Business ist es jedoch immer öfter erwünscht, dass die Systeme zweier Unternehmen ohne menschliche Eingriffe direkt miteinander verbunden werden. Das Ziel ist es, Medienbrüche zwischen Telefon, Fax und EDV zu vermeiden und die Routinearbeiten den Computersystemen zu überlassen, um auf diese Weise Prozesskosten zu senken und die Reaktionsgeschwindigkeit des Unternehmens zu erhöhen. Auch dies ist ein typisches Einsatzfeld für XML.

Angenommen, ein Abnehmer möchte seinen Lieferanten die Abfrage seiner Lagerbestände ermöglichen, damit diese ihre Produktion besser optimieren können. Sein Ziel ist eine reibungslose Just-In-Time-Lieferung. Dazu legt der Abnehmer zwei Nachrichten fest: eine Anfrage (*request*), in der ein Lieferant angeben kann, an welcher Artikelart er interessiert ist, und eine Antwort (*response*), in der der Abnehmer seinen derzeitigen Lagerbestand an Artikeln dieser Art zurückgibt. Die Nachrichten werden in XML kodiert. Der Abnehmer entwirft dazu eine DTD bzw. eine XML-Schema-Definition. Um eine Anfrage an den Abnehmer zu senden, benutzen die Lieferanten das HTTP. Sie rufen die Methode `POST` mit einer vom Lieferanten festgelegten URL auf (`http://www.abnehmer.com/rpc`) und übergeben die Anfrage als Wert des Parameters `procedure`.

Der Abnehmer muss nun eine Web-Anwendung implementieren, die auf Anfrage den Artikelbestand in der betrieblichen Datenbank bzw. dem Warenwirtschaftssystem prüft und ein XML-Dokument

XML im E-Business

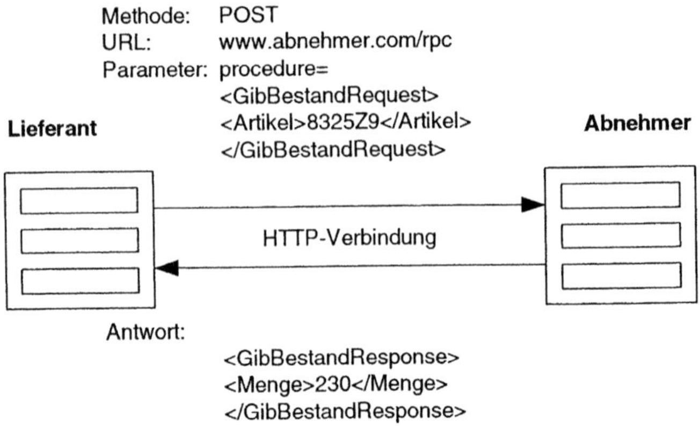

als Resultat der Anfrage erstellt. Die Lieferanten implementieren in ihren Systemen Methoden, die Anfragen in Form von XML-Dokumenten konstruieren, diese über eine HTTP-Verbindung an den Abnehmer senden und die XML-Antworten wiederum dekodieren. Ohne jegliche Fehlerprüfung, Authorisierung und andere essentielle Aspekte würde der Lieferant etwa folgenden Java-Code implementieren:

```
public int gibBestand(String artikel) {
  ResponseParser parser = new ResponseParser();
  URL url = new URL(
  "http://www.abhehmer.com/servlet/rpc?procedure=
   <GibBestandRequest><Artikel>" + artikel
   + "</Artikel></GibBestandRequest>");
  HttpURLConnection con =
   (HttpURLConnection)url.openConnection();
  urlConnection.setRequestMethod("POST");
  int menge = parser.parseMenge(con.getInputStream());
  return menge;
}
```

Was der Abnehmer mit seinen Lieferanten definiert, kann als ein XML-basiertes Protokoll aufgefasst werden. Bei der Spezifikation eines solchen Protokolls sind u.a. folgende wichtige Punkte zu klären:

- Die Typen und der Aufbau der Nachrichten, die ausgetauscht werden, müssen festgelegt werden. In unserem Fall waren es

`GibBestandRequest` und `GibBestandResultat`, beide mit einer sehr einfachen Struktur.

- Die Abbildung dieser Nachrichten auf XML ist zu beschreiben. Hier ist etwa zu klären, ob und wie die Typen aus XML Schema verwendet werden. In unserem Beispiel könnte der Lieferant seine Artikelarten als `Strings` und die Bestände als `Integers` spezifizieren.
- Sofern das Protokoll nicht zustandslos ist, werden die Zustandsmenge und die durch die Nachrichten ausgelösten Zustandsübergänge festgelegt. Zustandsbehaftete Protokolle werden z.B. dann benötigt, wenn die Lieferung einer Ware von einer erfolgreich abgeschlossenen Zahlungstransaktion abhängig gemacht werden soll. Auch müssen die auftretenden Fehlerarten und Fehlermeldungen spezifiziert werden.
- Die Abbildung des Nachrichtenaustausches auf mindestens ein Transportprotokoll muss spezifiziert werden. In unserem Beispiel erfolgt die Nachrichtenübermittlung über eine HTTP-Verbindung. Die Lieferanten müssen die `POST`-Methode mit einer bestimmten URL und einem bestimmten Parameter aufrufen. Es ist aber auch denkbar, den Nachrichtenaustausch z.B. über die E-Mail-Protokolle SMTP und POP zu realisieren. Solche Abbildungen werden als *Bindungen* bezeichnet. Zu einer Bindung kommen oft noch weitere Aspekte wie die Verschlüsselung der Nachrichten, die Authentisierung und Autorisierung der kommunizierenden Partner etc. hinzu.
- Schließlich sind auch Bindungen für diverse Programmiersprachen hilfreich, denn dadurch wird es möglich, Teile des Programmcodes, wie die obigen Java-Zeilen des Lieferanten, automatisch zu generieren.

Das hier vorgestellte Beispiel ist äußerst einfach. Dennoch demonstriert es die grundlegenden Prinzipien der Anwendung von XML zur Realisierung der Kommunikation zwischen Computersystemen. Seit der Veröffentlichung von XML erschien eine Vielzahl von Standardisierungsvorschlägen im E-Business-Bereich. Sie widmen sich meistens einer Untermenge der oben aufgeführten Aspekte. Branchenspezifische Ansätze konzentrieren sich verständlicherweise auf die Festlegung von Nachrichtentypen, ihre Struktur und die Systemzustände ergänzt um die Spezifikation von XML-DTDs und Schemata sowie manchmal die Fragen des Nachrichtentransports. Die prominentesten Vertreter sind hier RosettaNet, ebXML, cXML, xCBL sowie im deutschen Raum BMEcat und PapiNet. Die

Abbildung der Nachrichten auf XML und die Bindungen an Transportprotokolle werden in den branchennahen Ansätzen jedoch allmählich ausgegrenzt, da hier andere Standardisierungsvorschläge auf immer größere Akzeptanz stoßen: das *Simple Object Access Protocol* (SOAP), sowie die *Web Services Description Language* (WSDL). Die Bindungen für Programmiersprachen bilden ein weiteres Feld von Aktivitäten. Zu nennen sind ist hier etwa das JAXM, *Java API for XML Messaging*.

11.4 Schichten und Dokumente

Wie wir gesehen haben, bringt XML wesentliche Vorteile in der Entwicklung von Datenbankanwendungen mit sich. Die Systeme werden flexibler, ihre Interoperabilität steigt. Dennoch bleibt das Problem der Brücken zwischen den Schichten der Architektur: auf eine XML-Datenbank greifen immer noch „konventionelle" Enterprise Java Beans, CORBA- oder DCOM-Komponenten zu. Diese werden wiederum in eine XML-basierte Interaktions- und Präsentationsschicht eingebettet. Der Wunsch nach einer vollständig XML-orientierten Anwendungslogik kommt auf. Ein solches XML-System würde eine bisher unerreichte Durchgängigkeit entlang der gesamten Architektur bieten. Zwei Gründe stehen allerdings dieser Vision einer brückenlosen Architektur entgegen:

1. Die grundlegende Dateneinheit, wie sie ein Objekt im objektorientierten Modell bzw. ein Tupel im relationalen Modell darstellt, ist im Falle von XML ein XML-Dokument. Auch wenn alle Schichten der Architektur XML zur Datenrepräsentation benutzen würden, ist das Verständnis davon, was ein XML-Dokument ist, von Schicht zu Schicht unterschiedlich.
2. Die Komplexität der heutigen Anwendungen ist zu hoch, als dass sie sich in einem Satz softwaretechnisch beherrschbarer XML-Transformationen ausdrücken ließe. Ein anderes Paradigma ist daher nötig.

Auf ersteren der beiden Punkte wollen wir etwas genauer eingehen (vgl. auch Abschnitte 9.2.1 und 9.2.2).

Im Zentrum der Betrachtung steht im Falle von XML das Dokument als eine verschachtelte Struktur von Elementen und die darauf stattfindenden Verarbeitungsschritte. Bei einer näheren Betrachtung der Drei-Schichten-Architektur und XML zeigt sich, dass die Auffassungen der Schichten davon, was ein Dokument ist, und von welcher Art die darauf stattfindenden Verarbeitungsschritte sind, unterschiedlich sind. Wir betrachten hier die Persistenzschicht und die Anwendungslogik.

Die Persistenzschicht, meistens realisiert durch eine oder mehrere Datenbanken, verwaltet ein Abbild der Zustände in einem Ausschnitt der Realwelt. Dieser Ausschnitt erstreckt sich in der Regel auf eine ganze Reihe von Realweltobjekten wie Kunden, ihre Bestellungen, die zugehörigen Rechnungen usw.. Im Mittelpunkt der Persistenzschicht stehen die Dauerhaftigkeit der Datenbasis, ihre Konsistenz und die Verarbeitungsgeschwindigkeit des Systems.

Typisch ist auf dieser Ebene die große Menge der in der Datenbasis enthaltenen Objekte. Die Konsistenz der Datenbasis wird durch ein Schema ergänzt um zusätzliche Konsistenzregeln gewährleistet. Sie haben den Charakter von Bedingungen, die zwischen unterschiedlichen Arten von Objekten erfüllt sein müssen: einer Bestellung muss immer genau ein Kunde zugewiesen sein und eine Rechnung muss sich immer auf eine Bestellung beziehen. Weiterhin typisch ist die starke Normalisierung der Datenbasis, um die Konsistenzsicherung zu erleichtern und die Datenmenge zu minimieren. Eine Denormalisierung wird ggf. aus Gründen der Performanz durchgeführt.

Da Datenbanksysteme äußerst komplexe und damit auch teure Systeme sind, ist für ihre Rentabilität eine weite Verbreitung erfolgskritisch. Die Schnittstelle der Persistenzschicht ist daher immer stark generisch, sie bietet keinerlei anwendungsnahe Operationen sondern Funktionalität zum Einfügen, Abfragen, Modifizieren und Löschen ausgewählter Teile der Datenbasis.

Aus der Sicht der Persistenzschicht empfehlt es sich daher, die gesamte Datenbasis als *ein* XML-Dokument aufzufassen. Die zu diesem Dokument zugehörige XML-Schemadefinition beschreibt dann die Gesamtheit aller vorkommenden Arten von Realweltobjekten. Die Mechanismen, die XML Schema zum Ausdrücken von Konsistenzbedingungen bietet, können eingesetzt werden, um die Konsistenz der Datenbasis zu sichern.

Im Fall der Kunden und ihrer Bestellungen könnte die Datenbasis enthalten:

Datenbasis
In XML

```
<datenbasis>
  <kunden>
    <kunde kundenNummer="714">
      <kundenName>Forschungszentrum Informatik</kundenName>
      <kundenAdresse>Karlsruhe, Deutschland</kundenAdresse>
    </kunde>
  </kunden>
```

```
<bestellungen>
  <bestellung bestellNummer="966">
    <besteller kundenNummer="714"/>
    <bestellposition>
      <artikelBezeichnung>Bosch Schlagbohrmaschine
      PSB 500 RE</artikelBezeichnung>
      <artikelPreis>49.95</artikelPreis>
      <artikelMenge>1</artikelMenge>
    </bestellposition>
    ...
  </bestellung>
  <bestellung bestellNummer="5031">
    <besteller kundenNummer="714"/>
    <bestellposition>
      <artikelBezeichnung>Schrauben gelbverzinkt
      4,0x40 20-Stück-Packung</artikelBezeichnung>
      <artikelPreis>3.99</artikelPreis>
      <artikelMenge>10</artikelMenge>
    </bestellposition>
    ...
  </bestellung>
</bestellungen>
</datenbasis>
```

Das Behälterelement `kunden` nimmt alle registrierten Kunden auf. Ähnlich werden alle Bestellungen zusammengefasst. Die Bedingung, dass einer Bestellung immer ein Kunde zugeordnet werden muss, wird durch das obligatorische Element `besteller` in `bestellung` ausgedrückt, das eine Referenz auf ein `kunde`-Element enthält. Durch die Verwendung einer Referenz statt der Einbettung der Kundendaten in die Bestellung wird die Datenbasis normalisiert: jeder Kunde kommt, unabhängig von der Anzahl seiner Bestellungen, nur einmal in der Datenbasis vor.

Mit den generischen Operationen von XML-Anfragesprachen können Anfragen auf beliebigen Teilen der Datenbasis, wie „Finde alle Kunden, die Artikel im Wert von mehr als 500,00 Euro bestellt haben", problemlos gestellt werden.

Würden hingegen als Dokumente einzelne Kundendatensätze, Bestellungen, Rechnungen aufgefasst werden, dann wären die grundlegenden Anforderungen bzgl. Konsistenzsicherung, Minimalität und generischer Schnittstellen nicht umzusetzen, da in XML z.B. Konsistenzbedingungen nicht dokumentübergreifend ausgedrückt werden können, und die Anfragesprachen nur auf einzelnen Dokumenten arbeiten.

Die Anwendungsschicht soll, im Gegensatz zur Persistenzschicht, nicht ein möglichst generisches System darstellen sondern eine fallspezifische Funktionalität anbieten. Dazu verfügt sie über eine semantisch reiche Schnittstelle mit Methoden wie: „Kunden registrieren", „Angebot erstellen", „Bestellung aufgeben". Die über die Schnittstelle ausgetauschten Daten können als Nachrichten oder Parameter aufgefasst werden. Ihre Aufgabe ist es, im System bestimmte Aktionen auszulösen. Sie haben also einen temporären Charakter. Die Nachrichten sind relativ klein, die Normalisierung steht hier nicht im Vordergrund. Es geht vielmehr um die schnelle Verarbeitung der Nachrichten, die vielmehr durch Denormalisierung erreicht werden kann.

Konsistenzbedingungen, die sich auf den Inhalt mehrerer Nachrichten beziehen (z.B. ein Kunde kann erst dann bestellen, nachdem er sich registriert hat), werden durch die Anwendung überwacht. Bei der Spezifikation der Nachrichtenstruktur benötigt man deshalb keinerlei nachrichtenübergreifende Bedingungen.

Aus der Sicht der Anwendungsschicht sind XML-Dokumente ganz anders aufzufassen als in der Persistenzschicht. Sie sind einzelne, nicht zusammenhängende Nachrichten. DTDs bzw. Schemadefinitionen legen die Strukturen der Nachrichten fest. Sie können auch Konsistenzbedingungen angeben, die innerhalb einer Nachricht zu erfüllen sind.

Eine ähnliche Situation hatten wir, stark vereinfacht, bereits im Kapitel 11.2.2 vorgefunden. Dort sendete der Lieferant die Nachricht `GibBestellungRequest` an das System des Anbieters. Dieses überprüfte daraufhin die vorhandene Menge an Artikeln der vom Lieferanten angegebenen Art. Auf diese Weise kann auch das Auslösen einer Bestellung erfolgen:

Nachricht in XML

```
<bestellung>
  <kunde kundenNummer="714">
    <kundenName>Forschungszentrum Informatik</kundenName>
    <kundenAdresse>Karlsruhe, Deutschland</kundenAdresse>
  </kunde>
  <bestellposition>
    <artikelBezeichnung>Bosch Schlagbohrmaschine
    PSB 500 RE</artikelBezeichnung>
    <artikelPreis>49.95</artikelPreis>
    <artikelMenge>1</artikelMenge>
  </bestellposition>
  ...
</bestellung>
```

Die Unterschiede zum vorhergehenden XML-Dokument sind deutlich. Die Behälterelemente entfallen, da ein XML-Dokument genau eine Bestellung übermittelt. Die Kundendaten werden in die Bestelldaten eingebettet.

Das Speichern derartiger Nachrichten in unveränderter Form in der Persistenzschicht scheint fraglich. Die Sicherstellung von dokumentübergreifenden Konsistenzbedingungen ist schwierig, Suchoperationen müssen immer wieder über mehrere Dokumente durchgeführt werden, Kundendaten werden wegen fehlender Normalisierung dupliziert. Es bietet sich an, die Datenbasis wie im ersten Beispiel als ein einziges XML-Dokument zu realisieren, und die Nachrichten nach geeigneter Zerlegung in den Behälterelementen zu speichern.

Die obigen Überlegungen sollten gezeigt haben, dass trotz der durchgängigen Anwendung von XML in allen Schichten der 3-Schichten-Architektur immer noch konzeptuelle Brüche an den Schichtenübergängen zu überbrücken sind. Bei aller gewonnenen Flexibilität und Interoperabilität ist also auch bei der Entwicklung von XML-basierten Anwendungen ein nicht vernachlässigbarer Bedarf an geeigneten softwaretechnischen Methoden und Entwurfsmustern vorhanden. XML scheint an dieser Stelle den Weg der Objekttechnologie in der Gegenrichtung erfolgreich zu bestreiten: von einem Datenaustauschformat über Programmierschnittstellen, Datenbanken, Protokolle bis hin zu Modellierungsnotationen, Entwurfsmustern und vielleicht auch einem eigenständigen Programmierparadigma. Dies ist auch unbedingt notwendig, damit die leistungsfähige aber auch komplex gewordene Technologie beherrschbar bleibt.

TEIL IV

Datenbankprodukte

12 Relationale Datenbanken

12.1 Einleitung

Die Vorstellung des relationalen Modells in den 70er Jahren und die darauffolgende Entwicklung relationaler Datenbanksysteme hat die damalige Welt von Netzwerk- und hierarchischen Datenbanksystemen umgekrempelt. Der Siegeszug relationaler Systeme zur Speicherung von strukturierten Daten hält bis heute an. Selbst objektorientierte Datenbanksysteme, die vor allem in den 80ern und Anfang der 90er in aller Munde waren und angetreten sind, einen erneuten Paradigmenwechsel herbeizuführen, konnten sich nicht durchsetzen. Heute sind die Begriffe Datenbanksystem und relationales Datenbanksystem quasi Synonyme und alle anderen Varianten haben höchstens noch in Nischenmärkten oder in Alt-Systemen eine Bedeutung. Allerdings gibt es auch immer wieder Kritik am relationalen Modell, was beispielweise einige Hersteller dazu veranlasste, objektrelationale Erweiterungen einzuführen, also die Möglichkeit, Objekte in Tupel-Komponenten zu speichern.

Seit der Spezifikation von XML 1998 setzt sich XML inzwischen als Standard-Austauchformat in allen möglichen Anwendungsfeldern durch. Es geht jedoch nicht mehr nur darum, schwachstrukturierte Dokumente von A nach B zu transportieren, sondern vielmehr um den Austausch von semi- bis starkstrukturierten Daten. Die Frage, die dabei immer mehr in den Vordergrund rückt, ist daher auch die nach der Wahl geeigneter Systeme zur Ablage von XML-Daten und Dokumenten bzw. nach der Gewinnung von XML aus bereits existierenden Datenquellen. Sind die Systeme, die derzeit im Einsatz sind, auch für die Speicherung von XML geeignet? Welche Funktionalitäten bieten sie oder werden sie in Zukunft bieten? Mit diesen Fragen beschäftigen wir uns in diesem Kapitel. Da eine vollständige Behandlung der Einzelsysteme den Rahmen dieses Buches sprengen würde, konzentrieren wir uns auf die wichtigsten Aspekte der von den drei großen Datenbankherstellern (Oracle, Microsoft und IBM) angebotenen Systeme und illustrieren die Ansätze anhand von Beispielen. Der Frage nach Alternativen, sogenannten XML-Datenbanken, widmen wir uns im nächsten Kapitel.

12.2 Oracle

Da Oracle das am meisten verbreitete Datenbanksystem ist, richten wir zunächst unser Augenmerk auf die neuen Entwicklungen der 8i- bzw. 9i-Plattform.

"Deliver the best platform for developers to productively build and cost-effective deploy reliable and scalable Internet applications exploiting XML" heißt es bei Oracle, wo entsprechend früh angefangen wurde diese Strategie umzusetzen. Bereits für Oracle 8i wurden Werkzeuge und Konzepte entwickelt, die jetzt vollständig in die 9i-Plattform einfließen. Die klassische objektrelationale Datenbank wurde um Komponenten, Hilfsprogramme und Schnittstellen erweitert, die Oracle zu einer XML-fähigen Datenbank machen sollen.

Oracle bietet mehrere Möglichkeiten, um XML mit einer relationalen Datenbank zu verbinden, auf die wir in Abschnitt 12.2.1 eingehen wollen:

- Java XML SQL Utility (XSU) und XSQL-Servlet
- *Inter*Media
- Internet File System (iFS)

Hinzu kommt noch eine Reihe von Werkzeugen wie der XML Class Generator, um aus einer DTD eine Java-Klasse zu erzeugen, oder der XML-Parser. Diese Tools, die nichts mit der eigentlichen Datenhaltung zu tun haben, jedoch Bestandteil der Plattform sind, werden in Kapitel 12.2.2 vorgestellt.

12.2.1 Lesender und schreibender Zugriff

Java XML SQL Utility

Ziel der XML SQL Utility (XSU) ist die Kopplung von XML-Dokumenten mit den Datenbeständen in der Datenbank. Es handelt sich hierbei um ein kleines, aber mächtiges in Java entwickeltes

Werkzeug, mit dem XML-Daten in eine Tabelle der Datenbank geschrieben bzw. aus dieser gelesen werden können. Das Format des Ergebnisdokuments kann zusätzlich über das Werkzeug angepasst werden.

XML als Ergebnis einer SQL-Anfrage über XSU

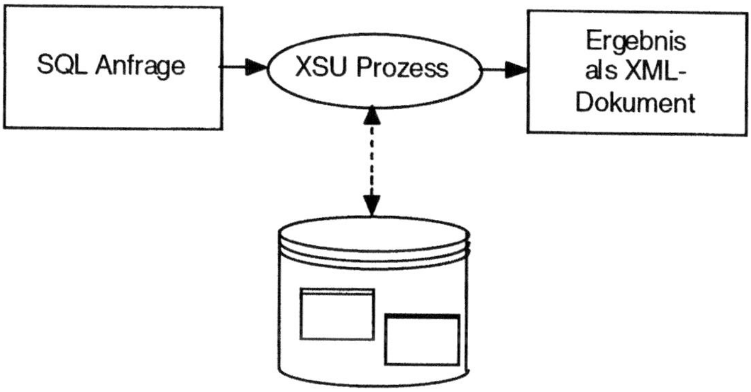

Beim lesenden Zugriff wird die Struktur des Ergebnisdokuments, solange nicht anders angegeben, aus der Struktur der Datenbank erstellt. Hier eine Beispielabfrage:

```
SELECT hersteller, lieferzeit
FROM Artikel
WHERE stueckpreis < 10
```

Sie liefert folgendes Ergebnis:

```
<rowset>
  <row id="1">
        <hersteller>ABB</hersteller>
        <lieferzeit>2 Wochen</lieferzeit>
  </row>
</rowset>
```

Wie man sieht, werden als Standardtags `ROWSET` und `ROW` verwendet, die restlichen Tags ergeben sich aus der Tabelle.

Die SQL XML Utility kann sowohl einen einfachen String als auch einen DOM Baum erzeugen. Um das erzeugte XML-Dokument noch weiter anzupassen, kann über Java auf das API des XML SQL Utilities zugegriffen werden. Zur Illustration noch ein Beispiel, in dem Datensätze über JDBC aus einer Datenbank gelesen werden. Die Anzahl der ausgegebenen Datensätze wird auf drei beschränkt, und die `rowset`- und `row`-Tags werden geändert. Das resultierende XML-Dokument wird anschließend durch das Stylesheet artikel.xsl formatiert.

```
import java.sql.*;
import oracle.jdbc.*;
import oracle.xml.*;

Public Class XMLquery
{
        public static void main()
        {

// Verbindung herstellen
String User = "karl/kennwort";
DriverManager.registerDriver(new
        oracle.jdbc.driver.OracleDriver());
Connection con = DriverManger.getConnection(
        "jdbc:oracle:oci8:"+user+"@");

// SQL-Abfrage ausführen
OracleXMLQuery qry = new OracleXMLQuery(con, "SELECT * FROM
ARTIKEL");

// XML-Dokument anpassen
qry.SetMaxRows(3);
qry.SetRowsetTag("artikel)
qry.SetRowTag("datensatz")
qry.SetStyleSheet("artikel.xsl")


// Ergebnis ausgeben
String xmlString = qry.getXMLString();
System.out.println (xmlString);
```

Dieses Beispiel gibt folgendes Ergebnis aus:

```
<?xml version="1.0"?>
<artikel>
        <datensatz>
                <hersteller>ABB</hersteller>
                <lieferzeit>2 Wochen</lieferzeit>
        </datensatz>
        <datensatz>
                ...
```

```
        </datensatz>
        <datensatz>
                ...
        </datensatz>
</artikel>
```

Neben dem lesenden Zugriff besteht auch die Möglichkeit, XML-Dokumente in die Datenbank zu schreiben. Soll ein XML-Dokument in eine bestehende Tabelle eingefügt werden, ist unter Umständen eine Konvertierung nötig.

Im folgenden Beispiel wird ein File `neuer-artikel.xml` in die Tabelle ARTIKEL eingefügt. Die Verbindung zur Datenbank wird wie oben aufgebaut, daher hier nur der relevante Code:

```
String fileName = "neue-artikel.xml";
OracleXMLSave save =
        new OracleXMLSave(con, "ARTIKEL");
URL url = save.createURL(fileName);
int newrows = save.insertXML(url);

System.out.println( newrows
        + " Datensätze eingefügt!");

con.close();
```

Damit das funktioniert, muss das zu speichernde XML-Dokument bereits so formatiert sein, dass es der Struktur der Tabelle entspricht. Dies bedeutet, dass die Tabellen-Elemente mehrere Zeilen-Elemente umklammern, und dass jedes Zeilen-Element aus mehreren Spalten-Elementen besteht. In unserem Beispiel ist das der Fall. Ist diese Voraussetzung nicht erfüllt, so muss das Dokument zunächst über XSLT transformiert werden.

12.2.1.1 XSQL-Servlet

Wie aus dem vorherigen Abschnitt hervorgeht, muss beim Einsatz der XML SQL Utility noch einiges in Java programmiert werden. Auch wenn der Mechanismus mächtig genug ist und das Utility unmittelbar eingesetzt werden kann, so wäre ein Schablonen-Mechanismus à la Active Server Pages oder Java Server Pages wünschenswert, in dem die XML-generierenden Anfragen direkt in eine XML-Schablone eingebettet werden können.

Hierfür bietet Oracle das XSQL-Servlet an. Es erlaubt durch eine oder mehrere SQL-Anfragen in einer Vorlage, XML-Dokumente aus einer Datenbank zu erstellen und diese dann durch XSLT zu formatieren bzw. in andere textbasierte Formate wie HTML zu konvertieren. Zu diesem Zweck können Schablonen (*templates*) definiert werden, die die SQL-Abfragen enthalten. Diese Schablonen sind selbst XML-Dokumente, die sowohl über einen servlet-fähigen Webserver als auch über die Kommandozeile oder eine Java-Klasse aufgerufen werden können. Um die Anfrage durchzuführen, greift das Servlet auf das weiter oben schon beschriebene Java XML Utility zurück. Das Servlet ist auf jedem Server lauffähig der Servlets unterstützt, z.B. auf Apache mit Tomcat.

Bevor man eine XML-Seite aufrufen kann, müssen die Verbindungseinstellung, wie Benutzername und Passwort für die Datenbank in dem File XSQLConfig.xml festgelegt werden. Es ist möglich mehrere Einstellungen festzulegen, die dann in verschiedenen Anfragen verwendet werden können.

Die eigentlichen XSQL-Seiten sind wiederum XML-Dokumente, die Instanz einer von Oracle vorgegebenen DTD sind. Im einfachsten Fall wird eine SQL-Anfrage innerhalb eines `<xsql:query>`-Tags eingefügt. Nachfolgend ein einfaches Beispiel:

```
<?xml version="1.0"?>
<xsql:query connection="test" xmlns:xsql="urn:oracle-xsql">
        SELECT hersteller, stueckpreis AS preis
        FROM artikel
        WHERE lieferzeit < 10
</xsql:query>
```

Diese Abfrage liefert folgendes Ergebnis:

```
<?xml version="1.1"?>
<rowset>
        <row num="1">
                <hersteller>ABB</hersteller>
                <preis>12.30</preis>
        </row>
        <row num="2">
                <hersteller>ABB</hersteller>
                <preis>8.30</preis>
        </row>

</rowset>
```

Wie man sieht, werden die Ergebnistabellen in `rowset`-Tags und einzelnen Tupel in `row`-Tags geklammert. Elementnamen für die Spalten selbst werden aus der Abfrage übernommen.

Steuerung der Ergebnisse

Durch die Attribute `rowset-element` und `row-element` lassen sich überdies die Namen der Standardelemente ändern. Alternativ können diese natürlich auch über XSLT transformiert werden.

Über das `<xsql:query>`-Attribut `max-rows` kann die Anzahl der zurückgegebenen Datensätze eingeschränkt werden. Über das Attribut `skip-rows` wird eine bestimmte Anzahl von ihnen übersprungen. Außerdem wird durch das Attribut `id-attribute` der Name des Attributes `num` im `<row>`-Tag geändert bzw. unterdrückt. `num` ist ein generierter Schlüssel, der die Eindeutigkeit in der Ergebnismenge gewährleistet.

Parameter in den XSQL-Schablonen

Für die Generierung von Web-Seiten können Schablonen-Mechanismen erst dann effektiv eingesetzt werden, wenn die Anfragen über Parameter gesteuert werden können. In XSQL-Schablonen werden Platzhalter für Parameter über die Notation `{@paramname}` angegeben. Beim Aufruf über eine URL wird der Parameter wie üblich als CGI-Parameter übergeben.

```
<?xml version="1.0"?>
<xsql:query connection="test" xmlns:xsql="urn:oracle-xsql">
        SELECT name, beschreibung
        FROM aritkel
        WHERE hersteller = '{@hersteller}'
</xsql:query>
```

Da es sich um eine einfache Substitution des Platzhalters durch den übergebenen Wert vor der Ausführung handelt, können nicht nur Attributwerte übergeben und somit beeinflusst werden, sondern prinzipiell jeder Teil der Anfrage. Über folgendes XSQL-Skript kann beispielsweise eine weitgehend generische SQL-Abfrage an die Datenbank gestellt werden:

```
<?xml version="1.0"?>
<xsql:query connection="test" xmlns:xsql="urn:oracle-xsql">
        SELECT {@select}
        FROM  {@sql}
</xsql:query>
```

Da eine XSQL-Seite wie eine normale HTML-Seite behandelt wird, können hier alle Autorisierungsmethoden des Servers verwendet werden. Aus Sicherheitsgründen sollte eine solche Anfrage jedoch eher vermieden werden.

Ähnlich kann auch die weiter oben angeführte Anfragesteuerung über Parametern beeinflusst werden, indem die Attribute von `<xsql:query>` über die übergebenen Parameter gesetzt werden. Ein übergebener Parameter könnte somit beispielsweise die Anzahl der zurückgegebenen Datensätze bestimmen.

Oft kommt es vor, dass das Ergebnisdokument aus den Teilergebnissen mehrerer Anfragen bestehen soll. Hierfür besteht die Möglichkeit mehrere SQL-Anfragen in ein XSQL-Dokument einzubetten. Die Abfrageresultate werden an der Stelle in das XML-Dokument eingefügt, an der die Abfrage stand. Hierbei ist zu beachten, dass die Angaben zur Connection im ersten Element des XSQL-Dokuments stehen muss. Ein Parameter kann in mehreren Abfragen verwendet werden kann.

12.2.1.2 interMedia

Bisher wurde nur die Abbildung von XML auf relationale Strukturen betrachtet. Über interMedia bietet Oracle jedoch auch die Möglichkeit, XML-Dokumente als Ganzes zu speichern (Character Large Objects , bzw. XML-Typ). interMedia ist eine Erweiterung von Oracle, die unter anderem multimediale Inhalte wie Bilder, Videos oder Musik in der Datenbank verwaltet. Über die Komponente interMedia-Text (früher ConText) wird Funktionalität, die man für den Zugriff auf XML-Dokumenten als Ganzes benötigt, hinzugefügt. Die Möglichkeiten erinnern dabei auf den ersten Blick an XPath, es gibt jedoch auch wesentliche Unterschiede, die weiter unten aufgeführt werden.

XML-Dokumente können größere Passagen an Text enthalten, z.B. Beschreibungen oder gemischten Inhalt, bei denen eine Speicherung in Relationen nicht immer sinnvoll ist. Diese Texte können nun als CLOB in der Datenbank abgelegt und durch *inter*Media trotzdem durchsucht werden. Hierbei besteht die Möglichkeit, die Elemente des Dokuments, die aus strukturierten Daten bestehen, zusätzlich als normale Datentypen in die Tabelle aufzunehmen. Folgendes Beispiel veranschaulicht eine solche Abbildung. Das Dokument

```
<artikel>
        <hersteller>ABB</hersteller>
        <liegerzeit>1 Woche</liefezeit>
        <beschreibung>
                Dieses Produkt wurde von der <erfinder> Meier
                GmbH </erfinder> entwickelt, um die
                größtmögliche Effizienz zu gewährleisten.
```

```
        </beschreibung>
</artikel>
```

wird in folgender Tabelle gespeichert:

ARTIKEL		
Hersteller	Lieferzeit	Beschreibung
ABB	1 Woche	Dieses Produkt wurde von der Firma `<erfinder>` Meier GmbH`</erfinder>` entwickelt, um die größtmögliche Effizienz zu gewährleisten.

Der erste Schritt zur Suche in solchen Tabellen besteht im Erstellen eines Indexes mit dem Befehl `CREATE INDEX`

```
CREATE INDEX BestellungX ON Bestellung(Beschreibung)
INDEXTYPE IS ctxsys.context
```

Zur Einschränkung der Ergebnismenge, können im WHERE-Teil der Anfrage Einschränkungen (CONTAINS) angegeben werden. Im einfachsten Fall wird der Suchbegriff und das Element, in dem er enthalten sein soll, angegeben. Im folgenden Beispiel wird so nach dem Wort "Neu" in der Beschreibung gesucht.

```
SELECT bestellungsID
FROM bestellung
WHERE CONTAINS (beschreibung, "Neu") > 0;
```

In XPath würde die entsprechende Abfrage folgendermaßen lauten:

```
//bestellung//beschreibung[contains(. , "Neu")]
```

Der Unterschied zwischen den beiden Ansätzen liegt in ihrer Zielsetzung. Während SQL CONTAINS von einer festen Struktur ausgeht und vor allem auf den Inhalt bezogene Anfragen ermöglicht, liegt der Fokus von XPath mehr auf Struktur. Dadurch ergeben sich einige Unterschiede:

- Eine XPath-Suche ist auf ein Dokument beschränkt, SQL CONTAINS durchsucht mehrere Dokumente und liefert diejenigen, die den Suchkriterien entsprechen.

- XPath kann nach der Existenz von Elementen suchen, SQL CONTAINS nur nach deren Inhalt.
- XPath führt eine Volltextsuche durch, während SQL CONTAINS auf dem zuvor erstellten Index arbeitet. Je nach Implementierung könnte in Zukunft jedoch auch XPath auf einen Index zurückgreifen.
- Bei einer SQL CONTAINS Abfrage kann genau spezifiziert werden, welche Daten zurückgeliefert werden, XPath hingegen liefert nur einfache Teilbäume und Knotenmengen des XML-Dokuments.
- Ein weiterer Unterschied liegt in der Art des Vergleichs der Suchstrings. Während in XPath die Groß- und Kleinschreibung immer berücksichtigt wird, kann dies bei SQL CONSTRAINTS explizit angegeben werden.

In unserem Beispieldokument werden XML-Elemente auch innerhalb eines XML-CLOBs ausgezeichnet:

```
<beschreibung>
        Dieses Produkt wurde von <erfinder> Meier
        GmbH </erfinder> entwickelt um die größtmögliche
        Effizient zu gewährleisten.
</beschreibung>
```

Um auch diese Informationen in die Suche einbeziehen zu können, muss ein neuer Index mit dem Autoindexer erstellt werden. In diesem Index kann dann mit Hilfe des Schlüsselwortes `WITHIN` gesucht werden, welches die Suche auf bestimmte Tags einschränkt.

```
SELECT  bestellungsID
FROM bestellung
WHERE CONTAINS (beschreibung, 'Meier  WITHIN erfinder') > 0;
```

Wird nach Attributenwerten eines Elements gesucht, so wird das durch das `@`-Zeichen im WITHIN gekennzeichnet:

```
Suchstring WITHIN element@attribut
```

12.2.1.3 Das Internet File System (iFS)

Das iFS ist ein Dateisystem, das wie jedes Dateisystem zunächst einmal zur Ablage von Dateien jeglicher Art dient. Im Unterschied zu gängigen Dateisystemen arbeitet das iFS jedoch im Hintergrund auf einer Oracle-Datenbank, was bedeutet, dass die hier abgelegten Dokumente in Oracle persistent gespeichert werden und ein Zugriff auf die Struktur der Dokumente möglich wird. Wichtige Funktionen in diesem Zusammenhang sind beispielsweise Versionierung, Volltextsuche und Zugriff über andere Protokolle (HTTP, FTP, IMAP). Laut Hersteller werden zur Zeit 150 verschiedene Dateiformate unterstützt.

In Zukunft soll das iFS nicht nur herkömmliche Dateisysteme komplett ersetzen, sondern auch als Entwicklungsplattform für Web-Anwendungen empfohlen werden. Die Entwickler können iFS via XML und Java also an spezifische Bedürfnisse anpassen. Die Benutzeroberfläche ist ein Explorer-ähnlicher Browser.

Werden XML-Dateien im iFS gespeichert, so liest sie Oracle über den XML-Parser in die dem iFS zugrunde liegende Datenbank ein. Der Entwickler soll dabei genau festlegen können, welche Dateien geparst und welche Elemente und Attribute extrahiert werden sollen.

Die in die Datenbank eingefügten Daten sollen nun wie ein XML-Dokument, eine relationale Tabelle oder eine Java-Klasse behandelt werden können.

12.2.2 Weitere Werkzeuge

Die folgenden Werkzeuge aus dem Oracle XML Developers Kit (XDK) haben nichts mit der eigentlichen Datenhaltung zu tun, sondern sollen vor allem den Umgang mit XML erleichtern. Die Werkzeuge existieren für Java, JavaBeans, C, C++ und PL/SQL und sind auf allen Plattformen lauffähig, für die Oracle angeboten wird.

XML Parser

Der Oracle XML Parser bietet folgende Möglichkeiten:

- DOM und SAX Schnittstellen
- XML Namespaces
- XSL Transformationen
- Validierung eines Dokuments gegen eine DTD

XML Class Generator

Der XML Class Generator erzeugt Java Klassen aus einer DTD oder einem XML-Schema. Diese können zum Austausch von XML-Daten zwischen verschiedenen Applikationen benutzt werden oder aus einem Web-Formular XML erzeugen.

XML Transviewer Beans

Die XML Transviewer Beans sind Komponenten, die es Entwicklern ermöglichen sollen, möglichst schnell und problemlos XML-basierende Datenbankanwendungen zu entwerfen. Im Einzelnen sind folgende Beans verfügbar:

- Die DOM Builder Bean stellt eine Beans-Schnittstelle für den Java XML Parser bereit, die es z.B. erlaubt asynchron zu parsen oder durch einen Listener mehrere XML-Dokumente hintereinander zu parsen.
- Die XML Source Viewer Bean visualisiert ein XML-Dokument und hebt dabei die XML/XSL Syntax farbig hervor.
- Die XML Tree Viewer Bean zeigt ein XML-Dokument als Baum an, dabei können Zweige interaktiv ein- und ausgeblendet werden.
- Durch die XSL Transformer Bean kann ein XSL Stylesheet auf ein XML-Dokument angewendet werden.

12.3 Microsoft SQL Server

Der SQL Server 2000 ist eines der ersten Produkte von Microsoft, die an die .NET Plattform angepasst werden. Daher ist, abgesehen von Verbesserungen in den „klassischen" Datenbankbereichen, die XML-Unterstützung das wohl wichtigste Neuheit beim MS SQL Servers.

Zur besseren Integration in die zukünftigen Internet-Service-Plattformen bietet der Microsoft SQL Server, neben der XML-Unterstützung für reine Datenbankanwendungen, auch Zugriffsschnittstellen über das Internet (in Kombination mit dem Microsoft Internet Information Server, IIS).

Wie auch bei den anderen Anbietern relationaler Datenbanksysteme deckt die Strategie zweierlei ab: Zum einen sollen Datenbankentwickler bei ihrer relationalen Sicht bleiben und mittels SQL sowohl auf die Datenbank als auch auf XML-Dokumente zugreifen können. Möglich wird dies einerseits durch OpenXML, das ein relationale Ansicht der XML-Daten bietet, und andererseits durch die SQL Erweiterung FOR XML, die aus SQL Abfragen ein XML-Dokument erzeugt.

Zum anderen ist die Möglichkeit gegeben ohne SQL Anfragen und nur über XML-Techniken, wie XPath, URL-Abfragen und

XML-basierte Aktualisierungsfunktionen (Update Grams), auf die Datenbank zuzugreifen.

Namespace xml-sql

Sämtliche XML-Tags die zur Steuerung des Zusammenspiels von XML mit dem SQL Server nötig sind, werden im Namespace `xml-sql` definiert. Dieser Namespace muss in jedem XML-Dokument deklariert werden:

```
<root xmlns:sql="urn:schemas-microsoft-com:xml-sql">
```

In diesem Namespace sind die Tags enthalten, die Datenbankoperationen in XML ermöglichen. Dazu gehören Abfragen in eingebettetem SQL und XPath sowie INSERT-, DELETE-, UPDATE- Operationen in Update Grams. Auch die Zuordnung zwischen den Attributen und Elementen in einem XML-Dokument zu den Tabellen und Spalten kann mit Hilfe dieses Namespace definiert werden.

12.3.1 Von relationalen Daten nach XML mit FOR XML

Solange Daten weiterhin in Relationen persistent vorliegen, ist die Extraktion von XML-Dokumenten aus diesen Relationen wohl die häufigste Funktionalität, die im Zusammenspiel von Datenbanken mit XML benötigt wird. Hierfür bietet Microsoft die SQL Erweiterung FOR XML an. Das Prinzip dabei ist folgendes: Eine übliche SQL-Anweisung wird um einen Steuerungsbefehl, der mit FOR XML beginnt, erweitert. Dies führt dazu, dass die Ergebnisrelation vor der Rückgabe in ein XML-Dokument transformiert wird. Die Art dieser Umwandlung hängt hierbei von dem verwendeten FOR XML Befehl ab. Die drei Ausprägungen, die zur Verfügung stehen, RAW, AUTO und EXPLICIT, werden im folgenden vorgestellt. Die Syntax von FOR XML folgt dem Schema:

```
FOR XML xml-modus [,XMLDATA] [,ELEMENTS] [,BINARY BASE64]
```

- Gibt man zusätzlich `XMLDATA` an, so wird ein XML-Data-Schema für die Ergebnisrelation generiert und das Ergebnis konform zu diesem Schema zurückgegeben. In Zukunft wird hierfür XML Schema eingesetzt.
- Bei Angabe von `ELEMENTS`, werden die Spalten der Ergebnisrelation nicht als Attribute, sondern als verschachtelte Elemente zurückgegeben.
- `BINARY BASE64` bewirkt, dass alle Binärdaten in Base64 kodiert zurückgeliefert werden.

Die Beispiele in diesem Abschnitt werden durch folgende Abfrage erzeugt:

```
SELECT Artikel.katalogelementId, Artikel.name,
       Bestellung.beschreibung
FROM Artikel
INNER JOIN Bestellung
ON Artikel.katalogelementId = Bestellung.katalogelementId
WHERE Artikel.katalogelementId = 407
```

FOR XML RAW

Der einfachste Fall wird mit `FOR XML RAW` abgedeckt. Dabei wird jedes ausgegebene Tupel zu einem `<row>`-Tag, die Spaltenwerte werden zu Attributwerten und die Spaltennamen zu Attributnamen, wie nächstes Beispiel zeigt:

```
<row katalogelementId ="407" name="10kg Sack Zement" be-
schreibung="Auch zur Anwendung im freien geeignet"/>
```

Für einfache Anfragen, die nachträglich mit XSLT bearbeitet werden sollen, kann diese Variante schon ausreichen. Sie ist jedoch nur eingeschränkt einsetzbar, wenn beispielsweise Feldnamen in mehreren Tabellen vorkommen. In der Praxis wird man wahrscheinlich eher auf die als nächstes vorgestellt Variante ausweichen.

FOR XML AUTO

Der AUTO-Modus gibt die Abfrageergebnisse in einer einfachen verschachtelten XML-Struktur zurück. Jede Tabelle in der FROM-Klausel, für die mindestens eine Spalte in der SELECT-Klausel aufgelistet ist, wird als XML-Element dargestellt. Die in der SELECT-Klausel definierten Spalten werden den entsprechenden Elementattributen zugeordnet. Sollen auch die Spalten als eigene Unterelemente ausgegeben werden, kann man alternativ die ELEMENTS-Direktive einsetzen. In jedem Fall wird die Verschachtelung der Elemente in der Ergebnisrelation durch die Reihenfolge der Tabellen bestimmt, wie sie in der SELECT-Klausel angegeben wurde. Die erste Tabelle wird somit auf das erste Element des XML-Dokuments abgebildet, das der zweiten Tabelle entsprechende XML-Element wird innerhalb des ersten Elements verschachtelt usw. Am besten kann man dies an folgendem Beispiel erkennen:

```
<artikel katalogelementId ="407" name =" 10 Kg Sack Zement">
<bestellung beschreibung ="Nachlieferung "/>
</artikel>
```

Durch Einsatz der ELEMENTS-Direktive würde das resultierende Dokument wie folgt aussehen:

```
<artikel>
  <katalogelementId>407</katalogelementId>
  <name>10 Kg Sack Zement</name>
  <bestellung>
    <beschreibung>Nachlieferung</beschreibung>
  </bestellung>
</artikel>
```

Es ist zwar immer noch kein manueller Eingriff möglich, die Ausgabe ist jedoch schon wesentlich beschreibender als bei XML RAW.

FOR XML EXPLICIT

Die wohl mächtigste Variante ist FOR XML EXPLICIT. Hiermit kann die Struktur des resultierenden XML-Dokuments explizit definiert werden. Dies erfordert jedoch Abfragen einer besonderen Syntax, um Zusatzinformationen, die zur Generierung des XML-Dokuments dienen, angeben zu können. Im EXPLICIT Modus werden hierfür einige zusätzliche Konstrukte eingesetzt:

- Spalten-Aliase erhalten eine neue Syntax, über die die Strukturierung des Ziel-XML-Dokuments gesteuert wird.
- Über zwei Metadaten-Spalten am Anfang einer jeden SELECT Anweisung werden zusätzliche Steuerungsbefehle für die XML-Generierung kodiert.
- Direktiven steuern das Ausgabeformat der einzelnen Spaltenelemente

Über Spalten-Aliase wird im Projektionsteil einer SELECT-Anweisung die Spalte dem Ziel-XML-Element zugeordnet:

```
SELECT <Spalte>
       AS [ElementName!TagNumber!PropertyName!Directive]
```

Hierbei ist

- `ElementName` der Name des Elements, in dem die Daten im XML-Dokument ausgegeben werden,
- `TagNumber` eine eindeutige Nummer für jedes Element,
- `PropertyName` der Name des Elements oder Attributs, in das der Wert der Spalte geschrieben wird,
- `Directive` die Form, in der die Daten in das XML-Dokument eingefügt werden sollen. Zur Auswahl stehen neben `element` auch noch Anweisungen wie `id`, `xmltext` oder `cdata`. Gibt man

die Direktive nicht an, wird ein Attribut Mapping verwendet, d.h. der `PropertyName` ist ein Attributname.

Um zu verstehen, wie eine solche SELECT-Anweisung aufgebaut werden sollte, geht man am besten den umgekehrten Weg der Erzeugung, also vom XML-Dokument über die Ergebnisrelation zur SQL-Anfrage. Betrachten wir folgendes Beispiel. Dieses XML-Dokument soll erzeugt werden:

```
<katalog name="Möbel">
  <artikel name="Regal"/>
  <artikel name="Tisch"/>
</katalog>
<katalog name="Farben">
  <artikel name="Blau"/>
  <artikel name="Grün"/>
</katalog>
```

Die Ergebnisrelation, aus der das XML-Dokument direkt erzeugt werden kann, ist:

Tag	Parent	katalog!1!name	artikel!2!name
1	NULL	Möbel	NULL
2	1	Möbel	Regal
2	1	Möbel	Tisch
1	NULL	Farben	NULL
2	1	Farben	Blau
2	1	Farben	Grün

Eine Anfrage die diese Ergebnisrelation erzeugt könnte wie folgt aussehen:

```
SELECT 1 as TAG,
       NULL    as PARENT,
       artikel.katalogelementId  as [artikel!1!ID],
       artikel.name as [artikel!1!name!element],
       bestellung.beschreibung as
               [artikel!1!beschreibung!element]
FROM artikel INNER JOIN Bestellung
ON artikel.katalogelementId = bestellung.katalogelementId
WHERE artikel.katalogelementId = 407 FOR XML EXPLICIT
```

Im EXPLICIT Modus ist der Entwickler dafür verantwortlich das die Ausgabe ein wohlgeformtes und gültiges XML-Dokument darstellt. Die Möglichkeiten reichen weit über das hier vorgestellte Beispiel hinaus, weitere Informationen sind unter [MSSQL01] oder [Wahl01] zu finden.

12.3.2 Aufruf von FOR XML

Es gibt zwei Möglichkeiten, FOR XML einzusetzen:

- Die Anfrage wird über eine URL direkt aufgerufen oder,
- Die Anfrage wird in eine Schablone eingebettet, die wie eine Active Server Page vom Webserver parametrisiert aufgerufen werden kann.

Beim Aufruf über eine URL handelt es sich im Prinzip um einen HTTP-get-Aufruf, bei dem die SQL-Anfrage ein CGI-Parameter ist. Zusätzlich können folgende Parameter übergeben werden, so dass das Resultat ein wohlgeformtes XML-Dokument ist, das eventuell auch schon die gewünschte Darstellungsform hat. Folgende Parameter können zusätzlich gesetzt werden:

CGI-Parameter beim Aufruf über eine URL

- Mit `root` kann ein Wurzelelement angegeben werden.
- Über den Parameter `xsl` kann eine Datei mit einem XSL Style-Sheet angegeben werden, das das Ergebnisdokument formatiert.
- `contenttype` legt den MIME Typ fest, z.B. `image/jpeg`. Wird er nicht angegeben, so wird er automatisch auf `text/html` gesetzt.

Eine Anfrage über die URL mit definiertem root-Element und Style-Sheet könnte somit wie folgt aussehen:

```
http://IISServer/vroot?sql=SELECT+name,beschreibung+FROM+Art
ikel+FOR+XML+AUTO&xsl=katalog.xsl&root=katalog
```

Aufruf über eine Schablone

FOR XML Abfragen können auch in Schablonen (*templates*) abgelegt werden. Das sind XML-Dokumente, die SQL-Anfragen enthalten, welche beim Aufruf auf der Serverseite abgearbeitet werden. Möglich wird der Einsatz von Schablonen in Verbindung mit dem IIS, der durch die Installation des SQL Servers erweitert wird, um spezielle virtuelle Verzeichnisse zu unterstützen, in denen sich die Schablonen befinden.

Die Einbettung in XML erfolgt über einen `<sql:query>`-Tag. Sollen Parameter übergeben werden, so müssen noch die Elemente `<sql:header>` und `<sql:param>` angegeben werden. Die Schablonen werden wie normale XML-Dokumente direkt über die URL aufgerufen, der Browser erhält das aus der Anfrage resultierende Dokument.

Von der Anwendung ähneln diese Schablonen den Datenbankabfragen mit Active Server Pages (ASP) von Microsoft.

Hier ein Beispiel, in dem eine *stored procedure* mit einem Parameter `"PKID"` aufgerufen wird:

```
http://IISServer/vroot/template.xml?PKId=17
```

Die Ausgabe wird dann durch das Style-Sheet `mystyle.xsl` formatiert

```
<ROOT xmlns:sql="urn:schemas-microsoft-com:xml-sql"
        sql:xsl="mystyle.xsl">
      <sql:header>
              <sql:param name = "PKId"/>
      </sql:header>
      <sql:query>
              exec QueryForXML @PKId
      </sql:query>
</ROOT>
```

12.3.3 XML Update Grams

Bisher war nur von Abfragen die Rede, der SQL Server ermöglicht jedoch auch XML-basierende Aktualisierungsoperationen. Hierfür werden sogenannte „Update Grams“ eingeführt. Sie basieren auf dem einfachen Grundprinzip, dass in der Änderungsanfrage das zu ändernde Element als Baumschablone spezifiziert wird und anschließend angegeben wird, wie dieses nach der Änderung auszusehen hat.

Dazu werden die XML-Elemente `<sql:sync>`, `<sql:before>` und `<sql:after>` eingeführt. Diese stellen ein Vorher-Nachher-Abbild der Daten dar, d.h. die Tags innerhalb von `<sql:before>` stellen die Daten vor der Aktualisierung dar, die Tags innerhalb `<sql:after>` danach.

Im folgenden Beispiel wird in der Tabelle `"bestellung"` im Datensatz mit `bestellungsID="1"` der Wert des Felds `beschreibung` geändert sowie der Datensatz mit `bestellungsID="2"` gelöscht.

```
<ROOT xmlns:sql="urn:schemas-microsoft-com:xml-sql">
  <sql:sync>
  <sql:before>
    <bestellung bestellungsID="1"
                beschreibung="9 Kg Sack Zement"/>
    <bestellung bestellungsID="2"/>
  </sql:before>
  <sql:after>
    <bestellung bestellungsID="1"
                beschreibung="10 Kg Sack Zement"/>
  </sql:after>
  </sql:sync>
</ROOT>
```

Sollen Daten gelöscht werden, wird nur der `<sql:before>`-Block angegeben, zum Einfügen entsprechend nur der `<sql:after>`-Block. Innerhalb der Blöcke können beliebig viele Tags stehen, in den Attributen sind Wildcards erlaubt.

Die Update Grams werden wie Schablonen angesprochen und können auch in diesen enthalten sein. Dies beinhaltet auch die wichtige Möglichkeit, mit Parametern zu arbeiten, die beispielsweise als CGI-Parameter übergeben werden können.

12.3.4 XPath über Annotierte Schemata

Im XML-Grundlagen Kapitel wurde XPath als der standardisierte Ansatz um Teile des XML-Baums gezielt adressieren zu können vorgestellt. Bewegt man sich in einer reinen XML Welt, so wäre es wünschenswert, wenn man auch über XPath auf die Datenbank zugreifen kann. Hierfür muss eine sogenannte virtuelle XML-Sicht über die relationale Datenbank gelegt werden, also eine Sicht, die einen XML-basierten Zugriff auf die Daten ermöglicht. Um die relationale Datenbank (oder Ausschnitte einer relationalen Datenbank) als XML-Dokument betrachten zu können muss eine Zuordnung von Tabellen und Spalten zu Elementen und Attributen gegeben sein. Diese Zuordnungen werden in annotierten Schemata in XML Data Reduced (XDR) Dokumenten gespeichert, die dann einen Sicht auf die Daten darstellen, ähnlich dem SQL Befehl `CREATE VIEW`.

12.3.4.1 XDR

Der SQL Server kann eine XML-Sicht relationaler Daten bereitstellen und XML-Daten relationalen Tabellen zuordnen. SQL Server 2000 führt Annotationen (Erweiterungen) in die XDR-Schemasprache ein (zu XDR siehe auch Kapitel 4.7.3). Annotationen sind Attribute aus dem sql-Namnesraum. Diese Annotationen werden verwendet, um eine bidirektionale XML-zu-relational-Zuordnung anzugeben. Die Elemente und Attribute in einem XML-Dokument werden den Tabellen und Spalten der Datenbanken zugewiesen. Standardmäßig wird ein Elementname in einem Schema mit Anmerkungen zu einem Tabellennamen in der angegebenen Datenbank zugeordnet. Der Attributname wird zum Spaltennamen zugeordnet. Die Annotationen für die Zuordnung von Beziehungen und Feldern lauten folgendermaßen:

- `sql:relation` wird verwendet, um den Namen einer Tabelle oder Sicht anzugeben, wenn dieser Name nicht mit dem zugeordneten Feld in einem Schema mit Anmerkungen übereinstimmt.
- `sql:field` gibt die Beziehung (Zuordnung) zwischen Element oder Attribut in einem Schema mit Anmerkungen und einer Spalte in einer Datenbank an.
- Wenn Datensätze aus einem XML-Dokument in die Datenbank eingefügt werden, können alle nicht verwendeten Daten aus dem XML-Quelldokument in einer separaten Spalte gespeichert werden. Durch das Abrufen von Daten aus der Datenbank mithilfe von Schemata kann das Attribut `sql:overflow-field` zur Identifikation der Spalte in der Tabelle, in der die Überlaufdaten gespeichert sind, angegeben werden.

Anfragen über XPath

Um Anfragen auf den durch annotiertes XDR erzeugten Sichten durchführen zu können, unterstützt der SQL Server 2000 eine Teilmenge von XPath.

XPath-Anfragen können entweder direkt in der URL angegeben werden oder in Schablonen enthalten sein. In beiden Fällen muss das XDR-Schema angegeben werden, auf dem die Anfrage durchgeführt werden soll. Hier ein Beispiel einer Schablone mit einer XPath-Anfrage:

```
<root xmlns:sql="urn:schemas-microsoft-com:xml-sql">
  <sql:xpath-query mapping-schema="SampleSchema1.xml">
```

```
      /bestellung/artikel[../@katalogelementID="407"]
  </sql:xpath-query>
</root>
```

12.3.5 OpenXML

OpenXML geht den umgekehrten Weg und erlaubt die Verwendung von XML-Dokumenten für SQL-Anfragen und Joins. Dabei kommt folgende Basissyntax zum Einsatz:

```
SELECT [...]
FROM OPENXML(idoc int [in],rowpattern nvarchar[in],[flags
byte[in]])
[WITH (SchemaDeclaration | TableName)]
```

Parameter für OPENXML

Die Parameter haben folgende Bedeutungen:

- `idoc` ist der handle (als Integer) der internen Darstellung des XML-Dokuments. Er wird durch die Prozedur erzeugt.
- `rowpattern` ist der XPath Ausdruck der die Knoten im XML-Dokument festlegt, die in die relationale Ansicht überführt werden sollen.
- Der optionale Parameter `flags` legt Zuordnung zwischen dem XML-Dokument und der relationalen Darstellung fest. Hierbei lassen sich entweder die Attribute (*attribute centric mapping*, Standardeinstellung) oder die Unterknoten (*element centric mapping*) des XML-Dokuments den Feldern der relationalen Sicht zuordnen.
- Über `SchemaDeclaration` wird das Schema der relationalen Sicht des XML-Dokuments definiert.
- Über `TableName` kann, anstelle einer `SchemaDeclaration`, eine Tabelle mit einem schon vorhandenem Schema angegeben werden.

Im folgenden Beispiel wird zuerst ein XML-Dokument erzeugt; in der Praxis wird dieses schon in einer Datei vorliegen oder von einer Datenbank generiert werden. Der Variable `doc` wird später das Handle des Dokuments übergeben.

Beispiel OPENXML

```
DECLARE @idoc int
DECLARE @doc varchar(1000)
SET @doc ='
<ROOT>
<person marktteilnehmerID="103" nachname="Schmidt">
        <bestellung bestellungsID="17200">
        <artikel/>
        <artikel/>
</person>

<person marktteilnehmerID="104" nachname="Müller">
        <bestellung bestellungsID="12201">
        <artikel/>
</person>
</ROOT>'
```

Über sp_xml_preparedocument wird eine interne Repräsentation des XML-Dokuments erstellt:

```
EXEC sp_xml_preparedocument @idoc OUTPUT, @doc
```

Die Prozedur sp_xml_preparedocument stellt dabei eine relationale Sicht eines XML-Dokuments dar, auf dem dann Standard SQL-Abfragen durchgeführt werden können.

Auf dieser Repräsentation kann dann die SQL Anfrage ausgeführt werden. Dabei sind auch Operationen zum Einfügen, Aktualisieren und Löschen möglich.

```
SELECT  *
FROM    OPENXML (@idoc, '/root/person',1)
WITH  (marktteilnehmerID  varchar(10),nachname varchar(20))
```

Diese Abfrage liefert folgendes Ergebnis :

MarktteilnehmerID	nachname
103	Schmidt
104	Müller

Anschließend kann das XML-Dokument über sp_xml_removedocument wieder aus dem Speicher entfernt werden.

12.3.6 XML Bulk Loads

Über dieses geplante Feature gibt es bisher kaum Informationen, bekannt ist im Moment nur, dass es über Bulk Loads möglich sein wird große XML-Dokumente aus unterschiedlichen Quellen in die Datenbank einzuspeisen. Die Zuordnung von XML-Knoten bzw. Attributen zu relationalen Tabellen bzw. Feldern wird dabei wieder über ein annotiertes Schema definiert. Der Vorteil zu Update Grams soll dabei die höhere Geschwindigkeit sein. In Kapitel 5 wird eine Systemunabhängige Differenzierung zwischen Einzel- und Massenänderungen eingeführt.

12.4 DB2 von IBM

IBM bietet für den DB2 Datenbankserver verschiedene sogenannte „Extender" an, die den Funktionsumfang von DB2 erweitern. Speziell für XML wurde der „DB2 XML Extender" entwickelt.

Der DB2 XML Extender stellt neue Datentypen bereit, um XML-Dokumente und die in ihnen enthaltenen Daten zu speichern. Außerdem enthält er neue Funktionen, um die XML-Dokumente mit dem DB2-Datenbankserver verwalten zu können, bzw. um auf diese zuzugreifen.

Neben der Möglichkeit, XML-Dokumente aus den Daten einer bestehenden Datenbank zu erzeugen, können XML-Dokumente auch in einer existierenden Datenbank gespeichert werden. Hierbei gibt es zwei Möglichkeiten: zum einen können sie als Ganzes in einer DB2-Datenbank, oder als externe Datei gespeichert werden, und zum anderen können vorher definierte Elemente oder Attribute aus XML-Dokumenten extrahiert und auf relationale Tabellen abgebildet werden.

Hier folgt ein kurzer Überblick über den durch den XML Extender bereitgestellten Funktionsumfang:

- Speichern von XML-Dokumenten in einer einzelnen Tabellenspalte (XML-Spalte), deren Datentyp ein spezieller XML-Typ ist, sowie Zugriffsfunktionen auf diese XML-Typen (z.B. Update-Funktionen).
- Erzeugen von XML-Dokumenten aus vorhandenen Daten einer DB2-Datenbank.

- Extraktion von XML-Elementen und -Attributen aus XML-Dokumenten.
- Speichern von XML-Dokumenten in mehreren Tabellenspalten und/oder Tabellen durch Extraktion verschiedener Datentypen aus dem XML-Dokument.
- Managementfunktionen für verschiedene DTDs.
- Suchfunktionen auf verschiedene Bereiche der XML-Dokumente im Zusammenspiel mit dem kompatiblen „Text Extender".

12.4.1 Dokumentzugriffsdefinition (Document Access Definiton, DAD)

Von zentraler Bedeutung für jede Art des Zusammenspiels von XML und DB2 ist die Dokumentzugriffsdefinition (Document Access Definiton, DAD). Sie definiert die Zuordnung zwischen XML-Dokumentenstruktur und der relationalen Datenbank. Über diese bildet der XML Extender dann beispielweise XML-Elemente und XML-Attribute auf DB2-Tabellen ab, oder entscheidet, dass das XML-Element als Ganzes in einer Spalte abgelegt wird.

Sollen die XML-Dokumente zusätzlich validiert werden, so kann man innerhalb der DAD eine DTD angeben. Die zu verwendende DTD wird dazu in einem DB2-eigenen Bereich für DTDs, dem DTD-Repository gespeichert.

Wie das folgende Beispiel einer einfachen DAD zeigt, ist eine DAD selbst ein XSLT-Dokument, und somit auch ein wohlgeformtes und gültiges XML-Dokument:

```
<?xml version="1.0"?>
<!DOCTYPE DAD SYSTEM "c:\dtd\dad.dtd">
<DAD>
  <Xcollection>
    <prolog>?xml version="1.0"?</prolog>
    <doctype>!DOCTYPE DAD SYSTEM
       "c:\dxx\dtd\xmldb_marktmodell.dtd"
    </doctype>
    <root_node>
      <elemet_node name="person">
        <element_node name="vorname">
        <text_node>
          <RDB_node>
```

```
            <table name="person" />
            <column name="vorname" type="varchar (30)" />
          </RDB_node>
        </text_node>
          </element_node>
        </element_node>
      </root_node>
  </Xcollection>
</DAD>
```

Wie bei den anderen Systemen auch existieren in DB2 zwei Möglichkeiten der Zuordnung zwischen XML-Struktur und den Relationen: Entweder wird die Struktur des XML-Dokuments auf eine oder mehrere Relationen abgebildet, oder das XML-Dokument wird als Ganzes in einer Spalte gespeichert. Beide Ansätze sowie mögliche Kombinationen werden im Folgenden betrachtet.

12.4.2 Zugriff auf relationale Strukturen

Sollen XML-Dokumente aus den vorhandenen Daten einer relationalen Datenbank zusammengesetzt oder zerlegt werden, wobei die in ihnen enthaltenen Daten auf eine oder mehrere relationale Tabellen verteilt gespeichert werden, so kommt bei IBM DB2 die XML-Objektgruppe (XML-Collection) zum Einsatz. Eine XML-Objektgruppe besteht hierbei aus einem Satz von relationalen Tabellen und dazugehörigen Regeln für die Zuordnung von XML-Elementen und Attributen auf die Tabellen und Spalten.

Eine XML-Objektgruppe wird innerhalb einer DAD definiert. Die Art und Weise wie die Zuordnung zwischen den einzelnen Knoten eines XML-Dokuments und den Spalten der relationalen Datentabellen in der DAD definiert wird, hängt dabei vom Anwendungsfall ab.

Zusammensetzen von XML-Dokumenten

Für den häufig vorkommenden Fall, dass ein XML-Dokument aus vorhandenen Daten einer relationalen Datenbank zusammengesetzt werden soll, wird eine DAD erzeugt, in welcher die XML-Objektgruppe definiert wird, die diese Zusammensetzung ausdrückt.

Das Grundgerüst einer solchen DAD könnte wie folgt aussehen:

```
<?xml version="1.0"?>
<!DOCTYPE DAD SYSTEM "c:\dtd\dad.dtd">
<DAD>
```

```
<dtdid>c:\dxx\dtd\xmldb_marktmodell.dtd</dtdid>
<validation>NO</validation>
...
<Xcollection>
...
        <prolog>?xml version="1.0"?</prolog>
        <doctype>!DOCTYPE DAD SYSTEM
                'c:\dxx\dtd\xmldb_marktmodell.dtd'
        </doctype>
        <root_note>...</root_note>
</Xcollection>
</DAD>
```

Im `<dtdid>`-Element wird die DTD angegeben, der das zusammengesetzte XML-Dokument entsprechen soll. Gilt es ein XML-Dokument anhand der spezifizierten DTD zu validieren, so legt man dies durch das `<validation>`-Element fest.

Für die Zuordnung der für das XML-Dokument relevanten relationalen Tabellen und Spalten kann man zwischen zwei Zuordnungsschemata auswählen: Der SQL-Zuordnung und der Zuordnung über eine DB2 spezifische sogenannte RDB-Knotenzuordnung (*relational database node*).

- *SQL-Zuordnung:* Die SQL-Zuordnung verwendet SQL-SELECT-Anweisungen zur Auswahl der DB2-Tabellen und zur Definiton von Bedingungen für die Objektgruppe
- *RDB-Knotenzuordnung:* Bei der RDB-Knotenzuordnung werden sogenannte XPath-basierende „RDB-Knoten" für die Auswahl der Tabellen und Spalten sowie für die Definiton von Bedingungen eingesetzt.

Um einen Eindruck zu vermitteln, inwiefern sich die beiden Zuordnungsschemata voneinander in der Anwendung unterscheiden, betrachten wir die Definition von entsprechenden DADs in den nächsten Abschnitten genauer.

12.4.2.1 SQL-Zuordnung

Um die für das XML-Dokument relevanten Tabellen und Spalten mittels SQL-Zuordnung auszuwählen, wird ein spezielles Element definiert, das SQL-Statement-Element <SQL_stmt>. Der Inhalt des <SQL_stmt>-Elements ist eine gültige SQL-SELECT-Anweisung, welche die für das XML-Dokument relevanten Daten selektiert.

```
<SQL_stmt>
        SELECT p.id, p.vorname,  p.nachname
        FROM person p
        WHERE p.nachname LIKE "B%"
        ORDER BY p.nachname
</SQL_stmt>
```

Die aus der SELECT-Klausel resultierenden Spalten stehen für die Element- und Attributbildung zur Verfügung. Mit Hilfe der drei Knotentypen `<element_node>`, `<attribute_node>` und `<text_node>` wird diese Abbildung definiert:

- `<element_node>` (Elementknoten): Gibt das Element in dem XML-Dokument an, das erzeugt werden soll. Elementknoten können untergeordnete Elementknoten enthalten.
- `<attribute_node>` (Attributknoten): Gibt das Attribut eines Elements an, dass erzeugt werden soll.
- `<text_node>` (Textknoten): Gibt den Textinhalt eines Elements und die Spaltendaten in einer relationalen Tabelle für die Elemente der untersten Ebene an.

Gibt unsere SQL-Anweisung beispielsweise eine Liste von Mitarbeitern einer Firma zurück, deren Nachname mit `"B"` anfängt, so könnten wir entsprechende XML-Elemente und die daraus resultierende Baumstruktur des XML-Dokuments mit folgender Zuordnung erzeugen:

```
<?xml version="1.0"?>
<!DOCTYPE DAD SYSTEM "c:\dtd\dad.dtd">
<DAD>
<dtdid>xmldb_marktmodell.dtd</dtdid>
<validation>NO</validation>

<Xcollection>
  <SQL_stmt>
    SELECT p.id, p.vorname, p.nachname
    FROM person p
    WHERE p.nachname LIKE "B%"
    ORDER BY p.nachname
  </SQL_stmt>

  <prolog>?xml version="1.0"?</prolog>
```

```
<doctype>!DOCTYPE DAD SYSTEM
          "c:\dxx\dtd\xmldb_marktmodell.dtd" <\doctype>

<root_note>
<element_node name="mitarbeiter" multi_occurrence="YES">
    <attribute_node name="ID">
      <column name="id" />
    </attribute_node>

  <element_node name="vorname">
    <text_node>
      <column name="vorname"/>
    </text_node>
  </element_node>

  <element_node name="nachname">
    <text_node>
      <column name="nachname" />
    </text_node>
  </elemenet_node>
 </element_node>
</root_note>
</Xcollection>
</DAD>
```

In dieser Knotendefinition legt das Attribut multi_occurence="YES" des ersten Elementknotens fest, dass dieses Element mehrmals erzeugt werden kann. Das <column>-Element sorgt für die eigentliche Einbindung der Daten aus der SQL-Anweisung. Dabei dürfen natürlich nur Spaltennamen der SQL-Anweisung aus der SELECT-Klausel des <SQL_stmt>-Elements verwendet werden.

Innerhalb einer DAD darf nur ein einziges <SQL_stmt>-Element vorhanden sein. Reicht eine SQL-Anweisung nicht aus, um die Daten für das XML-Dokument zu selektieren, so kommt die RDB-Knotenzuordnung zum Einsatz.

12.4.2.2 RDB-Knotenzuordnung

Bei der RDB-Knotenzuordnung werden die Tabellen und Spalten nicht über SQL-Anweisungen selektiert, sondern innerhalb des <root_node>-Elements über spezielle <RDB_note>-Elemente eingebunden. Hier zunächst ein Beispiel:

```
<element_node name="mitarbeiter">

  <RDB_node>
    <table name="Person" orderBy="nachname"/>
    <condition>nachname LIKE "B%"</condition>
  </RDB_node>
  <attribute_node name="ID">
    <RDB_node>
      <table name="person"/>
      <column name="id"/>
    </RDB_node>
  </attribute_node>

  <element_node name=" vorname">
    <text_node>
      <RDB_node>
        <table name="person" />
        <column name="vorname"/>
      </RDB_node>
    </text_node>
  </element_node>

  <element_node name="nachname">
    <text_node>
      <RDB_node>
        <table name="person" />
        <column name="name" />
      </RDB_node>
    </text_node>
  </element_node>

</element_node>
```

Das `<RDB_node>`-Element kann mehrere `<table>`-Elemente enthalten, so dass auch Tabellenverknüpfungen möglich sind. Dabei kann man innerhalb des `<condition>`-Elements verschiedene Bedingungen mit logischen Operatoren kombinieren. Soll nur eine Tabelle einbezogen werden, so kann das `<condition>`-Element leer sein oder auch fehlen.

Nachdem wir das neue DAD-Dokument entweder mit der SQL-Zuordnung oder mit der RDB-Knotenzuordnung erstellt haben, können wir die darin definierte XML-Objektgruppe im XML Extender aktivieren. Dazu vergeben wir einen Namen für die XML-

Objektgruppe, unter dem die sie in der DB2-Tabelle `XML_USAGE` registriert wird. Über Angabe ihres Namens (anstatt des Dateinamens der DAD-Datei) kann die XML-Objektgruppe über die gespeicherten Prozeduren angesprochen werden. Dadurch können die XML-Dokumente beispielsweise über die Kommandozeile oder aus einer Anwendung heraus generiert werden.

Für das Zusammensetzen von XML-Dokumenten stehen zwei solcher gespeicherten Prozeduren zur Verfügung. Die Prozedur `dxxRetrieveXML()` erwartet als Eingabeparameter eine XML-Objektgruppe. Die Prozedur `dxxGenXML()` verwendet hingegen hierzu direkt die DAD, die für eine XML-Objektgruppe erzeugt wurde. In beiden Fällen legen die Prozeduren das resultierende XML-Dokument in einer Ergebnistabelle ab, auf die man direkt mittels SQL zugereifen kann.

Speichern von XML-- Dokumenten in Relationen

Sollen XML-Dokumente zerlegt und die in ihnen enthaltenen Daten auf relationale Tabellen verteilt werden, so erlaubt dies im Gegensatz zum Zusammensetzen von XML-Dokumenten, nur die RDB-Knotenzuordnung.

Die hierfür nötige DAD sieht im Wesentlichen wie eine DAD mit RDB-Knotenzuordnung aus, wie sie zum Zusammensetzen von XML-Dokumenten verwendet wird. Es sind jedoch einige Erweiterungen nötig.

Zunächst muss `<table>`-Elementen innerhalb der RDB-Knoten der Primärschlüssel der jeweiligen Tabelle als Attribut mit übergeben werden:

```
<table name="person" key="id" orderBy="nachname" />
```

Besteht der Primärschlüssel aus mehreren Spalten, so werden die einzelnen Spalten innerhalb des `key`-Attributs durch Leerzeichen getrennt angegeben.

Um sicherzustellen, dass die zu speichernden Daten im richtigen Datenformat vorliegen, muss zudem den Spaltenelementen der Datentyp der Spalte mit übergeben werden werden.

```
<column name="nachname" type="varchar (30)" />
```

Unsere Beispiel-DAD sieht dann folgenderweise aus:

```
<?xml version="1.0"?>
<!DOCTYPE DAD SYSTEM "c:\dtd\dad.dtd">
<DAD>
  <dtdid>xmldb_marktmodell.dtd</dtdid>
  <validation>NO</validation>
```

```
<Xcollection>
  <prolog>?xml version="1.0"?</prolog>
  <doctype>!DOCTYPE DAD SYSTEM
       'c:\dxx\dtd\xmldb_marktmodell.dtd'
  <\doctype>

  <root_note>
    <element_node name="mitarbeiter">
      <RDB_node>
          <table name="person" key="id" orderBy="nachname"/>
          <condition>nachname LIKE "B%"</condition>
      </RDB_node>
        <attribute_node name="ID">
          <RDB_node>
            <table name="person" />
            <column name="id" type="integer" />
          </RDB_node>
        </attribute_node>
        <element_node name="vorname">
          <text_node>
            <RDB_node>
              <table name="person" />
              <column name="vorname"
                      type="varchar (30)" />
            </RDB_node>
          </text_node>
        </element_node>
        <element_node name="nachname">
          <text_node>
            <RDB_node>
              <table name="person" />
              <column name="name"
                      type="varchar (40)" />
            </RDB_node>
          </text_node>
        </elemenet_node>
      </element_node>
    </root_note>
  </Xcollection>
</DAD>
```

Ist das DAD-Dokument gespeichert und die in ihr definierte XML-Objektgruppe aktiviert, kann man diese über gespeicherte

Prozeduren ansprechen. Der XML Extender bietet hierfür die Prozeduren `dxxShredXML()` und `dxxInsertXML()` an.

Die Prozedur `dxxShredXML()` erhält als Eingabeparameter eine DAD-Datei, und das XML-Dokument. Anhand der in der DAD definierten Zuordnung fügt die Prozedur die Daten des XML-Dokuments in die XML-Objektgruppe ein, also in die in der DAD definierten Tabellen. Die Prozedur `dxxInsertXML()` verfährt genau wie die Prozedur `dxxShredXML()`, nur dass sie den Namen der aktivierten XML-Objektgruppe als Eingabeparameter erwartet.

12.4.3 Zugriff über ganze Objekte

Die zweite Möglichkeit, mit DB2 XML-Dokumente zu verwalten, ist die Verwendung der XML-Spalte.

Mit der XML-Spalte speichert man ganze XML-Dokumente. Hierfür stehen drei verschiedene benutzerdefinierte Spaltentypen (User Defined Types, UDTs) zur Verfügung:

- XMLCLOB für große XML-Dokumente
- XMLVARCHAR für kleinere XML-Dokumente
- XMLFILE für XML-Dokumente, die im Filesystem gespeichert werden sollen

Verwendet man einen der beiden ersten Spaltentypen, so werden die XML-Dokumente direkt in einer Tabelle des Datenbanksystems gespeichert. Verwendet man den Spaltentyp XMLFILE, so verbleibt das XML-Dokument im Dateisystem, und es wird nur eine Referenz auf die Datei in der Tabelle abgelegt.

Obwohl XML-Dokumente bei der Zugriffsmethode „XML-Spalte“ als Ganzes gespeichert werden, besteht dennoch die Möglichkeit, einen Index über das Dokumente zu legen. Dabei werden die XML-Elemente oder Attribute, die indiziert werden sollen, zusätzlich in speziell für diesen Zweck angelegten Tabellen, den Seitentabellen, gespeichert.

Zur Definition einer XML-Spalte wird wiederum eine DAD eingesetzt. Die Grundstruktur der DAD sieht in diesem Fall wie folgt aus:

```
<?xml version="1.0"?>
<!DOCTYPE DAD SYSTEM "c:\dtd\dad.dtd">
<DAD>
```

```
<dtdid>c:\dxx\dtd\xmldb_marktmodell.dtd</dtdid>
  <validation>YES</validation>
  <Xcolumn>
  ...
  </Xcolumn>
</DAD>
```

Mit der Angabe einer DTD werden XML-Dokumente zunächst auf Gültigkeit geprüft.

Innerhalb des `<Xcolumn>`-Elements wird definiert, welche Seitentabellen für die XML-Dokumente erstellt und welche XML-Elemente in ihnen zur Indizierung gespeichert werden sollen. Dazu wird für jede Seitentabelle ein `<table>`-Element eingefügt.

```
<table name="person_side_table"> </table>
<table name="adresse_side_table"> </table>
```

Anschließend muss für jede Seitentabelle definieren werden, welche Elemente zu speichern sind, also welche Spalten erzeugt werden sollen. Für jedes dieser Elemente wird ein `<column>`-Element hinzugefügt, welches die Attribute `name`, `type`, `path` und `multi-occurrence` besitzt:

- `name`: Name der Spalte
- `type`: Spaltentyp
- `path`: XPath Lokationspfad des zu indizierenden Elements
- `multi-occurrence`: Angabe, ob der Lokationspfad innerhalb des XML-Dokuments mehrmals auftreten kann. Wenn ja, legt DB2 in der entsprechenden Seitentabelle eine zusätzliche Spalte DXX_SEQNO vom Typ Integer an, um die Reihenfolge des Auftretens dieser Elemente aufzuzeichnen.

Eine Definition der zu verwendenden Seitentabellen könnte somit folgendermaßen aussehen:

```
<table name="person_side_table">
  <column name="nachname"
          type="varchar (40)"
          path="/firma/mitarbeiter/nachname"
          multi-occurrence="YES" />
</table>
<table name="adresse_side_table">
  <column name="PLZ"
```

```
        type="varchar (10)"
        path="/firma/adresse/plz"
        multi-occurrence="YES" />
  <column name="stadt"
        type="varchar (30)"
        path="/firma/adresse/stadt"
        multi-occurrence="YES" />
</table>
```

Nachdem die DAD für die neue XML-Spalte erzeugt und gespeichert wurde, kann sie für eine Tabellenspalte des Typs XMLCLOB, XMLVARCHAR oder XMLFILE aktiviert und dadurch an die entsprechende Tabellenspalte der Anwendungstabelle eingebunden werden. Dies geschieht mit Hilfe des DB2-Verwaltungsassistenten oder durch einen entsprechenden Aufruf des DB2-Kommandos `"dxxadm"`. Wird die XML-Spalte aktiviert, liest der XML Extender die gespeicherte DAD ein und erzeugt die definierten Seitentabellen. Zusätzlich kann eine Standardsicht auf die Tabelle erzeugt werden, deren Name bei Aktivierung gewählt werden muss. Nach der Aktivierung der XML-Spalte ist die Tabellenspalte der Anwendungstabelle initialisiert und einsatzbereit.

Man kann nun Indizes auf der Spalte erstellen, XML-Dokumente in die Spalte einfügen, Abfragen oder Aktualisierungen durchführen sowie gespeicherte XML-Dokumente durchsuchen.

Ein einfacher Zugriff kann z.B. über die Standardsicht erfolgen, indem mittels einer SELECT-Anweisung die gespeicherten Daten der Seitentabellen ausgelesen werden können:

```
SELECT * FROM MY_STANDARD_VIEW
```

Die Sicht zeigt die Spalten in den Seitentabellen, wie in der DAD angegeben.

Um ein XML-Dokument aus dem Dateisystem in einer XML-Spalte zu speichern, genügt die SQL-Anweisung:

```
INSERT INTO xml_kundendaten (my_xml_column)
VALUES
db2xml.XMLVarcharFromFile("c:\xml_files\customers.xml")
```

Der XML Extender öffnet dazu das XML-Dokument an der angegebenen Stelle, speichert das Dokument in der XML-Spalte `"my_xml_column"` der Anwendungstabelle `"xml_kundendaten"`, und füllt automatisch die Seitentabellen mit den Element-Daten, der durch die XPath-Ausdrücke der DAD angegebenen XML-Elemente.

Wird ein gespeichertes XML-Dokument später aktualisiert (z.B. durch eine UPDATE-Anweisung), so werden natürlich auch die Daten der Seitentabellen aktualisiert. Welche der einzelnen Einträge der Seitentabellen zu welchen der verschiedenen XML-Dokumente der Anwendungstabelle gehören, bestimmt der Primärschlüssel der Anwendungstabelle. Ist in der Anwendungstabelle kein Primärschlüssel vorhanden, oder soll ein vorhandener Primärschlüssel nicht für die Seitentabellen benutzt werden, so erzeugt der XML Extender bei Aktivierung der XML-Spalte in der Anwendungstabelle automatisch die Spalte DXXROOT_ID. Hierüber werden dann XML-Dokumente Einträgen in den Seitentabellen zugeordnet.

Neben dem Zugriff auf XML-Spalten über herkömmliche SQL-Anweisungen, erlaubt der XML Extender auch den Zugriff über benutzerdefinierte Funktionen (User Defined Functions, UDFs). Eine UDF enthält bereits das vorhergehende Beispiel: XMLVarcharFromFile() lieferte die XML-Datei, die in der XML-Spalte gespeichert werden soll. Besonders hervorzuheben sind in diesem Zusammenhang die Extraktfunktionen, mit denen man direkt auf Elemente oder Attribute gespeicherter XML-Dokumente zugreifen kann.

```
SELECT extractVarchar(my_xml_column,
       "/firma/mitarbeiter/person/vorname")
FROM xml_kundendaten
WHERE nachname LIKE "B%"
```

Dieses Beispiel zeigt, wie man direkt Suchabfragen auf XML-Dokumenten mit Hilfe der Extrakt-Funktion extractVarchar() durchführen kann, indem man den Spaltennamen und den Lokationspfad des gesuchten Elements angibt. Innerhalb der WHERE-Klausel können darüber hinaus noch Kriterien für Unterelemente des Vorgängerknotens <person> angegeben werden, die das Suchergebnis einschränken sollen. In diesem Fall suchen wir alle Vornamen der Mitarbeiter, deren Nachname mit "B" anfängt.

Die zur Verfügung stehenden Extraktionsfunktion, sind nach dem Schema Extract*abgerufener_datentyp*(xmlobj, pfad) aufgebaut.

Eine weitere Anwendungsmöglichkeit von UDFs ist die Aktualisierung einzelner Elemente eines gespeicherten XML-Dokuments. Hierzu wird die UDF Update(xmlobj, pfad, wert) verwendet.

```
UPDATE xml_kundendaten set my_xml_column =
        Update(my_xml_column, /mitarbeiter/person/telefon,
       "0123 45678")
 WHERE name="Muster"
 AND   vorname="Martin"
```

Mit dieser Anweisung werden alle XML-Elemente, die dem Pfad entsprechen, verändert, wobei die Unterelemente von `<person>` auf die Bedingung der `WHERE`-Klausel eingeschränkt wurden.

12.5 Fazit

Bei der Verbindung relationaler Datenbestände mit XML gehen die Datenbankhersteller zwar derzeit noch unterschiedliche Wege, dennoch stimmen Art und Umfang der angebotenen Funktionalität in hohem Maße überein. Man findet demzufolge bei allen großen Datenbankherstellern die nötige Unterstützung, will man XML aus relationalen Datenbeständen generieren oder XML in Tabellen beziehungsweise als CLOB speichern. Um diese Grundfunktionen anbieten zu können, wurden neue Datentypen eingeführt und Werkzeuge zur Abbildung von XML auf Relationen und umgekehrt bereitgestellt.

Da aber jeder Hersteller seinen eigenen Weg geht, und eine Standardisierung der Mechanismen in weiter Ferne zu liegen scheint, wählt man mit dem System zugleich einen bestimmten Zugriffsmechanismus. Das einzige Werkzeug, das ohne Anpassung auch für andere Systeme einsetzbar ist, ist das XML SQL Utility bzw. das XSQL Servlet von Oracle, das überdies zur Zeit frei verfügbar ist. Die schnellste Anpassung existierender Anwendungen erreicht man jedoch wahrscheinlich über die FOR XML Erweiterung im AUTO- bzw. RAW-Modus von Microsoft, in der existierende SQL-Anfragen sofort wiederbenutzt werden können.

Eine weitere interessante Tendenz ergibt sich aus dem Zusammenwachsen von XML und relationalen Strukturen, das dazu führt, dass neue XML-basierte Zugriffsmethoden auf Relationen bzw. auf in einzelnen Spalten gespeicherte Daten angewendet werden. Zum einen kann über XPath oder ähnliche Techniken nach Inhalten oder Elementen innerhalb einer Spalte gesucht werden. Zum anderen werden Relationen zu virtuellen XML-Dokumenten zusammengefasst und als solche über XPath und in Zukunft evtl. XQuery zugreifbar. Hier hat uns besonders der von IBM eingeschlagene Weg gefallen, der mit den DADs zwar einen proprietären, aber ganzheitlichen Ansatz verfolgt, um die beiden Welten miteinander zu verbinden. Bei Microsoft sind besonders die virtuellen Sichten auf die jeweils anderen Formate hervorzuheben. Über OpenXML wird ein XML-Dokument über SQL zugreifbar, und umgekehrt wird über XDR bzw. neuerdings XML Schema die relationale Datenbank zu einem virtuellen XML-Dokument, das somit über XPath und XQuery zugreifbar wird.

Folgende Tabelle bildet die nötigen Grundfunktionen auf die Angebote der einzelnen Hersteller ab.

Übersicht

	Oracle	SQL Server	IBM DB 2[1]
XML aus Relationen lesen	XSU und XSQL Servlet	FOR XML	DAD über SQL- und RDB- Zuordnung. XML-Objektgruppen
XML in Relationen schreiben	XSU und XSQL Servlet, iFS	Update Grams	DAD über RDB-Zuordnung. XML-Objektgruppen
XML Sichten über Relationen		XDR-, XMLSchema-Annotationen	DAD über RDB-Zuordnung. XML-Objektgruppen
Relationale Sicht über XML		OpenXML	
Anfragen in XML-Spalten	SQL Constraints, WITHIN	XPath	XPath
Schreiben als Ganzes (CLOB oder XML-Typ)	*Inter*Media Text, Indizierung möglich, als CLOB, XMLType und extern	CLOB und extern	DAD, XML-Spalte, Indizierung über Seitentabelle, Update einzelner Elemente Möglich, CLOB, XML-Typ

Wie man sieht, werden die wichtigsten Funktionen schon jetzt von allen Anbietern zur Verfügung gestellt, wenn auch im Detail noch einige Unterschiede bestehen. An dieser Stelle möchten wir jedoch noch einmal explizit darauf hinweisen, dass es sich hierbei um einen Schnappschuss des aktuellen Stands handelt und mit Erscheinen des Buches wohl bereits einige Lücken geschlossen sein werden.

[1] Die Tabelle bezieht sich auf die zum Zeitpunkt der Fertigstellung des Kapitel aktuellen Versionen Oracle 9i, SQL Server 2000 und den XML Extender von IBM DB2 7.2 UDB

13 Native XML-Datenbanken

13.1 Einleitung

Im Kapitel 10 haben wir die Anforderungen diskutiert, die XML an Datenbanksysteme stellt. Dabei zeigte sich, dass aufgrund der Diskrepanz zwischen den Eigenschaften der heute üblichen Persistenzsysteme und den Bedürfnissen der XML-Anwendungen, stets eine zusätzliche Schicht notwendig ist, die zwischen der Persistenzschicht und der Anwendungslogik vermittelt.

Da die von den XML-Anwendungen gestellten Anforderungen von Fall zu Fall variieren, ist die Komplexität der Zwischenschicht nicht immer gleich. In einfachen, streng daten- oder dokumentorientierten Anwendungen kann die Zwischenschicht als Bestandteil der Anwendungslogik realisiert werden. In komplexen Anwendungen sollten hingegen beide Aufgaben getrennt voneinander angegangen werden. Die Zwischenschicht sollte hier entweder separat arbeiten oder in die Persistenzschicht integriert werden.

Diese Betrachtungsweise erlaubt es uns, den Begriff der nativen XML-Datenbank recht klar einzugrenzen. Von einer *nativen XML-Datenbank* sprechen wir im Falle von Systemen, die zwei Voraussetzungen erfüllen:

- Sie vereinen die Aufgaben der Persistenzschicht und der XML-Zwischenschicht in einem System.
- Sie erfüllen (weitgehend) alle an eine XML-Datenbank gestellten Anforderungen, d.h. sie verfügen über eine komplexe Zwischenschicht.

Der erste Punkt bildet die Abgrenzung der nativen XML-Datenbanken zur XML-Middleware, welche die Zwischenschicht und die Persistenzschicht trennt. Der zweite Punkt grenzt die Systeme gegenüber den XML-fähigen Datenbanken ab, denn diese bieten meist nur eingeschränkte Unterstützung der gestellten Anforderungen.

In diesem Kapitel widmen wir uns Systemen, die unter die so aufgefasste Definition der „nativen XML-Datenbank“ fallen. Wir betrachten dabei insbesondere die von diesen Systemen eingesetzten XML-spezifischen Techniken zur Ablage von XML-Dokumenten im Hintergrundspeicher.

13.2 Natix

Durch die rasant wachsende Akzeptanz von XML gibt es mehr und mehr XML-Dokumente, die systematisch verwaltet werden müssen. Ein System, das dies unterstützt, sollte dabei mindestens folgende Anforderungen erfüllen: Es muss XML-Dokumente effektiv speichern können und den effizienten Zugriff auf ganze XML-Dokumente oder Teile davon erlauben. Um sicheres Arbeiten mit Dokumentkollektionen zu gewährleisten, muss ein solches System eine Transaktionsverwaltung beinhalten, die Recovery und Synchronisation realisiert. Vom W3C standardisierte deklarative Anfragemechanismen wie XPath und XQuery sollten selbstverständlich ebenfalls unterstützt werden. Zur Realisierung von Anwendungen auf einem solchen System ist die Unterstützung von DOM und SAX unabdingbar. Dieser Abschnitt beschreibt das native XML-Repository Natix, das speziell für die Verwaltung von XML-Dokumenten entwickelt wurde. Dabei greifen wir zurück auf einen Artikel von Fiebig, Kanne und Moerkotte [FKM01].

13.2.1 Entstehungshintergrund

Die Entwicklung von Natix startete im März 1998. In einem Projekt mit Spektrum Akademischer Verlag, Universität Erlangen und der Universität Passau sollte eine multimediale Aufbereitung der Biochemical Pathways erfolgen. In diesem vom Bundesministerium für Bildung und Forschung geförderten Projekt war die Universität Mannheim für die Datenhaltung zuständig. Im März 1998 wurde entschieden, hierfür ein natives XML Datenbanksystem zu erstellen. Natix wurde geboren.

Ebenfalls im Jahr 1998 wurde von INRIA ein Projekt namens Xyleme initiiert, das den Aufbau eines XML-Warehouses zum Ziel hatte, das alle XML-Dokumente, die auf dem Web zu finden sind, speichert und anfragbar macht. Dabei sollten auch Anfragen unterstützt werden, die sich auf Änderungen beziehen, sogenannte Delta-Queries. Da man für dieses Projekt ein hoch skalierbares XML-Repository benötigte, wurde eine Kooperation vereinbart und Natix eingesetzt.

Aus dem Xyleme Projekt wurde 1999 das Start-Up-Unternehmen „Xyleme". Parallel dazu wurde aus der Universität Mannheim das Unternehmen „data ex machina" ausgegründet.

In den folgenden Abschnitten beschreiben wir zunächst die Architektur von Natix. Anschließend widmen wir uns dem Speichersubsystem und der Anfrageauswertungsmaschinerie.

13.2.2 Natix-Systemüberblick

Bei der Realisierung von Natix wurde darauf Wert gelegt, die Probleme beim Einsatz von konventionellen Datenbanksystemen zur Speicherung von XML an der Wurzel zu beheben. Durch die Berücksichtigung der XML-Anforderungen bei Entwurf und Implementierung auch der unteren Schichten des Systems wurde dabei ein sehr leistungsstarkes, auf XML spezialisiertes DBMS geschaffen.

Die Architektur von Natix besteht aus drei Ebenen. Die unterste ist die *Speicherebene*, die für die Speicherung von XML-Daten, Metadaten und Indexstrukturen zuständig ist. In der nächsthöheren Ebene befinden sich die verschiedenen *Datenbankdienste*, die die über einfache Speicherung hinausgehenden Anforderungen der Anwendungen erfüllen.

Speicherebene und Dienste bilden zusammen die *Natix Engine*. Die Dienste kommunizieren untereinander und mit den Anwendungen durch das *Natix Engine Interface*, das eine einheitliche Schnittstelle für die gesamte Datenbank-Engine zur Verfügung stellt.

Auf Basis des Natix Engine Interfaces sind dann in der *Anbindungsebene* die verschiedenen Anwendungsanbindungen realisiert, in der die internen Repräsentationen von Dokumenten, Anfragen und Metadaten in die vom jeweiligen API benötigte Darstellung umgewandelt werden.

Natix wurde in C++ auf UNIX-Plattformen entwickelt, Windows-Versionen und Java-Anbindungen sind aber in der Erprobung.

Natix-Architektur

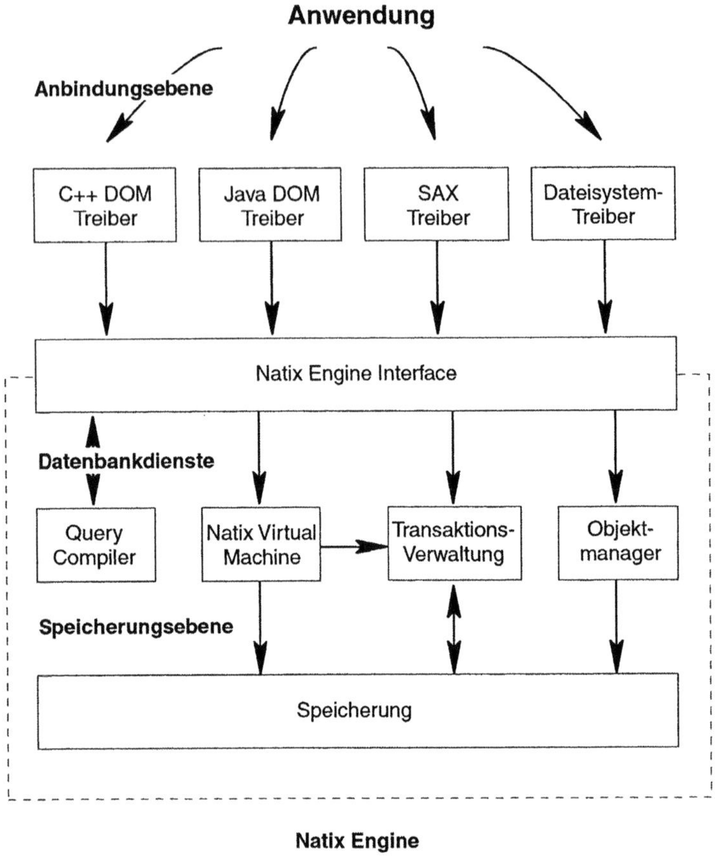

13.2.2.1 Speicherebene

Dieser Teil von Natix übernimmt die Verwaltung aller persistenten Daten. Dazu gehören neben den XML-Dokumenten, auf deren Speicherung in Abschnitt 13.2.3 im Detail eingegangen wird, Indexstrukturen, Metainformationen und Protokolle für die Recovery-Algorithmen der Transaktionsverwaltung.

Die Speicherungsschicht enthält neben einem Cache-Mechanismus eine Abstraktionsschicht für Massenspeichergeräte, so dass beliebige Medien mit blockweisem, wahlfreiem (*random access*) Zugriff als Träger von Natix-Partitionen dienen können. Neben normalen Dateien kann Natix so auch direkt auf Festplattenpartitionen zugreifen.

Neben Standard-Indexstrukturen wie B-Bäumen und invertierten Listen ist auf dieser Ebene auch ein Index geplant, der in der Lage ist, neben der absoluten Position von Suchbegriffen auch Zusatzinformationen über den Kontext zu liefern, in dem der Begriff vorkommt.

13.2.2.2 Datenbankdienste

Das *Natix Engine Interface* stellt ein Framework zur Kommunikation der Dienste zur Verfügung. Operationen wie die Übersetzung (Prepare) und Auswertung einer Anfrage, der Import und Export von Dokumenten werden als Anfrage an das Engine Interface gestellt und an die jeweils beteiligten Dienste weitergeleitet.

Die *virtuelle Maschine* dient der Auswertung von Anfragen. Zur effizienten Abarbeitung simuliert sie einen Prozessor, dessen Befehlssatz neben einfachen Operationen auf Basistypen auch mächtige Befehle zum Zugriff auf Dokumente enthält. Dabei kann die virtuelle Maschine bei der Auswertung der Anfragen direkt auf die Hintergrundspeicherrepräsentation der XML-Dokumente zugreifen, ohne diese zunächst mit hohem CPU-Aufwand in eine Hauptspeicherrepräsentation (z.B. einen DOM-Tree) umzuwandeln. Auf die Struktur der Auswertungsprogramme wird in Abschnitt 13.2.5 ausführlicher eingegangen.

Der *Query Compiler* übernimmt die Aufgabe, die in XML-Anfragesprachen formulierten Anfragen in Programme für die „Natix Virtual Machine" zu übersetzen. Es können auch mehrere Query Compiler im System vorhanden sein, falls mehrere Anfragesprachen unterstützt werden. Derzeit steht ein XPath-Compiler zur Verfügung. Näheres zur Anfragebearbeitung folgt in Abschnitt 13.2.5.

Die *Transaktionsverwaltung* stellt die Infrastruktur für Mehrbenutzerbetrieb zur Verfügung, bei dem die ACID-Eigenschaften (Atomicity, Consistency, Isolation, Durability) für die parallel ablaufenden Transaktionen garantiert werden können. Die wesentlichen Komponenten sind hier erstens die Isolation der Transaktionen durch das Verwalten von Sperren auf Objekten (wie Dokumenten und Knoten), sowie zweitens die Recovery, die für die Wiederherstellung der Daten bei einem Systemausfall oder dem Abbruch einer Transaktion zuständig ist und dafür eine Logdatei mit den erfolgten Änderungsoperationen verwaltet.

Dabei verlangt das Anforderungsprofil eines XML-Datenbanksystems mit sehr vielen Teilobjekten pro Dokument auch spezielle Sperrtypen und Protokolleinträge für Dokumente und Teildokumente. Eine konventionelle Transaktionskomponente ist hier schnell an der Grenze ihrer Leistungsfähigkeit. In Abschnitt 13.2.4 gehen wir beispielhaft auf die Optimierungsmöglichkeiten in der *Isolationskomponente* ein.

Um korrekten und durchsatzstarken Mehrbenutzerbetrieb zu ermöglichen, ist die Transaktionsverwaltung dabei eng mit der Speicherebene und der Anfragebearbeitung verzahnt, damit Sperren und Logeinträge für XML-Daten mit minimalem Overhead verwaltet werden können.

Zur Vermeidung von wiederholten Repräsentationswechseln zwischen der Hintergrundspeicherrepräsentation und den verschiedenen, von den Anwendungen verwendeten Hauptspeicherrepräsentationen (z.B. DOM-Tree) von Dokumenten wird ein *Objekt-Cache* eingesetzt, auf den die verschiedenen Anwendungstreiber über einen Objektmanager zugreifen können.

13.2.2.3 Anbindungsebene

In der Anbindungsebene sind die Schnittstellen zum Zugriff auf die Datenbank-Engine aus den verschiedenen Anwendungen realisiert. Neben den obligatorischen DOM-Schnittstellen für C++ und Java ist hier auch ein *Dateisystemtreiber* angesiedelt, der den Datenbankinhalt allen Anwendungen zur Verfügung stellt, die mit regulären Dateien arbeiten können. Dadurch kann die eventuell bestehende anfängliche Hürde beim Einsatz eines neuen Datenbanksystems leichter genommen werden.

13.2.3 Speicherung

Häufig wird auf XML-Dokumente in Programmen mit Schnittstellen wie DOM zugegriffen, in denen die Dokumentstruktur als Baum abgebildet wird.

13.2.3.1 Anforderungen

Ein geeignetes Speicherungsformat für XML-Dokumente in einem Datenbanksystem muss die in der Einleitung angedeuteten Anforderungen erfüllen:

1. Navigation durch die Baumstruktur muss ohne erneuten Parsingaufwand möglich sein.
2. Man muss Dokumente mit beliebiger (auch ohne) DTD speichern können, und DTDs müssen entsprechend einem Datenbankschema dem System zunächst bekannt gemacht werden.

3. Typische Zugriffsmuster (z.B. Navigation entlang der XPath-Achsen, Export einer textuellen XML-Darstellung) müssen effizient unterstützt werden.

Die typischerweise verwendeten generischen Formate zur Speicherung von XML-Dokumenten genügen den Anforderungen nicht:

- Bei der Speicherung von ganzen Dokumenten in CLOBs geht die Dokumentstruktur verloren, und die Navigation zwischen einzelnen Dokumentknoten kann nicht effizient unterstützt werden, sondern erfordert erneutes Parsen und damit in der Regel aufwendige I/O-Zugriffe auch auf unbeteiligte Dokumentbestandteile.
- Speichert man Dokumente knotenweise in einem herkömmlichen Datenbanksystem, geht sehr viel Platz verloren, da jeder Knoten zusätzlich zum Knotentyp (inkl. Tag-Namen) noch Referenzen auf den Vater-, Geschwister- und Kinderknoten enthalten muss. Diese Referenzen, z.B. als Fremdschlüssel realisiert, müssen beliebige andere Knoten erreichen können und dominieren daher den Platzaufwand. Außerdem sind die Knoten eines Dokuments über den Hintergrundspeicher verteilt und müssen wiederum durch aufwendige I/O-Zugriffe beschafft werden.

Natix verwendet ein hybrides Speicherungsformat, das Teilbäume eines Dokuments jeweils auf einer Hintergrundspeicherseite clustert und dort in einem kompakten Format ablegt. Passt ein Teilbaum aufgrund einer Änderungsoperation nicht mehr auf eine Seite, wird er gesplittet und auf mehrere neue Seiten verteilt. Nur für Referenzen, die Seitengrenzen überschreiten, muss ein platzaufwendigeres Format verwendet werden.

Im Folgenden wird nun zunächst das Speicherungsformat der Teilbäume auf den Seiten beschrieben, und dann die Verteilung von größeren Dokumenten auf mehrere Seiten skizziert.

13.2.3.2 Speicherungsformat auf den Seiten

Der Hintergrundspeicher in Natix wird in Blöcken oder Seiten von fixer Länge (max. 64K) eingeteilt. Auf jeder Hintergrundspeicherseite können mehrere Teilbäume (also auch mehrere Dokumente pro Seite) abgelegt werden, wobei jeder Teilbaum von der unter der XML-Speicherung befindlichen Ebene als ein variabel großer Datensatz gehandhabt wird. Zur Verwaltung dieser Datensätze kommen erprobte Techniken wie „Slotted Pages“ und *extent-basiertes Freispeichermanagement* zum Einsatz.

Teilbäume eines XML-Dokuments

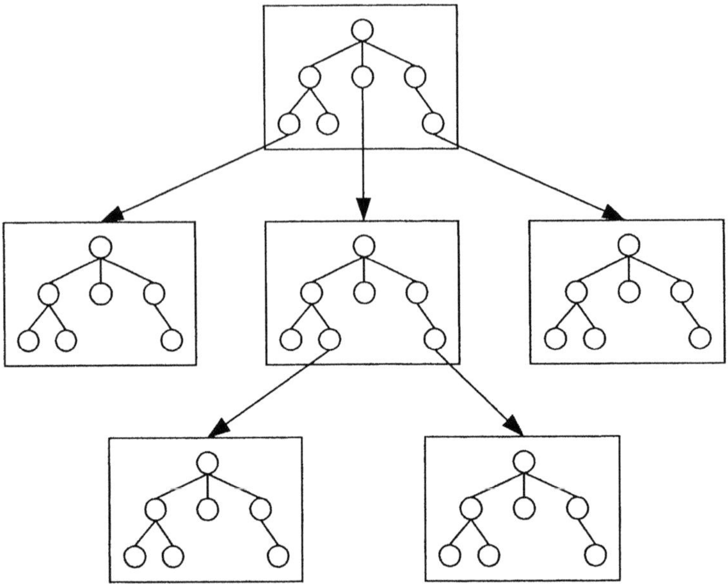

Jeder Teilbaum-Datensatz besteht aus einem Header und den Knotendaten. Der *Header* enthält eine Referenz auf den Vaterteilbaum sowie eine Kennung, zu welchem Dokument er gehört.

Die *Knoteninformationen* bestehen ebenfalls jeweils aus einem Header und dem Knoteninhalt. Der *Knoteninhalt* kann dabei entweder (z.B. bei Text- oder Attributknoten) eine Zeichenkette oder (z.B. bei Elementknoten) eine Folge von Kinderknoten sein.

Der *Knotenheader* enthält den Knotentyp, evtl. den Tag- oder Attributnamen, einen Zeiger auf den Vaterknoten und die Länge der Knotenrepräsentation inkl. Inhalt.

Dabei wird genutzt, dass die Länge des Knotens und die Position des Vaterknotens durch die Seitengröße begrenzt ist, d.h. es reichen je 2 Byte, um diese Information festzuhalten. Außerdem ist der Tag- oder Attributname nicht als Text, sondern in Form eines Verweises in einer Symboltabelle gespeichert. So benötigt die Codierung der gesamten Strukturinformation eines Knotens nur einen 8-Byte-Header. Das ist weniger, als ein Element-Tag mit zwei Zeichen Länge in Textform benötigt (<xx></xx> = 9 Byte!).

13.2.3.3 Verteilung eines Dokuments auf mehrere Seiten

Zur Repräsentation von Dokumenten, die größer sind als eine Seite, werden in die auf den Seiten gespeicherten Teilbäume sogenannte

„Proxy"-Knoten eingefügt. Diese Knoten enthalten einen Verweis auf einen weiteren Teilbaum-Datensatz. Ersetzt man alle Proxies rekursiv durch ihre referenzierten Teilbäume, ergibt sich das Gesamtdokument. Jeder Teilbaum-Datensatz enthält außerdem wie oben beschrieben einen Rückzeiger auf den referenzierenden Teilbaum.

Diese Darstellung ähnelt dem häufig für Indexstrukturen verwendeten B-Baum, nur dass als Schlüssel keine gewöhnlichen Datentypen wie Strings oder Zahlen verwendet werden, sondern Pfade im Dokumentbaum. Auch der Algorithmus zur Erzeugung und Pflege der so auf Seiten verteilten Dokumentstruktur weist Ähnlichkeiten mit den entsprechenden Algorithmen zur Pflege eines B-Baums auf:

Beispielsweise wird beim Einfügen eines neuen Knotens zunächst versucht, den Knoten in einen vorhandenen Teilbaum einzufügen. Sollte dies fehlschlagen, weil der resultierende Datensatz nicht mehr auf eine Seite passen würde, wird der Teilbaum in mehrere kleinere zerlegt (Split) und auf neue Hintergrundspeicherseiten verteilt. Dabei kann es bei Knoten mit sehr vielen Kindern auch dazu kommen, dass Teilbaum-Datensätze entstehen, die nur Proxies enthalten, die wiederum auf Proxies verweisen. Dies entspricht dem „Überlauf" in einem B-Baum, der denselben Schlüssel (hier: Pfad) mehrfach enthalten darf.

Der genaue Mechanismus findet sich in [KaMo99].

13.2.4 Isolation in Natix

Implementiert man ein natives Datenbanksystem für XML, so bereitet es keine Schwierigkeiten, Sperren auf Dokumentebene anzusiedeln. Aber auch Sperrprotokolle für feinere Granularitäten wie Dokumentknoten sind möglich. In Natix bietet es sich an, Sperren auf Teilbäumen zu vergeben, die in einem physischen Satz gespeichert sind. Will man ein hohes Maß an Nebenläufigkeit erreichen, so kann man die Semantik der Operationen auf Dokumentknoten ausnutzen und sehr spezifische Protokolle entwerfen. Die Grundlage bilden dabei Ansätze für die Synchronisation von abstrakten Datentypen. Hat man darüber hinaus noch Wissen über die DTD, so lässt sich ein Höchstmaß an Nebenläufigkeit erreichen.

13.2.5 Auswertung von XML-Anfragen

Wie bereits beschrieben, wird zur Auswertung einer deklarativen XML-Anfrage diese in ein Auswertungsprogramm übersetzt und auf der „Natix Virtual Machine“ ausgeführt. Da in Natix wie auch in traditionellen Datenbanksystemen die Anfrageauswertung algebraisch erfolgt, beschreibt ein Auswertungsprogramm im Wesentlichen die Auswertung eines algebraischen Ausdrucks. Gegenstand dieses Abschnitts ist daher die Übersetzung von deklarativen XML-Anfragen in algebraische Ausdrücke. Als Basis hierfür dient ein kurzer Überblick über die Besonderheiten von deklarativen XML-Anfragen.

13.2.5.1 Deklarative XML-Anfragen

Vereinfachend dargestellt dient eine XML-Anfrage zur Selektion, Extraktion, Kombination und Restrukturierung von XML-Daten.

- Die *Selektion* bezeichnet die Auswahl von Dokumenten aufgrund von Inhalt, Struktur oder anderen Attributen, wie Name, Alter usw.
- Die *Extraktion* ist die Auswahl von Dokumentausschnitten, wie Elemente, Textfragmente oder Attributwerte. Zur Extraktion werden bestimmte Methoden zur Adressierung von Ausschnitten in XML-Dokumenten verwendet, wie z.B. Pfadausdrücke.
- Das Zusammenführen des Inhalts mehrerer XML-Dokumente wird als *Kombination* bezeichnet. Dies entspricht der Verbund-(Join-)Operation in relationalen oder objektorientierten Datenbankmanagementsystemen.
- Die *Restrukturierung* bezeichnet die Transformation oder Umstrukturierung eines XML-Dokuments. Wichtige Anfrageprimitiven hierfür sind geschachtelte Anfragen, Gruppierungen und Ordnungsoperationen.

Betrachten wir nun ein paar Beispielanfragen, zu deren Formulierung wir die Anfragesprache XQuery (siehe Kapitel 5) verwenden wollen. Wir beschränken uns hier auf XQuery-Anfragen, die aus einer *FOR*- bzw. *LET*-Klausel, einer *WHERE*- und einer *RETURN*-Klausel bestehen. Zur Erinnerung: Die *FOR*- bzw. *LET*-Klausel dient dem Generieren von Variablenbindungen, die in der *WHERE*-Klausel gefiltert werden. Die Ergebniskonstruktion anhand der gefilterten Variablenbindungen wird in der *RETURN*-Klausel spezifiziert.

Ein- und Ausgabe einer XQuery-Anfrage sind Instanzen einer Erweiterung des XPath-Datenmodells. Somit werden im Wesentlichen XML-Dokumente als Bäume modelliert. Zur Navigation in einem Dokumentbaum bzw. zur Adressierung von Teilen eines Dokumentbaums werden in XQuery *Lokalisierungspfade* (*Location Paths*) verwendet. Dabei handelt es sich um Pfadausdrücke aus dem XPath-Standard, wie er im Abschnitt 2.5 eingeführt wurde.

Die Beispielanfragen beziehen sich auf XML-Dokumente, die der folgenden Document-Type-Definition (DTD) entsprechen:

```
<ELEMENT bib ( conference | journal )* >
<ELEMENT conference (title, year, article+) >
<ELEMENT journal (title, volume, no?, article+) >
<ELEMENT article (title, author+) >
<ELEMENT title (#PCDATA) >
<ELEMENT author EMPTY >
<ATTLIST author last CDATA #REQUIRED
                first CDATA #REQUIRED >
```

Die DTD beschreibt die Struktur von Einträgen in einer Bibliographiedatenbank. Die Einträge enthalten Informationen über den Typ der Veröffentlichung, den Titel und die Autoren.

Die folgende erste Beispielanfrage zeigt die XQuery-Fähigkeiten zur Datenextraktion. Sie ermittelt Konferenzen, die nach 1996 stattgefunden haben:

```
{
  FOR $c IN document("bib.xml")/bib/conference
  WHERE $c/year > 1996
  RETURN { $c/year }
}
```

Die FOR-Klausel extrahiert mittels eines Lokalisierungspfads die im Dokument *bib.xml* enthaltenen `conference`-Elemente und bindet diese an die Variable *c*. Die Variablenbindungen werden von der WHERE-Klausel gefiltert. Das Filterprädikat überprüft, ob das Veranstaltungsjahr der Konferenz nach 1996 liegt.

Für jede der gefilterten Variablenbindungen erzeugt die RETURN-Klausel ein `conference`-Element, dessen Inhalt aus dem Titel und dem Veranstaltungsjahr der Konferenz gebildet wird. Die `conference`-Elemente werden in ein `bib`-Element eingebettet.

Während die vorangehende Anfrage eine einfache Extraktion vornimmt, führt die zweite Anfrage eine Restrukturierung durch:

```
FOR $a IN document("bib.xml")//conference/article/author
  RETURN {
    FOR $b IN document("bib.xml")//conference/article,
        $c IN $b/author
```

```
    WHERE $c/@first = $a/@first AND $c/@last=$a/@last
    RETURN {$b/title}
  }
```

In XQuery werden dazu geschachtelte Anfragen verwendet. Die Anfrage erzeugt in einem `conf-authors`-Element eine Liste von `author`-Elementen, die neben dem Autorennamen eine Liste der mitverfassten Konferenzartikel enthalten.

Die Anfrage besteht aus zwei geschachtelten Anfragen. Die äußere extrahiert die Autoren von Konferenzartikeln aus dem Dokument *bib.xml* und erzeugt für jeden ein `author`-Element. Die in die FOR-Klausel eingebettete Unteranfrage bestimmt für jeden Autor die Artikelliste. Dazu extrahiert sie alle Konferenzartikel aus dem Dokument *bib.xml*, die den Autor in ihrer Autorenliste enthalten.

13.2.5.2 Natix-Algebra

Wie im vorangehenden Abschnitt gezeigt, beruhen XML-Anfragen auf der Bearbeitung von Variablenbindungen. Diese lassen sich effizient in Tabellenstrukturen verwalten. Ausgehend von dieser Überlegung, basiert der Entwurf der Natix-Algebra auf einer Erweiterung einer relationalen Algebra. Die Erweiterung besteht in der Einführung neuer Datentypen zur Abbildung des XPath Datenmodells und neuer Operatoren zur Generierung von Variablenbindungen und zur Konstruktion von Ergebnisdokumenten. Wir können an dieser Stelle aus Platzgründen die Natix-Algebra nur kurz skizzieren und verweisen daher für eine detaillierte Beschreibung auf [FiMo01].

Zur Darstellung von XML-Daten dient der Datentyp XML-Knoten. Entsprechend dem XPath-Datenmodell werden sieben Knotentypen unterschieden: *Root*, *Element*, *Attribute*, *Text*, *NameSpace*, *ProcessingInstruction* und *Comment*. Um Eigenschaften eines Knotens zu erfragen, wie den Elementnamen, den Typ oder den Zeichenkettenwert (*string value*), stehen Funktionen wie *getTagName*, *getType* und *getValue* zur Verfügung. Die Navigation im Dokumentbaum wird mittels Navigationsfunktionen realisiert. Für die Umwandlung von Relationeninhalten in XML-Ergebnisdokumente stehen Konstruktionsfunktionen zur Verfügung.

Die Operatorenmenge der Natix-Algebra besteht aus relationalen Operatoren wie *Select*, *Project* und *Join* zur Bearbeitung von Relationen. Da die Bearbeitung von XML-Daten weitgehend über Funktionen erfolgt, beinhaltet die Natix-Algebra verschiedene *Map*-Operatoren, die ein Auswerten von Funktionen auf den Tupeln einer Eingaberelation ermöglichen. Neben den *Map*-Operatoren führt die Natix-Algebra spezielle Gruppierungsoperatoren ein, die es erlauben, Kombinationen von Gruppierungen auszudrücken, was für die Auswertung von restrukturierenden Anfragen wichtig ist.

13.2.5.3 Generieren von Variablenbindungen

Das Generieren von Variablenbindungen beruht, wie in den Beispielanfragen gezeigt, auf Lokalisierungspfaden. Diese wurden bereits im Zusammenhang mit XPath im Abschnitt 2.5 ausführlich diskutiert. Ein *Lokalisierungspfad* besteht aus einer Sequenz von Lokalisierungsschritten (Location Steps). Ein *Lokalisierungsschritt* beschreibt einen Navigationsschritt ausgehend von einem Kontextknoten in einem Dokumentbaum entlang einer Navigationsachse. Die *Navigationsachse* bestimmt die Beziehung, die zwischen dem Kontextknoten und den erreichten Knoten besteht. Zur Filterung der durch die Navigation erreichten Knoten können vom *Lokalisierungsschritt* Filterprädikate angewendet werden. Ein *Lokalisierungsschritt* liefert somit in einem Lokalisierungspfad eine gefilterte Liste von Knoten, die jeweils den Kontextknoten für den nächsten *Lokalisierungsschritt* bilden.

Bei der Auswertung eines Lokalisierungspfads wird dieser zunächst in seine Lokalisierungsschritte aufgeteilt. Zur Navigation entsprechend der Navigationsachse wird für jeden Schritt ein *UnnestMap*-Operator eingeführt. Dabei handelt es sich um einen speziellen *Map*-Operator, der eine im Subskript spezifizierte mengenwertige Funktion auf den Tupeln der Eingaberelation auswertet und diesen das entschachtelte Funktionsergebnis als zusätzliches Attribut hinzufügt. Zur Auswertung eines Lokalisierungsschritts besteht das Subskript aus einer Navigationsfunktion. Dabei handelt es sich um eine Funktion, die zu einem XML-Knoten eine geordnete Menge von Knoten entsprechend einer Navigationsachse bestimmt. Beispiele hierfür sind die Funktionen *getParent*, *getChildren*, *getDescendantsOrSelf* und *getAttributes*.

Zur Filterung der durch eine Navigation erreichten Knoten kann den Navigationsfunktionen ein Bezeichner als zusätzlicher Parameter übergeben werden, um nur Knoten mit einem bestimmten Namen zu selektieren. Weitere Filterprädikate können mittels eines *Select*-Operators angewendet werden.

Startet der auszuwertende Lokalisierungspfad vom Wurzelknoten eines über eine URI spezifizierten Dokuments, wird ein *ExpressionScan*-Operator zusammen mit der *getDocumentRoot* Funktion verwendet, die zu einer URI den Wurzelknoten des entsprechenden Dokuments ermittelt. Der *ExpressionScan*-Operator liest keine Eingaberelation, sondern wertet lediglich eine im Subskript spezifizierte Funktion aus und wandelt das Ergebnis in einen Tupelstrom um.

Operatorbaum zur ersten Anfrage

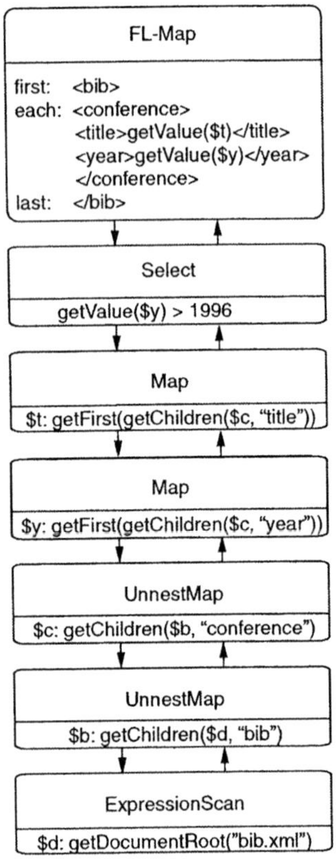

Im Operatorbaum zur ersten Beispielanfrage bindet der *ExpressionScan* die Wurzel des Dokuments *bib.xml* an die Variable *d*. Die anschließenden *UnnestMap*-Operatoren binden die im Dokument enthaltenen `bib`-Elemente an die Variable *b* und die `conference`-Elemente an die Variable *c*.

Die den *UnnestMap*-Operatoren folgenden *Map*-Operatoren binden das erste `titel` und `year` Kindelement des an *c* gebundenen XML-Knotens, an die Variablen *t* und *y*. Für den Zugriff auf den ersten Knoten in einer geordneten Menge, wie sie von einer Navigationsfunktion geliefert wird, wird hier die Funktion *getFirst* verwendet. Das Filtern der Variablenbindungen erfolgt durch einen *Select*-Operator. Dessen Filterprädikat überprüft, ob das an *y* gebundene `year`-Element eine Jahresangabe enthält, die größer als 1996 ist.

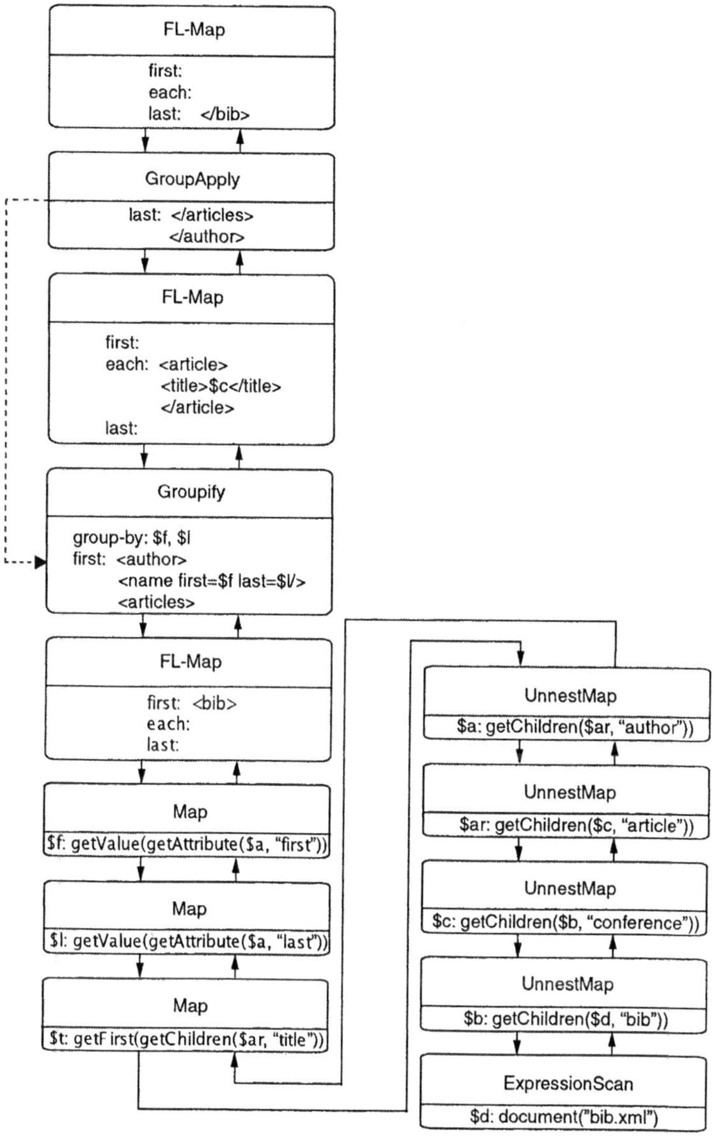

Operatorbaum zur zweiten Anfrage

13.2.5.4 Ergebniskonstruktion

Die Ergebniskonstruktion erfolgt durch das Anwenden von Konstruktionsfunktionen auf Variablenbindungen. Diese übermitteln das Ergebnis der Anfrage per Seiteneffekt an die Anwendung. Im einfachsten Fall handelt es sich bei den Konstruktionsfunktionen um fachsten Fall handelt es sich bei den Konstruktionsfunktionen um Ausgabefunktionen zur Konstruktion einer textuellen Darstellung. Für eine effizientere Form der Ergebnisweiterleitung ist es auch möglich, Konstruktionsfunktionen zu verwenden, die SAX-Ereignisse generieren.

Die Konstruktionsfunktionen werden, wie die Navigationsfunktionen bei der Variablenbindungsgenerierung, als Subskript für *Map*-Operatoren verwendet. Der Auswertungsplan zur ersten Anfrage enthält zur Ergebniskonstruktion einen *FL-Map*-Operator. Dessen Subskript besteht aus drei Funktionen, *first*, *each* und *last*. Die *first* Funktion wird auf dem ersten, die *last* Funktion auf dem letzten und die *each* Funktion auf jedem Tupel der Eingaberelation ausgewertet. Im Beispielplan erzeugt die *first* Funktion die Startmarkierung (Start-Tag) des `bib` Elements, dessen Inhalt aus dem Anfrageergebnis besteht. Die *each* Funktion erzeugt ein `conference` Element mit dem Konferenztitel und dem Veranstaltungsjahr. Die *last* Funktion schließt die Ergebniskonstruktion ab und erzeugt dazu die Endemarkierung des *bib* Elements.

Zur Auswertung restrukturierender Anfragen und zum Entschachteln von XQuery-Anfragen sind in Natix spezielle Gruppierungsoperatoren vorgesehen, die ein Kombinieren von Gruppierungsoperationen ermöglichen. Sie werden im Operatorbaum zur zweiten Beispielanfrage verwendet.

An die *UnnestMap*- und *Map*-Operatoren, die die Variablenbindungen erzeugen, schließen sich die Operatoren zur Ergebniskonstruktion an. Da es sich bei der Anfrage um eine restrukturierende Anfrage handelt, werden zur Ergebniskonstruktion die Variablenbindungen mittels des *Groupify*/*GroupApply*-Operatorenpaars gruppiert. Der *Groupify* Operator führt eine Gruppierung der Eingaberelation durch, die durch die im Subskript spezifizierte *group-by* Liste definiert wird. Zwischen den Operatoren ist ein Teilplan eingebettet, der auf jeder Gruppe ausgewertet wird. Zur Ergebniskonstruktion enthält das Subskript des *Groupify* Operators eine *first* Funktion, die vor dem eingebetteten Teilplan ausgewertet wird. Zusätzlich enthält das Subskript des *GroupApply* Operators eine *last* Funktion, deren Auswertung nach der des eingebetteten Teilplans für jede Gruppe erfolgt.

13.3 Birdstep Database Engine

Die norwegische Birdstep Technology ASA wurde 1996 gegründet [Bird02]. Sie entwickelte die *Birdstep Database Engine* (kurz

BDBE), einen Datenbankkernel, der wegen seiner Performanz und kleinen Speicherverbrauchs auf den Bereich der eingebetteten Systeme zielt. Für das Speichermodell dieser Datenbank verwendet Birdstep Technology ASA ein selbst entwickeltes Speichermodell, das in einigen Ländern sogar als Patent [USP99] registriert wurde.

13.3.1 Datenbankkern

Birdstep Database Engine ist kein komplettes Datenbankmanagementsystem. Vielmehr handelt es sich um einen Datenbankkern, der auf Ressourcen und Performance optimiert ist, und im Falle der Speicherung der Daten einen neuen Weg geht. Mit der BDBE können Daten sowohl relational, objektorientiert als auch hierarchisch gespeichert werden. Für die Speicherung von XML-Dokumenten bietet sie sich geradezu an.

13.3.1.1 Überblick

Um Daten effizient zu speichern und, etwa bei der Verwaltung von XML, zeitraubende Konvertierungen zu vermeiden, trennt die BDBE die folgenden Komponenten voneinander:

- die Daten selbst,
- die Typdefinition der Daten,
- das tatsächliche Auftreten der Daten in der Datenbank.

Dieser Ansatz wird als *Atomarisierung* bezeichnet. Ein Atom ist dabei das kleinste und elementarste Element der BDBE.

Folgende Atome sind möglich:

- *Typatom*: Ein Datenelement, welches die erlaubten Typen eines Instanzatoms spezifiziert. Das Typatom besteht aus einem frei wählbaren Namen und einem Typ (z.B. ASCII Text, Unicode Text, Double, BLOB etc.).
- *Inhaltsatom*: Ein Datenelement, welches die eigentlichen Daten speichern kann. Jedes Inhaltsatom, das größer als 4 Bytes ist, wird dabei nur einmal gespeichert, unabhängig davon, wie oft es im Zusammenhang mit einem Instanzatom verwendet wird.

Ein Molekül

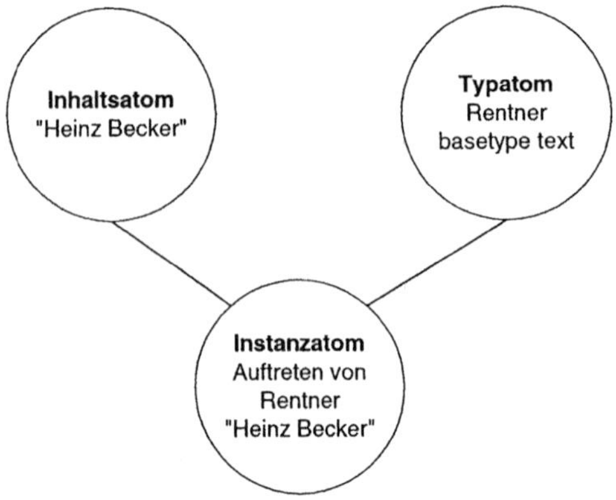

- *Instanzatom*: Ein Datenelement, welches ein Inhaltsatom mit einem Typatom verknüpft. Erst dieses Instanzatom beschreibt ein tatsächliches Auftreten von Daten in der Datenbank.

Diese Trennung hat zur Folge, dass Daten die mehrmals auftreten (z.B. „Albert Einstein" als Wissenschaftler und „Albert Einstein" als Mitarbeiter), zwar durch mehrere Instanzatome repräsentiert werden, die zugehörigen Inhaltsatome jedoch nur ein einziges Mal gespeichert werden. Dies hat nicht nur weniger Speicherplatzverbrauch zur Folge, sondern ist auch die Voraussetzung für schnelle Suchalgorithmen.

Die Verbindung eines Typatoms, eines Inhaltsatoms und eines Instanzatoms bezeichnet man als *Molekül*. Neben den drei Atomen und dem Molekül bietet die Datenbank noch die Möglichkeit Verknüpfungen zu bilden. Diese sind – wie wir später noch sehen werden – für die Speicherung von XML-Dokumenten sinnvoll. BDBE unterscheidet hier zwischen inneren und äußeren Verknüpfungen:

- *Innere Verknüpfungen*: Instanzatome können mit anderen Instanzatomen verbunden werden, um z.B. Datenabhängigkeiten oder komplexe Datenfelder bzw. Datenobjekte zu repräsentieren. Jedes Instanzatom einer inneren Verknüpfung wird dabei als *Mitglied* bezeichnet. Da die Verknüpfungen gerichtet sind, gibt es auch ein erstes Instanzatom einer solchen inneren Verknüpfung, welches als *Besitzer* bezeichnet wird.

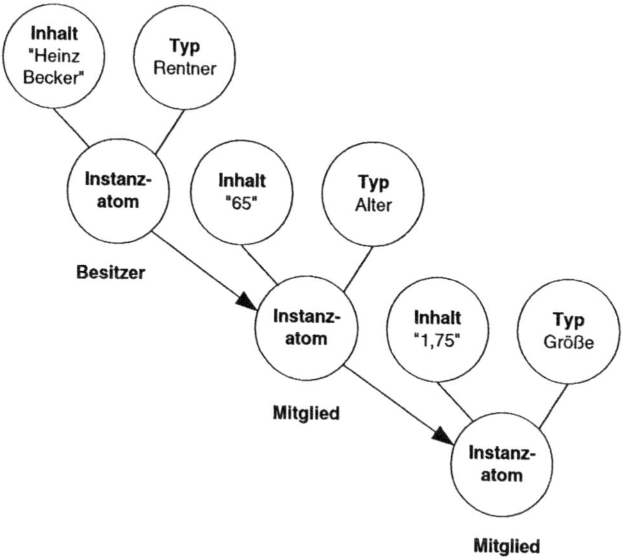

Innere Verknüpfung

- *Äußere Verknüpfungen*: Durch die Möglichkeit als Typ eines Typatoms einen Zeigertyp (*database pointer*) zu wählen, kann ein Inhaltsatom zur Speicherung eines Zeigers auf ein anderes Atom der Datenbank verwendet werden. Benutzt man den Zeiger nun als Zeiger auf ein Instanzatom, so ergeben sich vielfältige Verknüpfungsmöglichkeiten. Die häufigste Anwendung besteht darin, innere Verknüpfungen über Zeiger zu äußeren Verknüpfungen zusammenzuführen, um so auch die komplexesten Objekte bzw. Beziehungen modellieren zu können. Erst durch diese äußeren Verknüpfungen ist BDBE hervorragend zur Speicherung von XML-Dokumenten geeignet.

13.3.1.2
Details

Atome

Ein Typatom besteht aus einem Basistyp, einem Typnamen, einer Typbeschreibung und einer diesem Typatom eindeutig zugeordneten Typ-ID. Ein zusätzlicher Zähler speichert noch die Anzahl der mit diesem Typatom verbundenen Instanzatome. Typatome dürfen den gleichen Namen haben, wenn sie sich zumindest im Basistyp unterscheiden. Es ist also möglich, dass ein Typatom namens *Temperatur* vom Basistyp *Integer*, neben einem Typatom gleichen Namens vom Basistyp *Float* existiert. Man spricht hier von *Polymorphismus*. Der Mechanismus ist auch aus Programmiersprachen wie Java oder C++ bekannt.

Äußere Verknüpfung

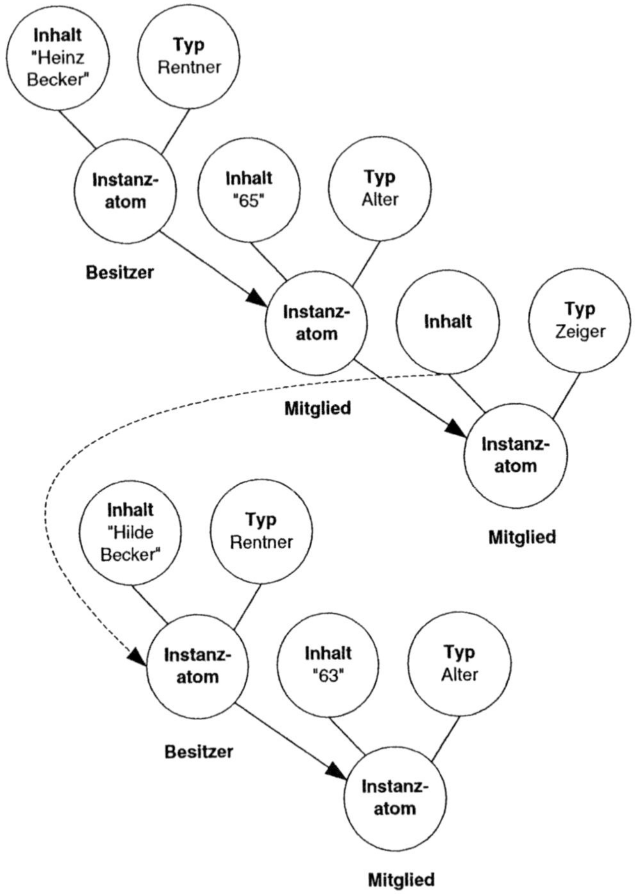

Ein Instanzatom speichert die Typ-ID und den Basistyp des mit ihm verbundenen Typatoms. Man beachte, dass der Basistyp zwar redundant gespeichert wird, für schnelle Algorithmen ist es jedoch vorteilhafter, auf die Basistyp-Information gleich im Instanzatom Zugriff zu haben, und nicht erst das zugehörige Typatom ermitteln zu müssen. Im Instanzatom wird schließlich noch ein Zeiger auf das entsprechende Inhaltsatom abgelegt.

Ein Inhaltsatom speichert die eigentlichen Daten.

Suchen in der BDBE

Die Suchstruktur der BDBE bietet für jedes Inhaltsatom Platz, um die *n* signifikantesten Bytes der Daten in einem Vektor zu speichern. Diese Vektoren sind nochmals in *m* Teilsuchstrukturen aufgeteilt, wobei *m* der Wertebereich der Daten ist (also ähnlich einer Hash-Tabelle ohne Hashfunktion). Wird nun eine bestimmte Instanz

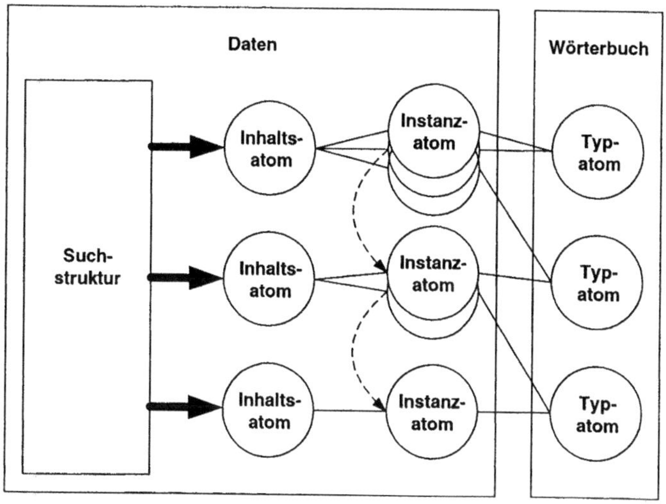

Systemübersicht

von z.B. „Heinz Becker" gesucht, so wird zunächst mittels der n signifikantesten Bytes von „Heinz Becker" (also z.B. „He") die entsprechende Teilsuchstruktur lokalisiert. Anschließend wird diese Teilsuchstruktur nach dem entsprechenden Inhalt durchsucht. Falls der Inhalt vorhanden war, kann nun über Zeiger das entsprechende Inhaltsatom geholt werden, und über weitere Zeiger das zugehörige, gewünschte Instanzatom.

History-Verwaltung

Eine weitere Eigenschaft der BDBE ist die Möglichkeit, ein Inhaltsatom zur Laufzeit zu ändern. Dies ist zwar keine revolutionäre Eigenschaft, jedoch muss im Gegensatz zu herkömmlichen Datenbanken die Inhalts- und Instanzatom in einem Element speichern, ein anderer Mechanismus verwendet werden.

Die Lösung der BDBE gliedert sich daher in zwei Teilschritte. Erstens wird der Benutzer gefragt, ob entweder zu einem geänderten Inhaltsatom ein neues Instanzatom erzeugt werden soll, oder ob das geänderte Inhaltsatom das alte Inhaltsatom „überschreibt" und somit zum alten Instanzatom (bzw. zu mehreren zu diesem Inhaltsatom gehörenden Instanzatomen) gehören soll. Zweitens kann jedes Instanzatom seine eigene Vergangenheit in einer Liste verwalten, indem es bei jedem Überschreiben die alten Instanz- und Inhaltsatome in einer verketteten Liste speichert. Diese *History-Verwaltung* erlaubt eine relativ einfache Implementierung von Transaktionen.

Liste der Atomversionen

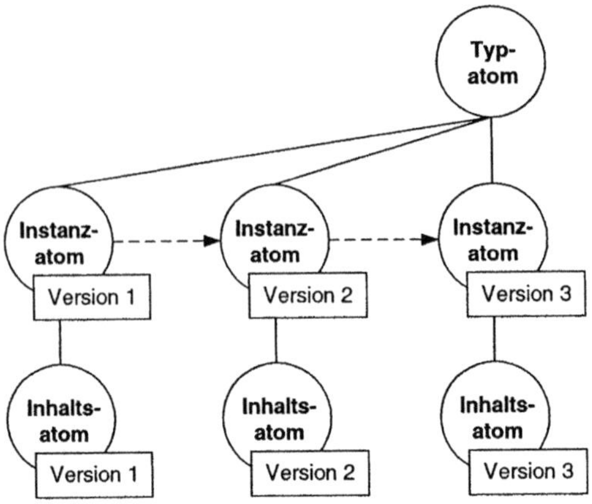

13.3.1.3 Vorteile des Designs

Durch die Atomisierung und die Möglichkeit jedes beliebige Atom zur Laufzeit zu ändern, ergeben sich folgende Möglichkeiten:

- *Dynamische Schema-Evolution*: Ein Datenbankschema muss nicht von Anfang an vorhanden sein, da Verknüpfungen zur Laufzeit eingefügt und wieder gelöscht werden können.
- *Universelles Datenbankmodell*: Die BDBE kann sowohl zur Speicherung relationaler, objektorientierter als auch hierarchischer Daten verwendet werden.
- *Geringer Speicherverbrauch, hohe Performanz*: Dadurch dass Daten nur ein einziges mal gespeichert werden, verringert sich der Speicherplatzverbrauch. Such- und Änderungsoperationen sind durch diese einmalige Speicherung der Daten ebenfalls schneller, da z.B. Änderungen nur an einer Stelle durchgeführt werden müssen, und anschließend jeder Instanz zur Verfügung stehen.

13.3.2 BDBE als XML-Speicher

Die Konzepte Atom, Molekül und Verknüpfung eignen sich hervorragend, um auf der Basis der BDBE XML-Speichersysteme zu entwickeln. Nachdem also die Grundprinzipien der BDBE vorgestellt wurden, soll im Folgenden speziell auf die Abbildung von XML auf die Birdstep-Konzepte näher eingegangen werden.

13.3.2.1
Abbildung von Elementen auf Moleküle

Um die Abbildungsregeln vorzustellen verwenden wir ein Beispieldokument, das auf die Katalog-DTD aus Kapitel 10.2 zurückgreift:

```
<katalog>
  <name>Beispielkatalog</name>
  <katalogelement>
    <name>Beispielartikel</name>
    <artikel status="neuheit">
      <hersteller>Beispiel GmbH</hersteller>
      <lieferzeit>2 Tage</lieferzeit>
      <stueckpreis>19.95 Euro</stueckpreis>
    </artikel>
  </katalogelement>
</katalog>
```

Das Grundprinzip, das bei der Abbildung von XML auf die Birdstep-Konzepte angewendet wird, ist einfach. Die Elemente in einem XML-Dokument werden auf Ketten von Molekülen abgebildet, die durch innere Verknüpfungen zusammengehalten werden. Die Verschachtelung der Elemente bzw. ID/IDREF-Beziehungen werden hingegen mittels äußerer Verknüpfungen, also Zeiger, realisiert. Ein solcher Zeiger verknüpft eine Molekülkette mit den Molekülketten ihrer Kindelemente und umgekehrt.

Zu diesem Zweck werden in der BDBE zunächst einige XML-spezifische Typatome eingeführt. Die wichtigsten davon sind: *Elementname*, *Attributname*, *Attributwert*, *PCDATA* und der bereits genannte *Zeiger* auf ein Element. Bei der Abbildung eines Elements auf eine Molekülkette wird jeweils ein Molekül für die folgenden Bestandteile des Elements erzeugt:

- ein Molekül mit dem Zeiger auf das Vaterelement, um im Dokument effizient von den Blättern zur Wurzel navigieren zu können,
- ein Molekül mit dem Namen des Elements,
- für jedes im Element vorkommende Attribut ein Molekül mit dem Namen dieses Attributs,
- ein Molekül für jeden Attributwert,
- ein Molekül für jeden PCDATA-Block,

Element `artikel` in BDBE

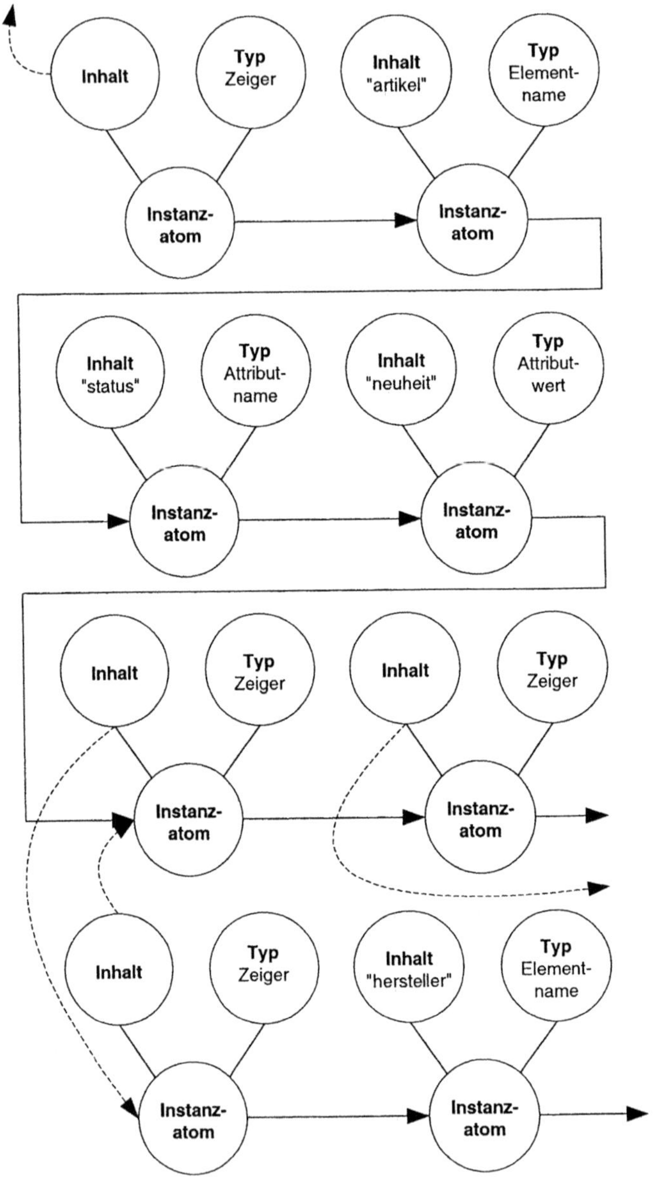

- für jedes Kindelement ein Molekül mit dem Zeiger auf das erste Molekül seiner Molekülkette, um im Dokument effizient von der Wurzel zu den Blättern navigieren zu können.

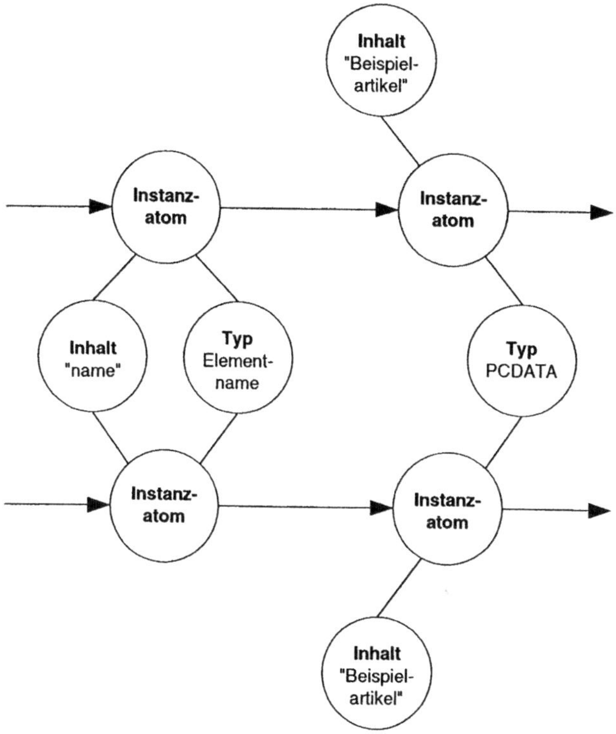

Element `name` in BDBE

Eine Molekülkette beginnt stets, bis auf das Wurzelelement, mit dem Zeiger auf das Vaterelement. Anschließend folgen der Elementname und alle Bestandteile des Elements in der Reihenfolge ihres Vorkommens. Für das Element `artikel` ergibt sich auf diese Weise die Kette: Zeiger auf `katalogelement`, der Elementname „artikel“, der Attributname „status“, der Attributwert „neuheit“ und die Zeiger auf die Kindelemente `hersteller`, `lieferzeit` und `stueckpreis`. Die innere Verknüpfung der Moleküle in einer Kette hält somit zugleich die so wichtige Reihenfolge der Elemente im Ursprungsdokument fest.

Die in Birdstep vorgenommene Trennung zwischen Inhalten und ihrem tatsächlichen Vorkommen kommt bei der Speicherung von XML-Dokumenten deutlich zu tragen. So wird jeder Element- und Attributname nur einmal in einem Inhaltsatom festgehalten. Jedes Auftreten des Namens im Dokument erzeugt ein Instanzatom, das lediglich einen Zeiger auf das zugehörige Inhaltsatom enthält. Die ansonsten als „geschwätzig“ geltenden XML-Dokumente können auf diese Weise äußerst effizient komprimiert werden. In unserem Beispiel wird dies am Element `name` sichtbar. Das zweifache Vorkommen des Elements führt zu zwei Instanzatomen, die beide auf das gleiche Inhaltatom mit der Zeichenkette „name" verweisen.

13.3.2.2 Schnittstellen

Die Birdstep Database Engine bietet eine Reihe von Schnittstellen, um mit ihr zu kommunizieren. Da es sich um einen Datenbankkernel handelt, sind dies jedoch Schnittstellen auf der niedrigen Programmierebene und nicht etwa Anfragesprachen wie z.B. XQL oder SQL mit einem hohen Abstraktionsgrad. Es werden dabei folgende Schnittstellen angeboten:

- SAX,
- DOM,
- IBXML database I/O.

Die ersten beiden wurden bereits im Kapitel 7 ausführlich vorgestellt.

Die *IBXML database I/O* ist die eigene native Programmierstelle der Birdstep Database Engine. Will man XML-Daten aus der Datenbank lesen, so hat diese Schnittstelle im Prinzip die Funktionalität eines XML-Parsers, mit dem Unterschied, dass die XML-Dokumente aus der Datenbank gelesen werden und nicht z.B. von einer Textdatei. Will man hingegen Daten in der Datenbank speichern, so entspricht die Funktionalität derjenigen eines XML-Generators.

Die Schnittstelle operiert auf der Ebene der BDBE-Konzepte. Das bedeutet, der Programmierer kann hier einzelne Atome erzeugen, löschen und verändern. Da man damit auch inkonsistente Daten („falsches XML") speichern kann, ist diese Schnittstelle nicht als eine eigentliche XML-Schnittstelle zur Datenbank gedacht, sondern eher als Schnittstelle zur Implementierung von Anfragesprachen wie z.B. XQL, SQL oder anderen.

13.4 Tamino

Tamino steht für *<u>T</u>ransaktions<u>a</u>rchitektur zum <u>M</u>anagement von <u>In</u>ternet-<u>O</u>bjekten.* Tamino ist ein Produkt der Software AG und wird vom Hersteller unter der Bezeichnung „Integration Server" vermarktet [Soft02, RaTu00]. In der Tat ist Tamino mehr als eine native XML-Datenbank, denn das System verwaltet nicht nur Daten in einem internen XML-Speicher sondern integriert auch externe Datenquellen und liefert ihren Inhalt in XML. Die Software AG verfolgt damit eine der betrieblichen Praxis äußerst nahe Strategie – sie will nicht bestehende Datenbanksysteme ersetzen, sondern sie in die neue Architektur mit aufzunehmen.

13.4.1 Übersicht

Die Architektur von Tamino lässt sich zur besseren Übersicht in Schichten unterteilen:

- Der Zugriff auf das System kann über eine Reihe von *Schnittstellen* erfolgen.
- Die eigentliche Serverfunktionalität verteilt sich auf mehrere *Kernkomponenten.*
- Die Kernkomponenten greifen ihrerseits wiederum auf diverse *Datenspeicher* zu.
- Die Verwaltung des Systems erfolgt schließlich mit Hilfe des *Server Managers.*

Die Komponenten sollen nun im Einzelnen betrachtet werden.

13.4.2 Schnittstellen

X-Port

Die wichtigste Schnittstelle von Tamino ist das integrierte Web-Server-Interface X-Port. Er erlaubt es, aus dem Internet über URLs direkt auf Tamino zuzugreifen. So lässt sich der Server aus einem einfachen Web-Browser anfragen und bedienen. Der X-Port unterstützt das HTTP (HyperText Transfer Protocol) in den Versionen 1.0 und 1.1.

Hinzu kommt das Tamino SDK, ein Werkzeugpaket mit Funktionsbibliotheken für Softwareentwickler, die mittels XQL-, SQL- oder DOM aus Anwendungen auf Tamino zugreifen möchten. Ein direkter Zugriff auf den SQL-Speicher kann über ODBC, JDBC oder OLE/DB erfolgen.

Tamino-Architektur

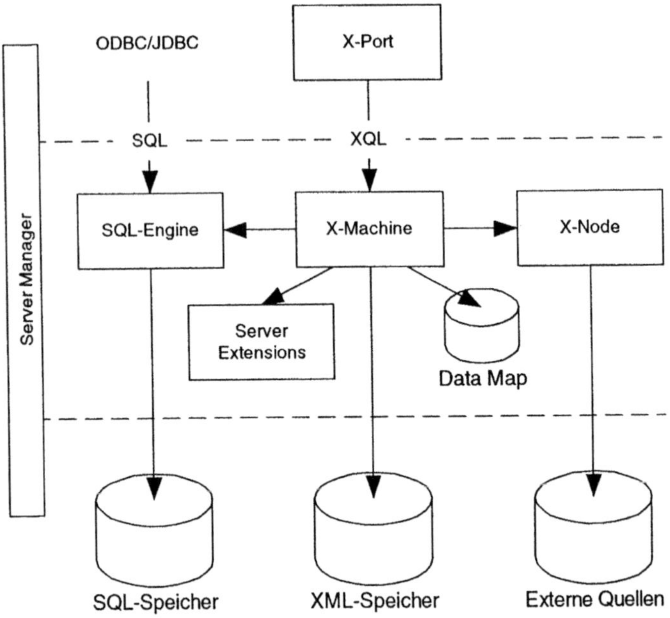

13.4.3 Kernkomponenten

Die eigentliche Funktionalität von Tamino wird von einer Reihe von Kernkomponenten realisiert:

- X-Machine,
- Data Map,
- SQL-Engine,
- X-Node,
- Server Extensions.

X-Machine

Das Herzstück von Tamino ist die Datenmanagementkomponente *X-Machine*. Sie bietet eine einheitliche XML-Schnittstelle zu allen an Tamino angeschlossenen Datenquellen. Dabei greift die X-Machine auf sehr unterschiedliche Datenspeicher zurück. So werden XML-Dokumente in einer internen XML-Datenbank gespeichert, während relationale Daten in dem internen SQL-Datenspeicher von Tamino verwaltet werden. Zusätzlich kann die X-Machine über X-Nodes auch die Inhalte externer Datenquellen einbinden.

Das bedeutet, bei Anfragen werden XML-Dokumente von der X-Machine aus den Daten mehrerer Datenquellen zusammengebaut. Andererseits zerlegt und verteilt die X-Machine eingehende Daten auf diese Datenquellen. Das Zerlegen und Zusammensetzen von Daten erfolgt auf der Basis der in der *Data Map* abgelegten Strukturinformationen. Das Verhalten kann von einem Administrator bestimmt werden.

Die X-Machine besteht aus mehreren Subkomponenten:

- Der *XML-Parser* überprüft eingehende XML-Dokumente auf ihre strukturelle Korrektheit. Die dabei verwendeten DTDs stammen aus der Data Map.
- Der *Object Processor* ist für das Zerlegen von XML-Dokumenten verantwortlich. Er ordnet abzuspeichernde Datenobjekte entweder dem XML-Speicher oder dem internen SQL-Speicher oder einer externen Datenquelle zu. Auch der Object Processor benötigt Informationen aus der Data Map.
- Der *Object Composer* rekonstruiert mit Hilfe der Data Map angefragte Objekte und gibt sie als XML weiter.
- Der *Query Interpreter*: verarbeitet Datenanfragen in XQL und interagiert mit dem Object Composer, um XML Dokumente zu beschaffen.
- *Utilities* sind zusätzliche Hilfskomponenten.

Die X-Machine wurde für eine hohe Skalierbarkeit und Leistung ausgelegt. Sie läuft als ein Prozess mit mehreren Threads ab, so dass die Datenanfragen mehrerer Benutzer gleichzeitig bearbeitet werden können. Wie von einer Datenmanagementkomponente erwartet, unterstützt die X-Machine dabei klassische ACID-Transaktionen.

Data Map

Die *Data Map* ist Taminos Wissensbasis. Sie enthält Metadaten wie DTDs und relationale Schemata. Ferner beschreibt sie, wie Elemente in XML-Dokumenten auf den XML-Speicher, den SQL-Speicher oder über den X-Node auf externe Datenquellen abgebildet werden. Schließlich können den verwalteten Datenobjekten spezielle, benutzerdefinierte Funktionen (*Server Extensions*) zugeordnet werden, welche die Grundfunktionalität von Tamino erweitern.

SQL-Engine

Die *SQL-Engine* verwaltet Taminos internen SQL-Speicher. Er enthält Daten die nach dem relationalen Model strukturiert sind. Die SQL-Engine wird von der X-Machine benutzt, sie steht aber auch externen Anwendungen zur Verfügung, da sie über ODBC, JDBC und OLE/DB von außen angesprochen werden kann.

X-Node

Der *X-Node* ist für die Anbindung externer Datenquellen an Tamino zuständig. Er ermöglich den Zugriff auf Daten, die über mehrere heterogene Datenquellen verteilt sind. Dazu zählen Daten, die in Datenbanken oder Dateisystemen gespeichert sind oder von Messaging-Systemen zur Verfügung gestellt werden. X-Node fasst diese Daten in Form eines einzigen XML-Objekts zusammen, als ob sie von einer einzigen Datenbank oder einem einzigen Server kämen. Die Daten können dabei umgruppiert oder mit anderen Datenverknüpft werden. Die Software AG bezeichnet X-Node daher auch als die "Integrationskomponente".

X-Node greift auf die verschiedenen Quellen mittels üblicher Treiber (zum Beispiel ODBC) zu. Das Wissen, wo und wie welche Daten gespeichert sind, erhält X-Node von der Data Map.

Server Extensions

Mit Hilfe von Server-Erweiterungen (*Server Extensions*) können benutzerdefinierte Operationen in Tamino eingebettet werden. Dies können z.B. Unterfunktionen komplexer Abfragen sein, die sich auf den Inhalt von XML-Objekten beziehen. Darüber hinaus können Server-Erweiterungen zur inhaltsbezogenen Abbildung von XML-Strukturen auf SQL-Tabellen (SQL-Engine) oder andere Datenstrukturen (X-Node) genutzt werden.

Die Konstruktion solcher Erweiterungen wird mit einem Entwicklungs-Tool und einem Add-In für MS-Visual Studio (C/C++) unterstützt. Unter C/C++ ist es für den Entwickler nicht nötig, Wissen über COM zu besitzen, da alle COM-spezifischen Eigenschaften im bereitgestellten Rahmengerüst implementiert sind. Prinzipiell ist aber jede COM-fähige Sprache für die Programmierung von Server Extensions geeignet.

13.4.4 Datenspeicher

Tamino greift auf auf drei Arten von Datenspeichern zurück: den *internen XML-Speicher*, den *internen SQL-Speicher* und *externe Speichersysteme*. Ersterer wird von der X-Machine direkt angesprochen und verwaltet. Die Verwaltung des internen SQL-Speichers übernimmt die SQL-Engine. Für die Einbindung externen Datenbestände ist der X-Node zuständig.

Der interne XML-Speicher ist gezielt auf die Ablage von XML-Dokumenten ausgelegt. Drei Punkte stehen dabei im Vordergrund:

- Die Speicherung von XML-Dokumenten ohne die in relationalen Systemen notwendige „Verstreuung“ der Daten auf eine große Anzahl von Tabellen, so dass Anfragen auf ineffiziente Join-Operationen verzichten können.

- Bereitstellung feingranularer Sperrmechanismen für XML, wodurch ein hoher Grad an Parallelität erreichbar ist.
- Effiziente Speicherung und Verwaltung von Daten mit stark dynamischer Struktur bis hin zu XML-Dokumenten ohne eine DTD.

Um die Systemleistung zu optimieren, setzte die Software AG bei der Entwicklung des XML-Speichers bewährte Technologien wie Kompression und Pufferverwaltung ein.

Die Verwendung einer Architektur mit mehreren Datenspeichern statt einer einzigen XML- Datenbank bringt mehrere Vorteile mit sich:

- Während dokumentenbasierte Anwendungen auf den XML-Speicher zugreifen können, steht daten-orientierten Anwendungen der in solchen Fällen optimale relationale SQL-Speicher zur Verfügung.
- SQL-Anwendungen können den relationalen Speicher über die SQL-Engine direkt nutzen. Tamino ist damit „nebenbei“ auch in SQL-Umgebungen problemlos integrierbar.
- Auf der anderen Seite können die im Unternehmen vorhandenen Datenbestände über den X-Node in die XML-Dokumente eingebunden werden, ohne dass eine Migration zu Tamino notwendig wäre. Bewährte Systeme bleiben dadurch unberührt. Wohl gemerkt erlaubt der X-Node sogar schreibende Zugriffe auf die externen Datenspeicher.

13.4.5 Tamino-Manager

Die Administration des Tamino-Systems erfolgt über den Tamino-Manager, der unter anderem die üblichen Aspekte einer Datenbankverwaltung abdeckt:

- Hinzufügen und Löschen von Datenbanken.
- Verwalten der physikalischen Medien auf lokalen und externen Servern.
- Starten, Stoppen und Konfigurieren von Servern.

- Verwalten der Data Map.
- Überwachen der Tamino Server, Fehlerberichte u.ä.
- Installation und Wartung der Server Extensions.
- Entgegennehmen von XQL-Anfragen und Anzeige der Ergebnisse in XML.

Der Tamino Manager ist eine Client-Server Anwendung mit grafischer Benutzeroberfläche, die Internet-Browsern nutzt. Sie besteht aus einem Manager-Client der mit einem serverseitigen Administrations-Agenten zusammenarbeitet. Ein solcher Agent muss auf dem Knoten (Rechner), des zu verwaltenden Tamino-Servers installiert sein. Er ist in der Lage, beliebig viele Tamino-Server auf seinem Knoten anzusprechen. Von der Client-seitigen Komponente des Tamino-Managers wiederum können beliebig viele Administrationsagenten aufgerufen werden.

13.5 Abschließende Bemerkungen

Die vorgestellten Systeme zeigen, wie breit der Begriff der „nativen XML-Datenbank" aufgefasst werden kann. So repräsentiert Natix den Ansatz, durch die Anpassung bestehender und Schaffung neuer Datenverwaltungstechniken, ein ganz und gar auf XML zugeschnittenes komplettes Datenbanksystem zu realisieren. Dem XML-Anwendungsentwickler soll einerseits ein System zur Verfügung gestellt werden, das die Performanz, Robustheit und Skalierbarkeit einer relationalen Datenbank bietet, andererseits soll diese Datenbank „seine" Sprache sprechen, also DOM, SAX etc.

Birdstep beschränkt sich hingegen auf einen äußerst flexiblen Datenbankkernel. Grundlegend ist dabei das neuartige Metadatenmodell, das nicht nur XML sondern auch andere Datenmodelle effizient abbilden kann. So sind auf dem BDBE-Kerner zugleich relationale, objekt-orientierte und XML-Lösungen realisierbar.

Während bei Natix und Birdstep die XML-Datenbank an sich im Vordergrund steht, zielt Taminos Strategie auf eine reibungslose Integration bereits vorhandener Datenbestände in einem Unternehmen ohne aufwändige Migration und Unterbrechungen im Betrieb. Statt einer einzelnen XML-Datenbank sieht Tamino deshalb ein System vor, das relationale, XML- und andere Datenbestände hinter einer XML-Schnittstelle zusammenführt. Die XML-Datenbank ist hier nur eine Komponente der Architektur.

14 Middleware für XML-Datenbankzugriffe

In diesem Kapitel sollen exemplarisch zwei Produkten vorgestellt werden, die auch nicht XML-fähige Datenbanken in die Lage versetzen, „XML zu sprechen". Dabei lässt sich grundsätzlich unterscheiden zwischen Lösungen, die nur das Auslesen von Daten als XML unterstützen, und Lösungen, die eine beidseitige Kommunikation vorsehen.

In diesem Produktumfeld gibt es, anders als bei den DBMS, eine Vielzahl unterschiedlicher Lösungen, die zu untersuchen den Umfang dieses Buches sprengen würde. Aus diesem Grund sollen exemplarisch zwei Lösungen vorgestellt werden: zum einen ADO von Microsoft, zum anderen eine Open-Source-Lösung auf der Basis von Java.

Eine weitere Java-basierte Lösung haben wir bereits im Abschnitt über die XML-Fähigkeit des DBMS von Oracle kennengelernt: das XSQL-Servlet. Einen recht guten Überblick liefert [Bour01].

14.1 ADO

ADO *(ActiveX Data Objects)* ist Microsofts Objektbibliothek für den Datenzugriff. Sie legt eine Abstraktionsschicht in Form eines Objektmodells über die Kommunikation mit Datenbanken. Das primäre Objekt ist dabei ein Recordset, eine Menge von Tupeln, die das Ergebnis einer Anfrage, eine Tabelle o.ä. repräsentieren können. Diese Recordset-Objekte gibt es in unterschiedlicher Ausführung: als dynamische Sichten auf einen Ausschnitt der Datenbasis, als unabhängige Ergebnismengen, aktualisierbar und nicht-aktualisierbar.

Um ADO einzusetzen benötigt man nur den entsprechenden Datenbanktreiber. Da aber ADO problemlos über ODBC mit Datenbanksystemen kommunizieren kann und für praktisch alle DBMS ein ODBC-Treiber verfügbar ist, ist das keine große Einschränkung.

Allerdings ist ADO eine auf die Windows-Plattform beschränkte Technologie.

Über ADO lässt sich der XML-Zugriff auf Datenbanken wie folgt realisieren:

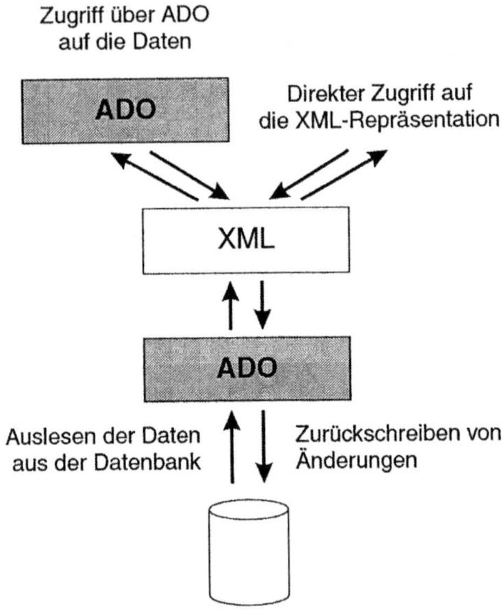

- Zunächst wird ein *Recordset*-Objekt erzeugt, das den interessierenden Ausschnitt der Datenbank enthält. Dieser kann dann über eine spezielle Methode nach XML serialisiert werden. Das Serialisierungsformat besteht dabei auf einem Schemateil, das aus annotierten XML Data Reduced besteht, und einem Datenteil, der aus einer Liste von Tupeln besteht.

```
Dim rs As New ADODB.Recordset
rs.cursorLocation = adUseClient
rs.open "..."
rs.save ziel, adPersistXML
```

- Dieses XML-Dokument kann dann entweder direkt weiterverarbeitet werden oder an eine andere Stelle übermittelt werden, wo wiederum die ADO-Objektbibliothek dazu benutzt werden kann, die Datei als *Recordset*-Objekt zugreifbar zu machen.

```
Dim rs As New ADODB.Recordset
rs.cursorLocation = adUseClient
rs.open "xmldatei"
```

- Durch die Tatsache, dass in der XML-Serialisierungssyntax eines *Recordset*-Objektes nicht nur der aktuelle Zustand enthalten ist, sondern auch noch nicht in die Datenbank geschriebene Änderungsoperationen, lassen sich so entweder direkt in XML oder über ADO Manipulationen vornehmen. Wird die so veränderte XML-Datei wieder zurückgeschickt, so werden die Änderungen von der ADO-Bibliothek an die Datenbank weitergegeben, wobei auch Mechanismen zur Konfliktlösung existieren.

Insgesamt bietet ADO einen interessanten Ansatz, der jedoch auch eine grundlegende Beschränkung hat: Die Auswahl der Daten erfolgt weiterhin relational über SQL. Eine XML-Anfragesprache ist nicht vorhanden und passt auch nicht so richtig in das derzeitige Konzept von ADO.

14.2 XML-DBMS

Hinter dem etwas irreführenden Namen „XML-DBMS" verbirgt sich eine freie Java-Bibliothek, die eine bidirektionale Abbildung zwischen XML-Dokumenten und einer relationalen Datenbank (mit JDBC-Treiber) ermöglicht (vgl. [XML-DBMS]).

XML-DBMS basiert auf (in XML codierten) Abbildungsspezifikationen, die auf einer objektrelationalen Sicht der XML-Daten basieren. Diese Spezifikationen können manuell erstellt werden oder automatisch aus DTDs bzw. XML Schema-Spezifikationen generiert werden.

Eine solche Spezifikation hat die folgende Grobstruktur:

- Elemente, die auf Tabellen abgebildet werden sollen, werden mit Hilfe eines ClassMap-Elementes abgebildet.

```
<ClassMap>
   <ElementType name="Bestellung">
   <ToClassTable>
     <Table name="Bestellung" />
   </ToClassTable>
```

- Elemente oder Attribute, die auf Spalten einer Tabelle abgebildet werden sollen, werden in *PropertyMap* eingeschlossen.

```
<PropertyMap>
   <ElementType name="beschreibung" />
   <ToColumn>
     <Column name="Beschreibung" />
   </ToColumn>
</PropertyMap>
```

- Hierarchische Strukturen, die durch Fremdschlüsselbeziehungen zwischen Tabellen umgesetzt werden, werden in XML-DBMS dadurch gelöst, dass die Abbildungsspezifikation der Kindelemente unabhängig erfolgt, aber in der Spezifikation des übergeordneten Elementes die Beziehung angegeben werden muss:

```
<RelatedClass KeyInParentTable="Candidate">
  <ElementType name="bestellposition" />
  <CandidateKey>
     <Column name="bestellungsID" />
  </CandidateKey>
  <ForeignKey>
     <Column name="bestellungsID" />
  </ForeignKey>
</RelatedClass>
```

Derzeit wird an der Version 2.0 gearbeitet, die durch Einsatz von stromorientierter Verarbeitung von XML-Daten (SAX, s. Kap. 7) deutlich performanter werden soll. Außerdem wird noch an zahlreichen anderen Verbesserung gearbeitet.

14.3 Fazit

Der Einsatz von Middleware-Lösungen für den XML-Zugriff auf Datenbanken ist insofern interessant, weil dadurch sich eine recht große Produktunabhängigkeit erreichen lässt. Sie setzen auf standardisierte Schnittstellen auf, die eine große Anzahl von Datenbankherstellern unterstützen.

Andererseits sind die derzeitigen Middleware-Ansätze darauf beschränkt. ein XML-Dokument aus einer Datenbasis auszulesen und es in die Datenbasis einzubringen. Was insbesondere fehlt ist das Durchreichen von XML-Anfragen direkt an das darunter liegende RDBMS, wozu aber Anfrageübersetzungsmechanismen notwendig sind.

TEIL IV

Buchbeispiel

A. Szenario

B. Dokumenttypdefinition (DTD)

C. XML Schema-Definition (XSD)

A Szenario

Als durchgehendes Beispiel für das Buch wurde ein Marktmodell definiert, dass zwar auf existierenden Marktmodellen basiert, aber aus Gründen der Übersichtlichkeit auf das Wesentliche reduziert wurde. Die Basiselemente des Modells sind der Marktteilnehmer auf der einen Seite und das Angebot in Form eines Katalogs auf der anderen.

Der Marktteilnehmer kann entweder eine Person oder eine Organisation sein, und hat dementsprechend unterschiedliche Merkmale. In beiden Fällen sollte er jedoch einen Adressteil haben. Ein Marktteilnehmer kann im Markt unterschiedliche Rollen einnehmen: Entweder er ist Käufer oder Verkäufer. In bestimmten Fällen kann er sowohl als Käufer als auch als Verkäufer auftreten.

Auf der anderen Seite steht der Katalog für das Angebot. Jeder Katalog besteht aus Katalogelementen, die entweder Dienstleistungen oder Produkte sind, und naturgemäß auch wieder unterschiedliche Merkmale haben, aber durchaus beide in einem Gesamtangebot vorkommen können.

Es existieren zwei Verbindungen zwischen Marktteilnehmer und Angebot. Ein Katalog wird mit genau einem Marktteilnehmer, der die Rolle "Anbieter" hat, assoziiert. Dies ist dann der Anbieter der Produkte und Dienstleistungen. Auf der anderen Seite wird über eine Bestellung, die aus unterschiedlichen Bestellpositionen besteht, eine Beziehung zwischen dem Käufer und dem Angebot hergestellt. Eine Bestellposition wird in den meisten Fällen tatsächlich aus einem Katalogelement bestehen. Sie muss dies jedoch nicht zwingend, wenn beispielsweise nach Verhandlungen für bestimmte Kunden spezialisierte Angebote gemacht werden.

Im Folgenden wird für dieses recht einfache Modell ein UML-Diagramm, eine DTD und ein XMLSchema beschrieben.

A.1 UML Diagramm

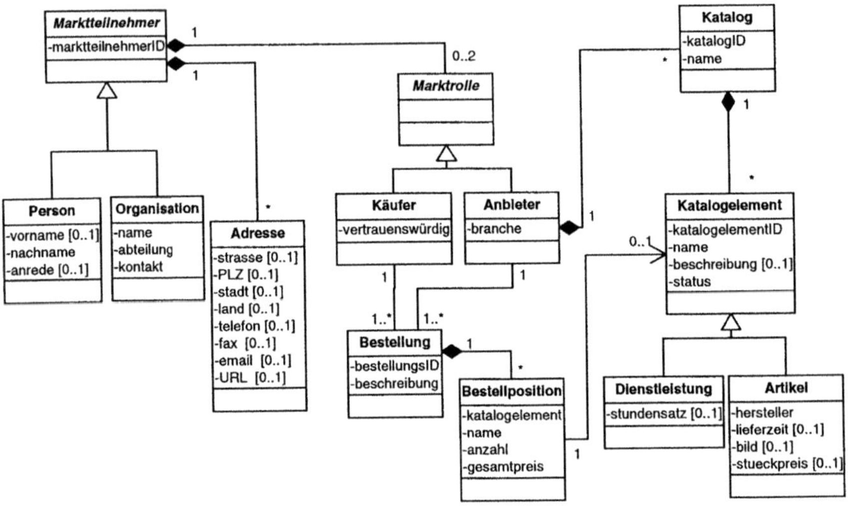

B Dokumenttypdefinition (DTD)

```
<!--  Name: xmldb_marktmodell.dtd  -->

<!-- container element -->
<!ELEMENT marktplatz (marktteilnehmer+, bestellung*)>

<!-- top-level elements -->
<!ELEMENT marktteilnehmer ((organisation | person),
                           adresse*, anbieter?, kaeufer?)>
<!ATTLIST marktteilnehmer
  marktteilnehmerID ID #REQUIRED
>
<!ELEMENT bestellung (beschreibung, bestellposition+)>
<!ATTLIST bestellung
  bestellungsID ID #REQUIRED
  kaeuferID IDREF #REQUIRED
  anbieterID IDREF #REQUIRED
>

<!-- Marktteilnehmer elements -->
<!ELEMENT organisation (name, abteilung?, kontakt?)>
<!ELEMENT person (vorname, nachname?, anrede?)>
<!ELEMENT adresse (strasse?, PLZ?, stadt?, land?, telefon?,
                   fax?, email?, URL?)>
<!ELEMENT kaeufer (vertrauenswuerdig)>
<!ELEMENT anbieter (branche, katalog)>
<!ELEMENT katalog (name, beschreibung?, katalogelement+)>
<!ATTLIST katalog  katalogID ID #REQUIRED>

<!ELEMENT katalogelement (name, beschreibung?,
                          (dienstleistung | artikel))>
<!ATTLIST katalogelement katalogElementID ID #REQUIRED>

<!ELEMENT dienstleistung (stundensatz)>
```

```
<!ELEMENT artikel (hersteller, lieferzeit?, bild?,
                    stueckpreis)>
<!ATTLIST artikel status (normal | neuheit | angebot)
                         "normal">

<!-- Bestellung -->
<!ELEMENT bestellposition (name, anzahl, gesamtpreis)>
<!ATTLIST bestellposition katalogElementID IDREF #IMPLIED>

<!-- Basiselemente-->
<!ELEMENT name (#PCDATA)>
<!ELEMENT abteilung (#PCDATA)>
<!ELEMENT kontakt (#PCDATA)>
<!ELEMENT vorname (#PCDATA)>
<!ELEMENT nachname (#PCDATA)>
<!ELEMENT anrede (#PCDATA)>
<!ELEMENT strasse (#PCDATA)>
<!ELEMENT PLZ (#PCDATA)>
<!ELEMENT stadt (#PCDATA)>
<!ELEMENT land (#PCDATA)>
<!ELEMENT telefon (#PCDATA)>
<!ELEMENT fax (#PCDATA)>
<!ELEMENT email (#PCDATA)>
<!ELEMENT URL (#PCDATA)>
<!ELEMENT anzahl (#PCDATA)>
<!ELEMENT gesamtpreis (#PCDATA)>
<!ELEMENT beschreibung (#PCDATA)>
<!ELEMENT stundensatz (#PCDATA)>
<!ELEMENT hersteller (#PCDATA)>
<!ELEMENT lieferzeit (#PCDATA)>
<!ELEMENT bild (#PCDATA)>
<!ELEMENT stueckpreis (#PCDATA)>
<!ELEMENT branche (#PCDATA)>
<!ELEMENT vertrauenswuerdig (#PCDATA)>
```

C XML Schema-Definition (XSD)

```
<?xml version="1.0" encoding="UTF-8"?>
<xsd:schema
     targetNamespace=
         "http://www.datenbanken-und-xml.de/Marktmodell/1.0"
     xmlns:xlink="http://www.w3.org/1999/xlink"
     xmlns:xsd="http://www.w3.org/2001/XMLSchema"
     xmlns=
         "http://www.datenbanken-und-xml.de/Marktmodell/1.0"
     elementFormDefault="qualified"
     attributeFormDefault="unqualified">

<!--===================================================== -->
<!--Simple Types-->
<xsd:simpleType name="Telefonnummer">
  <xsd:restriction base="xsd:string">
    <xsd:pattern value="\+\d+\(\d+\)\d+"/>
  </xsd:restriction>
</xsd:simpleType>

<xsd:simpleType name="Emailadresse">
  <xsd:restriction base="xsd:string"/>
</xsd:simpleType>

<xsd:simpleType name="Waehrung">
  <xsd:restriction base="xsd:decimal">
    <xsd:minInclusive value="0"/>
    <xsd:fractionDigits value="2"/>
  </xsd:restriction>
</xsd:simpleType>
<xsd:simpleType name="Land">
  <xsd:restriction base="xsd:string">
    <xsd:enumeration value="D"/>
    <xsd:enumeration value="A"/>
```

```
    <xsd:enumeration value="CH"/>
    <xsd:enumeration value="F"/>
    <xsd:enumeration value="I"/>
    <xsd:enumeration value="DK"/>
    <xsd:enumeration value="E"/>
    <xsd:enumeration value="P"/>
    <xsd:enumeration value="GB"/>
    <xsd:enumeration value="S"/>
    <xsd:enumeration value="N"/>
  </xsd:restriction>
</xsd:simpleType>

<!--==================================================== -->
<!--Complex Types-->

<xsd:complexType name="Adresse">
  <xsd:sequence>
    <xsd:element name="strasse" type="xsd:string"/>
    <xsd:element name="plz" type="xsd:string"
                 minOccurs="0"/>
    <xsd:element name="ort" type="xsd:string"/>
    <xsd:element name="land" type="Land"/>
    <xsd:element name="telefon" type="Telefonnummer"
                 minOccurs="0"/>
    <xsd:element name="fax" type="Telefonnummer"
                 minOccurs="0"/>
    <xsd:element name="email" type="Emailadresse"
                 minOccurs="0"/>
    <xsd:element name="url" type="xsd:anyURI"
                 minOccurs="0"/>
  </xsd:sequence>
</xsd:complexType>

<xsd:complexType name="FormatierterText" mixed="true">
  <xsd:choice minOccurs="0" maxOccurs="unbounded">
    <xsd:element name="b" type="xsd:string"/>
    <xsd:element name="i" type="xsd:string"/>
  </xsd:choice>
</xsd:complexType>

<xsd:complexType name="Marktteilnehmer" abstract="true">
  <xsd:sequence>
    <xsd:element name="adresse" type="Adresse" minOccurs="0"
                 maxOccurs="unbounded"/>
```

```
    <xsd:element name="marktrolle" type="Marktrolle"
                 maxOccurs="2"/>
  </xsd:sequence>

  <xsd:attribute name="markteilnehmerID" type="xsd:string"
                 use="required"/>
</xsd:complexType>

<xsd:complexType name="Organisation">
  <xsd:complexContent>
    <xsd:extension base="Marktteilnehmer">
      <xsd:sequence>
        <xsd:element name="name" type="xsd:string"/>
        <xsd:element name="abteilung" type="xsd:string"
                     minOccurs="0"/>
        <xsd:element name="kontakt" type="xsd:string"
                     minOccurs="0"/>
      </xsd:sequence>
    </xsd:extension>
  </xsd:complexContent>
</xsd:complexType>

<xsd:complexType name="Person">
  <xsd:complexContent>
    <xsd:extension base="Marktteilnehmer">
      <xsd:sequence>
        <xsd:element name="vorname" type="xsd:string"/>
        <xsd:element name="nachname" type="xsd:string"/>
        <xsd:element name="anrede" type="xsd:string"/>
      </xsd:sequence>
    </xsd:extension>
  </xsd:complexContent>
</xsd:complexType>

<xsd:complexType name="Marktrolle" abstract="true"/>

<xsd:complexType name="Kaeufer">
  <xsd:complexContent>
    <xsd:extension base="Marktrolle">
      <xsd:sequence>
        <xsd:element name="vertrauenswuerdig"
                     type="xsd:string" minOccurs="0"/>
      </xsd:sequence>
    </xsd:extension>
```

```
  </xsd:complexContent>
</xsd:complexType>

<xsd:complexType name="Anbieter">
  <xsd:sequence>
    <xsd:element name="branche" type="xsd:string"
                 minOccurs="0"/>
    <xsd:element ref="katalog"/>
  </xsd:sequence>
</xsd:complexType>

<xsd:complexType name="Bestellung">
  <xsd:sequence>
    <xsd:element name="beschreibung" type="xsd:string"
                 minOccurs="0"/>
    <xsd:element name="position" type="Bestellposition"
                 maxOccurs="unbounded"/>
  </xsd:sequence>
  <xsd:attribute name="bestellungsID" type="xsd:string"
                 use="required"/>
  <xsd:attribute name="anbieterID" type="xsd:string"
                 use="required"/>
  <xsd:attribute name="kaeuferID" type="xsd:string"
                 use="required"/>
</xsd:complexType>

<xsd:complexType name="Bestellposition">
  <xsd:sequence>
    <xsd:element name="name" type="xsd:string"/>
    <xsd:element name="anzahl" type="xsd:positiveInteger"/>
    <xsd:element name="gesamtpreis" type="Waehrung"/>
  </xsd:sequence>
  <xsd:attribute ref="xlink:type" fixed="simple"/>
  <xsd:attribute ref="xlink:href" use="required"/>
</xsd:complexType>

<xsd:complexType name="Katalog">
  <xsd:sequence>
    <xsd:element name="beschreibung" minOccurs="0" />
    <xsd:element name="katalogelement" type="Katalogelement"
                 minOccurs="0" maxOccurs="unbounded"/>
  </xsd:sequence>
</xsd:complexType>
```

```
<xsd:complexType name="Katalogelement" abstract="true">
  <xsd:sequence>
    <xsd:element name="name" type="xsd:string"/>
    <xsd:element name="beschreibung" type="FormatierterText"
                 minOccurs="0"/>
    <xsd:element name="status">
    <xsd:simpleType>
      <xsd:restriction base="xsd:string">
        <xsd:enumeration value="Sonderangebot"/>
      </xsd:restriction>
    </xsd:simpleType>
    </xsd:element>
  </xsd:sequence>
  <xsd:attribute name="katalogElementID" type="xsd:string"
                 use="required"/>
</xsd:complexType>

<xsd:complexType name="Dienstleistung">
  <xsd:complexContent>
    <xsd:extension base="Katalogelement">
    <xsd:sequence>
      <xsd:element name="stundensatz" type="Waehrung"/>
    </xsd:sequence>
    </xsd:extension>
  </xsd:complexContent>
</xsd:complexType>

<xsd:complexType name="Artikel">
  <xsd:complexContent>
    <xsd:extension base="Katalogelement">
      <xsd:sequence>
        <xsd:element name="hersteller" type="xsd:string"/>
        <xsd:element name="lieferzeit" type="xsd:integer"
                     minOccurs="0"/>
        <xsd:element name="bild" type="xsd:anyURI"
                     minOccurs="0"/>
        <xsd:element name="stueckpreis" type="Waehrung"/>
      </xsd:sequence>
      <xsd:attribute name="status" default="normal">
        <xsd:simpleType>
          <xsd:restriction base="xsd:string">
            <xsd:enumeration value="normal"/>
            <xsd:enumeration value="neuheit"/>
            <xsd:enumeration value="angebot"/>
```

```
            </xsd:restriction>
          </xsd:simpleType>
        </xsd:attribute>
      </xsd:extension>
    </xsd:complexContent>
  </xsd:complexType>
  <!-- ============================================== -->
  <!--Global elements-->

  <!-- abstract elements (heads of substitution groups -->
  <xsd:element name="katalogelement" type="Katalogelement"
               abstract="true"/>
  <xsd:element name="marktrolle" type="Marktrolle"
               abstract="true"/>
  <xsd:element name="marktteilnehmer" type="Marktteilnehmer"
               abstract="true"/>

  <!-- non-abstract elements -->
  <xsd:element name="katalog" type="Katalog"/>
  <xsd:element name="artikel" type="Artikel"
               substitutionGroup="katalogelement"/>
  <xsd:element name="dienstleistung" type="Dienstleistung"
               substitutionGroup="katalogelement"/>
  <xsd:element name="kauefer" type="Kaeufer"
               substitutionGroup="marktrolle"/>
  <xsd:element name="anbieter" type="Anbieter"
               substitutionGroup="marktrolle"/>
  <xsd:element name="person" type="Person"
               substitutionGroup="marktteilnehmer"/>
  <xsd:element name="organisation" type="Organisation"
               substitutionGroup="marktteilnehmer"/>
  <xsd:element name="bestellung" type="Bestellung"/>

  <!-- ============================================== -->
  <!-- Container element -->
  <xsd:element name="marktplatz">
    <xsd:complexType>
      <xsd:sequence>
        <xsd:element ref="bestellung" minOccurs="0"
                     maxOccurs="unbounded"/>
        <xsd:element ref="marktteilnehmer" minOccurs="0"
                     maxOccurs="unbounded"/>
      </xsd:sequence>
    </xsd:complexType>
```

```
    <xsd:key name="bestellungSchluessel">
      <xsd:selector xpath="bestellung"/>
      <xsd:field xpath="@bestellungsID"/>
    </xsd:key>
    <xsd:key name="marktteilnehmerSchluessel">
      <xsd:selector xpath="marktteilnehmer"/>
      <xsd:field xpath="@bestellungsID"/>
    </xsd:key>
    <xsd:keyref name="bestellungKaeuferRef"
                refer="marktteilnehmerSchluessel">
      <xsd:selector xpath="bestellung"/>
      <xsd:field xpath="@kaeuferID"/>
    </xsd:keyref>
    <xsd:keyref name="bestellungAnbieterRef"
                refer="marktteilnehmerSchluessel">
      <xsd:selector xpath="bestellung"/>
      <xsd:field xpath="@anbieterID"/>
    </xsd:keyref>
  </xsd:element>
</xsd:schema>
```

Literatur

[Abit97] Abiteboul, S.: Querying Semistructured Data. In: Proc. of ICDT, 1997 ftp://ftp.inria.fr/INRIA/Projects/verso/VersoReport-103.ps.gz

[ABS00] Abiteboul, S.; Buneman, P.; Suciu, D.: Data on the Web – From Relations to Semistructured Data and XML, San Francisco: Morgan Kaufmann 2000

[Apa02] Apache XML Project, http://xml.apache.org

[AQM+97] Abiteboul, S., Quass, D., McHugh, J., Widom, J., Wiener, J.: The Lorel Query Language for Semistructured Data, International Journal on Digital Libraries 1(1), pp. 68-88 (1997)

[Awai00] Awai M. (Edt.), Bortniker, M., Carnell, J., Cox, K. u.a.: Professional Oracle 8i Application Programming with Java, PL/SQL and XML. Wrox Press Inc. Dezember 2000

[Beau00] Bob Beauchemin. The XML Files, SQL Server Magazine Online, http://msdn.microsoft.com/library/periodic/period00/thexmlfiles.htm

[BFG+00] Burke, J.B., Ferguson, S., Gosnall, D. Morris, P. u.a.: Professional SQL Server 2000 XML. Wrox Press Inc. Juni 2001.

[BFM98] Bray, T., Frankston, C., Malhotra, A.: Document Content Description for XML. W3C Note, 1998 http://www.w3.org/TR/NOTE-dcd

[BFRW01] Brown, A., Fuchs, M., Robie, J., Wadler, P.: MSL: A model for W3C XML Schema. In: Proc. of WWW10, Hong Kong 2001 http://www.cs.bell-labs.com/who/wadler/papers/msl/msl.pdf

[BGP00] Buck, L., Goldfarb; C.; Prescod, P.: Datatypes for DTDs (DT4DTD). W3C Note, 2000
http://www.w3.org/TR/2000/NOTE-dt4dtd-20000113

[Bird02] Birdstep Technology ASA, http://www.birdstep.com

[BKOS01] Bry, F., Kraus, M., Olteanu, D., Schaffert, S.: Semistrukturierte Daten. Informatik Spektrum 24 (4), 2001

[BoCe00] Bonifati, A. and Ceri, S.: Comparative Analysis of Five XML Query Languages. SIGMOD Record 29(1), 68ff (2000)

[Boch00] John A. Bocharov. Duwamish Online SQL Server XML Catalog Browsing. Microsoft Developer Network. September 2000
http://msdn.microsoft.com/library/techart/d51ctlgbrowse.htm

[Bour01a] Bourret, R.: XML and Databases. Version vom Juni 2001
http://www.rpbourret.com/xml/XMLAndDatabases.htm

[Bour01b] Bourret, R.: Mapping DTDs to Databases, XML.com 9.5.2001
http://www.xml.com/lpt/a/2001/05/09/dtdtodbs.html

[Bour01c] Bourret, R.: XML Database Products, Last Update 6.11.2001
http://www.rpbourret.com/xml/XMLDatabaseProds.htm

[Bour99] Bourret, R. et al. : Document Definition Markup Language (DDML) Specification Version 1.0. W3C Note, 1999
http://www.w3.org/TR/NOTE-ddml

[Brad01] Bradley, N.: The XML companion, 3rd edition, Addison-Wesley 2001

[BRJ99] Booch, G., Rumbaugh, J., Jacobson, I.: The Unified Modeling Language User Guide. Addison-Wesley 1999

[Bune01] Buneman, P. et al.: Keys for XML. In: Proc. of WWW10, Hong Kong 2001
http://www10.org/cdrom/papers/538/

[Carl01a] Carlson, D.: Modelling XML Applications with UML: Practical E-Business Applications, Boston: Addison-Wesley 2001

[Carl01b] Carlson, D.: Modelling XML Vocabularies with UML: Part I, XML.com, 22. August 2001
http://www.xml.com/pub/a/2001/08/22/uml.html

[Carl01c] Carlson, D.: Modelling XML Vocabularies with UML: Part II, XML.com, 19. September 2001
http://www.xml.com/pub/a/2001/09/19/uml.html

[Carl01d] Carlson, D.: Modelling XML Vocabularies with UML: Part III, XML.com, 10. Oktober 2001
http://www.xml.com/pub/a/2001/10/10/uml.html

[Cast01] Castello, R. (ed.): XML Schemas – Best Practices. A Collectively Developed Set of Schema Design Guidelines, Stand November 2001
http://www.xfront.com/BestPractices.html

[CCD+99] Ceri, S., Comai, S., Damiani, E., Fraternali, P., Paraboschi, S., Tanca, L.: XML-GL – a graphical language for querying and restructuring XML documents, Computer Networks 31(11-16), pp. 1171-1187 (1999)

[CGH+94] Chawathe, S., Garcia-Molina, H., Hammer, J., Ireland, K., Papakonstantinou, Y., Ullman, J., Widom, J.: The TSIMMIS Project: Integration of Heterogeneous Information Sources. In: Proc. of IPSJ Conference, Tokyo, Japan 1994, pp. 7-18

[Cham00] Chamberlain, D. et al. : Quilt: An XML Query Language for Heterogeneous Data Sources. In: Proc. of Workshop on Web and databases, Dallas, Texas 2000

[Chen76] Chen, P.: The Entity-Relationship Model – Toward A Unified View Of Data, ACM Transactions on Database Systems 1(1), 9–36 (1976)

[ChSc01] Chang, B., Scardia M.: Oracle. XML Handbuch. München: Hanser 2001

[Clar01] Clark, J.: TREX – Tree Regular Expressions for XML. Language Specification, 2001

[ClMu01] Clark, J., Murato, M.: RELAX NG Specification. OASIS Committee Specification, 3. Dezember 2001
http://www.oasis-open.org/committees/relax-ng/spec-20011203.html

[Conr01] Andrew Conrad, A Survey of Mircrosoft SQL Server2000 XML Features.
http://msdn.microsoft.com/library/default.asp?url=/library/en-us/dnexxml/html/xml07162001.asp

[Cove01] Cover, R.: The XML Cover Pages – W3C Document Object Model (DOM), Last Update September 2001
http://www.oasis-open.org/cover/dom.html

[Cove01] The XML Cover Pages, last visited October 2001, http://www.oasis-open.org/cover/dom.html

[CS99] Conrad, R., Scheffner, D.,: Konzeptuelle Modellierung von XML für die Integration. In: 4. Workshop Föderierte Datenbanken, 1999

[CSF00] Conrad, R., Scheffner, D., Freytag, C.: XML Conceptual Modeling Using UML. In: Proc. of Conceptual Modeling ER 2000, Salt Lake City, USA, 2000, pp. 558-571
ftp://ftp.dbis.informatik.hu-berlin.de/pub/papers/conferences/ER2000-CSF.pdf

[Davi99] Davidson, A. et al.: Schema for Object-Oriented XML 2.0. W3C Note, 1999
http://www.w3.org/TR/NOTE-SOX/

[DFF+99] Deutsch, A., Fernandez, M., Florescu, D., Levy, A.; Suciu, D.: A query language for XML. In: Proc. of the 8th International World-Wide Web Conference, Toronto, Kanada 1999

[DFS98] A. Deutsch, M. Fernandez, and D. Suciu. Storing semistructured data with STORED, 1998
http://www.cs.washington.edu/homes/suciu/files/_F1595270614.ps

[DOM01] Document Object Model (DOM)
http://www.w3.org/DOM

[DOW+01] Duckett, J., Ozu, N., Williams, K., Mohr, S., Cagle, K.,, Griffin, O., Norton, F., Stokes-Rees, I., Tennison, J.: XML Schemas, Chicago/Birmingham: Wrox Press 2001

[EiMe01] Eisenberg, A., Melton, J.: SQL/XML and the SQLX Informal Group of Companies, ACM SIGMOD Record 30 (9), 2001.
http://www.acm.org/sigmod/record/issues/0109/standards.pdf

[Ende01] Enderle, J.: XML in relationalen Datenbanken, Informatik Spektrum, Band 24, Heft 6, Dezember 2001

[Fank01] Fankhauser, P.: XQuery Formal Semantics – State and Challenges, ACM SIGMOD Record 30(3) (2001)

[FaSi00] Fan, W. and Siméon, J.: Integrity Constraints for XML. In: Proc. of PODS, Dallas, Texas 2000

[FiMo01] Fiebig, T., Moerkotte, G.: Algebraic XML Construction in Natix. Technischer Bericht 16, Universität Mannheim, 2001.

[FK99] Florescu, D., Kossmann, D.: Storing and Querying XML Data Using an RDBMS. In: Bulletin of the Technical Committee on Data Engineering, 22(3):27-34, September 1999
http://www.research.microsoft.com/research/db/debull/99sept/we.ps

[FKM01] Fiebig T., Kanne, C.-C., Moerkotte G.: Natix – ein natives XML-DBMS. In Datenbank-Spektrum, 1/2001, S. 5-13. dpunkt.verlag, Heidelberg 2001.

[FrTh98] Frankston, C., Thompson, H.: XML-data reduced, Version 0.21, 3. Juli 1998
http://www.ltg.ed.ac.uk/~ht/XMLData-Reduced.htm

[FSW99] Fernandez, M., Siméon, J., Wadler, P.: XML Query Languages: Experiences and Exemplars. 1999
http://www-db.research.bell-labs.com/user/simeon/xquery.html

[GMD99] GMD-IPSI: XQL Engine Tutorial. Version vom 30 August 1999
http://xml.darmstadt.gmd.de/xql/index.html

[GoWi97] Goldman, R.; Widom, J.: DataGuides – Enabling Query Formulation and Optimization in Semistructured Databases. In: Proc. of VLDB 1997
ftp;//db.stanford.edu/pub/papers/dataguide_vldb97.ps

[HaMe01] Harold E.R., Means W.S.: XML in an Nutshell. A Desktop Quick Reference, O'Reilly, January 2001

[HaMe01] Harold E.R., Means W.S.: XML in an Nutshell. A Desktop Quick Reference, O'Reilly, January 2001

[HiKa] Hitz, M.; Kappel, G.: UML@Work – Von der Analyse bis zur Realisierung, Heidelberg: dpunkt 1999

[HuLa01] Hunter, J., Lagoze, C.: Combining RDF and XML Schemas to Enhance Interoperability Between Metadata Application Profiles. In: Proc. of WWW10, 2001
http://archive.dstc.edu.au/RDU/staff/jane-hunter/www10/paper.html

[InfoSet] Cowan, J., Tobin, R.: XML Information Set. W3C Recommendation 24. Oktober 2001
http://www.w3.org/TR/xml-infoset/

[ISO8879] ISO (International Organization for Standardization). ISO 8879:1986(E). Information processing – Text and Office Systems –

Standard Generalized Markup Language (SGML). First edition – 1986-10-15. [Geneva]: International Organization for Standardization, 1986.

[ISO8879] ISO (International Organization for Standardization). ISO 8879:1986(E). Information processing -- Text and Office Systems -- Standard Generalized Markup Language (SGML). First edition -- 1986-10-15. [Geneva]: International Organization for Standardization, 1986.

[IvYi00] Ives, Z. and Ying, L.: XML Query Languages in Practice: An Evaluation. In: Proc. of the First International Conference on Web-Age Information Management, Shanghai, China 2000, pp. 29-40

[Jeli01] Jeliffe, R.: The Schematron Assertion Language 1.5, 2001 http://www.ascc.net/xml/resource/schematron/

[Jeli99] Jeliffe, R.: Family Tree of Schema Languages for Markup Languages, 1999 http://www.ascc.net/xml/en/utf-8/family.pdf

[JLS99] Jagadish, H.V., Lakshmanan, V.S., Srivastava, D., Revisiting the Hierarchical Data Model, IEICE Transactions on Information and Systems E00-A(1) (1999) http://ftp.cs.concordia.ca/pub/laks/papers/ieice99.ps.gz

[JS81] Jäschke, G.; Schek, H.J.: Remarks on the Algebra of Non First Normal Form Relations. In: Proc. of PODS, 1981

[KaMo99] Kanne, C.-C., Moerkotte, G.: Efficient storage of XML data. Technischer Bericht 08/99, Universität Mannheim, 1999.

[Kay01] Kay, M. . XSLT Programmer's Reference 2nd Edition. Wrox Press Ltd, April 2001

[KlLi01] Kleiner, C., Lipeck, U.: Automatic Generation of XML-DTDs from Concetual Database Schemas. In: GI Jahrestagung Informatik, 2001 http://www-b.informatik.uni-hannover.de/ftp/papers/2001/KL2001c.pdf

[LaLo95] Lang, S., Lockemann, P.: Datenbankeinsatz, Heidelberg/Berlin: Springer 1995

[LaMa00] Laux, A., Martin, L.: XUpdate Working Draft. 2000 http://www.xmldb.org/xupdate/index.html

[LeCh01] Lee, D.; Chu, W.: Comparative Analysis of Six XML Schema Languages. ACM SIGMOD Record 29(3), 76–78 (2000)

[Lenz01] Lenz, I.: XQuery – Reinventing the Wheel, XML Portfolio (2001) http://www.xmlportfolio.com/xquery.html

[LJM+98] Layman, A., Jung, E., Maler, E., Thompson, H., Paoli, J., Tigue, J., Mikula, N., De Rose, S.: XML-Data. W3C Note, 5. Januar 1998. http://www.w3.org/TR/1998/NOTE-XML-data-0105/

[LPV99] Ludäscher, B., Papakonstantinou, Y., Velikhov, P.: A Brief Introduction to XMAS, 1999 http://www.npaci.edu/DICE/Pubs/XMAS-intro.pdf

[MAG+97] McHugh, J., Abiteboul, S., Goldman, R., Quass, D., Widom, J.: Lore – A Database Management System for Semistructured Data, ACM SIGMOD Record 26(3), 54–66 (1997) http://www-db.stanford.edu/lore/pubs/lore97.pdf

[MeDe00] Melnik, S., Decker, S.: A Layered Approach to Information Modeling and Interoperability on the Web. In: Proceedings of ECDL '00 Workshop on the Semantic Web, Lissabon (Portugal), 2000 http://www-db.stanford.edu/~melnik/pub/sw00/

[MoFi00] Moerkotte, G.; Fiebig, T: YAXQL: A Powerful and Web-Aware Query Language Supporting Query Reuse and Data Integration, Interner Bericht, Universität Mannheim, 2000 http://pi3.informatik.uni-mannheim.de/staff/moer/yaxql.ps

[MSDN] Writing XML using OpenXML, MSDN Library, http://msdn.microsoft.com/library/enus/xmlsql/ac_openxml_94mk.asp

[MSSQL01] Microsoft SQL Server Books Online, MSDN Library, http://msdn.microsoft.com/library/en-us/xmlsql/ac_xml1_022c.asp

[Munc00] Munch, S.: Building Oracle XML Applications. O'Reilly & Associates, October 2000.

[NamespacesD] Schumacher S.: Deutsche Übersetzung der Recommendation Namespaces in XML. http://www.schumacher-netz.de/TR/1999/REC-xml-names-19990114-de.html

[Papa95] Papakonstantinou, Y. et al. : Object Exchange Across Heterogeneous Information Sources. In: Proc. of IEEE International Conference on Data Engineering , Taipeh, Taiwan, 1995, pp. 251-260 ftp://www-db.stanford.edu/pub/papers/object-exchange-heterogeneous-is.ps

[Psai00] Psaila. G.: ERX – A Conceptual Model for XML Documents. In: Proceedings of ACM Symposium on Applied Computing 2000

[PVP01] Petropoulos, M., Vassalos, V., Papakonstantinou, Y. : XML Query Forms (XQForms) – Declarative Specifications of XML Query Interfaces. In: Proc. of WWW10, Hong Kong 2001 http://www.db.ucsd.edu/publications/www10.htm

[RaTu00] Rautenstrauch, C., Turowski, K.: XML-Datenbanken: Technische Grundlagen und betriebliche Anwendungen. In: HMD 214, WWW & Datenbanken, S. 35-46. dpunkt.verlag, Heidelberg, August 2000.

[RDF] Lassila, O., Swick, R.: Resource Description Framework (RDF) Model and Syntax Specification, W3C Recommendation, 22. Februar 1999 http://www.w3.org/TR/1999/REC-rdf-syntax-19990222/

[RDFSchema] Brickley, D., Guha, R.V.: Resource Description Framework (RDF) Schema Specification 1.0, W3C Candidate Recommendation, 27. März 2000 http://www.w3.org/TR/rdf-schema/

[Robi99] Robie, J.: XQL (XML Query Language), August 1999 http://www.ibiblio.org/xql/xql-proposal.html

[RoRi01] Rothfuss, G., Ried C. (Hrsg.): Content Management mit XML - Grundlagen und Anwendungen. Springer Verlag (Xprert.press), 2001

[RTW96] Raymond, D., Tompa, F. and Wood, D.: From Data Representation to Data Model: Meta-Semantic Issues in the Evolution of SGML. Computer Standards & Interfaces 18, 25–36 (1996)

[SAX01] Simple API for XML (SAX), 2001 http://www.saxproject.org

[Scha97] Schader, M.: Objektorientierte Datenbanken – Die C++-Anbindung des ODMG-Standards. Springer Verlag. Berlin: 1997.

[SKC+01] Su, H., Kramer, D., Chen, L., Claypool, K. T., Rundensteiner, E.A.: XEM – Managing the Evolution of XML Documents. In: RIDE-DM'2001, Heidelberg, Germany, April 2001 http://davis.wpi.edu/dsrg/WEB_DB/PAPERS/RIDE00-XEM-camera/paper.pdf

[Soft02] Software AG, http://www.softwareag.com

[Spen00] Spencer, K.: Serving the Web – XML Data Manipulation with ADO 2.5, MSDN Magazine, August 2000
http://msdn.microsoft.com/msdnmag/issues/0800/Serving/Serving0800.asp

[SQLX01] Melton, J.: ISO-ANSI Working Draft XML-Related Specifications (SQL/XML), WG3:YYJ-012, H2-2001-149, Juni 2001
ftp://sqlstandards.org/SC32/WG3/Progression_Documents/Informal_working_drafts/wd-xml-2001-06.pdf

[STG+99] Shanmugasundaram, J., Tufte, K., Gang, H., Zhang, C., DeWitt, D., Naughton, J.: Relational databases for querying XML. documents: Limitations and opportunities. In VLDB'99, Proceedings of 25th International Conference on Very Large Data Bases, Edinburgh, Scotland, pages 302-304, 1999.
http://www.cs.cornell.edu/People/jai/papers/RdbmsForXML.pdf

[Suci01] Suciu, D.: On Database Theory and XML, ACM SIGMOD Record 30(3) (2001)
http://www.acm.org/sigmod/record/issues/0109/SPECIAL/suciu6.pdf

[Tata01] Tatariov, I. et al. : Updating XML. In: Proc. of ACM SIGMOD 2001, Santa Barbara, 2001

[Trup00] Joshua Trupin. SQL Server 2000 New XML Features Streamline Web-centric App Development, MSDN Magazine, März 2000, http://msdn.microsoft.com/msdnmag/issues/0300/sql/sql.asp

[TuKF01] Turowski K., Fellner K.J. (Hrsg.): XML in der betrieblichen Praxis. Standards, Möglichkeiten, Praxisbeispiele. dpunkt Verlag, 2001

[USP99] U.S. Patent Description,
http://www.delphion.com/details?pn=US05991765__

[vdL01] van der List, Eric: Comparing XML Schema Languages, XML.com, 12. Dezember 2001
http://xml.com/pub/a/2001/12/12/schemacompare.html

[VRB00] Vorthmann, S., Robie, J., Buck, L.: Schema Adjunct Framework, Draft Specificartion, 30 November 2000
http://www.extensibility.com/resources/saf_dec2000.htm

[W3C98] W3C XSL Working Group, The Query Language Position Paper of the XSL Working Group. In: W3C Query Languages Workshop 1998
[http://www.w3.org/TandS/QL/QL98/pp/xsl-wg-position.html]

[Wahl01] Dan Wahlin, Customize XML Data with SQL Server, XML Magazin, February/March 2001
http://www.xmlmag.com/upload/free/features/xml/2001/01jan01/dw2_0101xml/dw2_0101xml.asp.

[Will00] Williams, K.: Professional XML Databases. Wrox Press Ltd, 2000.

[Will01] Williams, K.: XML for Data – XLink and Data. Using XLink to Simplify the Representation of Data, IBM Developer Works, 2001.

[WiMo00] Winkens, D., Moerkotte, G.: Variationsmöglichkeiten bei der Transformation von UML-Basiskonzepten in Dokumenttypdefinitionen. In: Workshop Modellierung, St. Goar, 5.-7. April 2000, Koblenz: Föllbach, 2000.

[XMI00] OMG XML Metadata Interchange (XMI) Specification, Version 1.1, November 2000
ftp://ftp.omg.org/pub/docs/formal/00-11-02.pdf

[XMLD] Behme, H. Mintert, S.: Extensible Markup Language (XML) Version 1.0, Deutsche Übersetzung.
http://www.mintert.com/xml/trans/REC-xml-19980210-de.html

[XMLDB] XML:DB-Initiative – Enterprise Technologies for XML Databases.
http://www.xmldb.org.

[XML-DBMS] Bourret, R.: XML-DBMS Version 1.01 – Java Packages for Transferring Data between XML Documents and Relational Databases
http://www.rpbourret.com/xmldbms

[XMLExtender01] XML Extender – Verwaltung und Programmierung Version 7.0, IBM Handbuch zum XML Extender, neueste Version unter
http://www.ibm.com/software/data/db2/extenders/xmlext/library.ht ml

[XMLSchema0] Fallside, D.: XML Schema Part 0: Primer. W3C Recommendation 2. Mai 2001
http://www.w3.org/TR/2001/REC-xmlschema-0-20010502/

[XMLSchema1] Thompson, H., Beech, D., Maloney, M., Mendelsohn, N.: XML Schema Part 1: Structures. W3C Recommendation 2. Mai 2001
http://www.w3.org/TR/2001/REC-xmlschema-1-20010502/

[XMLSchema2] Biron, P., Malhotra, A.: XML Schema Part 2: Datatypes. W3C Recommendation 2. Mai 2001
http://www.w3.org/TR/2001/REC-xmlschema-2-20010502/

[XMLSchemaFD] Brown, A., Fuchs, M., Robie, J., Wadler, P.: XML Schema Formal Description, W3C Working Draft 25. September 2001
http://www.w3.org/TR/2001/WD-xmlschema-formal-20010925/

[XPath] Clark J. (Edt.). XML Path Language (XPATH) Version 1.0. November 1999.
http://www.w3.org/TR/xpath

[XPathD] Becker, O.: XML Path Language (XPATH) Version 1.0. Deutsche kommentierte Übersetzung. September 2001.
http://www.informatik.hu-berlin.de/~obecker/obqo/w3c-trans/xpath-de/

[XQuery] Chamberlin, D., Clark, J., Florescu, D., Robie, J., Siméon, J., Stefanescu, M.: XQuery 1.0 – An XML Query Language, W3C Working Draft 20 December 2001
http://www.w3.org/TR/2001/WD-xquery-20011220

[XQueryDM] Fernández, M., Marsh, J.: XQuery 1.0 and XPath 2.0 Data Model, W3C Working Draft 20 December 2001
http://www.w3.org/TR/2001/WD-query-datamodel-20010607/

[XQueryFO] Malhotra, A., Marsh, J., Melton, J., Robie, J.: XQuery 1.0 and XPath 2.0 Functions and Operators Version 1.0, W3C Working Draft 20 December 2001
http://www.w3.org/TR/2001/WD-xquery-operators-20011220

[XQueryFS] Fankhauser, P., Fernández, M., Malhotra, A., Rys, M., Siméon, J., Wadler, P.: XQuery 1.0 Formal Semantics, W3C Working Draft 7 June 2001
http://www.w3.org/TR/2001/WD-query-semantics-20010607

[XQueryX] Malhotra, A., Robie, J. , Rys, M. : XML Syntax for XQuery 1.0, W3C Working Draft 7 June 2001
http://www.w3.org/TR/2001/WD-xqueryx-20010607

[XSLT] Clark, J. (ed.), XSL Transformations Version 1.0
http://www.w3c.org/TR/xslt

[ZAW99] van Zwol, R., Apers, P., Wilschut. A.: Modelling and querying semistructured data with MOA. In: Proceedings of the Workshop on Semi-Structured Data and NonStandard Data For-mats, Jerusalem, Israel, 1999
http://wwwhome.cs.utwente.nl/~zwol/publications.html#icdt99

Index

Y

GPSR Compliance

The European Union's (EU) General Product Safety Regulation (GPSR) is a set of rules that requires consumer products to be safe and our obligations to ensure this.

If you have any concerns about our products, you can contact us on ProductSafety@springernature.com

In case Publisher is established outside the EU, the EU authorized representative is:

Springer Nature Customer Service Center GmbH
Europaplatz 3
69115 Heidelberg, Germany

Batch number: 10105465

Printed by Printforce, the Netherlands